Thérapie

Du même auteur
chez le même éditeur

Jeu de société
Changement de décor
Un tout petit monde
La Chute du British Museum
Nouvelles du Paradis
Jeux de maux
Hors de l'abri
L'Homme qui ne voulait plus se lever
L'Art de la fiction
Les Quatre Vérités
Pensées secrètes
À la réflexion
L'Auteur! L'Auteur!
La Vie en sourdine

David Lodge

Thérapie

Roman traduit de l'anglais
par Suzanne V. Mayoux

Rivages

Couverture : Edward Munch. Décor pour une scène des *Revenants* d'Ibsen (détail). D.R.

Titre original : *Therapy*
Martin Secker & Warburg Ltd, Londres, 1995

106 bd Saint Germain – 75006 Paris

ISBN : 2-7436-0329-1
ISSN : 1160-0977

À papa, affectueusement

Nombreux sont ceux qui ont eu la gentillesse de m'aider dans mes recherches pour ce roman, et à son élaboration, en répondant à mes questions et/ou en lisant le texte et me livrant leurs commentaires. Ma gratitude va particulièrement à Marie Andrews, Bernard et Anne Bergonzi, Isak Winkel Holm, Michael Paul et Martin Shardlow.

Les lieux évoqués mêlent comme d'habitude le réel à l'imaginaire, mais les personnages et l'action sont entièrement fictifs, à l'exception peut-être de l'auteur-présentateur d'un documentaire pour la télévision dont il est brièvement question dans la quatrième partie.

D. L.

THÉRAPIE. Traitement des maladies ou désordres physiques, mentaux ou sociaux.

Dictionnaire Collins

Veux-tu savoir, Søren ? Tout ce qui cloche chez toi, c'est ta sotte habitude de te tenir voûté. Tu n'as qu'à redresser le dos, te mettre debout et la maladie te passera.

Christian LUND,
oncle de Søren KIERKEGAARD

Écrire est une forme de thérapie.

Graham GREENE

Première partie

Bon, c'est parti.

Lundi matin 15 février 1993

La douce journée de février a tiré les écureuils de leur hibernation. Les arbres dénudés du jardin leur offrent une sorte de terrain d'aventure. J'en ai observé deux qui jouaient à se pourchasser dans les marronniers devant la fenêtre de mon bureau : ils montaient en spirale le long d'un tronc, multipliaient les esquives et les feintes dans la ramure, filaient jusqu'au bout d'une branche pour bondir sur l'arbre suivant, dévalaient la tête la première et se figeaient soudain à mi-hauteur, griffes accrochées à l'écorce comme du Velcro, puis détalaient dans l'herbe, le premier tâchant de semer le second à force de louvoiements et virages bord sur bord, pour atteindre enfin le tronc d'un peuplier du Canada, gagner à la vitesse de l'éclair son branchage frêle et élastique, et s'y balancer doucement en équilibre, en échangeant des clignements d'yeux satisfaits. Du jeu à l'état pur, sans l'ombre d'un doute. Ils se livraient à ces gambades, exerçaient leur agilité rien que pour le plaisir. Au cas où il existerait une forme de réincarnation, ça ne me déplairait pas de revenir sur terre dans la peau d'un écureuil. Ils doivent avoir des articulations en acier.

Cela fait un an environ que j'ai ressenti cette douleur pour la première fois. Je quittais mon appartement londonien, je me dépêchais pour avoir le train de dix-huit heures dix à la gare d'Euston. Courant d'une pièce à l'autre (il y en a quatre), je bourrais ma mallette de scénarios et de linge sale, fermais les fenêtres, éteignais les lumières, réglais au plus bas le thermostat du chauffage central, vidais dans l'évier les cartons de lait, aspergeais de Sanilav la cuvette des WC – bref, j'exécutais la liste des tâches à accomplir avant chaque départ, rédigée et affichée par Sally sur le réfrigérateur à l'aide d'aimants jaunes en forme de têtes hilares, quand cela m'a pris : une douleur fulgurante, telle une aiguille chauffée à blanc plantée dans la face interne du genou droit et retirée aussitôt, laissant une sensation de brûlure qui s'effaçait rapidement. J'ai poussé un cri de saisissement et basculé sur le lit (je me trouvais dans la chambre). « Bon sang ! me suis-je exclamé à haute voix. Merde, mais qu'est-ce que c'est que ça ? »

Précautionneusement (est-ce correct ? Oui, je viens de consulter le dictionnaire, l'adverbe existe, quant au mot « précaution », il vient du latin *præcavere*, prendre garde), précautionneusement, donc, je me suis mis debout, et j'ai testé la capacité de mon genou à porter le poids de mon corps, en faisant quelques pas (cela me rappelle « Père, gardez-vous à droite », mais je n'ai rien de commun avec un roi de France, mes origines n'ont rien de noble). Donc, j'ai fait quelques pas sans effet fâcheux, haussé les épaules, et attribué l'incident à la réaction d'un nerf susceptible, comme la crampe subite et violente qui peut vous saisir le cou lorsqu'on tourne la tête pour prendre quelque chose sur la banquette arrière d'une voiture. J'ai fermé l'appartement, j'ai attrapé mon train et n'ai plus pensé à cette histoire.

Une huitaine de jours plus tard, au travail dans mon bureau, j'ai croisé les jambes sous la table et cela m'a repris, l'élancement aigu à l'intérieur du genou droit, qui m'a encore arraché un « Oh ! » de souffrance en aspirant l'air dans mes poumons ; je les ai vidés sur un sonore « Merde alors ! ». À partir de ce moment-là, la douleur s'est mise à récidiver de plus en plus fréquemment, mais de manière toujours imprévisible. Elle se produisait rarement quand j'aurais pu m'y attendre, par exemple en jouant au golf ou au tennis, mais survenait parfois juste après une partie, au bar du club-house, ou en voiture sur le chemin du retour, ou pendant que j'étais assis à mon bureau, parfaitement immobile, ou même couché dans mon lit. Cela provoquait mon hurlement au beau milieu de la nuit, de sorte que Sally croyait que je faisais un cauchemar. En réalité, les cauchemars sont à peu près la seule chose qui me soit épargnée, dans le genre. Je souffre d'accès de dépression, d'anxiété, de panique, de suées nocturnes, d'insomnies, mais je n'ai pas de cauchemars. Je n'ai jamais beaucoup rêvé. Ce qui signifie simplement, ai-je cru comprendre, que je ne me souviens pas de mes rêves, car nous passons tout notre sommeil à rêver, paraît-il. On dirait qu'il y a dans ma tête une télé qui clignote toute la nuit sans personne pour la regarder. Canal Rêve. Si seulement je pouvais l'enregistrer au magnétoscope. Cela me fournirait peut-être la clé de ce qui ne va pas chez moi. Je ne parle pas de mon genou. Je parle de ma tête. Mon esprit. Mon âme.

Je trouvais ça un peu rude d'être affligé d'une douleur mystérieuse dans le genou en plus de tous mes autres soucis. D'accord, il peut vous en arriver de pires, physiquement. Par exemple, le cancer, la sclérose en plaques, l'emphysème, la maladie des neurones moteurs, celle d'Alzheimer ou le sida. Sans parler des trucs congénitaux, telles la dystrophie musculaire, la paralysie cérébrale, l'hémophilie et l'épilepsie. Et n'oublions pas la guerre, la peste et la famine. C'est drôle que le fait d'avoir conscience de tout ça ne vous aide pas le moins du monde à supporter d'avoir mal au genou.

Cela tient peut-être à ce qu'on appelle « l'effet d'usure de la compassion », l'idée que les médias nous jettent chaque jour à la figure une telle masse de souffrance humaine que notre sensibilité s'est émoussée, nous avons épuisé toutes nos réserves de pitié, de colère, d'indignation, et ne songeons plus qu'à la douleur qui nous travaille le genou. Je n'en suis pas encore là, pas tout à fait, mais je comprends de quoi il s'agit. Je reçois dans mon courrier des tas de sollicitations de bonnes œuvres. Je crois que ces gens-là se refilent les listes de noms et d'adresses : il suffit de faire un don à une organisation, on n'a pas eu le temps de se retourner que les enveloppes pleuvent dans la boîte aux lettres plus vite qu'on ne peut les ramasser. Oxfam, AICF, Unicef, Aide à l'enfance, Fondation royale pour les aveugles, Croix-Rouge, Accueil des sans-abri, Secours impérial contre le cancer, la myopathie, etc. ; chaque fois l'inévitable lettre circulaire et la documentation imprimée sur papier recyclé avec photos, en noir et blanc encrassé, de bébés africains affamés aux membres décharnés et à tête de vieillard, ou de gosses en fauteuil roulant, ou de réfugiés hébétés, ou d'amputés appuyés sur leurs béquilles. Comment est-on censé faire barrage à cette marée de misère humaine ? Je vais vous dire comment je m'en sors. Je verse annuellement une somme de mille livres à un organisme qui vous remet un chéquier spécial pour répartir vos dons entre les œuvres de votre choix. Cet organisme récupère aussi l'impôt que vous avez payé sur ladite somme, ce qui, dans mon cas, la porte à mille quatre cents livres. Si bien que je distribue chaque année mille quatre cents sacs par petits paquets : cinquante livres pour les petits Somaliens qui meurent de faim, trente livres pour les femmes violées en Bosnie, quarante-cinq livres pour une pompe à eau au Bangladesh, vingt-cinq livres pour un centre de réhabilitation des drogués à Basildon, trente livres pour la recherche contre le sida, et ainsi de suite, jusqu'à ce que mon compte soit vide. Autant entreprendre d'assécher les océans avec une boîte de mouchoirs en papier, mais au moins on s'évite l'usure de la compassion.

Évidemment, j'aurais les moyens de donner beaucoup plus. J'aurais les moyens de prélever dix mille livres par an sur mon revenu actuel, sans trop de peine. Je pourrais le distribuer intégralement, si on va par là, ce serait toujours l'équivalent d'une boîte de mouchoirs en papier. Alors, j'en garde la plus grande partie, que je dépense, entre autres, en traitements médicaux divers pour mon genou.

Je suis d'abord allé voir mon généraliste. Il m'a conseillé la kinésithérapie. Au bout de quelque temps, le kinésithérapeute m'a conseillé de voir un spécialiste. Le spécialiste a conseillé une arthroscopie. C'est une nouvelle forme de microchirurgie, la technologie de pointe, tout se fait par vidéo et fibre optique. Le chirurgien vous injecte de l'eau plein le genou afin d'aménager là-dedans une sorte de studio, puis il y plante trois instruments gros comme des aiguilles. L'un porte une caméra au bout, le deuxième est un instrument tranchant et le troisième une pompe à aspirer les débris. Ces instruments sont si fins qu'on les distingue à peine l'un de l'autre à l'œil nu et que le chirurgien n'a même pas besoin, après coup, de mettre un point de suture sur les perforations. Il vous tortille le genou pour repérer ce qui ne va pas dans l'articulation, qu'il observe sur un moniteur de télévision, puis il tranche le cartilage ou le tissu ou les bouts d'os abîmés, bref, la cause de tout le mal. Il paraît que certains patients se contentent d'une anesthésie locale et suivent toute l'opération en direct sur le moniteur, mais quant à moi, ça ne me tentait pas et je l'ai dit. Nousseytou m'a adressé un sourire rassurant. (C'est le nom de mon spécialiste en orthopédie, le Dr Nousseytou. Je l'appelle Genou-c'est-tout. Mais pas devant lui, bien sûr. Il est venu du Proche-Orient, Liban ou Syrie ou un de ces pays-là, et il a fait le bon choix, d'après ce qu'on raconte.) J'aurais une anesthésie générale, m'a-t-il promis, mais il me donnerait à emporter une cassette vidéo de l'opération. Et il ne plaisantait pas. Je savais déjà que maintenant, les gens gardaient les films vidéo de leur mariage, des baptêmes et des vacances au lieu de photographies, mais j'ignorais que cela allait jusqu'aux opérations. On pourrait confectionner un petit montage, j'imagine, et inviter ses amis à le regarder en prenant un verre. « Ça, c'est mon appendicectomie, on me l'a faite en 1984, ou 85, je ne sais plus... pas mal, hein ? ... Ah, voilà mon opération à cœur ouvert, houp-là ! la caméra est un peu secouée... Après, on va avoir le curetage de Dorothy... » (Note : idée à creuser pour *Les Gens d'à côté* ?) J'ai dit à Nousseytou : « Vous pourriez sans doute monter une petite affaire annexe de location de cassettes pour les personnes qui n'ont jamais eu d'opération. » Ça l'a fait rire. Il était très sûr de lui pour l'arthroscopie. Il s'est vanté d'avoir 95 % de taux de réussite. Il faut bien, manifestement, qu'il y ait quelques individus sacrifiés pour constituer les 5 % de malchanceux.

Mon opération a eu lieu à l'hôpital de Rummidge. Faisant partie de la clientèle privée du Dr Nousseytou, j'aurais dû normalement aller à l'Abbey, la clinique de la BUPA (l'assurance santé privée), qui donne sur le terrain de cricket, mais elle était un peu embouteillée à l'époque – un réaménagement d'une de leurs salles d'opération ou je ne sais quoi – et Nousseytou m'a dit qu'il pourrait me caser plus vite si je venais à l'hôpital, où il travaille un jour par semaine pour l'Assistance publique. Il m'a promis que j'aurais une chambre individuelle, et comme mon hospitalisation devait se borner à une seule nuit, j'ai accepté. Je voulais que cela soit fait le plus vite possible et qu'on n'en parle plus.

Dès mon arrivée en taxi à l'hôpital, à neuf heures un matin d'hiver, j'ai commencé à regretter de n'avoir pas attendu qu'il y ait de la place à l'Abbey. L'hôpital est un mastodonte victorien, murs de brique noircie à l'extérieur et enduits à l'intérieur de peinture vert glauque et crème. Le hall d'accueil était déjà plein de gens affaissés sur des rangées de fauteuils en plastique moulé, avec cet air d'avoir abandonné tout espoir que j'ai toujours associé aux hôpitaux de l'Assistance publique. Il y avait un homme au crâne entortillé d'un bandage à travers lequel suintait du sang. Un bébé braillait à gosier rompu.

Nousseytou m'avait donné un bout de papier millimétré où il avait griffonné son nom, ainsi que la date et l'heure de ma convocation – document assez peu approprié, à mon sens, pour une admission à l'hôpital, mais la réceptionniste a paru s'en contenter et m'a aiguillé vers un service au troisième étage. Je suis monté dans un ascenseur où est entrée au premier une infirmière au visage en lame de couteau qui m'a signalé sèchement qu'il était réservé au personnel. « Où allez-vous ? » m'a-t-elle demandé. « Service 3J, ai-je dit. Je dois subir une petite intervention. Le Dr Nousseytou. » « Ah ! s'est-elle exclamée d'un ton légèrement sardonique. Vous êtes un de ses patients privés, hein ? » J'ai eu l'impression qu'elle réprouvait la pratique d'admettre des patients privés dans les hôpitaux de l'Assistance publique. « Je ne suis ici que pour une nuit », ai-je plaidé. Elle a lâché un petit rire en forme d'aboiement, plutôt inquiétant. Il est apparu qu'elle était la surveillante du service 3J. Il m'arrive de penser qu'elle a délibérément orchestré à mon usage l'heure et demie éprouvante qui a suivi.

Une rangée de fauteuils en plastique moulé noir longeait le mur ; je suis resté assis là une bonne vingtaine de minutes jusqu'à ce qu'une jeune Asiatique, maigre, aux traits tirés, en blouse blanche de médecin, consente à enregistrer les données qu'exigeait mon dossier. Après m'avoir demandé si je n'avais pas d'allergies, elle m'a noué au poignet une étiquette où était inscrit mon nom. Puis elle m'a conduit à une petite chambre à deux lits. Un homme en pyjama rayé était couché sur l'un d'eux, la tête vers le mur. J'allais protester, exiger la chambre individuelle qu'on m'avait promise, lorsqu'il s'est tourné pour nous regarder et j'ai vu que c'était un Noir, sans doute un Antillais. De crainte d'être pris pour un raciste, j'ai ravalé ma réclamation. L'Asiatique m'a dit de me dévêtir et d'enfiler une de ces chemises de nuit d'hôpital ouvertes dans le dos, qui m'attendait, pliée, sur le lit vacant. Elle m'a intimé l'ordre d'ôter toute prothèse dentaire, œil de verre, membre artificiel ou quelque accessoire de ce genre que je pusse dissimuler sur ma personne, puis elle est partie. Je me suis déshabillé et j'ai mis la chemise, sous le regard envieux de l'Antillais. Il était hospitalisé depuis trois jours, m'a-t-il expliqué, pour l'opération d'une hernie, et personne ne s'était encore intéressé à lui. Il était apparemment tombé dans une sorte de trou noir du système.

Je me suis assis en chemise sur le bord du lit ; je sentais un courant d'air sur mes jambes. L'Antillais s'est retourné face au mur et il a paru glisser dans un léger assoupissement, tout en geignant de temps à autre. Réapparue, la jeune Asiatique a confronté l'étiquette nouée à mon poignet avec ses notes comme si elle me voyait pour la première fois. Elle m'a demandé à nouveau si je n'avais pas d'allergies. Ma confiance en cet hôpital se détériorait à toute vitesse.

– Cet homme se plaint d'être ici depuis trois jours sans que personne s'occupe de lui, ai-je dit.

– Bon, eh bien au moins il a pu dormir, a-t-elle répliqué. Ce qui n'est pas mon cas depuis trente-six heures.

Elle est ressortie. Le temps passait très lentement. Un pauvre soleil d'hiver filtrait à travers la fenêtre poussiéreuse. J'ai regardé l'ombre du châssis avancer progressivement sur le linoléum. Enfin, une infirmière et un brancardier qui poussait une civière montée sur roues sont venus pour m'emmener au bloc opératoire. Le brancardier était un jeune autochtone à figure blafarde, impassible, de joueur de cartes, et l'infirmière une Irlandaise grassouillette dont l'uniforme amidonné semblait d'une taille insuffisante pour elle, ce qui lui donnait un air un peu racoleur. Le brancardier m'a lancé le « Cha biche ? » d'usage dans la région et prié de grimper sur la civière. « Je pourrais marcher, vous savez, ai-je dit, si je mets une robe de chambre. En ce moment je ne souffre pas. » À la vérité, cela faisait une bonne semaine que je n'avais pas ressenti le moindre pincement dans le genou, ce qui est assez typique de ce genre de maux : dès qu'on décide de se faire soigner, le symptôme disparaît. « Non, le chariot est obligatoire, a-t-il rétorqué, c'est le règlement. » Tout en maintenant soigneusement joints les deux pans de ma chemise, telle une dame de la Belle Époque ajustant sa tournure, je suis monté sur la civière et m'y suis allongé. L'infirmière m'a demandé si j'avais peur. « Je devrais ? » ai-je demandé. Elle a pouffé, sans répondre. Le brancardier a vérifié le nom sur mon étiquette.

– Passmore, c'est ça. Amputation de la jambe droite, hein ?

– Ah, non ! me suis-je exclamé en me redressant d'inquiétude. Rien qu'une petite intervention au genou !

– Il vous met en boîte, a dit l'infirmière. Arrête ça, Tom.

– J'vous charrie, a confirmé Tom, pince-sans-rire.

Ils ont étendu sur moi une couverture qu'ils ont bordée, m'immobilisant les bras le long du corps.

– Ça vous évite de vous cogner quand on passe les portes battantes, m'a expliqué Tom.

L'Antillais s'est réveillé et soulevé sur un coude pour me regarder partir. « À plus tard », lui ai-je lancé. Je ne l'ai jamais revu.

On se sent curieusement désarmé quand on est couché sur le dos sur une civière sans le moindre oreiller sous la tête. On ne sait pas où on est ni où on va. On ne voit que le plafond, et les plafonds de l'hôpital n'étaient pas une vision réconfortante : plâtres fissurés, peintures écaillées, des toiles d'araignée dans les coins et des cadavres de mouches dans les appareils d'éclairage. J'avais l'impression de parcourir des kilomètres de couloirs.

– On fait le circuit touristique aujourd'hui, a observé Tom derrière ma tête. L'ascenseur du bloc est en panne, hein ? Faut qu'on vous descende au sous-sol par le monte-charge de service, en bas on passe dans l'autre aile, on remonte par l'autre ascenseur et on revient sur nos pas.

Le monte-charge était de dimensions industrielles, un antre caverneux où régnaient la pénombre et des remugles de chou et de linge sale. Au moment où mon chariot en franchissait le seuil, les roues ont accroché sur quelque chose ; au-dessus de mes yeux s'ouvrait l'espace séparant la cabine de la cage, de sorte que je contemplais les câbles noirs enduits de graisse et les roues cannelées de l'antique machinerie. On aurait dit un de ces films à la noix où tous les plans sont tournés sous un angle saugrenu.

Tom a fermé bruyamment la grille en accordéon,

l'infirmière a appuyé sur un bouton et le monte-charge s'est mis à descendre au ralenti, à grand renfort de craquements et de grincements. Son plafond était encore plus déprimant que ceux des couloirs. Mes compagnons entretenaient hors de ma vue une conversation décousue.

– T'as pas une clope ? a demandé l'infirmière.

– Non, j'ai arrêté de fumer. J'ai arrêté mardi dernier.

– Pourquoi ?

– Pour ma santé.

– Qu'est-ce que tu fais à la place ?

– J'baise tant que je peux, a tranquillement déclaré Tom, déclenchant le fou rire de l'infirmière. Mais j'vais te dire un secret. J'ai caché des cigarettes partout dans l'hosto quand j'ai arrêté, des fois que je craquerais. Y en a une au sous-sol.

– Quelle marque ?

– Benson and Hedges. T'as qu'à la prendre si tu veux.

– D'accord, a dit l'infirmière. Merci.

Le monte-charge s'est arrêté sur une secousse.

Au sous-sol, l'air était surchauffé et desséché par la présence des chaudières, et je me suis mis à transpirer sous la couverture tandis que Tom me poussait à travers les piles monumentales de cartons, de boîtes et de casiers de fournitures de l'hôpital. Des paquets de toiles d'araignée pendaient au plafond voûté comme des déjections de chauves-souris. Les sursauts des roues sur le sol dallé me mettaient la colonne vertébrale au supplice. Tom a fait halte pour récupérer dans sa cachette l'une de ses cigarettes. Il a disparu avec l'infirmière derrière une montagne de linge et j'ai entendu un petit glapissement et un piétinement donnant à penser qu'il avait requis une faveur en échange de sa Benson and Hedges. Je ne parvenais pas à croire à ce qui m'arrivait. Comment un patient privé pouvait-il se trouver exposé à de tels outrages ? C'était comme si j'avais payé pour la classe Club et si je me retrouvais sur un siège cassé au fond de l'avion près des toilettes avec des fumeurs qui me toussaient à la figure (pure métaphore : l'infirmière n'a pas eu le culot, en fait, d'allumer sa cigarette). Cela n'arrangeait rien de savoir que Sally ne me manifesterait aucune compassion quand je lui raconterais l'histoire ; elle réprouve par principe la médecine privée et elle a refusé d'adhérer en même temps que moi à la BUPA.

Nous avons repris notre route à travers le labyrinthe des réserves pour aboutir enfin devant un autre monte-charge similaire, à l'extrémité opposée de l'immense sous-sol, et remonter lentement vers la lumière du jour. Encore un parcours interminable au long des couloirs, et soudain tout a changé. En franchissant une porte battante, je suis passé du XIXe au XXe siècle, du néo-gothique victorien au modernisme high-tech. C'était comme de pénétrer sur le plateau illuminé d'un studio de prise de son au décor design après avoir traversé des coulisses noyées d'ombre en se prenant les pieds dans les câbles. Tout était blanc et argent, immaculé, luisant dans la lumière diffuse, et l'équipe médicale m'a accueilli avec des sourires gentils, des voix douces et raffinées. On m'a transféré adroitement de ma civière à un autre lit à roulettes, plus perfectionné, sur lequel on m'a poussé dans une salle où m'attendait l'anesthésiste. Il m'a prié de fermer la main gauche et m'a prévenu d'un ton apaisant que j'allais ressentir une petite piqûre tandis qu'il me branchait sur une veine du bras une sorte de valve en plastique. Nousseytou est entré d'un pas nonchalant, emmailloté dans une combinaison bleu pâle de théâtre, les cheveux enfermés dans une résille, l'air d'une ménagère replète à peine sortie du lit, qui n'aurait pas encore ôté ses bigoudis. « Bonjour, vieille branche, m'a-t-il lancé. Tout va au poil ? » Nousseytou maîtrise parfaitement notre langue, mais je crois qu'il a dû lire autrefois beaucoup de littérature de P.G. Wodehouse. J'ai failli répondre que non, ça n'était pas allé au poil jusqu'à présent, mais le moment m'a paru mal choisi pour me plaindre de la réception que j'avais subie. D'ailleurs, je me sentais gagné par une douce sensation de bien-être somnolent. Nousseytou étudiait les radios de mon genou qu'il tenait à bout de bras devant un écran lumineux. « Ah oui ! » a-t-il murmuré comme s'il reconnaissait vaguement la photo de quelqu'un qu'il aurait croisé autrefois. Il est venu se planter à côté de moi, face à l'anesthésiste. Tous deux me regardaient en souriant. « Catégorie mains jointes », a commenté l'anesthésiste. Qu'entendait-il par là ? me suis-je demandé. On m'avait retiré la couverture et, ne sachant que faire de mes mains, je les avais croisées sur mon ventre. L'anesthésiste me les a tapotées. « C'est bien, c'est très bien, m'a-t-il dit d'un ton rassurant. Il y en a qui serrent les poings, ou qui se rongent les ongles. » Nousseytou a soulevé l'ourlet de ma chemise et m'a pincé le genou. J'ai pouffé et m'apprêtais à faire une plaisanterie sur le harcèlement sexuel lorsque j'ai perdu conscience.

À mon réveil, j'étais de retour dans la chambre à deux lits mais l'Antillais était parti ; où ? Cela, personne n'a pu me le dire. Ma jambe droite, enveloppée de bandages, était grosse comme une patte d'éléphant. Sally, venue me rendre visite en rentrant de son travail, a trouvé cela très comique. Comme prévu, je n'ai obtenu d'elle aucune espèce de compassion quand je lui ai fait le récit de ma matinée. « Ça t'apprendra à vouloir passer devant tout le monde, m'a-t-elle dit. Ma tante Emily attend depuis deux ans sa prothèse de la hanche. » Nousseytou est venu un peu plus tard et m'a demandé de soulever doucement mon genou à quelques centimètres de hauteur. Très prudemment – précautionneusement... –, j'ai obtempéré sans effet fâcheux, et il a paru satisfait. « Drôlement bien, s'est-il exclamé. Épatant. »

Après quelques jours à boitiller sur des béquilles, en attendant que le genou dégonfle, et plusieurs semaines de kinésithérapie et d'exercices de rééducation, j'ai recommencé à endurer par intermittence la même douleur qu'auparavant. Merde alors ! Je ne pouvais pas le croire. Nousseytou non plus ne pouvait pas le croire. Il pensait avoir identifié le problème : un fragment de tissu nommé *plica* qui se trouvait pincé dans l'articulation du genou et qu'il avait sectionné. Nous avons visionné ensemble sur le poste de télévision de son bureau la bande vidéo de mon opération. Je n'avais pas encore pu me forcer à la regarder. Cela donnait une image violemment éclairée, colorée, ronde, comme celle qu'on pourrait avoir dans le hublot d'un sous-marin avec un projecteur puissant. « C'est là, vous voyez ! » s'est écrié Nousseytou. Tout ce que je voyais, c'était quelque chose qui ressemblait à une mince anguille argentée, tranchant à coups de dents dans la tendre face inférieure d'un mollusque. La petite mâchoire d'acier mordait férocement et des lambeaux de mon genou se détachaient en flottant, aussitôt absorbés par l'aspirateur. Je n'ai pas résisté longtemps à ce spectacle. La violence à la télévision m'a toujours dégoûté.

– Alors ? ai-je demandé quand Nousseytou a arrêté la vidéo.

– Eh bien, franchement, vieille branche, je n'y comprends rien. Vous avez vous-même observé le *plica* qui était cause du problème, et vous m'avez vu l'éliminer. Il n'y a aucun signe d'atteinte du ménisque ou de dégénérescence arthritique de l'articulation. Aucune foutue raison pour que le genou vous fasse encore souffrir.

– Et pourtant, je souffre.

– Oui, je vous crois. C'est drôlement embêtant.

– Surtout pour moi.

– C'est sans doute un cas de *patella chondromalacia* idiopathique, a déclaré Nousseytou. *Patella chondromalacia* signifie douleur du genou, a-t-il précisé quand je l'ai prié de s'expliquer, et « idiopathique » signifie que cela vous est particulier, mon vieux.

Il me souriait comme s'il était en train de me décerner le premier prix. Je lui ai demandé comment on pouvait y remédier, à quoi il m'a répondu, un peu moins sûr de lui, qu'il pourrait procéder à une seconde arthroscopie, pour voir si par hasard quelque chose lui aurait échappé lors de la première. Ou alors, que j'essaie l'aspirine et la kinésithérapie. Bon, j'essaierais l'aspirine et la kinésithérapie.

– Bien entendu, cela se passerait à la clinique, la prochaine fois, m'a-t-il dit, conscient que je n'avais pas été comblé par le confort de l'hôpital.

– Malgré cela, je ne suis pas pressé de subir une nouvelle opération.

Quand j'ai raconté à Roland – c'est le nom de mon kiné – quand j'ai raconté à Roland l'essentiel de cette consultation, il m'a adressé son sourire en biais le plus sardonique.

– Vous souffrez d'un Problème Interne du Genou, a-t-il déclaré. C'est ainsi que les orthopédistes nomment cela entre eux. Problème Interne du Genou. P.I.G. Point d'Interrogation Générale.

Roland est aveugle, au fait. Voilà encore autre chose qui peut vous arriver de pire qu'une douleur au genou. La cécité.

Mardi après-midi 16 février

Aussitôt après avoir écrit ces dernières lignes, hier, l'idée m'a pris d'essayer de garder les yeux fermés un moment, pour voir quel effet ça fait d'être aveugle, et apprécier la chance que j'ai par comparaison avec le pauvre Roland. Je suis même allé jusqu'à me bander les yeux à l'aide d'un masque qu'on m'avait donné un jour dans l'avion de la British Airways qui me ramenait de Los Angeles. J'avais envie de savoir comment ce serait de mener à bien la tâche la plus simple et banale, par exemple me faire une tasse de thé, sans rien y voir. L'expérience n'a pas duré longtemps. Rien qu'en allant du bureau à la cuisine, je me suis violemment cogné le genou (le droit, comme par hasard) sur le tiroir ouvert d'un classeur. J'ai arraché le masque et me suis mis à sautiller sur un pied à travers la pièce en poussant des chapelets de jurons et de blasphèmes si abominables que j'ai fini, choqué, par me réduire moi-même au silence. J'étais sûr de m'être démoli le genou pour de bon. Mais au bout d'un moment, la douleur est passée et, ce matin, l'articulation n'avait pas l'air en plus mauvais état qu'avant. Ni meilleur, évidemment.

Il y a un avantage à souffrir d'un Problème Interne du Genou : quand on vous téléphone pour vous demander de vos nouvelles et que vous ne voulez pas répondre : « Je touche le fond », mais n'avez pas envie non plus de déclarer que vous nagez dans le bonheur, vous pouvez toujours vous plaindre de votre mal. Jake Endicott, mon agent, vient d'appeler pour confirmer notre rendez-vous à déjeuner demain, et j'ai commencé par lui faire une grande tirade à propos de mon genou. Il a une réunion cet après-midi avec les responsables de Heartland pour discuter de leur production éventuelle d'une nouvelle série des *Gens d'à côté*. Cela fait seulement quelques semaines que je leur ai remis le scénario du dernier épisode de la série actuelle, mais ces décisions-là ont besoin d'être prises longtemps d'avance, car le renouvellement du contrat des acteurs est pour bientôt. Jake est convaincu que Heartland va produire au moins une série de plus, et sans doute deux. « Avec la part de marché que tu décroches, ils seraient dingues d'y renoncer », m'a-t-il dit. Il m'emmène déjeuner chez *Groucho*. Comme d'habitude.

Un an a passé depuis mon arthroscopie, et j'ai toujours mal au genou. Devrais-je tenter une nouvelle opération ? Point d'Interrogation Générale. Je ne parviens pas à me décider. Ces temps-ci, je ne parviens à prendre aucune espèce de décision. J'étais incapable de choisir la cravate que j'allais mettre, ce matin. Si je bute sur un détail aussi dérisoire qu'une cravate, comment pourrais-je me décider à propos d'une opération ? Je suis resté si longtemps à hésiter devant ma penderie que j'ai failli me mettre en retard pour mon rendez-vous avec Alexandra. Je ne réussissais pas à trancher entre le style neutre, classique, et les couleurs vives, voyantes. J'ai fini par réduire le choix à une sobre cravate en tricot bleu marine de chez Marks & Spencer et une en soie peinte à la main, orange, brun et rouge. Mais, comme ni l'une ni l'autre n'allait avec la chemise que je portais, j'ai été obligé d'en enfiler une autre. Le temps passait à toute vitesse : j'ai glissé autour de mon cou la cravate de soie et fourré dans ma poche celle en tricot, au cas où je changerais d'avis, le temps d'arriver au cabinet d'Alexandra. C'est ce que j'ai fait, d'ailleurs : j'ai profité d'un feu rouge pour nouer la cravate en tricot. Alexandra est ma psy, celle que je vois en ce moment. Le Dr Alexandra Boule. Non, son vrai nom est Boulmer. Je la surnomme Boule pour m'amuser. Si jamais elle s'en va ou prend sa retraite, je pourrai dire que j'ai perdu la Boule. Elle ne se doute pas que je l'ai baptisée ainsi, mais cela lui serait égal. Par contre, elle aurait des objections si elle savait que je l'appelle ma psy. Il paraît qu'elle ne pratique pas la psychanalyse, mais la thérapie comportementale cognitive.

Je multiplie les thérapies. Le lundi j'ai ma séance de kinésithérapie avec Roland, le mardi je vais chez Alexandra pour la thérapie comportementale cognitive, et le vendredi c'est soit l'aromathérapie, soit l'acupuncture. Mercredi et jeudi, en général, je suis à Londres, mais là je vois Amy, qui constitue elle aussi une sorte de thérapie, j'imagine.

Quelle différence y a-t-il entre la psychanalyse et la thérapie comportementale cognitive ? Ma foi, autant que je sache, un psychanalyste tente de vous révéler la cause cachée de votre névrose, tandis que le thérapeute comportemental cognitif traite les symptômes qui vous rendent malheureux. Par exemple, si vous souffrez de claustrophobie dans les transports en commun, un psychanalyste s'efforcera de vous amener à découvrir le traumatisme, survenu dans votre vie antérieure, qui en est la cause. Disons qu'enfant vous avez subi des violences sexuelles au passage d'un tunnel ou un truc dans ce genre, de la part d'un homme assis à côté de vous – disons qu'il s'est livré sur vous à ce forfait pendant qu'il faisait sombre dans le compartiment à cause du tunnel, qu'ayant eu trop peur et trop honte vous n'avez pas osé accuser cet homme quand le train est sorti du tunnel et n'en avez même jamais parlé à vos parents ni à qui que ce soit, mais au contraire complètement refoulé le souvenir. Dans ce cas, si le psychanalyste peut vous aider à vous remémorer cette histoire et à comprendre que ce n'était pas votre faute, vous serez débarrassé de la claustrophobie. C'est la théorie, du moins. L'ennui, ainsi que le soulignent les adeptes de la thérapie comportementale cognitive, c'est que l'entreprise peut durer une éternité avant de découvrir le traumatisme refoulé, à supposer qu'il ait existé. Prenez Amy, par exemple. Voici trois ans qu'elle est en analyse, et elle voit son psy tous les jours, du lundi au vendredi, de neuf heures à dix heures moins dix chaque matin avant d'aller au bureau. Imaginez-vous ce que cela lui coûte ? Je lui ai demandé un jour comment elle saurait quand elle serait guérie. « Lorsque je n'éprouverai plus le besoin de voir Carl », m'a-t-elle répondu. Carl est son psy, le Dr Carl Kiss. Si vous voulez mon avis, Carl tient un bon filon.

Donc, un praticien de la thérapie comportementale cognitive, lui, vous tracerait sans doute un programme pour vous conditionner aux transports en commun, prendre le métro sur la ligne circulaire intérieure, d'abord rien que le trajet entre deux stations voisines, puis trois, puis quatre et ainsi de suite, dans un moment peu fréquenté pour commencer, puis à l'heure de pointe, en vous accordant chaque fois à vous-même une sorte de petite récompense, un verre, un repas ou une nouvelle cravate, selon vos goûts, et vous êtes si content de vos propres exploits et de ces menus cadeaux que vous en oubliez d'avoir peur et finissez par admettre qu'il n'y a rien qui justifie vos appréhensions. C'est la théorie, du moins. Amy n'a pas paru convaincue quand j'ai essayé de la lui exposer. « Et si un beau jour on se fait violer sur la ligne circulaire intérieure ? » m'a-t-elle objecté. Elle a tendance à prendre les choses au pied de la lettre, Amy.

Cela dit, c'est vrai qu'il y a des gens qui se font violer sur la ligne circulaire intérieure, de nos jours. Même des hommes.

C'est mon généraliste qui m'a adressé à Alexandra. « Elle est très bien, m'a-t-il affirmé. Pleine de bon sens. Elle ne perd pas de temps à sonder votre inconscient, à vous faire raconter comment on vous a appris à aller sur le pot, ou si vous avez surpris vos parents en train de s'envoyer en l'air, ce genre de choses. » Cela m'a rassuré. Et, en effet, Alexandra m'a apporté une aide. Les exercices de respiration sont tout à fait efficaces, pendant les cinq minutes qui suivent. Et je me sens toujours plus calme après l'avoir vue, cela dure au moins une heure ou deux. Elle est spécialiste d'une technique nommée thérapie rationalisante. L'idée est d'amener le patient à voir que ses peurs ou ses phobies sont basées sur une interprétation incorrecte ou injustifiée. En un sens, je le savais déjà, mais ce n'est pas inutile de l'entendre énoncer par Alexandra. Parfois, cependant, j'aimerais bien un petit coup d'analyse viennoise à l'ancienne, et j'envie presque à Amy son Kiss quotidien. (En réalité, le nom se prononce « Kish », c'est un Hongrois, mais je préfère l'appeler « Kiss ».) Ce qu'il y a, c'est que je n'ai pas toujours été mal. Je me souviens d'une époque où j'étais heureux. Raisonnablement satisfait de mon sort, en tout cas. Ou du moins, une époque où je ne pensais pas être malheureux, ce qui équivaut peut-être à se sentir heureux. Ou raisonnablement satisfait. Mais à un moment donné, quelque part, je l'ai perdu, le chic de vivre tout simplement, sans crises d'anxiété ni de dépression. Comment ? Point d'interrogation générale.

« Alors, comment ça va aujourd'hui ? » m'a lancé Alexandra ainsi qu'elle le fait à chaque début de séance. Nous occupons deux fauteuils face à face, séparés par trois mètres d'épaisse moquette d'un gris pâle, dans son cabinet élégant, haut de plafond, et meublé à la manière d'un salon, à part le bureau près de la fenêtre et un classeur fonctionnel de bonne taille dans un coin de la pièce. Les fauteuils sont placés de part et d'autre d'une cheminée, où brûlent joyeusement les faux charbons d'un chauffage à gaz durant les mois d'hiver, tandis que l'été c'est un vase de fleurs toutes fraîches qui est posé dans l'âtre. Grande et mince, Alexandra porte des vêtements gracieux et fluides : des chemisiers de soie et des jupes plissées en laine fine, assez longues pour lui couvrir sagement les genoux quand elle s'assied. Elle a un visage étroit, à la fine ossature, sur un cou très long et fuselé, et ses cheveux sont noués en un chignon serré. Imaginez une assez belle girafe aux longs cils dessinée par Walt Disney.

J'ai commencé par lui raconter mes hésitations pathologiques en matière de cravate.

– Pathologiques ? Pourquoi employez-vous ce mot ? m'a-t-elle demandé, toujours prompte à relever les termes négatifs que je m'applique à moi-même.

– Je veux dire, pour une affaire de cravate, franchement ! J'ai perdu une demi-heure de ma vie à me torturer à propos d'une... non mais, jusqu'où va-t-on dans le dérisoire ?

Alexandra m'a demandé pourquoi il m'avait été si difficile de faire mon choix entre les deux cravates.

– Si je mettais la bleu marine, ai-je pensé, vous y verriez un signe de mon état dépressif, ou plutôt du fait que je cédais à mon état dépressif, au lieu de le combattre. Mais quand j'ai mis celle aux couleurs éclatantes, je me suis dit que vous y verriez le signe que j'avais surmonté ma dépression, or il n'en est rien. Dans un cas comme dans l'autre, il me semblait que ce serait une sorte de mensonge de ma part.

Alexandra a souri, et j'ai ressenti cette bouffée d'optimisme trompeur qui survient souvent en thérapie quand on a bien répondu, comme un gamin futé à l'école.

– Vous auriez pu vous passer carrément de cravate.

– J'y ai songé. Mais j'en mets toujours une pour ce genre de séances. C'est une vieille habitude. J'ai été élevé ainsi : habille-toi convenablement quand tu vas chez le docteur. Si je cessais soudain de porter une cravate, vous pourriez croire que cela signifie quelque chose – un manque de respect, un mécontentement – et je ne suis pas mécontent. Enfin, rien que de moi-même.

Voici quelques semaines, Alexandra m'a suggéré de faire mon propre portrait par écrit. J'ai trouvé l'exercice très intéressant. C'est sans doute là que j'ai puisé l'idée de rédiger ce... je ne sais quoi. Ce livre de bord. Ce journal intime. Ces aveux. Jusqu'à présent, je n'ai jamais écrit que sous la forme dramatique, des sketches, des dialogues, des scénarios. Bien entendu, tout scénario pour la télévision comporte des bribes de description – indications de jeux de scène, notes sur les personnages à l'intention du casting (*Judy est une jolie blonde décolorée, d'une vingtaine d'années*) – mais sans entrer dans le détail, aucune analyse, en dehors des lignes du dialogue. La télé, c'est ça : rien que des lignes. Celles des dialogues et celles du tube cathodique qui recréent l'image. Tout se trouve soit dans l'image, qui vous montre où vous êtes, soit dans le dialogue, qui vous indique ce que pensent ou ce qu'éprouvent les personnages, et il arrive souvent qu'on n'ait même pas besoin pour cela d'avoir recours aux mots ; un haussement d'épaules, des yeux écarquillés suffiront. Tandis que si on écrit un livre, on ne dispose que des mots pour tout exprimer : le comportement, l'aspect, les sentiments, toute l'affaire. Les auteurs de livres, je leur tire mon chapeau, sincèrement.

Lawrence Passmore

AUTOPORTRAIT

J'ai cinquante-huit ans, je mesure un mètre soixante-treize et je pèse quatre-vingt-cinq kilos – une quinzaine de plus que le poids souhaitable selon la charte qui figure dans notre exemplaire écorné du *Manuel familial de la santé*. C'est durant mon service militaire qu'on m'a surnommé « Tubby [1] », et cela m'est resté. Mais j'ai toujours pesé un peu lourd par rapport à ma taille, même adolescent, au temps où je jouais au football, avec un torse en forme de barrique, légèrement renflé à partir de la poitrine jusqu'au point de rencontre de la chemise et du short. À l'époque, mon ventre était tout en muscles et me servait à écarter du ballon les adversaires mais, l'âge venant, malgré les exercices réguliers, le muscle s'est enrobé de graisse qui a gagné mes hanches et mon derrière, de sorte qu'à présent je suis plutôt en forme de poire. Il paraît qu'à l'intérieur de tout homme gros il y en a un maigre qui lutte pour sortir, et j'entends ses plaintes étouffées chaque fois que je me regarde dans la glace de la salle de bains. D'ailleurs, ce n'est pas seulement la

1. « Bouboule. » *(N.d.l.T.)*

forme de mon torse qui me tracasse, et il n'y a pas que le torse, si l'on va par là. J'ai la poitrine couverte de quelque chose qui ressemble à une paille de fer de la taille d'un paillasson, et qui monte jusqu'à la pomme d'Adam : si je porte une encolure ouverte, des vrilles vigoureuses surgissent par en haut comme les végétations à croissance accélérée venues de l'espace dans les vieux feuilletons de science-fiction. Et, par un coup cruel de mon destin génétique, je n'ai pratiquement plus de cheveux. Mon crâne est aussi chauve qu'une ampoule électrique, tout comme celui de mon père, à part une petite frange autour des oreilles, et sur la nuque, où je la garde très longue, au point qu'elle pend sur mon col. Cela fait un peu négligé, mais j'ai du mal à supporter qu'on la coupe, tant chaque mèche m'est précieuse. Je déteste voir tomber mes rares cheveux sur le sol du salon de coiffure, j'ai envie qu'on les recueille dans un sac en papier pour que je puisse les rapporter à la maison. Une fois, j'ai essayé de me laisser pousser la moustache, mais elle avait une allure bizarre, grise d'un côté et un peu roussâtre de l'autre, aussi l'ai-je rasée précipitamment. J'ai envisagé de porter la barbe, mais j'ai craint qu'elle ne se fonde dans les poils de mon torse. Rien ne vient donc masquer l'aspect ordinaire de mon visage : un ovale rosé, bouffi, ridé et plissé comme un ballon qui se dégonfle lentement, les joues flasques, le nez légèrement bulbeux et les yeux d'un bleu délavé à l'expression assez triste. Mes dents non plus n'ont rien de remarquable, sinon que ce sont les miennes, du moins celles qu'on voit (j'ai un bridge en bas à droite, là où il manque quelques molaires). J'ai le cou massif comme un tronc d'arbre, mais des bras assez courts, ce qui me complique la vie pour trouver des chemises à ma taille. Durant de longues années, j'ai eu des manchettes qui me tombaient sur les mains à moins d'être tenues en place par les manches longues d'un chandail ou des bracelets élastiques aux coudes. Puis je suis allé en Amérique, où ils ont découvert que certains hommes ont les bras plus courts que la moyenne (en Grande-Bretagne, je ne sais pourquoi, il est seulement permis d'avoir les bras plus longs que la moyenne), et j'ai acheté une douzaine de chemises chez Brooks Brothers. J'entretiens ma garde-robe grâce à une société américaine de vente par correspondance qui a pris pied voici quelques années sur le marché anglais. Évidemment, j'aurais maintenant les moyens de me faire faire mes chemises sur mesure, mais je n'aime pas les boutiques d'allure snob aux alentours de Picadilly où il faudrait m'adresser, et les popelines rayées qu'elles ont en vitrine sont trop affectées à mon goût. N'importe comment, je ne supporte pas la corvée des achats. Je suis du genre impatient. Je le suis devenu. Je ne l'étais pas, autrefois. Pour faire la queue, par exemple. Quand j'étais jeune, faire la queue était un mode de vie, cela m'était égal. La queue pour les autobus, pour le cinéma, dans les boutiques. À présent, je ne prends presque plus jamais l'autobus, je vois la plupart des films sur cassette vidéo à la maison, et si j'entre dans une boutique où plus de deux personnes attendent d'êtres servies, il y a toutes les chances pour que je tourne les talons. Je préfère me passer de ce que je voulais acheter. Je hais particulièrement les banques et les bureaux de poste où les rangées sont délimitées par un cordon, comme à l'immigration dans les aéroports, et où l'on piétine indéfiniment à la queue leu leu, jusqu'au moment où, arrivé en tête de file, il faut balayer du regard les guichets, pour repérer lequel va se libérer le premier, avec toutes les chances de le rater si bien que le petit malin dans votre dos vous expédie un coup de coude dans les reins en s'exclamant : « À toi, mon pote. » Autant que possible, j'accomplis désormais au téléphone toutes mes opérations bancaires par système informatisé, et je faxe la plupart de mes lettres, ou alors je fais venir un coursier de Datapost si j'ai à envoyer un scénario ; n'empêche qu'il m'arrive d'avoir besoin de timbres, et je suis obligé d'aller faire le pied de grue dans l'une de ces longues files d'attente pleines de vieilles femmes et de parents célibataires, avec leur morveux dans sa poussette, venus toucher leur pension ou leur allocation, et j'ai du mal à me contenir, à ne pas crier : « Il serait presque temps, non, d'avoir un guichet réservé aux gens qui veulent simplement acheter des timbres ? Qui ont un envoi à poster ? Nous sommes bien dans un bureau de poste ? » Figure de style, bien sûr, je me contiens sans mal, jamais je ne me mettrais à crier en un lieu public, mais c'est ce que j'éprouve. Je ne manifeste guère mes sentiments. Les gens qui me connaissent seraient surpris, pour la plupart, si je leur disais que je suis un impatient. À la télé, j'ai la réputation d'être plutôt placide, flegmatique, de garder mon sang-froid quand tout le monde perd le sien. Ils seraient surpris aussi d'apprendre que je ne suis pas satisfait de mon physique. Ils croient que j'aime mon surnom de Tubby. J'ai tenté une ou deux fois de laisser entendre que cela ne me déplairait pas si on m'appelait « Laz », pour changer, mais j'ai fait chou blanc. Les seules parties de mon corps dont je suis assez content sont les extrémités, les mains et les pieds. Ceux-ci sont assez petits – je chausse du 40

– et étroits, bien cambrés. Les chaussures italiennes les mettent en valeur, et je m'en offre plus souvent qu'il n'est nécessaire. J'ai toujours eu les pieds agiles, surtout si l'on pense au poids qu'ils ont à porter; j'étais un brillant dribbleur, au foot, et plutôt bon danseur. Dans la maison, je me déplace sans bruit; il m'arrive de faire sursauter ma femme quand elle se retourne et me découvre dans son dos. J'ai aussi les mains plutôt petites, mais avec de longs doigts fuselés de pianiste, bien que le seul clavier dont je joue soit celui de mon IBM.

Quand j'ai remis cet autoportrait à Alexandra, elle y a jeté un coup d'œil et m'a dit : « C'est tout ? » J'ai répliqué que c'était le plus long morceau de prose d'un seul tenant que j'aie écrit depuis des années. « Il n'y a pas de paragraphes, pourquoi ? » m'a-t-elle demandé, alors je lui ai expliqué que j'avais perdu la main pour rédiger des paragraphes, que j'étais habitué à écrire des répliques, des discours, aussi mon autoportrait a-t-il pris la forme d'une sorte de monologue. « Je sais seulement écrire comme si je m'adressais à quelqu'un », ai-je précisé. (C'est vrai. Voyez ce journal, par exemple. Je n'ai pas l'intention de le faire lire à qui que ce soit, mais pour l'écrire, il faut que je m'adresse à un « vous ». Je n'ai aucune idée de qui est ce « vous ». Simplement, une oreille imaginaire, bienveillante.) Alexandra a rangé mon autoportrait dans un tiroir pour le lire plus tard. À la séance suivante, elle m'a dit qu'elle le trouvait intéressant mais très négatif. « Vous parlez principalement des défauts de votre corps, ou de ce que vous estimez être des défauts, et même pour les deux qualités que vous mentionnez, vos mains et vos pieds, vous trouvez moyen de les déprécier en observant que vous achetez trop de chaussures et que vous ne savez pas jouer du piano. » Alexandra pense que j'ai une piètre opinion de moi-même. Elle a sans doute raison, mais j'ai lu dans la presse que c'est une chose très courante. La piètre opinion de soi constitue actuellement une sorte d'épidémie en Grande-Bretagne. Cela a peut-être un rapport avec la récession. Mais pas dans mon cas. Je ne suis pas touché par la récession. Je me débrouille fort bien. Je suis à l'aise. Presque riche. *Les Gens d'à côté*, mon feuilleton qui dure depuis des années, a treize millions de téléspectateurs toutes les semaines, il en existe une adaptation américaine qui remporte le même succès, et d'autres versions en diverses langues étrangères dans le monde entier. L'argent de ces cessions de droits coule dans mon compte en banque comme l'eau du robinet. Alors, qu'est-ce qui ne va pas ? Pourquoi ne suis-je pas content ? Point d'interrogation générale.

Selon Alexandra, c'est parce que je suis un perfectionniste. Je me fixe à moi-même des critères impossibles à atteindre, si bien que je ne peux qu'être déçu. Ce n'est peut-être pas tout à fait faux. Dans les métiers du spectacle, la plupart des gens sont des perfectionnistes. Même s'ils produisent des fadaises, interprètent des fadaises, écrivent des fadaises, ils veulent que ce soit des fadaises parfaites. C'est ce qui nous différencie principalement des autres gens. Quand on va à la poste acheter des timbres, l'employé qui vous sert ne recherche pas la perfection. L'efficacité, peut-être, si vous avez de la chance, mais la perfection, non. À quoi cela rimerait-il ? Un timbre à plein tarif est identique à un autre, et il n'y a pas trente-six façons de le détacher de sa feuille et de le pousser sur le comptoir. L'employé se livre aux mêmes opérations de jour en jour, d'année en année, il est prisonnier d'un manège répétitif. Tandis que chaque épisode d'une sitcom a quelque chose de particulier, si banal et convenu qu'il soit, et il y a deux raisons à cela. La première, c'est que personne n'a réellement besoin d'une sitcom comme tôt ou tard on peut avoir besoin d'un timbre ; par conséquent, sa seule justification est de procurer du plaisir, et l'épisode n'y parviendra pas s'il est exactement semblable au précédent. La seconde raison, c'est que tous ceux qui y prennent part ont conscience de la première raison, ils savent donc qu'ils ont intérêt à ce qu'il soit aussi réussi que possible, sans quoi ils vont se retrouver au chômage. Vous seriez surpris de découvrir la masse d'efforts et de réflexion qui sous-tend la moindre réplique, le moindre geste, la moindre réaction. Lors des répétitions, jusqu'à l'enregistrement, chacun est là à se demander : « Comment pourrions-nous affiner tel détail, améliorer tel autre, susciter ici un rire de plus... » Ensuite, les critiques vous démolissent en deux phrases sarcastiques. C'est le seul point noir de la télévision en tant que support : les critiques de télévision. Comprenez-vous, même si j'ai une piètre opinion de moi, cela ne signifie pas que je n'ai pas envie qu'on en ait une meilleure. À la vérité, je déprime fortement si je vois qu'elle est mauvaise. Mais n'importe comment, je n'échappe pas à la dépression puisque j'ai une piètre opinion de moi. Je voudrais que tout le monde me trouve parfait, alors que moi-même je suis persuadé du contraire. Pourquoi ? Point d'interrogation générale. P.I.G.

Vers le début de ma thérapie, Alexandra m'avait prié de prendre une feuille de papier et de dresser sur deux colonnes la liste de ce qui allait bien et de ce qui n'allait pas dans ma vie. Dans la colonne de ce qui allait bien, j'avais écrit :

1/ Réussite professionnelle
2/ Aisance financière
3/ Bonne santé
4/ Stabilité conjugale
5/ Enfants lancés sans encombre dans la vie adulte
6/ Domicile agréable
7/ Voiture épatante
8/ Autant de vacances que j'en ai envie.

Dans la colonne de ce qui n'allait pas, je n'avais rempli qu'une ligne :

1/ Je me sens malheureux la plupart du temps.

Quelques semaines plus tard, j'ai ajouté ceci :

2/ Douleur au genou.

Ce n'est pas tant la douleur en soi qui m'accable que la façon dont elle restreint les possibilités d'exercice physique. Le sport constituait ma principale forme de thérapie, même si je ne le voyais pas ainsi. Je prenais simplement plaisir à taper sur des balles ou des ballons, à leur courir après ; j'ai toujours adoré ça, depuis l'époque lointaine où j'étais un gamin qui jouait dans une ruelle londonienne. Je trouvais stimulant, j'imagine, de montrer que j'étais meilleur qu'on ne s'y attendait – que mon corps épais et gauche d'apparence était capable d'une étonnante agilité, et même d'une certaine grâce, dès qu'il avait affaire à un ballon. (La balle ou le ballon sont indispensables : sans cela, j'ai la grâce d'un hippopotame.) Chacun sait, évidemment, que le sport est un moyen inoffensif d'évacuer les tensions et l'adrénaline. Mais ce qu'il y a de mieux, c'est qu'il favorise le sommeil. Je ne connais pas de sensation comparable à la fatigue intense qu'on éprouve après une partie de squash, dix-huit trous au golf ou cinq sets de tennis, au luxe d'allonger ses membres entre les draps quand on va se coucher, en sachant qu'on est sur le point de sombrer sans effort dans un sommeil long et profond. Le sexe est incomparablement moins efficace. Il vous procure deux heures d'assoupissement, guère plus. Nous avons fait l'amour hier soir, Sally et moi (à son initiative, c'est généralement le cas ces temps-ci), et je me suis endormi tout de suite après, comme assommé, en la tenant nue dans mes bras. Mais j'ai fait surface à deux heures et demie, grelottant et parfaitement éveillé ; près de moi, Sally respirait tranquillement dans un de ses vastes T-shirts qui lui servent de chemise de nuit ; je suis allé pisser et j'ai enfilé un pyjama, mais je n'ai jamais pu me rendormir. Je restais couché là avec mes pensées qui tournaient en rond – en spirale, devrais-je dire – à s'enfoncer dans les ténèbres. De noires pensées. J'avais un battement douloureux dans le genou, venu en faisant l'amour, je suppose, et j'ai commencé à me demander si ce n'était pas le premier symptôme d'un cancer des os, et comment je supporterais d'être amputé si je supportais déjà si mal un simple Problème Interne du Genou.

C'est le genre d'idée qui s'empare de vous en pleine nuit. Je déteste ces ruminations involontaires, qui me tiennent éveillé dans l'obscurité, avec Sally paisiblement endormie à mon côté, à me demander que faire : devrais-je allumer la lampe de chevet et lire un moment, ou descendre me préparer une boisson chaude, ou prendre un somnifère pour obtenir quelques heures de perte de conscience au prix de la sensation, le lendemain, d'avoir du plomb à la place de la moelle des os ? Alexandra me dit que je n'ai qu'à lire jusqu'à ce que le sommeil me gagne, mais je crains de réveiller Sally en allumant la lampe, d'ailleurs selon Alexandra je devrais descendre lire dans une autre pièce, mais je n'ai pas envie de me retrouver au rez-de-chaussée face à l'espace silencieux et vivant de la maison, tel un intrus sous mon propre toit. Le plus souvent, je reste donc couché là tout simplement, comme la nuit dernière ; dans l'espoir de m'assoupir enfin, je me tournais et me retournais en quête d'une position confortable. Pendant un moment, je me suis blotti contre Sally, mais elle a eu trop chaud et m'a repoussé dans son sommeil. J'ai tenté de m'étreindre moi-même, les bras étroitement croisés en travers de la poitrine, chaque main refermée sur l'épaule opposée, comme si on m'avait mis la camisole de force. C'est ce que je devrais porter en guise de pyjama, si vous voulez mon avis.

Mercredi 17 février, 2 h 05 du matin

Ce soir, nous n'avons pas fait l'amour et je me suis réveillé encore plus tôt : une heure quarante. J'ai fixé avec consternation les chiffres rouges de mon radio-réveil, qui projetaient une lueur infernale sur la surface cirée du meuble de chevet. Ayant décidé cette fois-ci d'essayer de me lever, j'ai balancé mes jambes hors du lit et cherché mes pantoufles à tâtons avant d'avoir le temps de changer d'idée. En bas, j'ai enfilé un survêtement sur mon pyjama et me suis fait du thé que j'ai porté dans le bureau. Et me voici, assis devant l'ordinateur, à taper ces lignes. Où en étais-je hier ? Ah, oui. Le sport.

D'après Roland, je devrais renoncer au sport tant que les symptômes n'auront pas disparu, avec ou sans nouvelle opération. Je suis autorisé à faire de la musculation sur quelques-uns des appareils de la salle de gymnastique du club, ceux qui laissent le genou en repos, et j'ai le droit de nager pourvu que j'évite la brasse ; apparemment, la détente de la jambe façon grenouille est mauvaise pour l'articulation. Mais je n'ai jamais aimé la musculation. À mon avis, c'est au vrai sport ce que la masturbation est au sexe. Quant à la natation, il se trouve que la brasse est la seule nage que je maîtrise. Le squash est hors de question, pour des raisons évidentes. Le golf aussi, malheureusement : la torsion latérale sur le genou droit lorsqu'on accompagne le coup après le swing est un mouvement meurtrier. Je fais quand même encore un peu de tennis, en portant une sorte d'attelle au genou, qui le maintient plus ou moins rigide. Cela m'oblige à traîner la jambe droite, style capitaine Achab, quand je sautille à travers le court, mais c'est mieux que rien. On dispose de courts couverts au club, et d'ailleurs on peut jouer dehors pratiquement en toute saison, avec ces hivers doux que nous avons depuis quelque temps ; c'est apparemment l'un des effets les plus bénéfiques du réchauffement de la planète Terre.

Au club, je joue avec trois autres invalides d'âge mûr. Joe souffre de sérieux ennuis au dos, il porte un corset en permanence et parvient difficilement à servir par en dessus ; Rupert a eu un grave accident de voiture, voici quelques années, et il boite des deux jambes, si cela peut se faire ; quant à Humphrey, il a de l'arthrite aux pieds et une prothèse de la hanche. Chacun de nous exploite sans pitié les handicaps des autres. Par exemple, si Joe est monté au filet contre moi, je le lobe, car je sais qu'il a du mal à lever sa raquette au-dessus de sa tête, et si j'assure en fond de court, il s'acharne à croiser ses retours d'un bord à l'autre, en misant sur le fait que mon attelle m'interdit les déplacements rapides. Si vous nous voyiez, cela vous ferait monter les larmes aux yeux, de rire ou de pitié.

Naturellement, je ne peux plus être le partenaire de Sally en double mixte, et c'est bien dommage car on se débrouillait plutôt bien dans les tournois de vétérans. Il lui arrive d'échanger des balles avec moi, mais elle refuse de faire une partie parce que, d'après elle, je me démolirais le genou en voulant gagner à tout prix, et sans doute a-t-elle raison. Je la battais, en général, quand j'avais tous mes moyens, mais à présent elle est en train de faire des progrès pendant que je m'étiole. J'étais l'autre jour au club avec ma bande de handicapés, lorsqu'elle a fait son apparition, venue tout droit de son travail pour prendre une leçon. J'ai été assez surpris, en fait, lorsqu'elle est passée au fond du court couvert en compagnie de Brett Sutton, l'entraîneur du club, car je ne m'attendais pas à la voir là. J'ignorais qu'elle avait pris rendez-vous pour cette leçon ; probablement me l'avait-elle dit, mais je ne l'avais pas enregistré. C'est devenu ces temps-ci chez moi une habitude préoccupante : on me parle et je donne l'impression d'écouter et de répondre, mais quand l'interlocuteur se tait, je constate que je n'ai rien retenu, parce que je suivais le fil de mes propres pensées. C'est un autre genre de Problème Interne. Sally est fumasse quand elle s'en aperçoit, et je la comprends ; aussi, lorsqu'elle m'a adressé un signe de main désinvolte derrière le grillage, je le lui ai rendu de façon tout aussi désinvolte, au cas où j'aurais été censé savoir qu'elle venait prendre une leçon cet après-midi. Les deux ou trois premières secondes, en fait, je ne l'avais pas identifiée, j'ai seulement perçu la présence d'une grande blonde d'allure séduisante. Elle portait un ensemble fuchsia et blanc que je voyais pour la première fois, et je ne me suis pas encore habitué à sa nouvelle tête. Un beau jour, juste avant Noël, les cheveux qu'elle avait gris en sortant le matin étaient d'un blond doré à son retour, l'après-midi. Quand je lui ai demandé pourquoi elle ne m'avait pas averti, elle m'a dit qu'elle voulait voir comment je réagirais sans m'y être préparé. Sensationnel, ai-je déclaré. Si j'ai paru manquer d'enthousiasme, c'était pure jalousie de ma part. (J'ai essayé en vain plusieurs traitements contre la calvitie : le dernier consistait à rester suspendu la tête en bas pendant plusieurs minutes pour faire affluer le sang vers le crâne. Cela s'appelait « Thérapie du renversement ».) Dès que je me suis rendu compte que c'était elle au club de tennis, j'ai été saisi d'une petite bouffée de fierté du propriétaire devant sa silhouette svelte et ses boucles blondes. Elle a aussi tapé dans l'œil de mes copains.

– T'as intérêt à la surveiller, ta bonne femme, Tubby, a dit Joe tandis que nous changions de côté entre deux jeux. Le temps que tu te sois requinqué, elle te roulera dans la farine.

– Tu crois ça ?

– Ouais, il est doué, comme entraîneur. Doué aussi sur d'autres terrains, il paraît.

Joe a adressé un clin d'œil aux deux autres et, naturellement, Humphrey a renchéri.

– C'est sûr qu'il est équipé. Je l'ai vu sous la douche, l'autre jour. La sienne doit bien faire ses vingt-cinq centimètres.

– Tu crois que ton allonge fait le poids, Tubby ?

– Va falloir que tu perfectionnes ton jeu.

– Tu te feras arrêter un de ces jours, Humphrey, ai-je lancé. À force de mater les mecs sous la douche.

Les autres ont hurlé de rire.

Ce genre de mise en boîte nous est coutumier à tous les quatre. C'est sans méchanceté. Humphrey est vieux garçon, il vit avec sa mère et n'a pas de petite amie, mais personne n'imagine un instant qu'il puisse être homo. Sinon, nous éviterions de le taquiner là-dessus. Pareil pour les sous-entendus au sujet de Brett Sutton et Sally. C'est la blague rituelle qui veut que toutes les femmes du club mouillent à sa vue – il est grand, brun et assez beau pour se coiffer en queue de cheval sans avoir l'air d'un maquereau – mais personne non plus ne croit sérieusement à des galipettes.

Je ne sais pourquoi, cette conversation m'est revenue en mémoire au moment où nous allions nous coucher, ce soir, et je l'ai relatée à Sally.

– Vous n'êtes pas un peu avancés en âge, tous autant que vous êtes, a-t-elle dit avec une grimace, pour vous préoccuper de la taille de votre zizi ?

J'ai répondu que pour un préoccupé consciencieux il n'est jamais trop tard.

Une chose qui ne m'a jamais préoccupé, pourtant, c'est bien la fidélité de Sally. Notre couple a eu des hauts et des bas, bien entendu, en trente ans de vie conjugale, mais nous sommes toujours restés fidèles l'un à l'autre. Non que les occasions aient manqué, certes, de mon côté en tout cas, le monde des médias étant ce qu'il est, ni du sien non plus, j'en suis sûr, même si je ne peux pas croire qu'elle soit exposée aux mêmes tentations professionnelles. Ses collègues de l'IUT, ou plutôt de l'université, ainsi que je dois m'habituer à l'appeler désormais, ne m'ont guère semblé inciter aux divagations érotiques. Mais ce n'est pas la question. Nous nous sommes toujours restés fidèles. Comment puis-je l'affirmer ? J'en suis sûr, c'est tout. Sally était vierge quand je l'ai connue, comme toute jeune fille bien élevée, à l'époque, et moi-même je n'étais pas très expérimenté. Toute l'histoire de ma sexualité tenait en peu de pages ; elle consistait en quelques accouplements occasionnels avec des traînées de garnison quand j'étais à l'armée, des filles soûles lors des fêtes de l'école d'art dramatique, et des logeuses esseulées dans les piaules miteuses de théâtreux. Je ne crois pas avoir fait l'amour avec aucune d'entre elles plus de deux fois, et c'était toujours expédié assez vite et dans la position du missionnaire. Pour goûter véritablement le sexe, il faut du confort – des draps propres, un matelas ferme, une chambre bien chauffée – et un minimum de continuité. Sally et moi, nous avons appris ensemble à faire l'amour, en partant pratiquement de zéro. Si elle allait avec un autre, j'ai la conviction que j'en serais averti par une modification de son comportement, une disposition nouvelle de ses membres, quelque chose de différent dans ses caresses. J'ai toujours du mal avec les histoires d'adultère, surtout celles où l'un des partenaires trompe l'autre depuis des années. Comment peut-on ne pas le deviner ? Il est vrai que Sally ignore tout d'Amy. Mais ce n'est pas une liaison que j'ai avec Amy. Qu'est-ce que c'est ? Point d'interrogation générale.

J'ai fait la connaissance d'Amy il y a six ans, quand elle était assistante au casting pour la première série des *Gens d'à côté*. Il va de soi qu'elle fit merveille. Dans le métier, on dit souvent que le succès d'une sitcom dépend à quatre-vingt-dix pour cent de la distribution. Naturellement, en tant qu'auteur, j'aurais tendance à le contester, mais c'est vrai que le meilleur scénario du monde ne donnera rien si les acteurs sont inadéquats. Et le choix de l'acteur adéquat n'est pas évident pour tout le monde. Par exemple, pour jouer Priscilla, la mère petite-bourgeoise, ce fut l'idée d'Amy de prendre Deborah Radcliffe, une actrice classique qui venait de quitter la Royal Shakespeare Company et n'avait jamais mis les pieds dans une sitcom. Personne d'autre qu'Amy n'aurait pensé à elle pour le rôle de Priscilla, mais elle colla tout de suite au personnage. À présent, le grand public l'adore et elle peut se faire cinq mille livres pour un spot publicitaire de trente secondes.

C'est un drôle de métier, le casting. C'est un don, comme celui des voyantes ou des sourciers, mais il faut aussi une solide mémoire. Amy a un ordinateur dans la tête ; quand on lui demande qui elle envisagerait pour tel ou tel rôle, on dirait qu'elle entre en transe, son regard se fixe au plafond et on entend presque son cerveau bourdonner pendant qu'elle parcourt ses fichiers mentaux où figurent les caractéristiques essentielles de chacun des comédiens ou comédiennes qu'elle a pu voir dans sa vie. Quand elle va voir un spectacle, elle ne se contente pas de regarder les acteurs interpréter leur personnage ; elle ne cesse de les imaginer dans d'autres rôles, si bien que lorsque le rideau tombe, elle n'a pas seulement enregistré leur performance de la soirée, mais aussi leur potentiel pour tout autre chose. Allez avec Amy voir *Macbeth* à la Royal Shakespeare Company et dites-lui en sortant : « Quelle formidable Lady Macbeth, cette Deborah Radcliffe », elle vous répondra : « Hmm, je la verrais bien jouer Judith Bliss dans *Rhume des foins*. » Il m'arrive de me demander si cette tournure d'esprit ne l'empêche pas de prendre plaisir à ce qui se passe devant son nez. C'est peut-être là ce que nous avons en commun : incapables l'un et l'autre de vivre au présent, nous sommes toujours à courir après un fantôme de la perfection qui nous échappe.

Un jour, je lui en ai parlé.

– Couillonnades, chéri, a-t-elle riposté. Avec tout le respect que je te dois, pures et simples *cojones*. Tu oublies que de temps à autre je mets en plein dans le mille. Je réussis le parfait accord entre l'acteur et le rôle. Alors là, oui, je prends plaisir au spectacle et rien d'autre. Ce sont ces moments-là qui me donnent le goût de vivre. À toi aussi, d'ailleurs. Quand tout se passe idéalement dans un épisode. Assis devant ta télé, tu es là à retenir ton souffle en pensant, ce n'est pas possible, ils ne peuvent pas tenir le coup jusqu'au bout, ça va décrocher tôt ou tard, mais ils tiennent bon, ça ne décroche pas... Tout est là, *n'est-ce pas* * ?

– Je ne me souviens pas d'avoir trouvé un épisode réussi à ce point-là.

* Les expressions en italique suivies d'un astérisque sont en français dans le texte original. *(N.d.l.T.)*

– Et celui de la fumigation ?

– Oui, celui de la fumigation n'était pas mal.

– Il était sacrément bien.

C'est ce qui me plaît chez Amy, elle renfloue continuellement l'opinion que j'ai de moi. Le style de Sally est plus brutal : cesse de pleurnicher et affronte la vie. À la vérité, elles sont à l'opposé sur tous les plans. Sally est le parangon de la belle Anglaise, blonde aux yeux bleus, grande, svelte, athlétique. (Je viens de vérifier le mot « parangon » dans le dictionnaire ; il vient du grec *parakoné*, pierre à aiguiser ; intéressant.) Amy est de type méditerranéen (son père était un Grec chypriote) : petite et boulotte, le teint mat, les cheveux bruns et frisés et les yeux comme des pruneaux. Elle fume, se maquille beaucoup et évite au maximum de marcher, sans parler de courir. Un jour, nous sommes arrivés à la gare d'Euston à l'heure limite pour le train que nous voulions prendre ; j'ai filé devant et lui ai tenu la porte tandis qu'elle se dandinait précipitamment sur ses talons hauts le long de la rampe d'accès, comme un canard paniqué, avec son tas de colliers, boucles d'oreille, foulards, sacs et autre attirail féminin qui bringuebalait en tous sens, et j'ai éclaté de rire, je n'ai pas pu m'en empêcher. Tout en se hissant dans le train, Amy m'a demandé, pantelante, ce qu'il y avait de si drôle et, après mes aveux elle ne m'a plus adressé la parole de la journée.

C'est l'une de nos rares prises de bec. En général, nous nous entendons très bien ; nous nous racontons les potins du métier, échangeons gémissements et encouragements, comparons nos thérapies. Amy a divorcé, elle a la garde de Zelda, sa fille de quatorze ans, qui en est à découvrir l'existence des garçons et lui mène la vie dure sous forme d'histoires de fringues, de retours tardifs à la maison, de fréquentation de boîtes douteuses, etc., etc. Amy est terrifiée à l'idée que Zelda pourrait se mettre à baiser et à se droguer d'un jour à l'autre; elle n'a pas la moindre confiance en son ex-mari, Saul, directeur de théâtre, chez qui la petite passe un week-end par mois et qui, selon Amy, n'a aucun sens moral, ou plus exactement, pour citer ses propres termes, « ne reconnaîtrait pas la morale si elle le tenait par le bout du nez ». Ce qui n'empêche pas Amy de se culpabiliser à propos de son échec conjugal, en se persuadant que Zelda va mal tourner par manque d'une figure paternelle à la maison. Amy a entrepris son analyse, à l'origine, pour découvrir ce qui a pu clocher entre elle et Saul. En un sens, elle le savait déjà : c'était le sexe. Saul voulait faire des choses auxquelles elle se refusait, si bien qu'il a fini par trouver quelqu'un d'autre avec qui les faire. Mais elle cherche encore à déterminer si c'était sa faute à lui ou à elle, et n'a pas l'air d'avoir avancé d'un pas en direction d'une réponse. L'analyse, cela tend à vous détricoter le moi : plus on tire sur le fil, plus on trouve de trous.

Je vois Amy presque toutes les semaines, chaque fois que je suis à Londres. Nous allons parfois au théâtre ou au cinéma, mais le plus souvent nous passons une soirée tranquille en tête à tête, dans mon appartement, et/ou nous sortons manger un morceau dans un restaurant du quartier. Il n'a jamais été question de sexe dans nos relations, parce que Amy n'en a pas vraiment envie et que je n'en ai pas vraiment besoin. Le sexe, j'en ai tout mon soûl à la maison. Les appétits érotiques de Sally semblent florissants ces temps-ci – je me demande si cela ne provient pas du traitement hormonal substitutif qu'elle prend depuis sa ménopause. Pour stimuler ma propre libido quelque peu flemmarde, il m'arrive de suggérer quelque chose que Saul voulait faire avec Amy, et Sally ne m'a encore jamais envoyé promener. Quand elle me demande où je vais pêcher ces idées, je dis que c'est dans les magazines et les livres, et elle se contente de cette réponse. Si jamais il revenait aux oreilles de Sally qu'on m'a vu à Londres en compagnie d'Amy, ça lui serait égal puisque je ne lui cache pas que nous nous fréquentons. Elle pense que c'est pour des motifs professionnels, ce qui est partiellement exact.

Vous diriez donc que je suis comblé, non ? J'ai résolu le problème de la monogamie, à savoir la monotonie, sans me rendre coupable d'infidélité. J'ai une femme sexy à la maison et une maîtresse platonique à Londres. Quelle raison puis-je avoir de me plaindre ? Point d'interrogation générale.

Il est trois heures et demie. Je crois que je vais retourner me coucher et tâcher de fermer l'œil quelques heures avant potron-minet.

Mercredi, 11 heures du matin

J'ai réussi en effet à dormir quelques heures, mais ce n'était pas un sommeil réparateur. Au réveil, je me sentais moulu, comme au service militaire, quand j'étais de garde : deux heures debout, quatre heures de repos, toute la nuit et tout le jour aussi, si c'était le week-end. Seigneur, rien que de noter ce détail, tout me revient : le sommeil par à-coups sur une couchette, tout habillé, en treillis qui écorche le cou et godillots qui meurtrissent les chevilles, sous la lumière crue d'une ampoule nue, puis le réveil brutal, le thé tiède et sucré qu'on avale d'un trait et peut-être une assiettée d'œufs et de haricots refroidis, avant de sortir d'un pas titubant dans la nuit, en bâillant et grelottant, pour poireauter deux heures d'affilée à la porte de la caserne ou patrouiller autour des magasins et hangars hermétiquement fermés, au seul bruit de ses propres pas, en regardant son ombre s'étirer puis rétrécir sous les lampes à arc. Je n'ai qu'à me plonger un instant dans ce souvenir, les yeux fermés, m'appliquer à en faire suinter toutes les sensations pénibles, afin de mieux apprécier mon bien-être actuel.

J'ai tenté le coup. En vain. Ça ne marche pas.

Je tape ceci sur le clavier de mon ordinateur portable, dans le train pour Londres. En première classe, naturellement. Définition d'un homme nanti : quelqu'un qui paie de sa poche son billet de première. C'est déductible du revenu imposable, certes, mais n'empêche... La plupart de mes compagnons de voyage dans cette voiture fonctionnent par notes de frais. Hommes d'affaires équipés de serviettes à serrure numérique et de téléphones mobiles, et femmes d'affaires aux vestes épaulées et Filofax rebondis. Occasionnellement, le retraité campagnard vêtu de tweed. Pour ma part, je porte aujourd'hui un costume en l'honneur du dîner chez *Groucho*, mais quand je suis en jean et blouson de cuir, avec mes cheveux de vagabond qui recouvrent le col par-derrière, il arrive que les gens me jettent un coup d'œil suspicieux, comme s'ils pensaient que ma place n'est pas dans cette partie du train. Mais pas les contrôleurs, ils me connaissent. Je fais de fréquentes allées et venues sur cette ligne.

N'allez pas croire que je suis un fanatique des services Inter-City du British Rail. *Au contraire* *, comme dirait Amy (elle adore émailler sa conversation d'expressions étrangères). Il y a bien des choses qui me déplaisent. Par exemple, je n'aime pas l'odeur des sandwiches bacon et tomate, qui pollue l'atmosphère de la voiture chaque fois que quelqu'un en rapporte un du wagon-bar et qu'il ouvre la petite boîte en polystyrène dans laquelle on les passe au micro-ondes. Je n'aime pas les garnitures de freins sur le matériel roulant Pullman ; sous l'effet de la chaleur, elles émettent des effluves sulfureux, non toxiques paraît-il, qui s'infiltrent dans les voitures et se mêlent à l'odeur des sandwiches bacon et tomate. Je n'aime pas le goût du sandwich bacon et tomate quand j'ai la sottise de m'en offrir un, ayant trouvé moyen d'oublier à quel point c'était mauvais la dernière fois. Je n'aime pas le fait que, lorsqu'on commande au bar une tasse de café, on vous sert un gigantesque gobelet en plastique du breuvage à moins qu'on n'ait précisé « petit », autrement dit normal. Je n'aime pas le tangage qui s'empare du train dès qu'il accélère un tant soit peu, ce qui fait gicler le café par-dessus le bord du gobelet en plastique, si bien qu'il vous brûle les doigts et vous coule sur les genoux. Je n'aime pas le fait qu'en cas de panne de la climatisation, qui survient fréquemment, il soit impossible d'aérer la voiture parce que les fenêtres n'ouvrent pas. Je n'aime pas, et cela arrive fréquemment (mais jamais quand la climatisation est en panne), que les portes coulissantes automatiques à chaque bout de la voiture se bloquent en position ouverte, sans qu'on puisse les refermer manuellement, ou, si l'on y parvient, se rouvrent lentement, ou s'écartent au passage d'un voyageur qui ne prend pas la peine de les refermer, pensant que c'est automatique, ce qui vous oblige soit à bondir toutes les cinq minutes pour le faire, soit à endurer un courant d'air permanent. Je n'aime pas les cliquets, dans les toilettes, conçus pour maintenir le siège en position verticale, et dont le ressort est souvent détendu ou cassé, de sorte que pendant que vous pissez en vous tenant d'une main à la poignée et en pointant votre robinet de l'autre, le siège va soudain s'abattre, déséquilibré par les secousses du train, en brisant le jet d'urine qui vient éclabousser votre pantalon. Je n'aime pas la manière dont le train fonce toujours à grande vitesse sur la section de voie qui longe l'autoroute, dépassant toutes les automobiles et les camions, afin de proclamer la supériorité du rail, puis, quelques minutes plus tard, s'immobilise en pleins champs près de Rugby à cause d'une panne de signalisation.

Aïe ! Aïe ! Ouille ! La douleur fulgurante dans le genou, subitement, sans aucune raison apparente.

Sally disait l'autre jour que c'était mon écharde dans la chair. Me demandant d'où venait la formule, je suis allé consulter mes dictionnaires. (Je les consulte abondamment, c'est ainsi que je compense les failles de mon éducation. Mon bureau est plein d'ouvrages de référence, c'est pour moi un achat compulsif.) J'ai découvert qu'elle était tirée de la IIe épître de Paul aux Corinthiens : « Et pour que je ne sois pas enflé d'orgueil, à cause de l'excellence de ces révélations, il m'a été mis une écharde dans la chair, un ange de Satan pour me souffleter... » La Bible à la main, je suis retourné à la cuisine, assez content de moi, et j'ai donné lecture du verset à Sally. Elle m'a dévisagé.

– Mais c'est ce que je viens de te dire, a-t-elle

observé ; je me suis alors rendu compte que j'avais eu un de mes moments de distraction : pendant que je me demandais d'où venait la formule, elle m'avait donné la réponse.

– Oui, je sais bien que tu m'as dit que c'était saint Paul, ai-je menti. Mais en quoi cela s'applique-t-il à mon genou ? Je trouve le texte assez obscur.

– Précisément. Personne ne sait en quoi consistait pour Paul l'écharde dans la chair. C'est un mystère. Tout comme ton genou.

Elle est très calée en matière de religion, Sally, bien plus calée que moi. Son père était pasteur.

Fidèle à lui-même, le train s'est arrêté sans raison apparente en rase campagne. Dans le silence subit, les remarques d'un homme en bras de chemise, qui discute de l'autre côté du couloir central, au moyen de son téléphone cellulaire, un contrat pour l'aménagement d'entrepôts, sont désagréablement envahissantes. À la vérité, je préférerais me rendre à Londres en voiture, mais la circulation est monstrueuse dès qu'on sort de l'autoroute, sans parler de ce qu'elle est sur l'autoroute, et le stationnement dans le West End est si difficile que ça n'en vaut pas la peine. Je prends donc l'automobile pour aller à la gare de Rummidge Expo, qui est à peine à un quart d'heure de la maison, et je la laisse là au parking. Au retour, j'ai toujours un peu peur de découvrir qu'on me l'a éraflée, ou même fauchée, bien qu'elle soit équipée des systèmes d'alarme et de sécurité les plus récents. C'est une bagnole merveilleuse, un moteur vingt-quatre soupapes 3 litres V6, transmission automatique, direction assistée, contrôle de vitesse de croisière, air conditionné, freinage ABS, six haut-parleurs, toit ouvrant inclinable à commande électrique et tous autres gadgets imaginables. Elle file comme le vent, en douceur et dans un silence incroyable. C'est sa puissance sans effort et sans bruit qui me grise. Je n'ai jamais mordu aux voitures de sport à vroum vroum, et n'ai jamais compris l'obsession britannique du changement de vitesse manuel. Serait-ce un substitut d'ordre sexuel, je me le demande, ce tripotage permanent du levier de vitesse, ce pompage perpétuel de la pédale d'embrayage ? Il paraît que l'accélération aux allures intermédiaires n'est pas la même en automatique, mais elle est bien suffisante si vous avez un moteur aussi puissant que le mien. En outre, cette voiture est d'une beauté stupéfiante, à vous faire battre le cœur.

J'en suis tombé amoureux dès que je l'ai vue, garée devant le magasin d'exposition, basse sur roues, des lignes fluides, sculptée dans une brume où filtrait le soleil, aurait-on dit, un gris argenté très très pâle, à l'éclat nacré. Je m'inventais sans cesse des prétextes pour passer devant le magasin d'exposition afin de pouvoir la contempler à nouveau, et chaque fois j'avais la même bouffée de désir. Je suis sûr que je n'étais pas le seul, loin de là, mais à la différence des autres, je savais que je pouvais entrer dans le magasin et acheter cette automobile sans même me demander si j'en avais les moyens. Pourtant, j'hésitais et je ne le faisais pas. Pourquoi ? Parce que, à l'époque où je ne pouvais pas m'offrir une telle voiture, je réprouvais ces voitures-là : rapides, tape-à-l'œil, gaspilleuses d'énergie... et japonaises. Jamais je n'achèterais une auto japonaise, déclarais-je, moins par patriotisme économique (je prenais des Ford qui se révélaient en général avoir été fabriquées en Belgique ou en Allemagne) que pour des motifs sentimentaux. Je suis assez vieux pour me souvenir de la Seconde Guerre mondiale, et un oncle à moi, prisonnier de guerre, avait été tué lorsqu'il travaillait au Siam sur les chemins de fer. Il m'arriverait malheur, me semblait-il, si j'achetais cette voiture, ou tout au moins je culpabiliserais et je serais malheureux quand je la conduirais. N'empêche que je la convoitais. C'est devenu l'un de mes « dadas » – sur lesquels je ne parviens pas à prendre une décision, que je ne peux pas chasser de mon esprit, ni laisser de côté. Les dadas qui sont là à me tourmenter quand je me réveille au beau milieu de la nuit.

J'ai acheté toutes les revues spécialisées dans l'espoir de tomber sur une critique désastreuse de cette voiture qui me permettrait de renoncer à l'acheter. Des clous ! Certains comptes rendus d'essais sur route étaient un peu condescendants – « propre », « docile », et même « insondable » figuraient parmi les qualificatifs – mais on voyait bien que personne ne trouvait de reproche à lui faire. J'ai à peine fermé l'œil pendant toute une semaine, à chevaucher mon dada. Le croiriez-vous ? Pendant que la guerre dévastait la Yougoslavie, que le sida exterminait les gens par milliers en Afrique, que les charges de plastic explosaient en Irlande et que les statistiques du chômage se dégradaient inexorablement en Grande-Bretagne, la seule pensée qui m'occupait, c'était de savoir s'il fallait ou non acheter cette automobile.

Sally commençait à perdre patience face à mon obsession. « Par pitié, tu n'as qu'à aller l'essayer, et si la bagnole te plaît, tu l'achètes », m'a-t-elle dit. (Elle a une Ford Escort, elle en change tous les trois ans après un coup de téléphone de deux minutes à son concessionnaire, et n'y pense plus.) Je suis donc allé faire un essai. Et, naturellement, la bagnole m'a plu. J'ai adoré la conduire. Elle m'a totalement séduit, enchanté. Mais j'ai dit au vendeur que j'avais besoin de réfléchir. « Pourquoi as-tu besoin de réfléchir ? m'a demandé Sally quand je suis rentré à la maison. Elle te plaît, tu as les moyens de te l'offrir, pourquoi ne pas l'acheter ? » La nuit porte conseil, ai-je dit. Ce qui signifiait, bien entendu, que j'ai passé une nouvelle nuit blanche, à me torturer. Le lendemain matin, au petit déjeuner, j'ai annoncé que ma décision était prise.

– Ah, bon ? a dit Sally sans lever les yeux, plongée dans la lecture de l'*Independent*. Laquelle ?

– J'ai décidé d'y renoncer. Même si mes scrupules sont complètement irrationnels, ils ne me laisseront jamais en paix, mieux vaut donc que je ne la prenne pas.

– D'accord. Quelle voiture vas-tu acheter à la place ?

– En réalité, je n'ai aucun besoin d'en acheter une. Celle que j'ai peut parfaitement me faire encore un an ou deux.

– Très bien, a conclu Sally.

Mais elle semblait déçue. J'ai recommencé à me tourmenter, à douter d'avoir pris la bonne décision.

Au bout de deux ou trois jours, je suis passé devant le magasin d'exposition et la voiture avait disparu. Je suis entré et j'ai sauté sur le vendeur. Je l'ai pratiquement arraché à son fauteuil en le tenant aux revers de sa veste, comme on voit dans les films. Quelqu'un d'autre avait acheté mon auto ! Je ne pouvais pas le croire. J'avais l'impression qu'on avait enlevé ma fiancée la veille du mariage. J'ai clamé que je voulais cette voiture. Il me fallait cette voiture. Le vendeur m'a dit qu'il pouvait m'en procurer une dans un délai de deux ou trois semaines mais, après vérification sur son ordinateur, il n'en existait pas de modèle identique, de la même teinte, sur notre territoire. Ce n'est pas l'une de ces marques japonaises qui ont ouvert des usines en Grande-Bretagne ; celle-ci est importée du Japon autant que le permettent les quotas. Il s'en trouvait une, m'a-t-il informé, à bord d'un porte-conteneurs quelque part en haute mer, mais la livraison n'aurait pas lieu avant deux ou trois mois. En résumé, j'ai fini par allonger mille livres de plus que le prix établi afin de doubler le misérable qui venait d'acheter ma voiture.

Jamais je ne l'ai regretté. C'est une délectation de la conduire. Je déplore seulement que maman et papa ne soient plus de ce monde, pour que je puisse les promener dedans. J'aimerais avoir quelqu'un qui fasse office de réflecteur à ma fierté de propriétaire. Rien à attendre de Sally en la matière – à ses yeux, une auto n'est qu'un accessoire utilitaire. Amy ne l'a même pas vue, puisque je ne vais jamais à Londres en voiture. Quand il arrive à nos enfants de nous rendre visite, ils la considèrent avec un mélange de moquerie et de réprobation ; Jane l'appelle ma « Richmobile » et, selon Adam, elle me sert de compensation à la perte de mes cheveux. Ce qu'il me faudrait, c'est un passager ou une passagère admiratifs. Par exemple Maureen Kavanagh, mon premier flirt. Ni sa famille ni la mienne ne pouvaient s'offrir une voiture, en ces temps lointains. Une balade à bord de n'importe quel tacot était un plaisir rare, riche de sensations nouvelles. Je me souviens de Maureen aux anges le jour de congé où mon oncle Bert nous avait emmenés à Brighton dans sa vieille Singer d'avant-guerre, qui sentait l'essence et le cuir, et se balançait sur ses ressorts comme un landau. J'imagine la scène : j'arrive devant chez elle au volant de mon divin véhicule aérodynamique, et j'aperçois à la fenêtre le visage émerveillé de Maureen ; puis elle surgit sur le seuil, dévale les marches du perron, monte d'un bond à côté de moi et se met à se tortiller d'enthousiasme sur son siège, à expérimenter tous les gadgets, à rire en fronçant le nez de la manière qui n'appartenait qu'à elle, et à poser sur moi un regard adorateur lorsque je démarre. Oui, Maureen posait sur moi des regards adorateurs. Je ne les ai jamais retrouvés chez personne, ni Sally, ni Amy, ni Louise, ni aucune des autres femmes qui ont pu me faire des avances. Cela fait près de quarante ans que je n'ai pas revu Maureen ; Dieu sait où elle est à présent, ce qu'elle fait, de quoi elle a l'air. Assise auprès de moi dans la voiture, elle a encore tout le charme de ses seize ans, vêtue de sa plus belle robe d'été, blanche et semée de roses roses, même si moi je suis comme je suis, chauve et lourd de mes cinquante-huit ans. Ça ne tient pas debout, mais c'est justement là l'intérêt des fantasmes, sans doute.

Le train approche de la gare d'Euston. Par haut-parleur, le chef de train s'est excusé du retard « dû à une panne de signalisation près de Tring ». Je défendais naguère dans l'intimité la privatisation des chemins de fer britanniques, jusqu'au jour où le ministre des Transports a annoncé son intention de séparer la société chargée de l'entretien des voies de celles qui feront rouler les trains. Vous voyez d'ici ce que cela pourra donner, et quels merveilleux alibis cela fournira pour justifier les retards. Ont-ils perdu la tête ? Faut-il y voir un Problème Interne du Gouvernement ?

Au fait, j'ai lu quelque part que John Major souffre d'un genou. Il lui a fallu renoncer au cricket, paraît-il. Cela explique bien des choses.

Mercredi, 22 h 15

Amy vient de partir. Nous sommes remontés de chez *Gabrielli* pour regarder le journal de dix heures sur mon petit poste Sony, afin de nous tenir au courant du sombre tableau mondial (atrocités en Bosnie, inondations au Bangladesh, sécheresse au Zimbabwe, pire déficit commercial jamais enregistré en Grande-Bretagne), puis je l'ai mise dans le taxi qui la ramène à St John's Wood. Elle n'aime pas rentrer tard si elle peut l'éviter, à cause de Zelda, bien que sa locataire, Miriam, une orthophoniste à la vie mondaine providentiellement restreinte, veille sur l'adolescente quand Amy passe la soirée dehors.

Me voici donc tout seul dans l'appartement, et sans doute dans l'immeuble. Les copropriétaires, tout comme moi, n'y logent que par intermittence : il y a une hôtesse de l'air qui travaille sur les long-courriers, un homme d'affaires suisse que son métier oblige à faire la navette entre Londres et Zurich, accompagné par sa secrétaire et/ou maîtresse, et un couple de gays américains, des universitaires de je ne sais quelle branche, qui ne viennent que pendant leurs vacances. Deux des appartements sont restés invendus, à cause de la récession. Je n'ai rencontré personne aujourd'hui dans l'ascenseur ou dans l'entrée, mais je n'éprouve jamais ici le sentiment de solitude que j'ai parfois à la maison, lorsque Sally est à son travail. Il règne un tel silence là-bas, dans ces rues provinciales... Tandis qu'ici, la rumeur est permanente, même la nuit. À travers les doubles vitrages, on perçoit faiblement le grondement et les trépidations des autobus et des taxis qui avancent au pas dans Charing Cross Road, parfois ponctués par le hululement d'une voiture de police ou d'une ambulance. Si je m'approche de la fenêtre, je vois en bas les trottoirs encore encombrés d'une foule de noctambules qui sortent des théâtres, des cinémas, des restaurants et des pubs, ou qui restent plantés là à manger des cochonneries de fast-food ou lamper de la bière ou du coca à même la boîte, derrière le nuage de leur haleine qui se condense dans l'air froid. Il leur arrive très rarement de lever les yeux plus haut que le rez-de-chaussée du bâtiment, occupé par une pizzeria, et de découvrir au-dessus les six appartements de luxe, avec un homme derrière l'une des fenêtres dont il écarte le rideau pour les regarder en bas. Ce n'est pas un endroit où l'on s'attend que puisse habiter qui que ce soit et, en effet, ce ne serait guère vivable trois cent soixante-cinq jours par an. C'est trop bruyant et trop sale. Au bruit de la circulation s'ajoute, derrière l'immeuble, le geignement aigu des ventilateurs de restaurants qu'on ne semble jamais arrêter, et la pollution, non seulement celle de l'air qui dépose sur toute surface une fine couche de poussière noire, bien que je garde les fenêtres fermées presque en permanence, mais aussi à terre, où les trottoirs sont perpé tuellement recouverts d'un enduit visqueux de boue, de crachats, de lait et de bière renversés et de vomi, et jonchés de débris d'emballages de hamburgers, de boîtes en fer-blanc tordues, de sacs en plastique ou en papier, de Kleenex et de vieux tickets d'autobus. Dans ce quartier de la ville, les efforts des balayeurs de rue employés par le Westminster Borough sont annihilés par le nombre des piétons qui sèment leurs détritus. Et le rebut humain est tout aussi visible : ivrognes, clochards, détraqués et faciès patibulaires abondent. On se fait sans cesse accoster par des mendiants, et dès dix heures du soir chaque entrée de boutique héberge son dormeur. La première fois que je l'ai amenée ici, Amy a jugé que l'ambiance était « *louche* * », mais je ne suis pas sûr que le mot convienne. (J'ai consulté le dictionnaire, cela signifie « qui n'est pas clair, pas honnête », du latin *luscus* : borgne.) Le secteur des peep-shows et de la pornographie est à un kilomètre. Ici, c'est le coin où les bouquinistes et les théâtres voisinent avec les succursales de fast-food et les cinémas multisalles. Ce n'est certes pas ce que les petites annonces appellent « bon résid. », mais comme pied-à-terre dans la capitale pour l'habitant de la province que je suis, la situation est assez incomparable. N'importe comment, Londres est un égout. Si l'on est obligé d'y avoir un domicile, mieux vaut qu'il soit perché au sommet illuminé de la décharge, plutôt que d'avoir à se frayer un chemin chaque matin et chaque soir à travers toutes les strates de vieille merde solidifiée. Je parle en connaisseur : j'ai été banlieusard autrefois.

Lorsque nous avons déménagé de Londres, il y a douze ans, pour aller vivre à Rummidge, à cause du travail de Sally, tous mes amis m'ont laissé voir leur commisération, comme si j'étais exilé en Sibérie. Pour être honnête, j'éprouvais moi-même une certaine appréhension, n'ayant jamais habité plus loin au nord que Palmer's Green (à part mon service militaire dans le Yorkshire, et les tournées quand j'étais un jeune comédien, le mot « habiter » ne convenant ni à l'un ni à l'autre), mais j'aurais trouvé injuste de refuser à Sally une chance de passer de l'enseignement secondaire au cycle supérieur. Elle avait travaillé dur, préparé ses concours à la sauvette tout en étant directrice adjointe d'un collège d'enseignement général à Stoke Newington, et l'annonce offrant le poste de maître assistante à l'IUT de Rummidge collait en plein avec son domaine de recherche, la psycholinguistique et l'acquisition du langage (ne me demandez surtout pas d'explications). Elle a donc fait acte de candidature et obtenu le poste. Elle est maintenant maître de conférences. Peut-être sera-t-elle un jour professeur titulaire, maintenant que l'IUT est devenu une université. Le professeur Sally Passmore : ça sonne bien. Quant au nom de l'université, c'est moins réussi. On ne pouvait pas l'appeler université de Rummidge, car il y en avait déjà une, aussi l'a-t-on baptisée James Watt University, en hommage au grand inventeur. Je vous parie tout ce que vous voulez qu'à l'usage, ce nom un peu encombrant deviendra en abrégé « Watt University », et imaginez un peu l'embrouille que cela causera dans les conversations. « Vous étiez à quelle université ? » (En anglais « *What University* ? ») Réponse : « Watt University. » « *Yes, what University* ? » « Watt University. » Ça peut durer longtemps.

En tout cas, j'étais donc un peu inquiet de ce déménagement, nous l'étions tous, les enfants aussi, qui avaient toujours vécu au sud-est de Londres. Mais notre première découverte fut que le prix de vente de notre pavillon miteux à Palmer's Green nous permettait d'acheter une maison 1900 spacieuse, cinq chambres, dans un quartier agréable de

Rummidge, où, pour la première fois de notre vie conjugale, je pouvais avoir un bureau à moi avec vue sur une pelouse close par un rideau de grands arbres, au lieu de la baie de notre salon qui donnait sur un pavillon identique et tout aussi miteux de l'autre côté de la rue ; la deuxième découverte, c'était que Sally et les enfants pouvaient gagner leurs établissements scolaires respectifs au prix de moitié moins de fatigue et de temps qu'à Londres ; et la troisième, que hors de Londres la courtoisie existait encore, que dans les boutiques la caissière vous remerciait avec effusion si on faisait l'appoint, que les chauffeurs de taxi avaient l'air étonné et ravi quand on leur donnait un pourboire, et que les ouvriers qui venaient réparer la machine à laver ou la toiture ou refaire les peintures de la maison étaient des gens aimables, efficaces et fiables. La qualité de la vie en Grande-Bretagne, en dehors de Londres, demeurait encore à l'époque un secret bien gardé, et Sally et moi nous avions du mal à contenir notre hilarité à l'idée de tous nos amis qui s'apitoyaient sur notre sort, là-bas dans la capitale, coincés dans un embouteillage, agrippés à la barre dans les trains de banlieue bondés ou déployant de vains efforts pour avoir un plombier au téléphone durant le week-end. L'installation à Rummidge nous transforma la vie de toutes sortes de façons. Qui sait, mon feuilleton *Les Gens d'à côté* n'aurait peut-être jamais vu le jour si je n'avais pas fait la rencontre d'Ollie Silvers, lors d'une réception municipale où était invitée Sally, juste au moment où Heartland était en quête d'une nouvelle idée de sitcom...

Quand Jane et Adam entrèrent à l'université et nous quittèrent, nous allâmes habiter à Hollywell, une banlieue semi-rurale au sud de la ville, un repaire d'agents de change dirait-on sans doute à Londres, mais les agents de change ne courent pas les rues dans le centre de l'Angleterre. Nos voisins sont plutôt des cadres supérieurs dans l'industrie, des comptables, des médecins ou des avocats. Les maisons sont toutes individuelles, modernes, de différents styles, bien en retrait de la rue et hérissées de systèmes d'alarme contre les cambrioleurs. C'est un quartier plein de verdure et de calme. Les jours de semaine, la principale intrusion sonore est celle de la camionnette du laitier, qui livre au porte-à-porte le lait demi-écrémé, les yaourts biologiques et les œufs fermiers. Pendant le week-end, on entend parfois un clip-clop de sabots de poneys ou le chuintement des pneus de Range Rover. À dix minutes de chez nous, nous avons le Country Club, avec son terrain de golf de dix-huit trous, ses courts de tennis, ses piscines et autres installations ouvertes ou couvertes. Ce fut notre motivation principale pour déménager à Hollywell, jointe à la proximité commode de la gare de Rummidge Expo.

La gare a été construite assez récemment pour desservir le Centre international d'expositions et l'aéroport. Tout y est très moderne et high-tech, hormis les toilettes messieurs. Pour une raison mystérieuse, on semble avoir amoureusement reconstitué, au cœur de tous les marbres, les verres et les chromes, le modèle antique des WC British Rail, y compris les urinoirs en zinc alignés contre le mur, le carrelage blanc ébréché et même une généreuse puanteur de canalisations engorgées. À part ça, l'ensemble représente un grand progrès sur la gare centrale de la ville, et me fait gagner douze minutes sur le trajet Rummidge-Londres. Car naturellement, si vous travaillez pour n'importe quelle branche du show-business, vous ne pouvez pas vous passer d'aller à Londres. Aux termes de sa concession, Heartland est tenu vis-à-vis de l'État de réaliser des tournages dans sa station de Rummidge – afin de créer des emplois dans la région et ainsi de suite – mais la production a des bureaux à Londres où ont lieu la plupart des répétitions, parce que c'est là-bas que vivent en majorité les acteurs et les techniciens. Je fais donc continuellement la navette, aux soins de ce cher British Rail. J'ai acheté l'appartement londonien voici trois ans, en pensant que c'était un investissement (malheureusement, depuis lors, les prix de l'immobilier n'ont cessé de chuter), mais surtout pour m'épargner la fatigue de l'aller-retour le même jour, ou l'ennui d'avoir à passer la nuit à l'hôtel. Sans doute avais-je aussi une vague arrière-pensée que je disposerais ainsi d'un lieu plus intime pour mes rendez-vous avec Amy.

Ces derniers temps, j'attache de plus en plus de prix au caractère discret et anonyme de cet endroit. Les passants sur les trottoirs ignorent que je suis ici, perché dans mon aire douillette, bien chauffée, à l'abri des doubles vitrages. Et si je descends dans la rue pour acheter le journal ou prendre un demi-litre de lait chez l'épicier asiatique ouvert vingt-quatre heures sur vingt-quatre, et me mêle aux touristes, aux clochards, aux jeunes fugueurs, aux ados de banlieue venus là passer la soirée, aux employés de bureau qui ont fait une halte pour boire un verre avant de rentrer chez eux et ont décidé de la prolonger, aux comédiens, livreurs, musiciens ambulants, flics, mendiants et marchands de journaux, leur regard va glisser sur moi sans me voir, personne ne va me reconnaître, personne ne me saluera ni ne me demandera de mes nouvelles, et je n'aurai pas besoin de simuler le bonheur parfait.

Amy est venue directement chez moi après son travail et nous avons bu un ou deux gin-tonic avant de descendre manger un morceau chez *Gabrielli*, au coin de la rue. Quand elle passe par chez elle, il lui arrive d'apporter des plats surgelés, préparés par elle-même, de la moussaka, du bœuf aux olives ou du coq au vin, qu'elle réchauffe dans mon four à micro-ondes, mais le plus souvent nous allons au restaurant. Très exceptionnellement, elle m'invite à dîner chez elle et fait de grands frais, mais cela se passe toujours en compagnie d'autres convives. Amy ne veut pas que Zelda soupçonne l'existence entre nous deux d'un lien particulier, mais j'ai du mal à croire que la petite ne se doute de rien, ou ne s'interroge pas lorsqu'elle voit sa mère sortir le soir, sapée à mort et tenant dans sa main gantée un plat surgelé maison. « Parce que je le cache dans mon sac, *stupido* », m'a répondu Amy le jour où j'ai abordé ce point. Il est vrai qu'elle transporte un sac à main d'une taille exceptionnelle, l'une de ces besaces italiennes en cuir souple, bourré de tout l'attirail féminin – bâtons de rouge à lèvres, eye-liner, poudre et parfum, cigarettes et briquets, stylos et crayons, carnets et agendas, aspirine et sparadraps, tampax et protège-slips, un véritable équipement de survie, parmi lequel une barquette étanche de moussaka peut se dissimuler sans grande difficulté.

J'étais occupé à remplacer une ampoule lorsque Amy a sonné à l'interphone de la porte de la rue, de sorte que j'ai tardé à aller appuyer sur le bouton qui a fait surgir sur l'écran vidéo, dans ma minuscule entrée, l'image de son visage cocassement déformé, tout en bouche, en nez, en yeux. « Dépêche, Lorenzo, a-t-elle dit, je meurs d'envie de faire pipi et de boire un verre, dans l'ordre. » L'une des choses qui me plaisent chez Amy, c'est qu'elle ne m'appelle jamais Tubby. Elle me donne toutes sortes d'autres petits noms, mais jamais celui-là. J'ai donc appuyé sur l'autre bouton pour ouvrir la porte du bas, et l'ai accueillie chez moi un instant plus tard. Pendant que nous nous embrassions, j'ai senti sa joue toute froide contre la mienne, et une bouffée capiteuse de son parfum favori, Givenchy, qui s'exhalait de la zone du cou et des oreilles. J'ai suspendu son manteau et préparé les boissons pendant qu'elle allait à la salle de bains. Quelques minutes après, elle est réapparue, la bouche redessinée d'un rouge éclatant, elle s'est laissée tomber dans un fauteuil, a croisé ses grosses petites jambes, allumé une cigarette et pris son verre.

– À ta santé, chéri. Comment va le genou ?

Je lui ai dit que j'avais eu un mauvais élancement dans le train.

– Et comment va l'*Angst* ?

– Qu'est-ce que c'est que ça ?

– Allons, mon cœur ! Ne fais pas semblant d'ignorer ce que c'est que l'*Angst*. Le mot allemand pour « anxiété ». Ou plutôt « angoisse », peut-être ?

– Ne compte pas sur moi pour trancher. Tu sais que les langues étrangères ne sont pas mon fort.

– Bon, en tout cas, comment vas-tu ? Le genou mis à part.

– Plutôt mal.

Elle a eu droit au compte rendu détaillé de mon état d'esprit ces derniers jours.

– C'est parce qu'en ce moment tu n'écris pas. (De scénario, voulait-elle dire.)

– Mais si, j'écris. Je tiens mon journal.

Les yeux noirs d'Amy ont cillé de surprise.

– Pourquoi diable ?

– Je n'en sais rien, ai-je répondu en haussant les épaules. Ça a commencé par un travail que j'ai fait pour Alexandra.

– Tu devrais écrire quelque chose qui te sorte de toi-même, au lieu de t'y plonger plus profond. Y a-t-il une nouvelle série à venir ?

– Je t'en parlerai plus tard. J'ai déjeuné avec Jake pour en discuter. Tu as eu une bonne journée ?

– Atroce, atroce, a-t-elle dit en grimaçant. (Les journées d'Amy sont invariablement atroces. Je crois que c'est nécessaire à son bonheur.) J'ai eu une scène avec Zelda à propos de la porcherie qu'est sa chambre. Enfin, *c'est normal.* Mais ensuite la secrétaire de Carl m'a appelée pour me prévenir qu'il ne pourrait pas me recevoir aujourd'hui parce qu'il a mal à la gorge, je me demande un peu en quoi le mal de gorge l'oblige à annuler notre rendez-vous, lui qui évite en général d'ouvrir la bouche, mais d'après sa secrétaire il a aussi de la fièvre. Alors, bien sûr, j'ai été sur les nerfs toute la journée comme un drogué en manque. Et puis Michael Hinchcliffe, dont l'agent m'avait dit qu'il était « théoriquement disponible » pour ce feuilleton d'espionnage de la BBC, et qui aurait été parfait pour le rôle, a préféré l'offre qu'on lui faisait sur un film, le salaud. Sans parler de la dernière gaffe d'Harriet.

Harriet est l'associée d'Amy dans son agence de casting. Sa liaison de longue date avec un certain Norman venant de craquer, elle perd la tête et s'abandonne à des crises de larmes pendant qu'elle parle à des clients au téléphone. Amy me raconterait, a-t-elle promis, la gaffe d'Harriet dès que je lui aurais raconté mon déjeuner avec Jake ; nous sommes donc descendus pour aller occuper notre table habituelle au premier étage de chez *Gabrielli*.

Jake Endicott est le seul agent que j'aie jamais eu. Voici une éternité, après avoir entendu à la radio un sketch dont j'étais l'auteur, il m'avait écrit pour me proposer de me prendre dans son écurie. Il n'en sortit pas grand-chose, des années durant, jusqu'au jour où je décrochai la timbale avec *Les Gens d'à côté*, et je ne serais pas surpris d'être à présent en tête de liste de ses poulains. Il avait réservé une table chez *Groucho*, dans la salle du fond, sous la verrière. C'est le genre de restaurant qu'il fréquente. Tout le monde est là pour mater et se faire mater, sans l'avouer ni se l'avouer. Les habitués ont mis au point un coup d'œil spécial que j'ai baptisé « panoramique à la *Groucho* », qui consiste à parcourir la salle du regard, très vite, paupières à demi baissées, en quête de célébrités, tout en riant aux éclats de la remarque que vient de faire votre compagnon de table, qu'elle soit drôle ou pas. J'avais cru que ce ne serait qu'un déjeuner mondain, un petit échange de potins et de congratulations réciproques, mais il est apparu que Jake avait des choses importantes à me dire.

Une fois nos commandes passées (j'ai choisi du magret de canard fumé sur salade tiède de roquette et de lolla rossa, suivi de saucisses purée à un prix qui aurait flanqué une crise cardiaque à chacun de mes pauvres parents), Jake a attaqué.

– Bon, d'abord la bonne nouvelle : Heartland veut produire deux nouvelles séries.

– Et la mauvaise, c'est quoi ?

– La mauvaise nouvelle, c'est que Debbie veut arrêter.

Jake m'a regardé d'un air anxieux, dans l'attente de ma réaction.

Cela ne tombait pas vraiment sur moi comme une bombe. Je savais que le contrat signé par Debbie Radcliffe allait expirer à la fin de la série en cours, et j'imaginais volontiers qu'elle commençait à se lasser de passer plus de la moitié de chaque année à tourner *Les Gens d'à côté.* La sitcom représente un dur labeur pour les comédiens. Comme de monter une pièce par semaine pour les membres d'une troupe. Pour *Les Gens d'à côté*, le planning est le suivant : lecture le mardi et répétitions du mercredi au vendredi à Londres, transfert à Rummidge le samedi, répétition en costumes et tournage le dimanche, congé le lundi, et ça recommence sur l'épisode suivant le mardi. Les participants sont privés de week-end, et parfois aussi de leur jour de loisir s'il faut tourner en extérieur. Ils sont bien payés, mais l'emploi du temps est épuisant et ils n'osent pas se permettre de tomber malades. Ce n'est pas tout. Pour une actrice telle que Deborah Radcliffe, le rôle de Priscilla doit avoir cessé depuis un certain temps déjà de représenter un défi. Certes, elle serait libre de jouer dans une pièce de théâtre pendant trois ou quatre mois par an, mais c'est une durée un peu insuffisante pour une production dans une salle du West End, et n'importe comment l'esprit merdeux du sort ferait en sorte que les rôles qui lui plairaient ne se présentent pas lorsqu'elle est disponible. Je n'ai donc pas trouvé surprenant qu'elle souhaite décrocher. Jake, faut-il le préciser, ne voyait pas les choses ainsi.

– L'ingratitude des individus dans ce métier...,

a-t-il dit en soupirant, secouant la tête et tortillant au bout de sa fourchette une lamelle de saumon dans la sauce à l'aneth. Qui avait entendu parler de Deborah Radcliffe avant *Les Gens d'à côté*, à part quelques abonnés de la Royal Shakespeare Company ? Nous avons fait d'elle une vedette, et la voilà qui nous plaque. Qu'est-il advenu de la loyauté ?

– Sois sérieux, Jake. Nous avons eu de la chance de la garder si longtemps.

– Remercie-moi, mon petit. (Il a dix ans de moins que moi, mais il aime bien adopter un ton paternel dans nos rapports.) C'est moi qui ai poussé les gens de Heartland à prendre une option sur quatre ans quand ils lui ont renouvelé son contrat, après la première série. Ils se seraient contentés de trois.

– Je sais, Jake, tu as bien fait. J'imagine qu'il ne s'agit pas d'une simple ruse de son agent pour faire monter les enchères ?

– J'y ai tout de suite pensé, naturellement, mais elle dit qu'elle ne continuerait pas même si on lui offrait le double.

– Comment peut-on faire une nouvelle série sans Debbie ? Hors de question de changer d'interprète, le public ne marcherait pas. Priscilla, à ses yeux, c'est Debbie.

Jake a laissé le serveur nous remplir nos verres, puis il s'est penché vers moi et a baissé la voix.

– J'en ai parlé avec les gens de Heartland. David Treece, Mel Spacks, et Ollie. Soit dit en passant, tout ceci est sous le sceau du secret, Tubby. Tu vas à la répétition, demain ? Alors n'en souffle pas mot. Le reste de la distribution ignore tout du lâchage de Debbie. À Heartland, ils veulent que tu récrives le dernier épisode.

– Qu'est-ce qui ne va pas ?

– Rien du tout. Mais tu vas être obligé d'éliminer Debbie du feuilleton.

– Tu veux dire, faire mourir Priscilla ?

– Grand Dieu, non ! C'est de la comédie, pour l'amour du ciel, pas de la tragédie. Non, il faut que Priscilla quitte Edward.

– Qu'elle le quitte... Pourquoi ?

– Ça, mon petit, c'est ton rayon. Peut-être qu'elle rencontre un autre type.

– Dis pas n'importe quoi, Jake. Jamais Priscilla n'abandonnerait Edward. Ce n'est pas dans son caractère.

– Ma foi, les bonnes femmes agissent bizarrement. Regarde Margaret. Elle m'a quitté.

– Parce que tu avais une liaison avec Rhoda.

– Eh ben, voilà ! Edward pourrait avoir une liaison avec une autre femme, qui amènerait Priscilla à demander le divorce ! Tu le tiens, ton personnage de rechange !

– Ça ne colle pas non plus avec le caractère d'Edward. Priscilla et lui sont l'archétype du couple monogame. Leur séparation serait à peu près aussi vraisemblable que celle de Sally et moi.

Nous avons discuté un bout de temps. J'ai souligné que les Springfield, malgré leur progressisme au goût du jour et leur ouverture culturelle, sont en réalité profondément conformistes, tandis que leurs voisins les Davis, si vulgaires et béotiens qu'ils soient, sont beaucoup plus tolérants et libérés. Bien entendu, je n'apprenais rien à Jake.

– D'accord, a-t-il dit pour finir. Qu'est-ce que tu suggères ?

– Il faut peut-être tirer l'échelle, ai-je répondu sans l'avoir prémédité.

Jake a failli s'étrangler sur son ris de veau sauté garni de polenta.

– Tu veux dire, arrêter le feuilleton à la fin de cette série ?

– Il est peut-être parvenu au terme naturel de son existence.

Je n'étais pas sûr d'en être moi-même persuadé, mais j'ai découvert, à mon propre étonnement, que cette perspective ne me chagrinait pas outre mesure. Par contre, Jake, lui, paraissait très contrarié. Il s'est tamponné la bouche avec sa serviette.

– Tubby, ne me fais pas un coup pareil. Dis-moi que tu plaisantes. *Les Gens d'à côté* peut tenir encore pour trois bonnes séries. Il reste plein de beaux œufs d'or à récolter sous cette poule-là. Ne la tue pas.

– Il a raison, tu sais, a dit Amy quand je lui ai rapporté cette conversation à la table du dîner (étant donné mon déjeuner chez *Groucho*, je me suis limité à un plat, des cannellonis aux épinards, mais j'ai pioché dans le dessert d'Amy, un tiramisu voluptueux). À moins que tu aies une idée pour un autre feuilleton ?

– Non, ai-je avoué. Mais je pourrais vivre très confortablement de ce que j'ai déjà gagné avec *Les Gens d'à côté.*

– Prendre ta retraite, veux-tu dire ? Tu deviendrais fou.

– N'importe comment, je suis déjà en train de devenir fou.

– Non, a rétorqué Amy. Tu ne sais pas ce que c'est que la folie.

Une fois épuisés les avantages, inconvénients, implications et possibilités d'essayer de donner une suite aux *Gens d'à côté* sans Deborah Radcliffe, ç'a été le tour d'Amy de me raconter sa journée plus en détail. Mais, j'ai honte de l'avouer au moment de transcrire cette partie de notre conversation, je n'en ai pas retenu grand-chose. Je sais que la dernière gaffe d'Harriet a consisté à se tromper de comédienne pour une interview à la BBC, ce qui a créé une situation vexante et embarrassante pour tout le monde, mais hélas j'ai dû penser à autre chose assez tôt durant le récit de l'affaire, et n'ai pas perçu le nom de la personne en question, si bien que lorsque j'ai refait surface au moment où Amy commentait la fureur de Joanna, j'ignorais de quelle Joanna il pouvait bien être question, et il était trop tard pour m'en enquérir sans révéler que mon attention avait dérapé. Je me suis donc borné à hocher la tête d'un air compréhensif, à émettre des onomatopées compatissantes et de vagues généralisations, mais Amy n'a pas paru s'en apercevoir, ou tout au moins s'en formaliser. Ensuite, elle a parlé de Zelda, et là, je ne me souviens pas d'un traître mot, quoique, les lamentations d'Amy au sujet de sa fille ne variant guère, il me serait facile de les reconstituer sans trop me tromper.

Je n'ai pas tout raconté à Amy de ma conversation avec Jake. À la fin du repas, pendant que nous attendions que le serveur nous rapporte la note estampillée et la carte de crédit Platine de Jake, celui-ci m'a lancé d'un ton désinvolte, avec un « panoramique à la *Groucho* » et un discret signe de main à l'adresse de Stephen Fry qui s'en allait : « Ça poserait un problème si je t'empruntais ton appartement la semaine prochaine ? » J'ai cru qu'il en avait besoin pour héberger un client étranger, jusqu'à ce qu'il reprenne : « Rien qu'un après-midi. Le jour qui t'arrange. » Croisant mon regard, il a eu un sourire de connivence. « Nous apporterons nos draps », a-t-il ajouté.

J'étais choqué. Il n'y a pas deux ans que l'union de Jake à Margaret s'est achevée par un divorce plein d'aigreur, à la suite de quoi il a épousé Rhoda, sa secrétaire d'alors. Margaret était devenue au fil des ans une sorte d'amie, ou du moins une figure familière, et je ne me suis accoutumé que récemment à voir Jake accompagné par Rhoda aux réceptions ou lorsqu'il lui arrive de passer le week-end chez nous. Il a vu que j'étais perturbé.

– Bien entendu, si c'est trop compliqué, tu me le dis...

– La question n'est pas que cela soit ou non compliqué, Jake. Simplement, je ne pourrai jamais plus regarder Rhoda en face.

– Cela n'affecte en rien Rhoda, crois-moi, m'a-t-il affirmé d'un air sincère. Il ne s'agit pas d'une liaison avec cette personne. Chacun de notre côté, nous sommes heureux en ménage. Nous avons simplement en commun le goût de la galipette.

– Je préférerais me tenir à l'écart.

– Pas de problème. Oublie que j'ai pu te le demander, a-t-il conclu avec un vague geste de la main, avant d'ajouter, légèrement inquiet : Tu n'en parleras pas à Sally ?

– Non, c'est promis. Mais tu ne crois pas qu'il serait temps pour toi d'arrêter ces plaisanteries ?

– C'est grâce à ça que j'ai l'impression de rester jeune, a-t-il déclaré avec une certaine complaisance.

Et c'est vrai qu'il a l'air jeune, par rapport à son âge, pour ne pas dire immature. Il a un de ces visages qu'on qualifie parfois de « gamins » : des joues rondes, des yeux un peu protubérants, un nez retroussé, un sourire espiègle. On ne peut pas dire qu'il soit beau. Je me demande comment il se débrouille pour tomber les femmes. Cela tient peut-être à l'énergie avide de chiot frétillant dont il semble posséder une réserve inépuisable.

– Tu devrais essayer ça, Tubby, m'a-t-il glissé. Tu n'as pas l'air en forme ces temps-ci.

Quand nous nous sommes assis côte à côte sur le canapé pour regarder *News at Ten*, j'ai passé le bras autour d'Amy et elle a posé la tête sur mon épaule. Notre intimité physique ne va jamais plus loin, sinon que nous nous embrassons sur la bouche pour nous dire au revoir. Pas de pelotage sur le canapé, ni de ma part aucune tentative de caresse plus bas que son cou. J'avoue qu'il m'arrive d'essayer vaguement de me l'imaginer sans vêtements. L'image qui me vient à l'esprit est une version un peu grassouillette du fameux nu de... rappelez-moi son nom, ce vieux maître espagnol qui a peint à deux reprises la même femme allongée sur un divan, une fois vêtue, une fois nue... il faudra que je cherche dans mes ouvrages de référence. Amy est toujours tellement habillée, boutonnée, zippée, enveloppée de pelures successives et soigneusement coordonnées qu'il est difficile de concevoir qu'elle soit jamais complètement nue, sauf dans son bain, et même là je parie qu'elle s'enfouit sous la mousse. Dépouiller Amy de ses vêtements serait une longue et excitante entreprise, comme d'ouvrir un paquet cadeau coûteux, à l'emballage compliqué, bruissant de diverses couches de papier de soie odorant, dans l'obscurité. (Cela se passerait obligatoirement dans l'obscurité : elle m'a confié un jour que l'un de ses problèmes avec Saul était son insistance à faire l'amour toutes lumières allumées.) Tandis que Sally porte des vêtements amples et simples, en nombre réduit et si fonctionnels qu'elle peut les enlever en dix secondes, ce qui lui arrive fréquemment quand elle rentre à la maison, après quoi elle se promène toute nue au premier étage pour se livrer aux gestes de la routine domestique, changer les draps ou ramasser le linge sale.

L'orientation qu'ont prise mes pensées a sur moi un effet assez suggestif, mais vain, puisque Sally ne se trouve pas ici pour assouvir ma libido et qu'Amy s'y refuserait si elle y était encore. Pourquoi l'excitation ne me saisit-elle apparemment qu'à Londres, où ma bonne amie se voue à la chasteté, et presque jamais à Rummidge, où je dispose à la maison d'une partenaire au constant appétit sexuel ? Point d'interrogation générale.

« Tu devrais essayer ça, Tubby. » Comment Jake sait-il que je n'ai jamais essayé ? Cela doit se voir dans le langage de mon corps. Ou se lire sur mon visage, dans mes yeux. Le regard de Jake s'allume comme un scanner infrarouge de sécurité dès qu'une jolie fille passe à proximité.

Dans la période relativement récente, je n'ai sans doute jamais été si près d'essayer qu'à Los Angeles, avec Louise, voici trois ou quatre ans, quand j'ai séjourné là-bas pendant un mois en tant que conseiller pour la version américaine des *Gens d'à côté*. Louise était *creative executive* dans la boîte de production américaine, vice-présidente en réalité, ce qui n'est pas tout à fait aussi impressionnant que cela sonne à nos oreilles d'Européens, mais pas mal quand même pour une femme qui avait à peine dépassé la trentaine. Huit scénaristes étaient attelés à l'écriture du pilote. Huit. Assis autour d'une longue table, ils buvaient du café et du coca light en testant anxieusement les uns sur les autres leurs idées de gags. La boîte de production avait acquis les droits, ils pouvaient donc faire ce qu'ils voulaient de mon scénario et ne s'en privaient pas : éliminant la plus grande partie des développements de l'intrigue et des dialogues, ils ne gardaient pratiquement que l'idée de base du voisinage incompatible. J'avais l'impression qu'on me payait des milliers de dollars en échange de presque rien, mais je ne m'en plaignais pas. Au début, j'assistais consciencieusement aux réunions, mais je n'ai pas tardé à penser que ma présence n'était qu'une source d'embarras et de distraction pour ces gens, embarqués dans une sorte de compétition effrénée d'où j'étais par bonheur exclu, et ma participation s'est bornée de plus en plus à m'installer sur une chaise longue au bord de la piscine du *Beverly Wilshire* pour lire les ébauches de scripts que m'apportait Louise Lightfoot dans son élégant cartable en toile à garnitures de cuir. Au volant de sa petite voiture de sport japonaise, elle revenait en fin de journée chercher mes notes et boire un cocktail, et le plus souvent nous dînions ensemble. Ayant rompu récemment avec son compagnon, elle « ne sortait avec personne » pour le moment, et sa compagnie était bienvenue pour moi, échoué que j'étais à Beverly Hills. Elle m'emmenait dans les restaurants en vogue de Hollywood et me montrait les producteurs et les agents importants. Elle m'emmenait aux projections de films et aux grandes premières. Elle m'emmenait dans les galeries, dans de petits théâtres et, afin de m'aider à comprendre la télévision américaine, dans des lieux plus plébéiens : *Burger King* et *Donut*

Delite drive-in, bowlings, et même une fois un match de base-ball.

Louise était de petite taille, mais bien bâtie. Des cheveux châtains, coupés au carré, qui brillaient et flottaient comme si elle venait toujours de les laver, ce qui n'était pas faux. Des dents parfaites. Qui n'a pas des dents parfaites à Hollywood ? Mais Louise n'aurait pu s'en passer, car elle riait abondamment. Un rire sonore, robuste, assez surprenant étant donné sa petitesse et son style professionnel de femme maîtresse d'elle ; et quand elle riait, elle rejetait la tête en arrière et la balançait d'un côté à l'autre, en secouant sa chevelure. J'avais apparemment le don d'obtenir très aisément cette réaction. Louise s'amusait inlassablement de mes petites piques de Britannique à propos des manières hollywoodiennes et du jargon californien. Naturellement, pour un scénariste, il n'y a rien de plus gratifiant que de voir ses plaisanteries faire un effet irrésistible à une jeune femme séduisante. Sans être réellement une beauté, Louise était attirante et foutrement plus jeune que moi.

Par une douce soirée vers la fin de mon séjour, nous sommes allés à Venice dîner au bord de l'eau dans l'un des restaurants à poisson qu'il y a là-bas. Nous avons pris une table dehors, sur la terrasse, pour contempler le coucher du soleil sur le Pacifique au milieu d'un flamboiement tape-à-l'œil de splendeur technicolor, et nous nous sommes attardés là dans le crépuscule, devant une tasse de café et une seconde bouteille de chardonnay de Napa Valley, à la seule lueur d'une petite lampe à pétrole dont la flamme tremblotait entre nous. Pour une fois, au lieu de m'appliquer à la faire rire, je lui parlais sérieusement de ma carrière de scénariste, et de la griserie d'avoir décroché le pompon avec *Les Gens d'à côté*. Je me suis interrompu pour lui demander si elle voulait encore du café.

– Non merci, m'a-t-elle répondu en souriant, ce que j'aimerais faire à présent, c'est vous ramener chez moi et qu'on baise à vous faire péter le cerveau.

– Ah oui, vraiment ? ai-je articulé pour gagner du temps, content de la pénombre, tout en essayant de rassembler mes idées.

– Ouiche, ça vous brancherait, Mister Passmore ?

Le « Mr Passmore » était pour plaisanter, bien entendu ; nous nous appelions par notre prénom depuis le premier jour. Mais elle me désignait toujours ainsi lorsqu'elle s'adressait à d'autres personnes de la production. Je l'avais entendue au téléphone : « *Mr Passmore* estime que c'est une erreur de faire des Davis une famille de Latinos, mais il s'en remettra à notre jugement. *Mr Passmore* trouve excessivement sentimentale la scène qui commence page trente-deux de la douzième version. » D'après Louise, c'était une marque de respect dans le métier.

– C'est très gentil à vous, Louise, ai-je dit. Et ne croyez pas que je n'ai pas envie de coucher avec vous, ce serait loin de la vérité. Mais, en peu de mots, j'aime ma femme.

– Elle n'en saurait rien. Quel mal est-ce que ça lui ferait ?

– Je me sentirais si coupable que ça se verrait sûrement. Ou je cracherais le morceau tôt ou tard. (J'ai poussé un soupir lamentable.) Je regrette.

– Hé là, c'est pas une affaire, Tubby. Je ne suis pas amoureuse de vous ni rien. Si vous demandiez l'addition ?

En me reconduisant à mon hôtel, elle a tout à coup repris la parole.

– Est-ce que je suis la seule à vous inspirer ces scrupules ?

– Ils ne m'ont jamais quitté.

– Ah, bon, je préfère ça !

Je n'ai guère dormi cette nuit-là. Je me tournais et me retournais dans mon vaste lit du *Beverly Wilshire*, tenté d'appeler Louise pour lui demander si la proposition tenait toujours, mais je ne l'ai pas fait. Nous nous sommes revus plusieurs fois, mais ce n'était plus tout à fait pareil, elle s'éloignait graduellement au lieu de se rapprocher. Quand je suis parti, elle m'a accompagné à l'aéroport et embrassé sur la joue.

– Adieu, Tubby, c'était chouette.

J'ai renchéri, mais ensuite j'ai passé une bonne partie du vol de retour à me demander ce que j'avais manqué.

Il est temps d'aller au lit. Qui sait quel va être le programme sur Canal Rêve cette nuit ? Des films érotiques, je parierais.

Jeudi matin 18 février

Le vidéophone de l'appartement est relié à une caméra à l'entrée de l'immeuble qui vous laisse le choix entre deux images : un gros plan sur le visage de la personne qui sonne à la porte, et un plan général du porche, avec la rue dans le fond. À mes moments perdus, il m'arrive d'appuyer sur le bouton pour jeter un coup d'œil aux gens qui passent ou s'arrêtent sur le trottoir. Cela me donne des idées de personnages – on en voit de toutes sortes – et j'imagine que l'usage de ce gadget procure un certain plaisir enfantin et voyeur. C'est comme un périscope à l'envers. De mon douillet perchoir, je peux mater ceux qui vivent dans la crasse d'en bas : touristes penchés sur leur plan de la ville, jeunes filles recroquevillées de froid, trop coquettes pour cacher sous un manteau leur peu couvrante tenue de sortie, petits mecs en blouson de cuir qui échangent des bourrades, couples d'amoureux qui s'arrêtent soudain pour s'embrasser et se font bousculer par des hommes impatients, leur serviette à la main, pressés d'attraper leur train de banlieue à Charing Cross.

Hier soir, sans motif particulier, j'ai appuyé sur le bouton au moment où j'allais me coucher, et merde, voilà qu'il y avait quelqu'un d'installé pour passer la nuit sous mon porche. L'étonnant, sans doute, c'est que ce ne soit jamais encore arrivé, mais le porche couvre un tout petit espace carré, qui ne permet pas à un adulte de s'y coucher sans que ses pieds dépassent sur le trottoir. Le mec se tenait assis dans son sac de couchage, adossé à un mur et les pieds appuyés contre l'autre, la tête baissée sur sa poitrine. Il avait l'air plutôt jeune, avec un museau pointu de renard et de longs cheveux flasques qui lui tombaient sur les yeux.

J'ai été saisi de le découvrir là, puis fâché. Quel culot ! Il bouchait tout le porche. Ce serait impossible d'entrer ou de sortir sans avoir à l'enjamber. Certes, je n'avais aucune intention de ressortir pour le moment, mais un de mes voisins pouvait arriver, et en tout cas la présence de ce squatter nuisait au standing de l'immeuble. J'ai envisagé de descendre pour le faire déguerpir, mais j'étais déjà en pyjama et je ne me voyais guère l'affronter en robe de chambre et pantoufles, pas plus que je n'avais envie de me rhabiller. J'ai songé aussi à appeler la police pour qu'elle intervienne, mais vu l'importance de la criminalité dans ce secteur de Londres, je doutais qu'elle fasse quoi que ce soit, et d'ailleurs on me demanderait tout de suite si je l'avais d'abord prié moi-même de s'en aller. Je restais planté là, à regretter de ne pas disposer sur le vidéophone d'une commande sonore en même temps que visuelle depuis l'appartement, pour pouvoir aboyer : « Hé, toi ! Fous le camp ! » dans le haut-parleur, et observer sa réaction sur l'écran de contrôle. L'idée m'a fait sourire, puis je me suis senti un peu salaud d'avoir souri.

Ces jeunes qui mendient et dorment à la dure dans les rues de Londres me tracassent. Ils n'ont pas grand-chose en commun avec les clodos et pochards de toujours, puants, crasseux et déguenillés. Les nouveaux SDF sont en général plutôt bien vêtus, ils portent des anoraks qui ont l'air neufs, des jeans et des Doc Martens, et sont équipés de duvets confortables qui ne déshonoreraient pas une expédition d'explorateurs. À la différence des clochards qui vont se réfugier comme des insectes dans les coins obscurs et délaissés, sous les ponts de chemin de fer ou près des décharges, ces jeunes gens choisissent des entrées de boutiques dans les rues illuminées du West End, ou les escaliers et les couloirs du métro, de sorte qu'on ne peut pas les éviter. Leur présence ressemble à une accusation... mais de quoi nous accusent-ils ? Est-ce nous qui les avons jetés à la rue ? Ils ont l'air si normaux, si présentables, ils vous demandent si poliment un peu de monnaie, qu'on a du mal à croire qu'ils ne pourraient pas trouver un abri et même du travail à condition de faire un effort. Peut-être pas dans le West End, évidemment, mais au nom de quoi auraient-ils droit à un domicile dans le West End ? J'en ai un, moi, mais je l'ai acquis au prix de mon labeur.

Ainsi se déroulait mon monologue intérieur d'autojustification, pendant que je me mettais au lit et finissais par trouver le sommeil. Réveillé à quatre heures, je suis allé pisser. En retournant me coucher, j'ai appuyé sur le bouton du vidéophone ; il était toujours là, roulé en boule dans son duvet sur le carrelage du porche, comme un chien dans son panier. Les lumières d'une voiture de police sont passées à l'arrière-plan, et j'ai entendu sa sirène stridente à travers les doubles vitrages du séjour, mais le garçon n'a pas bronché. Quand j'ai regardé à nouveau, ce matin à sept heures et demie, il avait disparu.

Jeudi après-midi

J'écris ceci dans le train de dix-sept heures dix. Je comptais prendre celui de seize heures quarante, mais mon taxi s'est trouvé bloqué dans un énorme embouteillage causé par une alerte à la bombe à Center Point. La police avait barré l'intersection de Tottenham Court Road et Oxford Street, et la circulation était déviée dans toutes les directions. « Qui est-ce qui veut faire sauter l'immeuble – l'IRA ou le prince Charles ? » ai-je demandé au chauffeur. Mais il n'a pas compris la blague, ou, plus probablement, elle ne l'a pas amusé. Ces alertes à la bombe effarouchent les touristes et nuisent à son commerce.

Je suis passé à la répétition de ce matin, ainsi que je le fais de temps à autre. Quand *Les Gens d'à côté* démarrait et cherchait encore ses marques, j'assistais pratiquement à toutes les répétitions, mais à présent ça roule comme un train (ou comme un train devrait rouler – celui-ci s'est mis à se traîner pour je ne sais quelle raison, alors que nous n'avons même pas encore atteint Watford Junction) et je me contente de pointer mon nez une fois par semaine pour vérifier que tout baigne et, éventuellement, apporter quelques dernières retouches au scénario. Les répétitions se passent dans une église désaffectée près de la station de métro de Pimlico. Des lignes tracées sur le sol indiquent les limites du plateau du studio. Il vous suffirait d'entrer là un jour d'hiver pour vous désillusionner sur les attraits de la télévision de divertissement, en tant que profession. (C'est la première fois, je crois, que j'emploie le mot « désillusionner » ; j'aime bien, je le trouve assez classe.) Les murs en brique sont badigeonnés en vert glauque et crème caillé style assistance publique, comme à l'hôpital central de Rummidge, et les fenêtres à barreaux sont en verre dépoli enduit de crasse. L'habituel mobilier de bric et de broc est poussé contre les murs ou disposé de manière à reconstituer les diverses pièces du décor : tables bancales couvertes de formica, chaises empilables en plastique moulé, fauteuils et canapés défoncés, et lits aux matelas peu engageants. À part la table sur tréteaux, dans un coin, chargée d'une machine à café, de boissons non alcoolisées, de fruits et de casse-croûte, on pourrait se croire dans un refuge de l'Armée du Salut ou un dépôt de meubles d'occasion. Les comédiens portent de vieux vêtements confortables – tous sauf Debbie, qui a toujours l'air prête à poser pour *Vogue* – et quand ils ne figurent pas dans la scène, ils vont s'asseoir sur les fauteuils boiteux et passent le temps à lire le journal ou un roman en livre de poche, à faire des mots croisés, du tricot ou, en ce qui concerne Debbie, de la broderie.

Mais tous lèvent les yeux et m'accueillent avec un sourire chaleureux quand je fais mon entrée. « Salut, Tubby ! Comment va ? Ça boume ? » Les acteurs sont très pointilleux en la matière. Les producteurs et réalisateurs, pour la plupart, méprisent en secret les scénaristes, qu'ils considèrent comme des tâcherons chargés de leur fournir le matériau brut pour l'exercice de leur propre créativité, des fléaux nécessaires qu'il faut remettre fermement à leur place. Tandis que les acteurs éprouvent à leur égard un respect qui frôle même parfois la crainte révérencielle. Ils savent que le scénariste est la source fondamentale des répliques sans lesquelles eux-mêmes n'existent pas ; et que, dans le cas d'un feuilleton qui s'éternise, il est en son pouvoir d'amplifier ou de réduire l'importance de leur rôle dans les épisodes à venir. Ils se mettent donc en quatre pour lui faire des grâces.

Cette semaine, ils préparent l'épisode sept de la série en cours, qui doit être diffusé dans cinq semaines. Soupçonnent-ils un instant qu'il s'agit peut-être de la dernière série ? Non, je ne décèle aucun signe d'inquiétude dans leurs yeux ou leur attitude tandis que nous nous saluons. Il n'y a qu'entre Debbie et moi que passe fugacement un message tacite, lorsque je me penche pour lui embrasser la joue dans son vieux fauteuil, où elle est comme à l'accoutumée absorbée dans sa broderie. Nos regards se croisent : elle sait que je sais qu'elle veut arrêter. Mais le secret semble bien gardé pour le moment. Même Hal Lipkin, le réalisateur, l'ignore encore. Les sourcils froncés, il vient à moi précipitamment, en mordillant son stylo à bille, mais c'est un point du scénario qui le tracasse.

La sitcom (abréviation de *situation comedy*) est de la pure télévision, combinant la continuité et le renouvellement. La continuité provient de ladite « situation » – dans le cas présent, deux familles aux modes de vie radicalement différents, logées l'une à côté de l'autre : les Davis, insouciants, dévoreurs d'allocations diverses, ayant hérité inopinément d'une maison dans une rue bien fréquentée de la ville, décident de s'y installer au lieu de la vendre, à la consternation mal dissimulée de leurs voisins immédiats, les Springfield, petits-bourgeois cultivés, progressistes (ils lisent le *Guardian*). Les spectateurs ont vite fait de se familiariser avec les personnages et ils attendent avec impatience le rendez-vous hebdomadaire, où ils les retrouveront en train de se comporter de manière invariable, tout comme les gens de leur propre famille. Le renouvellement est apporté par l'intrigue sur laquelle se fonde chaque épisode. L'art de la sitcom consiste à trouver une nouvelle intrigue à raconter chaque semaine, à l'intérieur du schéma établi. Cette intrigue ne peut pas être très compliquée, car on ne dispose que de vingt-cinq minutes pour la développer, et, pour des raisons à la fois budgétaires et techniques, la plus grande partie de l'action doit prendre place dans le même décor.

J'étais curieux d'assister à la réalisation de l'épisode de cette semaine, parce que c'est l'une des occasions où nous frôlons le territoire d'une dramatique sérieuse. Par définition, la sitcom est un divertissement léger et familial, qui vise à distraire le spectateur, et non à le perturber ou le bouleverser. Mais si elle n'aborde pas de temps à autre les aspects plus graves de l'existence, même furtivement, le public cessera de croire à ses personnages et de s'intéresser à leur sort. Cette semaine, l'épisode est centré sur Alice, la fille des Springfield, âgée d'une quinzaine d'années. Phoebe Osborne, qui interprète le rôle, avait quatorze ans au départ et elle en a donc dix-neuf à présent, mais par chance elle n'a pas trop grandi entre-temps et vous n'imaginez pas les miracles que peuvent opérer le maquillage et la coiffure. Dans un feuilleton au long cours, les adultes vivent dans un monde enchanté où l'on ne vieillit pas, mais pour les enfants et adolescents, on ne peut éviter que les comédiens grandissent et il faut intégrer cette composante au scénario. Ainsi, lorsque la voix du jeune Mark Harrington a mué (il incarne Robert, le petit dernier chez les Springfield), j'en ai fait un thème de plaisanteries pour toute la série.

Pour en revenir à l'épisode de cette semaine, Edward et Priscilla redoutent qu'Alice ne soit enceinte, car elle est sans cesse prise de nausées. Chez les voisins, l'adolescente Cindy Davis est mère célibataire, sa maman s'occupe du bébé pendant qu'elle est en classe, et le ressort de l'histoire est le suivant : alors que les Springfield ont fait montre d'une impressionnante ouverture d'esprit au sujet de Cindy, ils sont horrifiés à l'idée qu'il puisse arriver la même chose à leur propre fille, d'autant que le père serait probablement le jeune Terry Davis, avec qui Alice s'est mise à sortir à leur corps défendant. Faut-il le préciser, Alice n'est pas enceinte et ne risque pas de l'être, puisqu'elle n'autorise à Terry aucune espèce de privautés. Si elle a des vomissements, c'est parce que Terry, poussé par sa frustration sexuelle, assaisonne le lait de chèvre livré quotidiennement à l'usage exclusif d'Alice (elle est allergique au lait de vache) d'un prétendu aphrodisiaque (en réalité un émétique bénin) avec la complicité de son copain Rodge, le commis du laitier. Tout est découvert lorsque Priscilla se verse par mégarde du lait réservé à Alice et qu'elle est à son tour saisie de violentes nausées. (« EDWARD (*effaré*) – Ne me dis pas que toi aussi, tu es enceinte ? ») Mais auparavant, on cultive abondamment l'effet comique dans les procédés retors mis en œuvre par Edward et Priscilla pour tenter de tirer au clair leur affreux soupçon, et dans le contraste entre leur tolérance affichée et leur profonde réprobation de la famille monoparentale.

– On est un peu long, Tubby, m'a dit Hal de manière assez inaudible parce qu'il serrait son stylo à bille entre ses dents tout en feuilletant le scénario. (Un autre stylo à bille dépassait de sa chevelure touffue juste au-dessus de l'oreille gauche, planqué là antérieurement et oublié – ce n'est pas à moi que cela pourrait arriver.) Je me demandais s'il n'y aurait pas quelques répliques à couper par ici.

Je savais exactement de quelle partie du dialogue il s'agissait avant même qu'il ait retrouvé la page :

EDWARD – Bon, eh bien si elle est enceinte, il lui faut une IVG.

PRISCILLA (*en colère*) – Et à ton avis, si je comprends bien, ça va tout résoudre ?

EDWARD – Attends une minute ! Je croyais que tu militais pour que les femmes aient le droit de choisir ?

PRISCILLA – Ce n'est pas une femme, c'est une enfant. Et en plus, imagine qu'elle choisisse de garder le bébé ?

(*Une pause, le temps pour* EDWARD *d'envisager cette éventualité.*)

EDWARD (*doucement mais fermement*) – Dans ce cas, bien sûr, nous la soutiendrons.

PRISCILLA (*gagnée par l'émotion*) – Oui, bien sûr.

(PRISCILLA *allonge la main pour serrer tendrement celle d'*EDWARD.)

J'avais déjà eu une discussion au sujet de ce passage avec Ollie Silvers, mon producteur, quand j'avais remis mon scénario. En réalité, il n'est plus seulement mon producteur, à présent, il n'est rien de moins que directeur des séries et feuilletons à Heartland ; mais comme *Les Gens d'à côté* était un peu son bébé, et obtient encore la meilleure part de marché de toutes les productions Heartland, il n'a pas pu supporter de passer la main à un producteur délégué quand il a eu sa promotion, et s'arrange pour trouver encore le temps de fourrer son nez dans le détail de chaque épisode. Il ne peut pas être question d'avortement dans une sitcom, m'avait-il dit, même si la diffusion a lieu après neuf heures du soir, quand les jeunes spectateurs sont censés être au lit, parce que c'est un thème trop controversé et trop perturbant. J'avais répliqué qu'il me paraissait peu réaliste de prétendre qu'un couple de petits-bourgeois éclairés parlent ensemble de l'éventuelle grossesse de leur fille adolescente sans mentionner cette possibilité. À quoi Ollie m'avait répondu que le public admet les conventions de la sitcom, qui excluent qu'on aborde certains sujets, et que c'est ça qui lui plaît. J'avais observé que toutes sortes de choses autrefois taboues dans les sitcoms étaient à présent acceptables. Non, avait dit Ollie, pas l'avortement. Moi : il faut toujours une première fois. Lui : pourquoi dans notre feuilleton à nous ? Moi : pourquoi pas ? Il avait cédé, ou du moins c'est ce que j'avais cru. J'aurais dû savoir qu'il trouverait un moyen de se débarrasser du dialogue litigieux.

Quand j'ai demandé à Hal si c'était Ollie qui avait suggéré cette coupe, il a paru un peu embarrassé.

– Ollie est passé hier, a-t-il avoué. Il a en effet suggéré que ces répliques n'étaient pas vraiment indispensables.

– Non, pas vraiment indispensables. Rien qu'un bref instant de vérité.

L'air embêté, Hal m'a dit que nous pourrions en reparler avec Ollie, qui venait après le déjeuner, mais j'ai répondu que la journée serait trop avancée pour vider nos sacs sur une question de principe. Les comédiens recevraient de mauvaises vibrations, ils seraient mal à l'aise et coincés dans l'interprétation de la scène. Sans cacher son soulagement, Hal est tout de suite allé demander à Suzie, l'assistante de production, de rectifier le scénario. Je suis parti avant l'arrivée d'Ollie. À présent, je me demande pourquoi j'ai si vite cédé.

Le chef de train vient d'annoncer que nous approchons de Rugby. « Prochain arrêt en gare de Rugby. » L'usage de la formule « arrêt en gare » sur les trains du British Rail est sans doute destiné à distinguer les arrêts prévus des imprévus en rase campagne, de crainte que les voyageurs, désorientés par les effluves de sandwiches bacon et tomate et de garnitures de freins surchauffées dans une climatisation défaillante, ne descendent par inadvertance sur la voie et ne se fassent tuer.

Jeudi soir

Je suis arrivé à la maison vers sept heures et demie. Le train n'avait finalement pris que douze minutes de retard, et j'ai trouvé ma voiture, épargnée par les voleurs et les vandales, qui m'attendait comme un chien fidèle là où je l'avais laissée. À l'aide du bouton de télécommande sur mon porte-clés, j'ai signalé mon approche et elle m'a répondu par le clignotement de ses feux de position et trois piaulements, tandis que les portes se déverrouillaient. Je prends un plaisir enfantin et inépuisable à manipuler ces gadgets de télécommande. Il y en a un qui actionne notre porte de garage, dont je m'amuse à déclencher l'ouverture dès que je tourne au coin de la rue, de façon à pouvoir rentrer tout droit sans m'arrêter. Ce soir, devant le garage béant, j'ai vu que la voiture de Sally n'y était pas et, en pénétrant dans la cuisine, j'ai trouvé un mot qu'elle m'avait laissé pour m'informer qu'elle allait nager au club et faire un sauna. J'ai éprouvé une déception déraisonnable, parce que je m'apprêtais à lui raconter le séisme provoqué par Deborah Radcliffe et la discussion au sujet de la coupe dans l'épisode réalisé cette semaine. Non que l'un ou l'autre risquât de passionner Sally. *Au contraire* *.

Autant que je sache, il existe deux types d'épouse de scénariste. Le premier combine la nounou, la secrétaire et la présidente de fan-club. Elle lit au fur et à mesure tout ce qu'écrit son mari et le couvre d'éloges ; elle assiste à chaque diffusion et rit de toutes les plaisanteries ; elle s'émeut d'une mauvaise critique et se réjouit d'une bonne au moins aussi vivement que lui ; elle veille d'un regard inquiet sur son humeur et sa productivité, lui apporte dans son bureau des tasses de thé et de café à intervalles réguliers, en marchant sur la pointe des pieds pour ne pas troubler sa concentration ; elle répond au téléphone et aux lettres, le protégeant contre les invitations, les requêtes et les propositions ennuyeuses et dénuées d'intérêt ; elle note tous ses rendez-vous et les lui rappelle au bon moment, le conduit à la gare ou à l'aéroport et vient le chercher à son retour, et organise des cocktails et des dîners pour ses relations professionnelles. L'autre type d'épouse, c'est Sally, qui ne fait rien de tel et qui mène sa propre carrière, à laquelle elle attache au moins autant d'importance qu'à celle de son mari. À vrai dire, Sally est à ma connaissance la seule femme de scénariste de cette espèce, mais j'imagine qu'il y en a d'autres.

Je n'escomptais donc de sa part aucune espèce de sollicitude et d'avis compétent, j'espérais simplement pouvoir me décharger un peu le cœur des soucis qui m'oppressaient. Au volant, en venant de la gare, j'avais acquis la conviction d'avoir commis une erreur en acceptant si vite de couper l'allusion à l'avortement dans le dialogue de cet épisode, et j'avais commencé à me torturer en me demandant s'il fallait ou non rouvrir le débat en téléphonant à Ollie et Hal chez eux, tout en sachant que je me trouverais en position de faiblesse, après avoir admis la coupe ce matin, et que je me mettrais tout le monde à dos en tentant de faire marche arrière, sans par ailleurs obtenir quoi que ce soit car il était sans doute trop tard pour modifier à nouveau le dialogue. Sans doute, mais pas obligatoirement. À la répétition de cet après-midi, les comédiens avaient travaillé sur le texte abrégé, mais on pourrait très bien rétablir demain les répliques qui manquaient.

Je me suis mis à arpenter d'un pas agité la maison déserte, j'ai décroché deux ou trois fois le téléphone, et raccroché sans composer de numéro. Je me suis fait un sandwich au jambon, mais, celui-ci, sorti du réfrigérateur, était trop froid pour avoir aucun goût, et j'ai bu une canette de bière dont le gaz m'a gonflé l'estomac. J'ai allumé la télé au hasard et me suis retrouvé en train de regarder sur BBC 1 une sitcom rivale qui m'a semblé beaucoup plus spirituelle et astucieuse que *Les Gens d'à côté*; j'ai éteint au bout de dix minutes. Je suis allé dans mon bureau et me suis assis devant l'ordinateur.

Je sens mon opinion de moi-même dégringoler à vue d'œil. Je me méprise à la fois pour ma faiblesse d'avoir accepté la coupe et pour mes atermoiements sur la conduite à adopter au point où nous en sommes. Mon genou est repris d'élancements, comme un vieux rhumatisme sensible à l'approche du mauvais temps. La tempête dépressive s'annonce à l'horizon, et une lame de fond de désespoir se prépare à me submerger.

Dieu soit loué! Sally est de retour. Je viens d'entendre la porte claquer sur ses talons, et sa voix enjouée lancer mon nom dans l'entrée.

Vendredi matin 19 février

Dans mon courrier d'aujourd'hui, j'ai trouvé un envoi de la fondation MIND. C'est la première fois, je crois, qu'elle s'adresse à moi. Mon adresse a dû lui être communiquée par d'autres œuvres de bienfaisance. L'enveloppe contenait une lettre et un ballon de baudruche de couleur bleue. Une directive figurait en haut de la lettre : « Veuillez gonfler le ballon avant d'en lire davantage, mais ne nouez pas l'orifice. » J'ai donc gonflé le ballon sur lequel j'ai vu apparaître, dessiné en blanc, un profil d'homme, qui me ressemblait un peu, en fait, avec un cou épais et une apparente calvitie ; et à l'intérieur du crâne se superposaient, comme des pensées, les mots : DEUIL, CHÔMAGE, ARGENT, SÉPARATION, HYPOTHÈQUE, DIVORCE, MALADIE. « À vos yeux, disait la lettre, les mots inscrits sur le ballon ne sont peut-être que cela : des mots. Mais le vécu auquel ils se réfèrent sont au cœur de la dépression nerveuse d'un être humain. »

À cet instant, on a sonné à la porte. Sally était partie travailler, naturellement, je suis donc allé ouvrir, sans lâcher le ballon, dont je pinçais la queue entre le pouce et l'index pour l'empêcher de se dégonfler. Un sentiment vaguement superstitieux me poussait, tel un personnage de conte de fées, à respecter les instructions données dans la lettre.

C'était le laitier, venu se faire payer. Il a souri en regardant le ballon.

– Vous donnez une fête ? a-t-il demandé (il était neuf heures et demie du matin). C'est votre anniversaire ? Tous mes vœux.

– Je viens de trouver ça dans mon courrier, ai-je cru bon d'expliquer avec un geste gauche de la main qui tenait le ballon. Combien vous doit-on ?

De l'autre main, tel un manchot, je suis parvenu à extraire de mon portefeuille un billet de dix livres.

– Géant, le feuilleton, l'autre soir, a dit le laitier en me rendant la monnaie. Quand papa Davis cache toutes ces cigarettes à travers la maison avant d'arrêter de fumer... vachement drôle !

– Merci, content que ça vous ait amusé.

Tous les commerçants du coin savent que je suis l'auteur des *Gens d'à côté*. Je peux pratiquer le sondage d'opinion instantané sur le pas de ma porte.

De retour dans mon bureau avec le ballon, j'ai repris la lettre de MIND : « Tout comme les mots grandissent en même temps que le ballon, les problèmes de quelqu'un peuvent lui paraître de plus en plus lourds à mesure que la pression s'accroît. »

J'ai relu les mots entassés à l'intérieur du contour de la tête. Je n'ai pas subi de deuil (enfin, pas récemment – maman est morte il y a quatre ans, et papa trois ans plus tôt), je ne suis pas au chômage, j'ai de l'argent, je ne suis ni divorcé ni même séparé, et je pourrais rembourser mon hypothèque demain si je voulais, mais mon comptable me l'a déconseillé à cause de la déduction fiscale. Ma seule qualification pour une dépression nerveuse serait au chapitre santé, quoique MIND, à mon avis, ait songé à des maux qui menacent la vie plus gravement qu'un Problème Interne du Genou.

J'ai parcouru rapidement le reste de la lettre : « Suicide... psychose... réinsertion... soutien... » Après l'appel final à une contribution financière, il y avait un P.-S. : « À présent, vous pouvez laisser le ballon se dégonfler. Et pendant ce temps, songez, s'il vous plaît, combien quelqu'un pourra rapidement sentir s'alléger la tension due à tous ses problèmes grâce au répit, aux soins et à la compréhension que votre don va permettre aujourd'hui. » J'ai lâché le ballon, qui a tournoyé comme une grosse mouche bleue à travers la pièce, propulsé par un pet vigoureux pendant quelques secondes, avant de heurter la fenêtre et de s'affaisser sur le sol. J'ai sorti mon chéquier de bienfaisance et envoyé trente-six livres à MIND pour offrir à quelqu'un une demi-journée des attentions d'une infirmière spécialisée dans les soins aux malades mentaux. Moi le premier, j'en aurais bien l'usage aujourd'hui.

Hier soir, quand Sally est rentrée, nous avons causé dans la cuisine tandis qu'elle se préparait une tasse de chocolat chaud, et que je buvais un whisky. Plus exactement, je causais et elle écoutait, un peu distraitement. Dans un état d'euphorie langoureuse après son sauna, elle semblait avoir encore plus de mal que d'habitude à se concentrer sur mes soucis professionnels. « Tant mieux ! » s'est-elle exclamée quand j'ai annoncé que les répliques où il était question d'avortement avaient été coupées dans l'épisode réalisé cette semaine ; à mon expression, elle a bien vu que ce n'était pas la réaction escomptée, mais, fidèle à elle-même, elle a quand même entrepris de défendre sa position, disant que le ton des *Gens d'à côté* était trop léger pour traiter d'un sujet aussi grave – exactement l'argument d'Ollie. Ensuite, quand je lui ai raconté que l'avenir du feuilleton était menacé par la décision de Debbie de nous lâcher à la fin de la série en cours, Sally m'a répondu : « Eh bien, cela t'arrange, non ? Tu vas pouvoir te lancer dans autre chose avec un producteur différent, disposé à prendre plus de risques qu'Ollie. » Ce qui était assez logique, mais guère réconfortant, car je n'ai pas l'ombre d'une idée pour un nouveau feuilleton, et il est peu probable que j'en trouve une dans l'état où je suis.

Sally a passé son doigt à l'intérieur de sa tasse pour le lécher. « Quand viens-tu te coucher ? » m'a-t-elle dit, ce qui est sa façon coutumière de suggérer que nous fassions l'amour. Nous avons donc baisé, et je n'ai pas réussi à jouir. L'érection était normale, mais je n'ai pas eu de paroxysme. Peut-être était-ce la faute du whisky après la bière, je n'en sais rien, mais c'était inquiétant, comme d'actionner une pompe sans parvenir à faire couler l'eau. Sally a joui, elle, ou du moins j'en ai eu l'impression. J'ai vu une émission, l'autre soir, où tout un tas de femmes assises en rond parlaient de sexe, et il était arrivé à chacune d'entre elles de simuler l'orgasme, soit pour rassurer leur partenaire, soit pour mettre fin à une expérience peu satisfaisante. Peut-être est-ce aussi le cas de Sally. Point d'interrogation générale. Elle s'est endormie très paisiblement. J'ai entendu sa respiration se faire plus lente, régulière et profonde, avant de m'assoupir de mon côté. Je me suis réveillé à deux heures trente-cinq, le col de mon pyjama trempé de sueur. Un sentiment d'appréhension pesait sur moi, comme si j'avais oublié quelque chose de déplaisant dont il fallait que je me souvienne. Et je m'en suis souvenu : à présent, voilà que je souffrais d'un Problème Interne des Gonades en plus de tous les autres. Je me suis mis à envisager une vie sans activité sexuelle, sans tennis, sans feuilleton télé. Je me sentais sombrer en spirale dans les ténèbres. J'ai toujours du désespoir l'image d'une spirale descendante, tel un avion qui perd une aile et tombe comme une feuille à travers les airs en tourbillonnant tandis que le pilote se bat vainement avec ses commandes, que le bruit du moteur devient un hurlement perçant et que l'aiguille de l'altimètre décrit inexorablement le tour du cadran vers le zéro.

En relisant ce dernier passage, je me suis rappelé la question qu'Amy m'a posée hier : « Comment va l'*Angst* ? » et j'ai cherché la définition de ce mot. J'ai été surpris de le trouver dans mon dictionnaire d'anglais. « 1. Sentiment d'anxiété ou de remords aigu mais non spécifique. 2. (Dans la philosophie existentialiste) L'angoisse causée par la conscience qu'a l'homme d'un avenir qui n'est pas déterminé d'avance et dépend de son libre choix. » Je n'ai pas entièrement compris la seconde définition – la philosophie est l'une des plus grosses lacunes de mon éducation. Le mot seul suffit à me déstabiliser. Mais j'ai ressenti un petit frisson d'identification à la lecture du mot « angoisse ». Je m'y reconnais davantage que dans le mot « anxiété ». Je ne sais pourquoi, « anxiété » me paraît un peu dérisoire. On peut être anxieux de rater son train, ou le courrier. C'est sans doute pour cela que nous avons emprunté le mot allemand. *Angst* a quelque chose de sombre dans la sonorité, et on fait une sorte de grimace douloureuse en le prononçant. Mais « angoisse » me va très bien. C'est de l'angoisse que j'éprouve quand je m'éveille aux petites heures de la nuit baigné d'une sueur froide. Une angoisse aiguë mais non spécifique. Bien entendu, j'ai vite fait d'y accrocher des spécificités. L'impuissance, par exemple.

Certes, il faut bien que tout homme s'y trouve confronté. À cinquante-huit ans, cela me paraît un peu prématuré, mais ce n'est sans doute pas impossible. Tôt ou tard, il faut bien qu'il y ait une dernière fois. L'ennui, c'est que vous ne le saurez qu'après avoir découvert que c'est fini pour vous. Ce n'est pas comme la dernière cigarette quand on décide d'arrêter de fumer, ou la dernière partie de foot avant de raccrocher. Vous ne pouvez pas faire un sort particulier à votre dernière baise parce que vous ne saurez pas, sur le moment, que c'est la dernière ; et quand vous vous en apercevrez après coup, vous ne serez probablement même pas capable de vous rappeler vraiment comment c'était.

Je viens de chercher le mot « existentialisme » dans un dictionnaire de la pensée moderne. « Doctrine philosophique qui met l'accent sur le contraste entre l'existence humaine et celle que possèdent les objets naturels. Doté de volonté et de conscience, l'homme se trouve dans un univers étranger d'objets dénués de l'une et de l'autre. » En voilà, une découverte ! Il me semble que je le savais déjà. « Kierkegaard fut l'initiateur de l'existentialisme, en réaction violente contre l'idéalisme absolu de Hegel. » Ah, tiens ! J'ai cherché à « Kierkegaard ». « Kierkegaard, Søren. Philosophe danois, 1813-1855. cf. EXISTENTIALISME. » J'ai consulté un autre ouvrage, un dictionnaire biographique. Fils d'un négociant autodidacte, il hérita d'une fortune considérable qu'il consacra entièrement à l'étude de la philosophie et de la religion. Il était fiancé à une jeune fille nommée Régine mais rompit parce qu'il décida qu'il n'était pas fait pour le mariage. Il acquit une formation de pasteur mais n'entra jamais dans les ordres, et écrivit vers la fin de sa vie quelques essais, sujets à controverse, où il attaquait le christianisme conventionnel. À part deux ou trois brefs séjours à Berlin, il ne quitta jamais Copenhague. Sa vie paraissait presque aussi ennuyeuse qu'elle avait été brève. Mais pour finir, l'article énumérait quelques-unes de ses œuvres. Je ne saurais décrire ce que j'ai éprouvé à la lecture de ces titres. Si j'avais les cheveux plus courts sur la nuque, ils se seraient dressés. *Crainte et Tremblement*, *Dans la lutte des souffrances*, *Le Concept de l'angoisse* – cela ne ressemblait pas à des titres d'ouvrages de philosophie, on aurait dit qu'ils visaient mon propre état, telles des flèches qui se plantent en vibrant dans la cible. Même ceux dont le sens m'échappait – *Ou bien... Ou bien*, *La Répétition*

– semblaient chargés d'une signification cachée qui me concernait spécifiquement. Et figurez-vous que Kierkegaard a écrit son *Journal*. Il faut que je me le procure, ainsi que quelques-uns des autres livres.

Vendredi soir

Acupuncture à la clinique du Bien-Être cet après-midi. Miss Wu a commencé rituellement par me prendre le pouls, en tenant mon poignet entre ses doigts frais aussi délicatement que si c'était la tige d'une fleur fragile et précieuse, et elle m'a demandé comment j'allais. J'ai failli lui raconter mon problème d'éjaculation hier soir, mais je n'ai pas osé. Miss Wu, née à Hong-Kong mais élevée à Rummidge, est très timide et réservée. Elle sort toujours de la cabine le temps que je me mette en caleçon, que je grimpe sur la couche capitonnée et que je me recouvre d'une couverture en cellular ; et elle frappe à la porte avant de rentrer pour s'assurer que je suis prêt. J'ai craint de l'embarrasser si je parlais de ma défaillance séminale et, pour ne rien vous cacher, l'idée de me faire planter des aiguilles dans le scrotum ne me branchait pas. Il est vrai qu'elle pique rarement là où l'on pourrait s'y attendre, mais on ne sait jamais.

Je me suis donc borné à mes symptômes habituels et elle m'a mis ses aiguilles aux mains et aux pieds, comme de coutume. Elles ressemblent un peu à ces épingles à tête de plastique colorée qu'on utilise sur les cartes murales et les tableaux d'affichage. On ressent une sorte de petite secousse avec un picotement lorsqu'elle touche le point magnétique, c'est parfois aussi fort qu'une décharge électrique à bas voltage. On ne peut pas nier qu'il y a quelque chose dans ce truc d'acupuncture ; savoir si ça peut vous apporter une amélioration durable, c'est une autre affaire. Point d'interrogation générale. Au départ, j'étais allé voir Miss Wu pour mon Problème Interne du Genou, mais elle m'avait dit franchement qu'elle ne pensait pas pouvoir faire grand-chose d'autre que d'aider au processus de guérison en améliorant mon état général physique et mental, je me suis donc contenté de cet espoir. Après la séance, je me sens mieux pour le reste de la journée, et peut-être même le lendemain matin, mais ensuite l'effet s'épuise. Cette pratique comporte un léger aspect de pénitence – les aiguilles font quand même un peu mal, et on n'est pas autorisé à boire de l'alcool le jour du traitement, ce qui explique sans doute que cela me fasse du bien – mais je trouve réconfortantes les manières infiniment douces de Miss Wu. Elle s'excuse toujours si une réaction particulièrement forte à la piqûre me fait sursauter ; et quand il lui arrive de ne pas trouver le point (c'est très rare) et de s'y reprendre à plusieurs fois, elle est tout à fait consternée. Un jour où elle avait même fait couler du sang, j'ai cru qu'elle allait mourir de honte.

Pendant la durée du traitement, nous bavardons, à propos de ma famille le plus souvent. Elle manifeste un vif intérêt pour les faits et gestes d'Adam et de Jane. Ses questions, et la difficulté que j'ai parfois à y répondre, me fourrent le nez dans le peu d'attention que j'accorde désormais à mes enfants, mais ils ont à présent leur vie à eux, indépendante et autonome, et ils savent que s'ils ont un grave besoin d'argent ils n'ont qu'à m'en demander. Adam travaille dans une boîte de software informatique à

Cambridge, et Rachel, sa femme, enseigne à mi-temps l'histoire de l'art à l'université du Suffolk. En outre, ils ont un petit bébé, et sont donc complètement mobilisés par la logistique complexe de leur vie domestique et professionnelle. Jane, après avoir décroché un diplôme d'archéologie, a eu la chance de pouvoir se faire embaucher au musée de Dorchester, et elle habite à Swanage avec son ami Gus, tailleur de pierre. Ils coulent des jours tranquilles, végétariens et dénués d'ambition, dans cette morne petite villégiature, et semblent assez heureux dans le genre New Age. Ce n'est qu'à l'occasion de Noël que nous les voyons tous ensemble à présent, quand ils viennent passer quelques jours à Hollywell. L'ombre d'une réprobation a effleuré le visage de Miss Wu lorsqu'elle a compris que Jane et Gus ne sont pas mariés – j'imagine que dans sa communauté, ce serait inacceptable. Bon, j'espère qu'un beau jour Jane épousera quelqu'un, pas Gus de préférence, quoiqu'elle pourrait sans doute tomber plus mal. Aujourd'hui, j'ai hardiment demandé à Miss Wu si elle pensait elle-même se marier ; elle a souri, rougi et baissé les yeux. « Le mariage est une grave responsabilité », m'a-t-elle répondu. Elle a repris mon pouls, déclaré qu'il était beaucoup mieux et noté quelque chose dans son carnet. Puis elle est sortie pour me laisser me rhabiller.

J'ai posé son chèque, glissé dans une enveloppe en papier bulle, sur la petite table où elle range ses aiguilles et le reste. À notre premier rendez-vous, j'avais commis l'erreur de sortir mon portefeuille et de lui fourrer grossièrement mes billets de banque dans la main. Elle était extrêmement embarrassée, et moi aussi quand je me suis rendu compte de mon *faux pas*. Les thérapeutes ont fréquemment un problème avec l'aspect financier de leur vocation. Alexandra préfère que cela se règle par correspondance. Amy m'a raconté que le dernier vendredi de chaque mois, quand elle pénètre dans le cabinet de consultation de Carl Kiss, elle trouve sur le divan une petite enveloppe qui contient sa note. Elle la ramasse pour l'enfermer discrètement dans son fourre-tout. Ni l'un ni l'autre n'y font jamais allusion. Cela n'a rien de très étonnant, en fait, cette réticence. La guérison ne devrait pas reposer sur une transaction financière – Jésus ne facturait pas ses miracles. Mais il faut bien qu'un thérapeute gagne sa vie. Miss Wu ne prend que quinze livres par séance d'une heure. Un jour, je lui ai fait un chèque de vingt livres, mais il n'en a résulté qu'un embarras de plus, car elle m'a couru après dans le parking pour me dire que je m'étais trompé.

Quand j'ai été rhabillé, elle est rentrée dans la cabine et nous avons repris rendez-vous pour dans quinze jours. Vendredi prochain, j'ai l'aromathérapie. Mais cela se passe à l'insu de Miss Wu.

Je suis client de presque n'importe quelle forme de thérapie, sauf chimique. Je veux dire les tranquillisants, les antidépresseurs, tous ces trucs-là. J'ai essayé, une fois. Il y a pas mal de temps, c'était en 1979. Ma première sitcom à moi était en gestation, produite par Estuary – *Tour de rôle*, l'histoire d'un mari homme d'intérieur et de sa carriériste de femme nouvellement libérée. Je travaillais sur le pilote lorsque Jake m'a fait part au téléphone de l'offre de la BBC de m'incorporer à une équipe de scénaristes pour une nouvelle comédie en feuilleton. C'était une situation typique de la vie d'un auteur free-lance : après m'être débattu des années durant avant d'arriver à me faire produire, on me demandait soudain sur deux chaînes à la fois. J'ai décidé que je ne pouvais pas me dédoubler. (Jake pensait le contraire, mais il est vrai que sa part d'effort à lui consistait seulement à établir deux contrats et à tendre les deux mains pour toucher sa commission.) J'ai donc dit non à la BBC, puisque *Tour de rôle* était évidemment le projet le plus important. Au lieu de simplement téléphoner ma réponse à Jake, je lui ai écrit une longue lettre où je lui exposais mes raisons par le menu détail, plus pour mon propre compte que pour le sien (je doute qu'il ait pris la peine de la lire jusqu'au bout). Mais le pilote a été un désastre, au point qu'Estuary s'est même refusé à lui faire subir l'épreuve de l'antenne, et la série a paru destinée à ne jamais voir le jour. Naturellement, j'ai commencé à regretter ma décision de rejeter l'offre de la BBC. « Regretter » est en réalité un mot dérisoire pour dépeindre mon état d'esprit. J'étais convaincu d'avoir ruiné ma propre carrière, commis un suicide professionnel, laissé passer la plus belle chance de ma vie, etc. Rétrospectivement, je pense que c'était ma première crise grave de Problème Interne. Je ne pouvais plus penser à quoi que ce fût d'autre que ma décision fatale. J'étais devenu incapable de travailler, de me détendre, de lire, de regarder la télé, de parler avec n'importe qui de n'importe quoi pendant plus de quelques minutes sans que mon processus mental, tel le bras hanté d'un pick-up, revienne inexorablement suivre le sillon d'une gamberge futile autour de ma décision. Le Syndrome des Boyaux Irrités a fait son apparition et, vidé de mon énergie par le tumulte de mes tripes, je m'écroulais au lit à dix heures et demie du soir et me réveillais deux heures plus tard trempé de sueur, pour passer le reste de la nuit à récrire mentalement ma lettre à Jake, lui démontrant avec une logique imparable comment je pouvais parfaitement travailler à la fois pour la BBC et pour Estuary, et à échafauder d'autres hypothèses qui remontaient le temps et me permettaient de fuir dans le fantasme les conséquences de ma décision : ma lettre à Jake s'était perdue, ou m'était renvoyée parce que l'adresse était erronée, ou encore la BBC revenait à la charge en me suppliant de changer d'avis, et ainsi de suite. Au bout d'une semaine de ce régime, Sally m'a expédié chez mon généraliste, un Écossais taciturne nommé Patterson, pas celui que je vois maintenant. Je lui ai parlé de mes boyaux en débandade et de mes insomnies, et j'ai signalé discrètement que je subissais un stress (je ne me sentais pas encore disposé à ouvrir la porte à quelqu'un d'autre sur l'asile de fous de mon cerveau). Patterson a écouté, il s'est raclé la gorge et m'a prescrit du Valium.

J'étais vierge au Valium, c'est sans doute pourquoi ce médicament a eu sur moi un effet aussi puissant. C'était incroyable, la paix et la détente extraordinaires qui, en quelques minutes, m'ont enveloppé à la manière d'une chaude couverture. Mes peurs, mes inquiétudes se sont estompées, évaporées, tels des fantômes désintégrés à la lumière du jour. Cette nuit-là, j'ai dormi comme un bébé, dix heures d'affilée. Le lendemain matin, j'étais tout engourdi et vaguement déprimé. Je percevais obscurément sous l'horizon de la conscience un grouillement de sombres pensées, qui s'apprêtaient à resurgir, mais l'absorption d'un petit comprimé vert pâle a contré cette menace, et m'a enfoui à nouveau dans un cocon de tranquillité. J'allais assez bien – sans être en grande forme quant à la créativité ni à la sociabilité, mais assez bien – tant que j'ai pris les comprimés. Mais une fois écoulée la durée de la prescription, mes obsessions ont foncé sur moi comme un pit-bull enragé libéré de sa laisse. Je me retrouvais dans un état infiniment pire qu'avant.

À l'époque, on n'avait pas encore bien mesuré la dépendance créée par le Valium, et d'ailleurs je n'en avais pas pris assez longtemps pour en être réellement victime, mais je suis quand même passé par une sorte de sevrage tandis que je me débattais contre la tentation de retourner voir Patterson pour lui demander de m'en prescrire à nouveau. Je savais que si je cédais, je deviendrais totalement dépendant. Et en outre, je serais incapable d'écrire, j'en étais sûr, tant que je prendrais du Valium. Certes, je ne parvenais pas non plus à écrire quand je n'en prenais pas, durant cette période, mais j'avais une sorte d'intuition que le cauchemar finirait par s'arrêter tout seul. Et c'est ce qui est arrivé, dans les dix secondes après le coup de téléphone de Jake pour m'annoncer qu'Estuary allait réaliser un nouveau pilote avec une autre équipe. Cette fois, ça a marché et Estuary a mis en route toute une série qui a obtenu un succès honorable, mon premier succès, tandis que le feuilleton de la BBC faisait un bide. Un an plus tard, c'est à peine si je me rappelais comment j'avais pu mettre en doute la sagesse de ma décision. Mais ce dont je me souvenais, c'étaient les symptômes de manque après le dernier Valium, et je me suis juré de ne plus jamais courir ce risque.

Deux spasmes dans le genou au moment où j'écrivais ces lignes, dont un assez violent pour m'arracher un cri.

Samedi soir 20 février

Au club, aujourd'hui, Rupert m'a raconté une histoire étonnante et assez perturbante. Après avoir déjeuné de bonne heure, Sally et moi, nous étions allés faire du tennis, dehors. Il faisait un temps hivernal délicieux, du beau froid sec, sans vent. Sally jouait en double avec trois autres femmes et moi avec mes potes invalides. Ça nous prend un bon bout de temps, à nous les mecs, de nous harnacher avec tous nos bandages, nos attelles, nos protections et nos prothèses, tels les chevaliers médiévaux qui revêtaient leur armure avant la bataille. Le premier set de Sally et ses copines était déjà bien engagé quand nous avons longé leur court en boitillant à qui mieux mieux pour gagner le nôtre. Betty, la femme de Rupert, était la partenaire de Sally ; elle a exécuté au moment où nous passions une volée de revers particulièrement brillante pour gagner le point, et nous avons tous applaudi.

– Betty aussi a pris des leçons ces temps-ci, hein, Rupert ? a susurré Joe, tout sourire.

– Oui, a lâché Rupert d'un ton assez brusque.

– Eh ben, notre cher Mr Sutton s'y entend avec les femmes. Je ne sais pas exactement comment il s'y prend, mais...

– Oh, écrase, Joe, a riposté Rupert en accélérant le pas.

Joe a fait une grimace et nous a adressé un clin d'œil, à Humphrey et moi, mais sans rien ajouter jusqu'à ce que nous ayons rejoint notre court et constitué les équipes.

J'avais donc Humphrey pour partenaire, et nous avons battu les deux autres en cinq sets, 6-2, 5-7, 6-4,

3-6, 7-5. La partie fut âprement disputée, même si un observateur aurait pu croire, à la lenteur de nos mouvements, que nous jouions sous l'eau. Mon revers passait bien, pour une fois, et j'ai réussi deux ou trois retours de service fulgurants, au ras du filet, qui ont pris Rupert au dépourvu. Il n'y a rien de plus satisfaisant qu'un revers bien ajusté, tant il semble sans effort. En fait, j'ai marqué le point gagnant grâce à une volée approximative frappée sur le cadre de ma raquette, ce qui ressemblait davantage à notre style habituel. N'empêche que tout cela était un plaisir. Joe voulait que nous changions de partenaire pour une deuxième partie au meilleur des trois sets, mais mon genou commençait à tirailler de manière inquiétante, et Rupert a dit que l'effet de son antalgique commençait à passer (il en prend toujours deux comprimés avant de jouer) ; nous avons donc laissé les deux autres s'affronter en simple et sommes allés prendre une douche suivie d'une bière. Nous avons emporté nos demis dans un coin tranquille du bar du club. Malgré quelques petits élancements dans mon genou, je me sentais bien, échauffé par l'effort musculaire, presque comme au temps jadis, et savourais la fraîcheur de ma bitter, mais Rupert baissait le nez dans sa chope comme s'il distinguait au fond quelque chose de désagréable.

– J'aimerais bien que Joe arrête son char à propos de Brett Sutton, a-t-il marmonné. C'est embarrassant. Pire qu'embarrassant, c'est débectant. Comme de voir quelqu'un gratter une cicatrice.

Je lui ai demandé ce qu'il voulait dire.

– Tu n'es pas au courant pour Jane ?

– Jane qui ?

– Ah, c'est vrai, tu n'étais pas là, hein ? La femme

de Joe. Elle s'est envoyée en l'air avec le petit Ritchie au réveillon du Nouvel An.

Le petit Ritchie, c'est Alistair, le fils de Sam Ritchie, moniteur de golf du club. Il surveille la boutique pendant que son père donne des leçons, et lui-même fait un peu de débourrage avec les débutants. Il ne doit pas avoir plus de vingt-cinq ans.

– Tu ne parles pas sérieusement ?

– Juré craché, a dit Rupert. Jane s'est soûlée, elle s'est mise à râler parce que Joe ne voulait pas danser, puis elle a pris Ritchie comme cavalier, elle était là à glousser en se suspendant à son cou, et ils n'ont pas tardé à disparaître tous les deux. Joe est parti à sa recherche et il les a trouvés ensemble dans l'infirmerie, dans une position très éloquente. Ce n'est pas la première fois, je crois, que le local est employé à cet usage. Ils avaient verrouillé la porte, mais Joe détenait la clé, en tant que membre du comité.

J'ai demandé à Rupert comment il savait tout ça.

– C'est Jane qui l'a raconté à Betty, et Betty me l'a répété.

Incrédule, je secouais la tête. Je comprenais mal pourquoi Joe plaisantait avec une telle insistance en traitant Brett Sutton de gigolo du club, s'il avait lui-même été fait cocu par le jeune Ritchie.

– Tactique de diversion, j'imagine, a dit Rupert. Il s'efforce de détourner de Ritchie et Jane l'attention générale.

– Qu'est-ce qu'il lui a pris, au petit Ritchie ? Jane doit avoir l'âge de sa mère.

– De la pitié, peut-être, a suggéré Rupert. Jane lui a dit qu'elle ne l'avait pas fait depuis que Joe avait eu son opération du dos.

– Pas fait quoi ?

– *Ça !* Baisé ! Tu as la comprenette un peu lente aujourd'hui, Tubby.

– Excuse-moi, je suis sidéré.

Je repensais à notre conversation de la semaine dernière sur le court couvert : c'était perturbant de m'apercevoir que ce que j'avais pris pour une taquinerie inoffensive de Joe reposait sur cet arrière-plan douloureux. Je me souvenais à présent que Rupert n'avait pas pris part au badinage, à la différence d'Humphrey.

– Humphrey connaît cette histoire ?

– J'en sais rien. Je pense pas. Il a pas de femme, lui, pour l'affranchir. Ce qui m'étonne, c'est que Sally n'ait pas été au courant.

Peut-être bien que si, ai-je songé, et elle ne m'en a rien dit. Mais plus tard, quand je lui ai demandé si elle avait eu vent d'un scandale où était compromise Jane Wellington, elle a dit que non.

– Mais je serais la dernière à qui on en parlerait, a-t-elle ajouté. C'est du troc, ce genre de ragots. Tu ne récoltes pas de cochonneries si toi tu n'en fournis pas ta part.

J'aurais cru qu'elle voudrait plus de détails, mais elle n'a posé aucune question. Sally est incroyablement maîtresse d'elle dans ce domaine. À moins que la vie privée des autres ne lui inspire simplement aucune espèce de curiosité. Elle est très absorbée par son travail en ce moment ; pas seulement son enseignement et sa recherche, mais aussi l'aspect administratif. Il y a toute une réorganisation qui s'opère à la suite du changement de statut, de la transformation de l'IUT en université. Les professeurs peuvent désormais établir leur propre programme du diplôme, et Sally est chargée d'un nouveau cours de troisième cycle en linguistique appliquée, commun aux sciences de l'éducation et aux humanités, en même temps qu'elle siège dans de nombreuses commissions, internes et externes, et organise la formation permanente d'enseignants auxiliaires du cru pour satisfaire aux nouvelles directives nationales. Je crois qu'elle se laisse exploiter par son chef de département, qui lui refile tous les boulots les plus ardus parce qu'il sait qu'elle s'en tirera mieux que n'importe qui, mais quand je lui en fais la remarque, elle hausse les épaules et répond que cela prouve qu'il est un bon gestionnaire. Elle rapporte à la maison des piles d'ordres du jour et de rapports fastidieux à mettre au point le soir et pendant son week-end. Nous nous installons en silence de chaque côté de la cheminée, elle avec ses paperasses et moi branché sur la télé muette par le cordon ombilical de mes écouteurs.

Une méchante douleur dans le genou pendant que je regardais les informations, ce soir. « Bordel ! » ai-je crié subitement. J'ai enlevé mon casque un instant pour expliquer : « Le genou. » Sally a hoché la tête avant de se replonger dans sa lecture. J'ai reporté mon attention sur les nouvelles. Le sujet central portait sur un rebondissement de l'affaire James Bulger, un assassinat qui envahit les médias depuis quelques jours. La semaine dernière, dans un centre commercial à Bootle, deux gosses ont entraîné hors d'une boucherie ce petit garçon de deux ans seulement, pendant que l'attention de sa mère s'était fixée sur autre chose. Plus tard, on l'a retrouvé mort, avec d'atroces blessures, près d'une voie de chemin de fer. Une caméra vidéo de sécurité avait enregistré l'enlèvement, et tous les journaux imprimés ou télévisés ont diffusé l'image, d'un poignant presque insupportable, du bambin emmené par les deux autres, confiant, tenant l'un d'eux par la main, comme une publicité pour les chaussures Startrite. Il apparaît que plusieurs adultes ont vu le trio par la suite, et remarqué que le petit enfant pleurait et avait l'air en détresse, sans que personne intervienne. On a annoncé ce soir que deux gamins de dix ans sont inculpés de meurtre. « Une question se pose, disait le journaliste, planté devant le centre commercial en toile de fond. Dans quel genre de société vivons-nous, où il peut se passer de telles horreurs ? » Réponse : drôlement mal en point.

Dimanche 21 février, 18 heures

J'écris ceci sur mon traitement de texte portatif, durant la pause entre la répétition en costumes et le tournage des *Gens d'à côté*, assis à une table en formica dans la cantine des studios Heartland ; j'ai fait de la place au milieu de la vaisselle sale du dîner pris de bonne heure avec les interprètes et l'équipe technique, et pas encore débarrassée par un personnel assez indolent.

Le tournage commence à dix-neuf heures trente, après une demi-heure consacrée à chauffer la salle. Les comédiens sont au maquillage, ou se reposent dans leurs loges. Hal révise une dernière fois le découpage avec la scripte, Ollie boit un verre avec David Treece, superviseur des comédies chez Heartland (j'adore ce titre), et je viens enfin de me débarrasser de Samantha, le chaperon du petit Mark Harrington, qui s'était attardée après les autres, de sorte que je dispose d'une heure tout à moi. Samantha Handy a passé un diplôme d'art dramatique à l'université d'Exeter et elle a pris cet emploi *faute de mieux* *, comme dirait Amy. Veiller sur un garçon de douze ans qui a pour principal sujet de conversation les jeux vidéo, et s'assurer qu'il fait ses devoirs, ne correspond visiblement pas à sa vocation naturelle. En réalité, elle veut écrire pour la télévision et elle a l'air de se figurer que je peux l'aider à obtenir une commande. C'est une jolie rousse, aux nichons impressionnants, et un autre que moi, par exemple Jake Endicott, serait sans doute tenté de l'encourager dans cette illusion, mais je lui ai dit franchement qu'elle ferait mieux de persuader Ollie de lui confier des scénarios pour qu'elle rédige des notes de lecture, en guise de premier pas. Elle a fait la moue.

– C'est que j'ai cette idée fabuleuse pour un feuilleton excentrique, un genre de *Twin Peaks* anglais. Tôt ou tard, quelqu'un d'autre y pensera, et j'en serais malade.

– De quoi s'agit-il ? ai-je demandé en détournant les yeux de ses pics jumeaux à elle [1]. Et puis non, ne me le racontez pas. Parlez-en à Ollie. Je ne veux pas qu'on puisse un jour m'accuser d'avoir fauché l'idée.

Elle a déclaré que ce n'était pas un truc pour moi, que c'était trop biscornu.

– Qu'est-ce qui est biscornu ? a dit Mark, la bouche pleine de gâteau du Mississippi, dont c'était sa seconde portion.

– Ça ne te regarde pas, a répliqué Samantha, en lui décochant, du bout d'un ongle long et fuselé, une chiquenaude sur l'oreille.

Elle m'a demandé si elle devrait prendre un agent, à mon avis, et j'ai répondu que c'était sans doute une bonne idée, mais je ne lui ai pas proposé de la présenter à Jake Endicott. C'était pour son bien, mais elle n'a pas apprécié mes motifs chevaleresques, et c'est un peu défrisée qu'elle a emmené au maquillage son petit acteur.

1. *Twin Peaks* : pics jumeaux. *(N.d.l.T.)*

À moins d'impossibilité, je ne rate jamais ces tournages dominicaux. Non que ma présence puisse y changer grand-chose à ce stade ultime, mais la circonstance provoque toujours une sorte de surexcitation de grande première, à cause du public dans le studio. On ne sait jamais de qui il sera composé ni comment il va réagir. Les gens qui s'inscrivent pour avoir des entrées sont en général des fans, et on peut compter sur eux pour éclater de rire aux bons moments, mais comme les billets sont gratuits, le risque n'est pas exclu que certains ne viennent pas. Pour être sûr de remplir les fauteuils, Heartland s'appuie au maximum sur des groupes organisés, comités d'entreprise et autres associations, intéressés par une soirée de spectacle à bon compte, qui débarquent d'un car leurs brebis de sorte qu'elles ne peuvent plus s'échapper. Cela donne parfois une cargaison de spectateurs sortis d'une maison de retraite et trop gagas pour suivre l'intrigue, trop sourds pour saisir le dialogue ou trop bigleux pour voir l'image sur les moniteurs, et une fois nous avons eu un groupe de Japonais qui ne possédaient pas un mot d'anglais à eux tous et ont souri poliment dans un silence de plomb de bout en bout. Il arrive aussi qu'on tombe sur des gens qui s'amusent franchement, et les interprètes sont portés tout au long sur des vagues de rire. À cause de ces réactions imprévisibles du public de studio, rien, à la télévision, n'est plus près du théâtre vivant qu'une sitcom, ce qui explique probablement que les séances d'enregistrement me branchent si fort.

Les studios Heartland à Rummidge occupent un énorme édifice moderne qui ressemble un peu, de l'extérieur, à une aérogare, tout en verre et arcs-boutants d'acier tubulaire, construit il y a trois ans sur un site industriel à l'abandon, à deux ou trois kilomètres du centre de la ville, entre un canal et une voie de chemin de fer. Il était prévu que ce serait le cœur d'un vaste parc des médias, plein de studios, de galeries, d'imprimeries et d'agences de publicité, qui n'ont jamais vu le jour à cause de la récession. Le terrain est désert, à part l'étincelant monolithe de Heartland et son immense parking paysagé. Le tournage des *Gens d'à côté* a lieu au studio C, le plus grand, assez vaste pour abriter un avion gros porteur, et bordé sur toute sa longueur de rangées de sièges. Face à ces trois cent soixante places, sur le plateau, se déploie le décor permanent – plus grand et plus complexe que d'ordinaire, puisqu'il faut que tout soit en double : deux salles de séjour, deux cuisines, deux couloirs et deux escaliers, séparés par un mur mitoyen. En fait, *Mur mitoyen* était mon titre original, et l'effet d'écran dédoublé auquel nous avons recours pour certaines scènes, dont l'action se déroule simultanément dans les deux maisonnées, constitue l'image de marque du feuilleton et, pour être honnête, sa seule innovation. D'innombrables projecteurs pendent du plafond sur des tiges métalliques, comme un champ de tournesols la tête en bas, et la chaleur qu'ils dégagent nécessite une climatisation si forte qu'on grelotte quand ils sont éteints. Même en plein été, je prends toujours un gros chandail pour assister aux répétitions en costumes. Hal Lipkin et la plupart des autres membres de l'équipe arborent le sweat-shirt de la production, bleu marine avec, en jaune, *Les Gens d'à côté* marqué en travers de la poitrine.

La journée est longue et ardue pour tout le monde, mais surtout pour Hal. Il est le maître d'œuvre, totalement responsable. À mon arrivée, tard dans la matinée, il se trouvait sur le plateau en train de parler à Ron Deakin qui, juché tout en haut d'un escabeau, tenait une perceuse Black & Decker. C'est une séquence de « mur mitoyen » dans la cuisine. Papa Davis a entrepris de poser des étagères, exposé aux sarcasmes de Dolly Davis, pendant que chez les voisins Priscilla et Edward se font part de leurs inquiétudes au sujet d'Alice, dérangés par le vrombissement de la perceuse. Au point culminant de la scène, papa Davis transperce le mur avec sa mèche et décroche de l'autre côté une casserole dont la chute frôle de près la tête d'Edward – opération délicate à mettre au point, qui exige une coordination parfaite. Ils l'ont répétée, bien entendu, mais ici c'est la première fois qu'ils l'exécutent avec les vrais accessoires. Le fil de la Black & Decker de Ron n'est pas assez long pour atteindre la prise électrique, et il faut attendre l'électro parti chercher une rallonge. Les opérateurs bâillent en regardant leur montre pour voir si la prochaine pause café est encore loin. Les comédiens s'étirent et font les cent pas sur le plateau. Phoebe Osborne travaille des pas de danse face à une glace. Réaliser une émission de télé consiste dans une bonne mesure à attendre patiemment.

L'emploi du temps de la journée se déroule avec lenteur et méthode. Hal commence par mettre une scène en place, posté au bord du plateau, en arrêtant et reprenant pour ajuster les mouvements si nécessaire, jusqu'à ce qu'il soit satisfait. Puis il va en régie pour contrôler ce que cela donne sur l'écran. Cinq caméras couvrent le plateau sous différents angles, centrées sur des personnages ou des groupes donnés, et chacune transmet ses images à un moniteur noir et blanc en régie. Un moniteur couleur, au milieu de la rangée d'écrans, montre ce qui sera enregistré ce soir sur le master : une sélection opérée par la scripte, suivant le découpage préparé par Hal, où chaque plan est numéroté et attribué à l'une des caméras. Au fur et à mesure que l'action avance, elle annonce le numéro à un technicien à côté d'elle, et il appuie sur le bouton correspondant. Si vous vous trouvez dans le public, la petite lumière rouge qui s'allume sur la caméra vous permet de savoir que c'est celle qui enregistre à cet instant. En répétition, Hal parle à son assistante Isabel dans son casque, et elle relaie ses directives auprès des comédiens. Il décide parfois de changer un plan, ou d'en insérer un supplémentaire, mais il est frappant de constater à quel point il est rarement obligé de le faire. D'avance, il a « visualisé » mentalement l'épisode entier, plan par plan.

Le tournage multicaméra, ainsi qu'on nomme cette technique dans le métier, est propre à la télévision. Dans les premiers temps, on y avait systématiquement recours, même pour les dramatiques sérieuses, et cela se passait en direct (imaginez la tension et le stress, avec les acteurs qui courent à l'arrière du plateau prendre position pour leur prochaine intervention). À présent, la plupart des dramatiques et beaucoup de sitcoms se tournent sur pellicule ou avec une seule caméra vidéo. En d'autres termes, on procède comme au cinéma, en multipliant les plans avec des focales et des angles différents, prise après prise, en extérieurs plutôt qu'en studio, après quoi le montage se fait au gré du réalisateur. Les metteurs en scène préfèrent cette méthode, qui leur procure le sentiment d'être de vrais *auteurs*. Les plus jeunes d'entre eux méprisent le tournage multicaméra, qu'ils traitent de « télé préfabriquée », mais le fait est que pour la plupart ils seraient incapables de le maîtriser, et que leurs insuffisances se révéleraient cruellement s'ils s'y aventuraient. Grâce au montage en post-production, on peut toujours rattraper ses erreurs, tandis que la technique multicaméra exige que tout soit au point du premier coup. C'est un art moribond, et Hal en est l'un des derniers virtuoses en activité.

Arrivé plus tard au studio, Ollie s'est installé à côté de moi. Il portait l'un de ses costumes Boss, il doit en avoir toute une collection. Je crois que c'est le nom qui lui plaît. Quand il s'est assis, les larges épaules du veston lui sont remontées au ras de ses grandes oreilles rouges. Encadrant son nez cassé, elles lui font une tête d'ancien boxeur, et de fait il paraît qu'il a commencé sa carrière en organisant des combats à Londres, dans l'East End.

– Il faut qu'on cause, m'a-t-il dit.

– À propos de Debbie ?

Il a sursauté et posé un doigt sur ses lèvres.

– Pas si fort, les murs ont des oreilles, a-t-il chuchoté, alors que nous étions tout seuls dans notre rangée de sièges et que le mur le plus proche se trouvait à trente mètres.

– Au déjeuner ? Au dîner ?

– Non, je veux que Hal donne son avis, et les comédiens vont trouver ça bizarre si on fait bande à part. Tu pourrais rester prendre un verre après le tournage ?

Je pouvais, ai-je répondu. Au même instant, j'ai eu la surprise d'entendre sur le plateau Lewis Parker qui disait « Bon, eh bien si elle est enceinte, il lui faut une IVG », et Debbie qui répondait « Et à ton avis, si je comprends bien, ça va tout résoudre ? » Je me suis tourné vers Ollie.

– Je croyais que ces répliques avaient été coupées.

– Nous avons décidé de respecter ton intégrité artistique, Tubby, a-t-il déclaré avec un rictus de prédateur.

Quand j'ai profité d'une pause café pour interroger Hal à ce sujet, il m'a expliqué qu'ils avaient pu gagner sur la durée en coupant un jeu de scène dans une séquence ultérieure, si bien qu'il n'était plus nécessaire de sacrifier ces répliques. Mais je me demande s'il ne s'agit pas d'un complot destiné à me désarmer sur la question plus sérieuse du rôle de Priscilla.

Sept heures moins cinq. Il est temps que j'aille occuper mon fauteuil dans le studio. Je me demande sur quel genre de public nous allons tomber.

Lundi matin 22 février

Le public était franchement épouvantable. Pour commencer, il comportait une rieuse débile. C'est toujours de mauvais augure : l'idiote à l'hilarité tonitruante qui continue de hennir, de glousser ou de s'étrangler longtemps après que tous les autres se sont tus, ou qui est prise d'un accès subit quand personne d'autre n'a envie de rire, dans l'intervalle entre deux gags. Cela distrait l'attention des spectateurs – ils ne tardent pas à rire de la rieuse débile au lieu de réagir aux effets comiques – et ces interruptions cassent le rythme des comédiens. Billy Barlow, l'homme chargé de chauffer la salle, a tout de suite repéré le danger et tenté de calmer cette femme avec quelques remarques sarcastiques, mais les rieuses débiles sont imperméables à l'ironie. (On se demande pourquoi ce sont toujours des femmes.)

– J'ai dit quelque chose de drôle ? s'est-il enquis lorsqu'elle s'est mise à glousser (son rire était du type volaille) au beau milieu de son explication tout à fait sérieuse d'un terme technique. Je crois que ce doit être dans votre tête, madame. Ceci est un spectacle familial : pas d'insinuations. J'ai pas dit inhalations, d'ailleurs le toubib vous dira que ça vaut pas un bon suppositoire.

Le rire qu'il a déclenché a suffi à noyer temporairement les gloussements, même si j'ai déjà entendu Billy remporter un succès plus marqué avec ce genre de plaisanterie.

Le type qui chauffe la salle est déterminant pour la réussite de l'enregistrement. Non seulement il met d'avance le public dans une humeur réceptive, mais il bouche les trous entre deux séquences, pendant qu'on déplace les caméras à travers le plateau, ou que les techniciens vérifient la bande après une prise ; et s'il faut doubler celle-ci ou faire un raccord, il est là pour apaiser l'impatience du public et lui demander de se montrer coopératif en riant aux mêmes endroits. Billy est le meilleur sur la place, mais il y a des limites même aux miracles qu'il est capable d'accomplir.

Ce public-ci était vraiment nul. Il se contentait de rire du bout des dents quand on attendait qu'il s'esclaffe, et se taisait quand il aurait dû lâcher un petit rire. À mesure que les répliques tombaient à plat, les comédiens ont été pris d'inquiétude, et ils se sont mis à se tromper ou à avoir des trous, ce qui obligeait fréquemment à refaire la prise, de sorte que le public réagissait de moins en moins. Billy, en sueur, marchait de long en large au pied du plateau en débitant frénétiquement de bonnes blagues dans son micro, la denture mise à nu par son sourire crispé. Je les connaissais par cœur, mais je m'esclaffais comme un tordu pour dérider les gens qui m'entouraient. Je me suis même forcé à rire par moments de mon propre texte, ce que normalement je ne fais jamais. Je commençais à me dire que ce ne pouvait pas être seulement la faute du public, il y avait sûrement quelque chose qui n'allait pas dans le scénario. Visiblement, c'était une mauvaise idée de concentrer l'intrigue sur la grossesse suspectée d'Alice. Ollie et Sally avaient eu raison. Ce thème mettait le public mal à l'aise. Et naturellement, quand sont venues les répliques sur l'IVG, on a entendu, dans le lourd silence qui suivait la phrase de Priscilla : « Imagine qu'elle choisisse de garder le bébé ? », la rieuse débile exploser avec toute la subtilité d'un poulailler. Je me suis caché le visage dans les mains.

Ils ont bouclé le tournage à neuf heures moins cinq, après avoir dû refaire un nombre record de prises. Hypocritement, Billy a remercié le public de son soutien chaleureux, et nous nous sommes dispersés. Les comédiens ont filé en m'adressant de petits signes fatigués de la main et de pâles sourires. Ils sont toujours pressés de s'en aller le dimanche soir, pour prendre la route de Londres ou attraper le dernier train, et ce n'est pas cette fois-ci qu'ils pouvaient être tentés de s'attarder. Moi-même, j'aurais bien aimé m'esquiver, si je n'avais pas eu à conférer avec Ollie et Hal. Je suis allé en régie, où j'ai trouvé ce dernier qui se passait les deux mains à travers sa paillasse de cheveux.

– Miséricorde, Tubby, qu'est-ce que c'est que ce tas de zombies qu'on a eu ce soir ?

D'un haussement d'épaules, j'ai exprimé mon désarroi.

– C'est peut-être la faute du scénario, ai-je dit d'un ton piteux, au moment où Ollie faisait irruption dans la cabine.

– Si tu étais Shakespeare, Oscar Wilde et Groucho Marx réunis, ça n'aurait rien changé, a-t-il lancé. Les salauds, ils auraient foutu par terre n'importe quel scénario. Où c'est qu'on les a pêchés, à la morgue du coin ?

Suzie, l'assistante de production, se souvenait vaguement que le plus gros contingent dépendait d'un comité d'entreprise de la région.

– Bon, eh bien la première chose que je vais faire demain matin, c'est de découvrir qui c'était et qui a fait la connerie de les inviter, et de m'assurer qu'ils ne remettront jamais les pieds ici. Allons vider un godet, on en a besoin.

Connu pour sa pingrerie, Ollie se débrouille toujours pour ne pas offrir à boire s'il peut l'éviter. Le temps qu'il se résigne à demander « Des clients pour un autre verre ? », tous ceux qui doivent prendre le volant sont passés au jus de fruit ou se sont mis en cale sèche. Quand nous allons au bar avec lui, Hal et moi, on s'amuse à essayer de le piéger pour qu'il soit obligé d'offrir la première tournée ; par exemple, Hal se souvient soudain qu'il a oublié quelque chose à la régie, et fait demi-tour en lançant sa commande par-dessus son épaule, pendant que moi, de mon côté, je m'éclipse aux toilettes en faisant de même. Mais, hier soir, nous n'avions ni l'un ni l'autre le cœur à ça, et Hal a payé le premier verre sans difficulté.

– Santé ! a-t-il dit d'un air sombre.

Nous avons bu en silence pendant quelques minutes.

– J'ai affranchi Hal au sujet de Debbie, a commencé Ollie.

– Sale coup, a dit Hal en hochant la tête.

Mais je savais que je ne pouvais pas compter sur lui pour me soutenir. Au moment décisif, il ferait cause commune avec Ollie.

– Jake t'a fait part de nos suggestions, Tubby ? a demandé celui-ci.

À cet instant, Suzie est entrée dans le bar en nous cherchant des yeux.

– Motus sur l'affaire Debbie, a chuchoté Ollie tandis qu'elle s'approchait de notre table.

Je lui ai avancé un siège, mais elle a secoué la tête.

– Non, merci, je vais me sauver. Je viens de faire un tour dehors en me mêlant aux spectateurs pendant qu'ils attendaient leurs cars. La plupart d'entre eux sont employés par une usine de pièces détachées électriques à Wallsbury. Ils ont appris vendredi qu'elle ferme à la fin du mois prochain. Ils ont tous eu leur avis de licenciement avec la fiche de paie.

Nous avons échangé un regard autour de la table.

– Voilà qui explique tout, ai-je dit.

– C'est bien notre veine ! s'est exclamé Hal.

– Leur patron aurait quand même pu attendre demain, a conclu Ollie.

J'étais désolé pour ces gens, mais, en ce qui me concernait, l'explication n'aurait pu mieux tomber. J'avais été tellement démoralisé par le bide de l'épisode de ce soir que j'aurais sans doute acquiescé à tout ce que m'auraient proposé Ollie et Hal. À présent, je ne me sentais plus responsable. J'étais un sacré bon scénariste, en fin de compte, et ça n'était pas près de changer. J'étais prêt à livrer bataille au nom de mes principes.

– Oui, Jake m'en a donné une vague idée, ai-je dit à Ollie, reprenant la conversation où nous l'avions laissée. Vous voulez que je m'arrange pour éliminer de l'histoire le personnage de Debbie, c'est bien ça ?

– Plus précisément, a répondu Ollie, on a pensé à une séparation à l'amiable qui sortirait Priscilla du tableau à la fin de cette série, et pour la prochaine ouvrirait la voie à l'apparition d'une autre femme dans la vie d'Edward.

– À l'amiable ? me suis-je exclamé. Mais ils seraient complètement traumatisés !

– Ça serait un peu douloureux, bien sûr, a dit Ollie. Mais Edward et Priscilla ont une mentalité adulte et moderne. Ils savent qu'une union sur trois aboutit au divorce. Notre public ne l'ignore pas non plus. C'est toi, Tubby, qui répètes toujours qu'une sitcom devrait aborder de temps à autre les choses graves de la vie.

– Oui, dans la mesure où c'est cohérent par rapport aux personnages. Pourquoi Priscilla voudrait-elle quitter Edward ?

Ils m'ont fait quelques suggestions plus saugrenues les unes que les autres : Priscilla se découvre lesbienne et va vivre avec une amie ; elle embrasse une religion orientale et part dans un ashram apprendre la méditation ; on lui propose un emploi merveilleux en Californie ; ou encore, elle s'éprend d'un bel étranger. Je leur ai demandé s'ils pensaient sérieusement qu'un seul de ces retournements de situation était (a) crédible, (b) possible à traiter en un seul épisode.

– Tu serais peut-être obligé de remanier les deux ou trois derniers de cette série, pour préparer le terrain, a concédé Ollie, esquivant la première question.

– J'ai une idée pour l'épisode final, a dit Hal. Écoute un peu que je t'explique.

– C'est une idée formidable, Tubby, tu vas voir.

Hal s'est penché vers moi.

– Après le départ de Priscilla, Edward passe une annonce pour une gouvernante, et il voit se pointer chez lui une nana somptueuse. Il se dit tout d'un coup que ses ennuis ont peut-être du bon. C'est le tout dernier plan de la série. Ça laisse les spectateurs un peu consolés de la rupture, et alléchés par ce qui pourra arriver dans les prochaines séries. Qu'est-ce que tu en dis ?

– J'en dis que c'est de la merde.

– Bien entendu, Tubby, tu serais payé royalement pour le boulot supplémentaire, a enchaîné Ollie. Pour ne rien te cacher, vous nous tenez, Jake et toi, sur ce coup-là.

Il m'a jeté un regard par en dessous pour voir si cet aveu éveillait ma cupidité. J'ai déclaré que ce n'était pas l'argent que j'avais en tête, mais les personnages et leurs motivations. Hal m'a demandé si j'avais une meilleure idée.

– Le seul moyen plausible d'éliminer Priscilla, c'est de la tuer, ai-je dit.

Ollie et Hal se sont regardés d'un air atterré.

– Quoi, tu veux la faire assassiner ? a bredouillé Hal.

Mais non, bien sûr, ai-je rétorqué, peut-être un accident de voiture ou une maladie foudroyante. Ou alors, une opération mineure qui tourne mal. Ollie m'a interrompu.

– Tubby, je n'en crois pas mes oreilles. C'est d'une sitcom qu'il est question ici, pas du soap. Tu ne peux pas faire mourir un de tes principaux personnages. Exclu.

J'ai avancé qu'il y avait toujours une première fois.

– C'est l'argument que tu avais déjà employé à propos de l'épisode de ce soir. Et tu as vu ce qui est arrivé.

– Mais c'était la faute du public ! ai-je protesté. Tu me l'as dit toi-même.

– Le meilleur public du monde sera dans les choux s'il s'amène pour assister à une comédie et qu'on lui raconte l'histoire d'une mère de famille qui meurt à la fleur de l'âge, a énoncé Ollie, approuvé par un sagace hochement de tête de Hal, avant d'ajouter quelque chose qui m'a vraiment mis en colère : Nous comprenons bien à quel point c'est dur pour toi, Tubby. Nous ferions peut-être mieux de songer à un autre scénariste pour faire ce travail-là.

– Pas question.

– C'est une pratique courante chez les Américains. Ils mettent des équipes entières sur le scénario de ce genre de séries.

– Je sais. C'est pourquoi les leurs ont l'air d'un inventaire de gags pondu par une commission. Je peux te raconter autre chose à propos de l'Amérique. Dans les rues de New York, tu lis sur des pancartes : « *DON'T EVEN THINK OF PARKING HERE* [1] ». Pour *Les Gens d'à côté*, c'est le conseil que je donne moi aussi, ai-je conclu en foudroyant Ollie du regard.

– La journée a été rude, a dit Hal d'un ton crispé. Nous sommes tous fatigués.

– Ouais, on en reparlera, a dit Ollie.

– On ne reparlera pas d'un autre scénariste.

1. « Renoncez tout de suite à vous garer ici. » *(N.d.l.T.)*

J'aime mieux saborder le navire que de l'abandonner à n'importe quel olibrius.

Comme mot de la fin, ça m'a paru bien, aussi me suis-je levé en leur souhaitant une bonne nuit.

En feuilletant mon dictionnaire pour vérifier l'orthographe d'« olibrius », je suis tombé sur les mots « poudre de Dover » qui ont accroché mon regard en haut d'une page. La définition est « préparation à base d'opium et d'ipéca, employée autrefois pour calmer la douleur et les spasmes. Elle porte le nom du médecin anglais Thomas Dover (1660-1742) ». Savoir si l'on pourrait encore se la procurer ? Cela me ferait peut-être du bien au genou.

C'est étonnant ce qu'on peut apprendre de choses par hasard dans les dictionnaires. C'est l'une des raisons pour lesquelles je n'utilise jamais la vérification d'orthographe sur mon traitement de texte. L'autre raison, c'est son vocabulaire lamentablement restreint. S'il ne reconnaît pas un mot, il en suggère un autre qu'on aurait éventuellement eu l'intention d'écrire. Quelquefois, c'est plutôt drôle. Un jour, par exemple, j'avais tapé « Freud », et en échange l'ordinateur m'a suggéré : « Fraude ? » Je l'ai raconté à Amy, mais ça ne l'a pas amusée.

Ce matin, j'ai appelé Jake pour lui relater ma conversation avec Ollie et Hal. Il m'a assuré de sa compassion mais pas d'un soutien très ferme.

– Je crois que tu devrais te montrer aussi souple que possible, m'a-t-il dit. Heartland tient terriblement à poursuivre le feuilleton. C'est leur porte-étendard en matière de comédie.

– Tu es de quel côté, Jake ?
– Du tien, évidemment, Tubby.
Évidemment. Mais au fond du cœur, Jake croit à l'adage d'Ollie Silvers : « L'art pour l'amour de l'art mais l'argent, pour l'amour du ciel ! » J'ai convenu de l'appeler mardi à son bureau.

La nuit dernière a été agitée. Sally était déjà couchée et endormie quand je suis revenu du tournage. Je me suis blotti en rond contre elle et me suis assoupi assez vite, mais à deux heures et demie, le Problème Interne du Genou m'a réveillé en sursaut. Je suis resté pendant des heures à me repasser mentalement le film des événements de la journée, dans l'attente du prochain élancement. Ce matin, en me rasant, j'ai repéré aussi un soupçon de tennis-elbow. Ce serait génial, non, si je me faisais réopérer le genou pour découvrir après coup qu'il me faut renoncer complètement au tennis à cause de mon coude ? Une veine que ce soit mon jour de kinésithérapie.

Lundi soir

J'ai demandé à Roland s'il avait entendu parler de la poudre de Dover, mais ça ne lui disait rien. Il est expert en gels anti-inflammatoires qui portent des noms du style Movelat, Traxam ou Geleçay (ça me rappelle la chanson « Geleçay, pour chaque goutte de pluie du ciel pousse une fleur... ») avec lesquels il me masse le genou après le traitement aux ultrasons (« Geleçay, pour chaque élancement intolérable pousse un cartilage tout neuf... »). La kinésithérapie, de nos jours, est amplement mécanisée. Une fois que je suis dévêtu et prêt à cuire sur la table, Roland pousse dans la cabine une grosse boîte à roulettes de trucs électroniques sur lesquels il me branche, ou alors il braque sur la partie affectée une lampe ou un laser. Il manipule son équipement avec une dextérité stupéfiante. Il n'y a qu'un gadget que j'ai moi-même à actionner. Il envoie des décharges électriques qui stimulent le quadriceps, et c'est à moi de régler le voltage au maximum de ce que je peux supporter. Ça ressemble à une torture qu'on s'infligerait à soi-même. C'est drôle que la recherche d'une bonne santé ait tant en commun avec les sévices. De là où je suis étendu, entravé de branchements et d'électrodes, je contemple par la fenêtre, de l'autre côté d'une courette, le mur vitré d'un gymnase où des hommes luisants de sueur et grimaçants sous l'effort peinent sur des appareils qui, si ce n'était leurs finitions high-tech, pourraient être des machines de torture tout droit sorties d'un cachot médiéval : rateliers, poulies, poids et autres « manèges de discipline ».

Roland m'a demandé si j'avais entendu parler de la truite transsexuelle. Non, lui ai-je dit, racontez-moi. C'est une mine d'informations, ce Roland. Sa femme lui lit à haute voix les morceaux de choix du journal, et il se souvient de tout. Apparemment, les truites mâles subissent des changements de sexe dus à la masse d'hormones féminines, provenant des pilules contraceptives et traitements hormonaux, qui passent dans les égouts. On craint que tous les poissons mâles des rivières affectées ne deviennent des hermaphrodites et ne cessent de se reproduire.

– Ça fait réfléchir, non ? Après tout, nous buvons la même eau au bout du compte. Vous allez voir qu'un de ces jours, il va pousser des seins aux hommes.

Je me suis demandé s'il avait une idée derrière la tête en me racontant ça à moi. Je suis plutôt rembourré sur la poitrine, en dessous de la toison. Roland a pu s'en apercevoir en me massant.

Si je ne suis pas parvenu à éjaculer, l'autre soir, c'est peut-être parce que je me transforme en hermaphrodite. Problème Interne Hormonal.

Mardi soir 23 février

J'ai demandé de la poudre de Dover, aujourd'hui, dans la plus grosse succursale de Boots à Rummidge, mais le pharmacien ne connaissait pas ce produit, dont il n'a trouvé aucune trace dans son index des médicaments. « La vente doit en être interdite à cause de l'opium », ai-je dit, ce qui m'a valu de sa part un drôle de regard. Je suis sorti du magasin avant qu'il ait pu appeler la brigade des stupéfiants.

En fait, c'était pour me procurer quelques œuvres de Kierkegaard que j'étais allé dans le centre ville, mais je n'ai pas été très heureux dans mes recherches. À la librairie Waterstone, ils n'avaient que *Crainte et Tremblement*, en Penguin, que j'ai donc acheté, puis je suis allé chez Dillons. Comme il n'y avait rien de plus chez Dillons, j'ai été pris de mon syndrome habituel en ces circonstances, à savoir une exaspération déraisonnable. D'après Alexandra, cela s'appelle Frustration Mal Tolérée, F.M.T. Je crains de m'être montré très désagréable envers l'innocente vendeuse qui croyait que « Kierkegaard » s'écrivait en deux mots et s'est mise à chercher « Gaard » sur son ordinateur. Par chance, la bibliothèque municipale était plus riche. J'ai pu emprunter *Le Concept de l'angoisse* ainsi que deux des autres ouvrages dont le titre m'avait intrigué, *Ou bien... Ou bien* et *La Répétition*. Le *Journal* était sorti.

Cela faisait un certain temps que je n'avais pas mis les pieds à la bibliothèque, et c'est à peine si je l'ai reconnue de l'extérieur. C'est un échantillon caractéristique de l'architecture publique des années 60, une bâtisse brutaliste en béton brut de décoffrage, qui ressemble d'après le prince de Galles à une usine d'incinération d'ordures. Elle est bâtie en carré autour d'une cour centrale, où se trouvait autrefois un bassin, orné d'une fontaine rarement en activité, qui servait de réceptacle à des détritus peu avenants. Ce lieu assez sinistre et glacial était un passage public, quoiqu'on eût tendance à l'éviter, surtout la nuit. Mais il a récemment été converti en un atrium carrelé et vitré, enjolivé de verdures qui pendouillent et de statues néo-classiques en fibre de verre, et baptisé The Rialto, avec enseigne en néon rose. Le rez-de-chaussée est occupé par diverses boutiques, éventaires et comptoirs de restauration de caractère vaguement italianisant. Des haut-parleurs invisibles déversent une sauce musicale inspirée du bel canto et des *pop songs* napolitains. Je me suis assis à une table « à l'extérieur » du café *Giuseppi* (l'extérieur étant encore l'intérieur dans ce décor de studio) et j'ai commandé un *cappucino*, destiné apparemment à être inhalé plutôt que bu, puisqu'il ne comportait pratiquement que de la mousse.

Une bonne partie du centre ville a eu droit au même genre de lifting, en une tentative hardie pour le rendre attirant aux yeux des touristes et hommes d'affaires de passage. Résignées à l'érosion du substrat industriel de la région, les autorités municipales se sont retournées vers les activités de service pour créer des emplois. Un vaste centre de conférences et une salle de concerts à la pointe du progrès font maintenant face à la bibliothèque, de part et d'autre d'une piazza au sol de mosaïque. Des hôtels, des bars à vin, des boîtes de nuit et des restaurants ont surgi dans le voisinage, presque du jour au lendemain. On a curé les canaux environnants et pavé leurs chemins de halage pour permettre l'exploration archéologique de l'industrie locale. Le tout constituait un projet typique des derniers temps de l'ère Thatcher, dans la brève bouffée d'optimisme et de prospérité entre la récession du début des années 80 et la récession des années 90. À présent, les nouveaux bâtiments, avec leurs escalators en acier inox, leurs ascenseurs vitrés et leur musique de fond, se dressent dans une expectative désolée, pratiquement déserts, comme un parc de loisirs avant l'inauguration ou la capitale utopique d'un pays du tiers-monde, édifiée pour des motifs idéologiques en plein milieu de la jungle, objet d'étonnement aux yeux des autochtones mais rarement visitée par les étrangers. Dans la journée, les principaux clients du Rialto sont de jeunes chômeurs, des gosses qui sèchent l'école et des mères accompagnées de leurs bébés, contents de trouver là un coin de chaleur accueillante pour y passer leurs après-midi hivernaux. Sans oublier le glandeur privilégié dans mon genre.

Je ne me souviens pas d'avoir entendu le mot « récession » avant ces dernières années. D'où est-il sorti, et que signifie-t-il au juste ? Pour une fois, le dictionnaire ne m'est pas d'un grand secours :

« déclin temporaire de l'activité ou de la prospérité économique ». Qu'est-ce qui distingue une récession d'une crise ? Même la grande crise des années 30 fut temporaire, à long terme. Peut-être les crises de dépression nerveuse sont-elles si abondantes que quelqu'un a décidé qu'il fallait donner un autre nom à la situation économique. Récession-dépression, récession-dépression. Ces mots me résonnent dans la tête comme le rythme d'une locomotive. Ils sont liés, évidemment. Les gens sont déprimés parce qu'ils ne trouvent pas d'emploi, ou que leur entreprise périclite ou que leur maison est mise en vente. Ils perdent espoir. D'après un sondage publié ce matin, près de la moitié des habitants de ce pays souhaiteraient émigrer s'ils le pouvaient. À déambuler aujourd'hui dans le centre ville, on aurait pu croire que c'était déjà fait.

Mon petit frère Ken a émigré en Australie au début des années 70, quand c'était plus facile que maintenant, et c'est une des meilleures décisions qu'il ait prises de toute sa vie. Il est électricien. À Londres, il était employé par un grand magasin du West End et ne gagnait pas de quoi se payer une voiture convenable ni un logement assez grand pour sa famille en voie de développement. À Adélaïde, il a maintenant son entreprise à lui et une maison de style ranch en grande banlieue, avec un garage à deux places et une piscine. Jusqu'à mon décollage grâce aux *Gens d'à côté*, il était incomparablement mieux loti que moi. Notez bien qu'il a toujours été plus content de son sort, même quand il était fauché. Il a une heureuse nature. Les uns ont ça dans le sang, les autres pas, même quand leurs gènes sont issus du même jeu.

Je suis allé tout droit du Rialto à mon rendez-vous avec Alexandra et, en lui décrivant l'endroit, j'ai laissé échapper les mots « glandeur privilégié ».

– Pourquoi vous présentez-vous ainsi ?

– Glandeur parce que je me prélassais là à boire un café au beau milieu de la matinée. Et privilégié parce que c'était de ma part un libre choix, au lieu d'y être venu faute de mieux.

– Si je me rappelle bien, vous m'avez dit que vous travaillez extrêmement dur quand vous écrivez un feuilleton, souvent jusqu'à douze heures par jour ? (J'ai fait oui de la tête.) N'avez-vous pas le droit de vous détendre, à d'autres moments ?

– Si, bien sûr. Mais ce qui m'a frappé, c'est le contraste entre la vie que je mène et celle des sans-espoir du Rialto.

– Comment savez-vous qu'ils sont sans espoir ? (De fait, je n'en savais rien.) Avaient-ils l'air désespéré ?

J'ai dû reconnaître que non. En réalité, on leur aurait sans doute trouvé l'air plus joyeux que moi, à échanger des cigarettes et marquer la mesure de la musique de fond.

– Mais la récession étant ce qu'elle est, j'ai l'impression de m'enrichir tandis que tout le monde s'appauvrit autour de moi. Ça me culpabilise.

– Vous sentez-vous personnellement responsable de la récession ?

– Non, évidemment.

– Vous m'avez même dit, je crois, que vos gains à l'étranger sont assez considérables ?

– Oui.

– Vous contribuez donc en réalité de manière tout à fait positive à la balance des paiements de la nation ?

– On peut voir les choses ainsi, j'imagine.

– En fait, qui est responsable de la récession, selon vous ?

J'ai pris le temps de réfléchir.

– Individuellement, personne, je pense. C'est un ensemble de facteurs qui échappent, pour la plupart, au contrôle de qui que ce soit. Mais il me semble que le gouvernement pourrait faire plus pour en atténuer les effets.

– Avez-vous voté pour ce gouvernement ?

– Non, j'ai toujours voté pour les travaillistes. Mais...

J'ai hésité. La barre venait de monter.

– Mais quoi ?

– Mais j'ai éprouvé un secret soulagement quand les conservateurs ont gagné.

C'était la première fois que je faisais cet aveu, à moi-même y compris. Je me sentais envahi d'un mélange de honte et d'apaisement, d'un sentiment pervers de triomphe d'avoir enfin mis à nu une raison sérieuse d'avoir une piètre opinion de moi-même. J'éprouvais ce que devaient éprouver les patients de Freud lorsqu'ils craquaient et admettaient qu'ils avaient toujours eu envie de baiser avec leur maman ou leur papa.

– Et pourquoi ? a tranquillement demandé Alexandra.

– Parce que cela signifiait que je n'aurais pas à payer des impôts plus lourds.

– Autant que je sache, les travaillistes proposaient aux électeurs une augmentation de l'impôt sur le revenu, les électeurs n'en ont majoritairement pas voulu, et à présent les travaillistes y ont renoncé. Vous êtes d'accord ?

– Oui.

– Alors, de quoi vous sentez-vous coupable ?

– Je n'en sais rien.

Je crois que l'attention que me consacre Alexandra est un gâchis. Elle devrait être employée à la City à convaincre les gens des vertus de la cupidité.

Ce soir, j'ai mis le nez dans *Le Concept de l'angoisse* – il m'a semblé judicieux de commencer par le titre qui paraissait me concerner de plus près – mais j'ai été très déçu. À elle seule, la table des matières suffisait à me dissuader de poursuivre :

CHAPITRE PREMIER. L'angoisse, condition préalable du péché originel et moyen rétrograde d'en expliquer l'origine
CHAPITRE II. L'angoisse considérée dans la progression du péché originel
CHAPITRE III. L'angoisse, conséquence du péché de ne pas atteindre à la conscience du péché
CHAPITRE IV. L'angoisse du péché ou l'angoisse conséquence du péché de l'individu
CHAPITRE V. L'angoisse comme salut par la foi [1]

Je ne me suis jamais considéré comme un homme pieux. Je crois en Dieu, probablement. Plus exactement, je crois à l'existence de quelque chose (plutôt que de quelqu'un) qui transcende les limites de notre pensée, et qui explique, ou qui expliquerait si nous pouvions l'interroger, ce que nous faisons ici-

1. *Le Concept de l'angoisse*, Gallimard, 1935, traduit du danois par K. Ferlov et J.-J. Gateau. Les différentes citations de ce texte sont extraites de cette même édition. *(N.d.l.T.)*

bas et ce que tout cela signifie. Et j'ai une sorte de foi en une survie après la mort, qui nous fournira la réponse à ces questions, simplement parce qu'il est intolérable d'imaginer que nous ne l'aurons jamais, que notre conscience s'éteint à l'instant du décès comme s'éteint une lumière électrique. Un peu maigre comme raison de croire, je vous le concède, mais c'est comme ça. Je respecte Jésus pour ses principes en matière d'éthique, ne pas jeter la première pierre, tendre l'autre joue, etc., mais je ne me qualifierais pas de chrétien. Mes parents m'ont envoyé au catéchisme quand j'étais petit – ne me demandez pas pourquoi, car eux-mêmes ne mettaient jamais les pieds à l'église, sauf pour les mariages et les enterrements. Au début, j'aimais bien y aller, parce que nous avions une maîtresse très jolie, nommée Miss Willow, avec des boucles blondes, des yeux bleus et un ravissant sourire plein de fossettes, qui nous faisait interpréter des histoires de la Bible ; c'est sans doute là que je découvris l'art dramatique. Mais ensuite elle partit et fut remplacée par Mrs Turner, une dame d'un certain âge, à l'air austère, qui avait au menton une verrue hérissée de poils et qui nous disait que nous avions l'âme souillée de noir par le péché et qu'il fallait la laver dans le sang de l'Agneau divin. Je faisais des cauchemars où Mrs Turner me plongeait dans une baignoire remplie de sang, et dès lors mes parents m'ont retiré du catéchisme.

Bien des années plus tard, adolescent, j'ai fréquenté un club de jeunes catholiques, parce que Maureen Kavanagh était catholique et qu'elle en était membre ; il m'arrivait de me laisser piéger ou entraîner à assister le dimanche soir à je ne sais quels offices, à une récitation du chapelet dans la salle de la paroisse ou à une cérémonie qu'ils nommaient « salut » dans l'église voisine, un drôle de truc avec plein de cantiques en latin et de nuages d'encens, et le prêtre à l'autel qui brandissait quelque chose qui ressemblait à un trophée de foot. J'éprouvais toujours une certaine gêne dans ces circonstances, ignorant toujours comment j'étais censé me comporter l'instant d'après, s'il fallait m'asseoir, me lever ou m'agenouiller. Jamais je n'ai été tenté de me convertir au catholicisme, malgré les invites épisodiques que me glissait Maureen. En outre, je trouvais qu'il était bien trop question du péché dans sa religion. La plupart des choses que j'avais envie de faire avec Maureen (et qu'elle avait envie de faire avec moi) se révélaient interdites parce que c'étaient des péchés.

Je me suis donc senti découragé par toutes ces mentions du péché dans les têtes de chapitres du *Concept de l'angoisse*, et le livre lui-même n'a fait que confirmer mes appréhensions. C'était d'un ennui mortel et très difficile à suivre. Par exemple, il définit l'angoisse comme « la réalité de la liberté parce qu'elle en est le possible ». Merde, mais qu'est-ce que ça peut bien vouloir dire ? Je vous l'avoue, j'ai parcouru le livre en diagonale, en piquant çà et là un paragraphe où je ne comprenais que dalle. Je suis juste tombé tout à la fin sur un morceau intéressant :

> ... cet apprentissage même [de l'angoisse] est une aventure qu'il nous faut tous subir, si nous ne voulons notre perdition, faute de n'avoir jamais connu l'angoisse ou en nous y engloutissant ; c'est pourquoi l'apprentissage véritable de l'angoisse est le suprême savoir.

Mais, qu'est-ce que faire l'apprentissage véritable de l'angoisse, et en quoi cela diffère-t-il de s'y engloutir ? Voilà ce que je voudrais savoir.

Trois spasmes dans le genou aujourd'hui, un au volant, deux quand j'étais assis face à mon ordinateur.

Mercredi 24 février, 23 h 30

Bobby Moore est décédé aujourd'hui, du cancer. Il n'avait que cinquante et un ans. Les gens des médias devaient savoir qu'il était très malade, car la BBC avait un hommage tout prêt à diffuser ce soir dans *Sportsnight.* Cela comprenait cependant une interview de Bobby Charlton qui devait être en direct, ou avait été enregistrée aujourd'hui, puisqu'il pleurait. J'étais moi-même au bord des larmes, à vrai dire.

J'ai appris la nouvelle vers huit heures, en sortant avec Amy d'un cinéma de Leicester Square. Nous étions allés à la séance de fin d'après-midi voir *Reservoir Dogs.* Un film brillant et horrible. La scène où l'un des gangsters torture un flic est l'une des plus écœurantes que j'aie vues. Dans ce film, tout le monde meurt de mort violente. Je crois vraiment que chacun des personnages qui défilent sur l'écran crève en se faisant tirer dedans – les policiers qui tuent à la fin celui que joue Harvey Keitel ne sont que des voix off. Le massacre n'a pas semblé déranger Amy. Ce qui la tracassait, c'était de ne pas se rappeler où elle avait déjà vu l'un des acteurs, et elle ne cessait de me chuchoter à l'oreille « Peut-être dans *House of Games* ? Non. *Taxi Driver* ? Non.

Dans quoi, alors ? » jusqu'à ce que je la supplie de la fermer. En sortant du cinéma, elle s'est écriée d'un ton triomphant : « Ça y est, je m'en souviens, ce n'était pas dans un film, c'était dans un épisode de *Deux flics à Miami.* » Au même instant, mon regard est tombé sur l'affichette d'un journal : « DÉCÈS DE BOBBY MOORE ». D'un seul coup, les morts à la chaîne de *Reservoir Dogs* ont perdu toute consistance. J'ai obligé Amy à avaler à toute allure son dîner au *Gabrielli* pour pouvoir regagner mon appartement et allumer la télé, de sorte qu'elle a décidé de rentrer tout droit chez elle. « Je vois bien que tu es pressé de te retrouver seul avec ta peine », m'a-t-elle lancé d'un ton sardonique, et elle n'était pas loin de la vérité.

Sportsnight nous a montré tout un tas d'extraits de matches de Bobby Moore au faîte de sa carrière de footballeur, en insistant particulièrement, bien entendu, sur la finale de Coupe du monde en 1966, avec l'image inoubliable de Moore, lorsque la reine lui remet le trophée, qui commence par s'essuyer soigneusement les mains sur sa chemise, et se retourne ensuite vers la foule en levant la coupe à bout de bras pour l'offrir à la vénération de tout le stade de Wembley et du pays entier. Quelle fête ! Angleterre 4, Allemagne 2, après les arrêts de jeu. Le dénouement d'une histoire tout droit sortie d'une bande dessinée. Qui aurait cru, au début du tournoi, qu'après nous être laissé humilier des années durant par les Sud-Américains et les Slaves, nous serions enfin champions du monde du jeu que nous avons inventé ? Quels héros, les joueurs de cette équipe ! Je suis encore capable de réciter leurs noms par cœur : Banks, Wilson, Cohen, Moore (cap.), Stiles, Jack Charlton, Ball, Hurst, Hunt,

Peters, et Bobby Charlton. Je crois me rappeler que là aussi il versa des larmes pour la circonstance. Mais pas Bobby Moore, toujours le capitaine modèle, calme et assuré. Il avait un sens parfait du timing, qui compensait sa lenteur à se retourner. Les extraits me ramenaient tout en mémoire : la manière dont sa longue jambe se dépliait à la dernière seconde pour prendre le ballon au bout du pied d'un adversaire sans commettre de faute. Et le moment où il passait de la défense à l'attaque, la tête haute, le dos droit, tel un capitaine de cavalerie menant la charge. Il ressemblait à un dieu grec, avec son corps bien découplé et ses courtes boucles blondes. Bobby Moore. On n'en fait plus des comme ça. On fait des rustres imbibés, couverts de logos publicitaires, qui crachent partout sur le terrain et lâchent de tels jurons que les téléspectateurs sourds qui lisent sur les lèvres écrivent à la BBC pour se plaindre.

(Je mets à part Ryan Giggs, le jeune ailier du Manchester United. C'est un merveilleux joueur, passionnant à regarder quand il s'élance avec le ballon qu'on croirait aimanté à ses pieds, contre des défenseurs qui s'égaillent comme des moutons. Et lui, il a gardé l'innocence, si vous voyez ce que je veux dire. Les coups ne l'ont pas encore rendu méfiant et cynique, il ne s'est pas usé en jouant trop de matches trop rapprochés, le vedettariat ne lui a pas tourné la tête. Il continue de jouer comme s'il y prenait plaisir, tel un gosse. Savez-vous ce que je préfère chez lui ? C'est au moment où il a fait quelque chose de vraiment épatant, marqué un but ou dribblé trois adversaires ou réussi un parfait contre-pied, au moment où il regagne au petit trot le centre du terrain, le public se déchaîne, et lui il fronce les sourcils. Il a un air terriblement grave de petit garçon qui s'appliquerait à paraître adulte, comme si c'était pour lui le seul moyen de se retenir de faire des culbutes ou de se marteler la poitrine à coups de poings ou de hurler de joie. J'adore ça, ce froncement de sourcils quand il vient d'accomplir un exploit. Mais revenons à Bobby Moore et à la Coupe du monde en 1966.)

Lorsqu'il m'arrive de me demander si j'ai connu des moments de vrai bonheur dans ma vie, je n'ai qu'à me souvenir de ce superbe après-midi de juin. Même Sally, qui ne s'est jamais intéressée au foot, fut saisie par ma passion contagieuse et mit Jane à dormir dans son berceau pour s'asseoir devant la télé avec Adam et moi – Adam, notre fils, était trop petit pour bien comprendre de quoi il s'agissait, mais il saisissait intuitivement l'importance de l'événement et il resta patiemment assis d'un bout à l'autre du match en suçant son pouce et serrant son doudou sur sa joue, les yeux rivés sur moi au lieu de regarder l'écran. C'était notre première télé couleur. Les joueurs anglais portaient un maillot rouge au lieu d'être tout en blanc comme d'habitude, un rouge de confiture de fraises. Le privilège d'être en blanc s'était sans doute joué à pile ou face au bénéfice de l'Allemagne, mais nous aurions dû adopter le rouge définitivement à dater de ce jour, tant il sembla nous porter bonheur. Nous eûmes de la chance de nous voir accorder le troisième but, ce qui ajouta à la satisfaction délirante d'en marquer un quatrième. Quand le ballon pénétra dans les filets, on entendit monter l'ovation par les fenêtres ouvertes du voisinage ; et quand tout fut fini, les gens sortirent dans leur jardin, ou dans la rue, la physionomie épanouie, pour échanger sans fin des commentaires enthousiastes avec des voisins que jusque-là ils saluaient à peine en les croisant.

C'était l'heure de l'espoir, une époque où l'on pouvait manifester du patriotisme sans se faire étiqueter comme une vieille baderne tory. La honte de Suez appartenait au passé, et voici que nous étions les meilleurs dans des domaines qui comptent vraiment pour le commun des mortels, le sport, la pop music, la mode et la télévision. La Grande-Bretagne, à présent, c'étaient les Beatles, les mini-jupes, l'émission *That Was The Week That Was* et l'équipe d'Angleterre victorieuse. Je me demande si la reine a regardé la télé ce soir, et ce qu'elle a pu éprouver en se voyant remettre la Coupe du monde à Bobby Moore. Un bon petit coup de nostalgie, j'imagine. « C'était le bon temps, hein, Philip ? » Le bon temps où elle se réveillait le matin sans avoir la perspective de lire dans la presse les comptes rendus détaillés des frasques sexuelles de sa famille : le Dianagate, le Camillagate, les coups de téléphone à Squidgy, les fantasmes de Charles rêvant d'être un Tampax, Fergie se faisant sucer le gros orteil. Je n'ai jamais été très branché sur la famille royale, mais on ne peut pas s'empêcher de compatir aux malheurs de cette pauvre vieille reine.

Ce qui me rappelle le bizarre moment de gêne que j'ai connu ce matin en allant à Londres. Alors que j'attendais le train à la gare de Rummidge Expo, j'ai aperçu Nousseytou un peu plus loin sur le quai. J'allais à lui pour le saluer, un sourire de circonstance tout prêt sur le visage, lorsque j'ai vu qu'il était en compagnie d'une jeune femme. Mais pas assez jeune pour être sa fille, et je savais que ce n'était pas sa femme, car j'avais vu sur son bureau une photo d'elle dans un cadre en argent, une dame corpulente, de mine assez sévère, en robe fleurie, flanquée de trois enfants, et elle ne ressemblait en rien à cette personne longiligne, à la chevelure brune et brillante qui tombait sur les épaules d'un manteau de lainage noir bien coupé. Tout près d'elle, Nousseytou parlait avec animation et la touchait, ses doigts de chirurgien effleuraient le col du manteau, lui ajustaient une mèche de cheveux et lui piquetaient la manche, des gestes d'habilleuse de star, à la fois possessifs et pleins d'égards. Elle répondait par des sourires complaisants à ce que Nousseytou lui chuchotait à l'oreille, en penchant la tête parce qu'il était plus petit qu'elle d'une bonne dizaine de centimètres, mais elle a levé les yeux à mon approche. J'ai pivoté sur mes talons et battu précipitamment en retraite en direction de la salle d'attente, où je me suis assis, le visage caché derrière mon *Guardian* déployé, jusqu'à l'arrivée du train.

Une épidémie d'adultère semble s'être installée : Jake, Jane Wellington, la famille royale, et maintenant Nousseytou. Ce que je voudrais savoir, c'est pourquoi moi, j'éprouverais de la gêne, et même une sorte de culpabilité, d'avoir surpris Nousseytou en compagnie de sa maîtresse ? Pourquoi m'être enfui ? Pourquoi m'être caché, moi ? Point d'interrogation générale.

Nous n'avons plus fait l'amour, Sally et moi, depuis jeudi dernier. Je suis allé me coucher à des heures différentes des siennes, me suis plaint d'indigestion ou d'un rhume qui couvait, etc., pour en écarter l'idée. J'ai peur de me découvrir à nouveau incapable de jouir. Je pourrais sans doute essayer de me masturber, rien que pour vérifier si rien ne cloche d'un point de vue mécanique.

Jeudi matin 25 février

Après avoir écrit ces lignes, je me suis déshabillé et allongé sur le lit avec une serviette éponge à portée de la main, pour essayer de me branler. Ça fait un bon bout de temps que je ne me suis pas amusé à ce petit jeu, pas loin de trente-cinq ans, en fait, et je manquais d'entraînement. Je n'ai pas trouvé de vaseline dans l'armoire de la salle de bains, et comme par hasard il n'y avait plus d'huile d'olive à la cuisine, c'est donc avec la sauce à salade de Paul Newman que je me suis lubrifié la verge, ce qui était une erreur. D'abord, elle était glacée, sortant du réfrigérateur (la sauce), et elle a eu un effet immédiat plutôt de rétraction que de stimulation, ensuite le vinaigre et le citron ont provoqué une sensation cuisante, et troisièmement je me suis mis à dégager l'odeur du *pollo alla cacciatora* de chez *Gabrielli* dès que le frottement a échauffé les aromates. Mais le problème principal, c'était mon incapacité à me mettre dans un état d'esprit approprié. Au lieu d'images érotiques, je n'avais en tête que Bobby Moore brandissant triomphalement le trophée Jules Rimet, ou Tim Roth gisant au milieu d'une flaque de son propre sang dans *Reservoir Dogs*, avec la tache rouge qui envahissait sa chemise jusqu'à ce qu'il ait l'air de porter le maillot anglais.

J'ai envisagé d'appeler au téléphone un des réseaux dont j'ai tant entendu parler ces temps-ci – mais où trouverais-je le numéro ? Rien dans les pages jaunes, et je ne pouvais quand même pas demander ça aux renseignements. Puis je me suis souvenu d'un vieux magazine dans le porte-revues où j'ai en effet trouvé dans les dernières pages des colonnes d'annonces publicitaires pour le téléphone rose. J'ai choisi un numéro qui promettait : « L'orgasme au bout du fil, rien que du cul, du hard », avec une note pour préciser que « grâce aux nouvelles réglementations de la CEE nous vous offrons de l'action corsée à l'européenne ». Après avoir écouté pendant une dizaine de minutes une fille décrire à grand renfort de soupirs et de gémissements l'épluchage et l'absorption d'une banane, j'ai commencé à me demander si ce n'était pas des règlements agricoles qu'il s'agissait. C'était une escroquerie, ainsi que les deux autres lignes que j'ai essayées.

J'ai pensé soudain que je me trouvais à quelques minutes à pied de la plus grosse concentration nationale de librairies pornographiques ; il pouvait encore y en avoir d'ouvertes, malgré l'heure tardive : minuit bien passé. C'était assommant de me rhabiller pour sortir, mais j'étais résolu à mener à terme mon expérience. Au moment où j'allais quitter l'appartement, il m'est venu à l'idée de jeter un coup d'œil sur le porche d'entrée par l'intermédiaire du vidéophone ; et en effet, il était dans la place, mon squatter de la semaine dernière, douillettement roulé en boule dans son duvet. J'ai reconnu son nez pointu et son menton qui dépassaient de l'ouverture, ainsi que la touffe de cheveux qui lui tombait sur les yeux. Je suis resté les yeux rivés sur cette image jusqu'à ce qu'elle soit coupée par l'automatisme de la caméra et remplacée par mon propre reflet grisâtre sur l'écran. Je me suis imaginé arrivant en bas et ouvrant la porte de l'immeuble. Il faudrait alors soit le réveiller et entamer une discussion avec lui, ou l'enjamber comme s'il n'était pas là – non pas une seule fois, mais deux, puisque j'allais revenir rapidement chargé d'un paquet de magazines aux photos suggestives. Ni l'une ni l'autre de ces deux perspectives ne me souriait. Je me suis redéshabillé et recouché, en proie à une crise aiguë de Frustration Mal Tolérée. C'était comme si ce SDF me tenait moralement prisonnier sous mon propre toit.

Au prix d'un effort physique acharné, j'ai fini par arriver à l'éjaculation, je sais donc à présent que la plomberie n'est pas en cause, mais j'ai la queue endolorie et ça n'a pas fait de bien non plus à mon tennis-elbow.

Jeudi après-midi

Assis dans le salon Pullman à la gare d'Euston, j'attends le train de dix-sept heures dix. J'espérais attraper celui de seize heures quarante, mais je l'ai loupé de peu. Le poinçonneur de billets à l'entrée du quai m'a vu dévaler la rampe, mais il a fermé la barrière quand j'en étais à dix mètres, à seize heures trente-neuf exactement. La gare est pleine de pancartes annonçant que l'accès aux quais sera interdit une minute avant l'heure prévue de départ des trains « dans l'intérêt de la ponctualité et de la sécurité des voyageurs » ; n'empêche qu'il aurait pu me laisser passer sans mettre l'une ou l'autre en péril. Je n'avais pas d'autre bagage que la mallette qui contient mon ordinateur portable. Le dernier wagon n'était qu'à une vingtaine de mètres de moi, avec le chef de train, planté à côté, qui attendait le signal de départ. J'y serais parvenu sans peine, ainsi que je l'ai clamé dans mes protestations véhémentes, mais le préposé à la barrière, un petit Asiatique zélé et inébranlable, s'y est opposé. J'ai tenté de le bousculer pour passer, mais il m'a repoussé. Nous nous sommes littéralement empoignés durant quelques instants, jusqu'à ce que le train se mette en branle (lui aussi...). J'ai alors tourné les talons, furieux, et remonté la rampe, non sans avoir émis de vaines menaces de me plaindre. En réalité, sa plainte à lui aurait été mieux fondée que la mienne ; il pouvait sans doute me poursuivre pour voies de fait.

Je suis encore un peu tremblant de la décharge d'adrénaline, et je crains de m'être froissé un petit muscle du dos dans la bagarre. Une conduite assez stupide, à la vérité, quand on y réfléchit bien, ainsi que je commence à le faire. La Frustration Mal Tolérée va céder le pas à la Piètre Opinion de Moi-même, et un nouvel orage dépressif viendra couvrir de nuages bas accompagnés d'averses le ciel du psychisme passmorien. J'aurais pu m'en dispenser. Après tout, je n'ai qu'une demi-heure à attendre pour le prochain train, et le salon Pullman est un lieu tout à fait civilisé. Cela tient un peu du bordel, tel que je me l'imagine en tout cas, mais sans le sexe. On monte l'escalier qui mène au restaurant et aux toilettes de luxe, et à mi-chemin du couloir se trouve une porte discrète équipée d'une sonnette et d'un interphone dans le mur. Quand on appuie sur le bouton, une voix féminine vous demande si vous détenez un billet de première classe, et si vous dites oui, la porte s'ouvre avec un bourdonnement suivi d'un déclic, et vous voilà admis. Une aimable personne à la réception vous sourit quand vous présentez votre billet et signez le registre, puis vous propose un thé ou un café gracieusement offerts. Le calme et le silence règnent à l'intérieur, l'espace est climatisé, moquetté et confortablement meublé de fauteuils et de banquettes tapissés dans des tons apaisants de bleu et de gris. Il y a des journaux, des téléphones et un photocopieur. Pendant ce temps, en bas, les misérables qui attendent leur train sont réduits à s'asseoir sur leur valise ou par terre (puisqu'on ne trouve aucun siège dans le vaste hall de marbre), ou alors à apporter leur clientèle à l'une des succursales de fast-food – *Upper Crust*, *Casey Jones*, *The Hot Croissant*, *Pizza Hut*, etc. – serrées côte à côte pour former une sorte de parc à thème de la bouffe de merde à un bout de...

Emporté par l'élan de ma description, je viens de m'apercevoir que j'ai raté aussi le train de dix-sept heures dix. Ou plus exactement, que je ne me suis laissé que deux minutes pour l'attraper, et je ne peux pas supporter l'idée de dévaler la rampe en direction du même poinçonneur et de le voir à nouveau me fermer la barrière au nez, comme dans un cauchemar où l'on revit le traumatisme d'origine. Au point où j'en suis, pendant que j'attends le train de cinq heures quarante, autant expliquer pourquoi je suis arrivé à la bourre.

Sur le chemin de la gare, je suis passé au bureau de Jake. C'est un petit local au-dessus d'une boutique délabrée de T-shirts et de souvenirs dans Carnaby Street. Une nouvelle personne était à l'accueil à l'entrée, une fille grande et mince, moulée dans une robe noire très courte qui lui couvrait à peine le derrière quand elle s'est levée. Linda, s'est-elle présentée.

– Je sais ce que tu penses, m'a lancé Jake dès qu'elle a refermé la porte sur nous. Non, c'est pas elle. Note bien, a-t-il ajouté avec son sourire effronté, je ne jurerais pas que son tour ne va pas venir, un de ces jours. T'as maté ses jambes ?

– Difficile de faire autrement, non ? Vu les dimensions restreintes de ton local et de sa jupe. (Jake s'est mis à rire.) Alors, quelles nouvelles de Heartland ?

Son rire s'est arrêté.

– Tubby, m'a-t-il dit, penché en avant d'un air grave dans son fauteuil pivotant, il va falloir que tu inventes un moyen acceptable pour sortir Priscilla de la série. Acceptable pour tout le monde, s'entend. Je sais que tu en es capable, si tu te mets en tête d'y parvenir.

– Et sinon ?

– Alors, a déclaré Jake en écartant les mains, ils s'adresseront à quelqu'un d'autre pour le faire.

J'ai ressenti un petit spasme d'anxiété prémonitoire.

– Ils ne le peuvent pas sans mon accord, n'est-ce pas ?

– Mais si, malheureusement. (Faisant pivoter son fauteuil pour ouvrir un tiroir, Jake en a profité pour se dérober à mon regard.) J'ai vérifié dans le contrat d'origine, a-t-il expliqué en sortant du tiroir un dossier qu'il m'a tendu par-dessus le bureau. Regarde, c'est dans l'article 14.

Le contrat pour la première série fut établi il y a plusieurs années, lorsque je n'étais qu'un scénariste entre mille, qui ne jouissait d'aucune position de force. Aux termes de l'article 14, si les producteurs me demandaient d'écrire de nouvelles séries d'épisodes basés sur les mêmes personnages, et si je refusais, les producteurs étaient libres de s'adresser pour ce travail à d'autres scénaristes, en me versant des droits insignifiants sur l'idée de départ. Je ne me souviens pas d'avoir accordé à l'époque une attention particulière à cette clause, mais je ne suis pas surpris de l'avoir acceptée. Que mon feuilleton reparte pour une nouvelle série était mon vœu le plus cher, et l'idée que je puisse ne pas vouloir en écrire moi-même le scénario devait me paraître absurde. Mais le texte de l'article 14 ne concernait pas simplement une éventuelle seconde série, mais « de nouvelles séries », pluriel indéfini. En somme, j'avais cédé mes droits sur l'histoire et les personnages. J'ai reproché à Jake de ne pas avoir repéré le danger et renégocié la clause dans les contrats suivants. À quoi il m'a répliqué qu'à son avis, n'importe comment, les gens de Heartland n'auraient pas marché. Je ne suis pas d'accord. Je pense qu'entre la deuxième et la troisième série d'épisodes, nous aurions pu leur forcer la main, tant ils étaient accrochés. Même à présent, je ne peux pas croire qu'ils confieraient entièrement le feuilleton à un autre scénariste, ou à plusieurs. C'est mon bébé à moi. C'est moi. Personne d'autre ne pourrait le faire fonctionner aussi bien.

Ou bien si ?

Voici une ligne de réflexion bien périlleuse, qui risque de détériorer encore par le biais mon opinion de moi-même. De toute manière, il est temps de m'arrêter, sans quoi je vais rater aussi le train de dix-sept heures quarante.

Vendredi 26 février, 20 heures

Jake a appelé ce matin pour dire qu'il a reçu un courrier d'Ollie Silvers, « un simple résumé des points principaux que nous avons abordés dimanche dernier avec Tubby, afin d'éviter tout malentendu ». C'est là que l'article 14 devient opérationnel; j'ai douze semaines devant moi pour décider si je modifie moi-même mon scénario pour éliminer Priscilla, ou si je laisse quelqu'un d'autre commettre le forfait.

Aromathérapie avec Dudley cet après-midi. Dudley Neil-Hutchinson, pour lui laisser ses rallonges. Il a un peu une allure d'intellectuel hippy : grand, dégingandé, une longue barbe laineuse qu'on pourrait croire attachée à ses lorgnons de grand-mère. Il porte un jean, des mocassins, des chemises en coton imprimé ethnique et des gilets d'occasion trouvés dans la boutique d'Oxfam. Pendant qu'il vous masse, il fourre sa barbe à l'intérieur du gilet pour qu'elle ne vienne pas vous chatouiller. Il exerce chez lui, dans son moderne pavillon jumelé proche de l'aéroport, équipé de triples vitrages pour s'isoler du bruit des décollages et des atterrissages. Lorsqu'on gît sur la table de massage, il arrive qu'on sente une ombre passer sur soi, et si on lève les yeux assez vite, on aperçoit l'immense avion qui glisse en silence par-dessus les toits, si près qu'on distingue la figure blanche des passagers derrière les hublots. Au début, c'est assez inquiétant. Dudley pratique deux matinées par semaine à la clinique du Bien-Être, mais je préfère aller chez lui pour éviter que Miss Wu sache que j'ai recours à l'aromathérapie en plus de l'acupuncture. Hypersensible comme elle est, elle pourrait y voir de ma part un manque de confiance en ses propres capacités. Je me vois d'ici buter sur elle en sortant d'une séance avec Dudley, et j'imagine l'expression de reproche douloureux dans ses yeux noirs. Miss Wu ignore également mes rendez-vous avec Alexandra. Cette dernière est au courant pour Miss Wu, mais pas pour Dudley. Je ne lui en ai pas parlé, non pas qu'elle risque de se sentir menacée, mais j'aurais peur de la décevoir. Elle respecte l'acupuncture, mais je doute que l'aromathérapie lui inspire la même considération.

C'est June Mayfield qui m'a aiguillé là-dessus. Elle est maquilleuse aux studios Heartland, et se tient en coulisses pendant les tournages des *Gens d'à côté*, toute prête à se précipiter pour titiller à la demande les cheveux de Debbie ou poudrer le nez des comédiens s'il se met à briller sous le feu des projecteurs. Un jour que je bavardais avec elle à la cantine, elle m'a raconté que l'aromathérapie lui avait changé la vie, en la guérissant des migraines qui avaient été le fléau de son existence des années durant. Elle m'a donné la carte de Dudley, et j'ai eu envie d'essayer. Je venais de renoncer au yoga, à cause de mon Problème Interne du Genou, et me retrouvais donc avec une case vide dans mon programme thérapeutique. Avant, j'allais une fois tous les quinze jours chez Miss Flynn, une dame de soixante-quinze ans qui enseigne le pranayama yoga. Ce n'est pas le genre où il faut passer des heures en équilibre sur la tête ou à se faire des nœuds qui vous mènent tout droit à l'hôpital pour les défaire. Avec elle, il s'agit surtout de respiration et de relaxation, mais cela implique quand même la position du lotus ou au moins le demi-lotus, que Miss Flynn a jugé peu indiqué tant que je souffrirais du genou. J'y ai donc renoncé. D'ailleurs, dois-je vous l'avouer, je n'ai jamais été très doué pour le yoga. Je ne suis jamais parvenu à la « seconde de vacuité », l'instant vital où l'on est censé se vider la tête et ne plus penser à rien. Miss Flynn s'est efforcée de m'enseigner un exercice mental où l'on commence par éliminer toute pensée relative à son travail, puis à sa famille et ses amis, puis à soi-même. Moi, je n'ai jamais pu franchir le premier stade. Dès que je formulais silencieusement le mot « travail », révisions de scénarios, problèmes de distribution et taux d'audience se mettaient à m'obséder. Il me venait des soucis professionnels qui ne m'avaient pas effleuré jusque-là.

L'aromathérapie est plus aisée. Vous restez couché là à vous laisser masser par le thérapeute avec ce qu'on appelle des huiles essentielles. Cette pratique correspond à une théorie très simple, peut-être simpliste. Dudley me l'a expliquée lors de ma première séance. « Si vous vous faites mal, quelle est votre réaction instinctive ? Vous vous frictionnez à l'endroit endolori, d'accord ? » Je lui ai demandé comment on pouvait se frictionner le cerveau. « Ah, justement ! C'est là qu'interviennent les huiles essentielles. » Selon les aromathérapeutes, ces huiles, en étant absorbées par la peau, s'infiltreraient dans la circulation sanguine et atteindraient par là le cerveau. En outre, l'inhalation de leurs arômes distinctifs aurait sur le système nerveux un effet stimulant ou lénifiant, selon celles qu'on emploie. Il existe en aromathérapie des accélérateurs et des décélérateurs, ou « notes hautes » et « notes basses », ainsi qu'ils les nomment. Si j'en crois Dudley, il s'agit d'une très ancienne forme de médecine, pratiquée en Chine et en Égypte dans la nuit des temps. Mais, comme pour tout le reste, l'ordinateur est passé par là. Quand je vais voir

Dudley, je lui expose mes symptômes, il les inscrit dans le programme d'aromathérapie qu'il a lui-même conçu et baptisé PFFF (non, j'invente, le vrai nom est ATP), il appuie sur une touche et l'ordinateur recrache une liste de suggestions appropriées : huile essentielle de genièvre, de jasmin, de menthe ou autre. Puis Dudley me les fait humer et il prépare un cocktail de celles que je préfère, sur une base d'huile végétale.

Lorsqu'il m'a demandé comment j'allais depuis notre dernière séance, je n'ai pas éprouvé les mêmes scrupules à aborder les questions sexuelles que la semaine dernière avec Miss Wu, et je lui ai donc raconté l'incident de l'absence d'orgasme. Les mystiques d'Extrême-Orient attachaient un grand prix, m'a-t-il dit, à la capacité d'avoir un rapport sexuel sans éjaculer. Grand bien leur fasse, ai-je répliqué. Il a tapoté sur le clavier de son Mac qui a répondu bergamote, ylang-ylang et rose otto.

– Ne m'aviez-vous pas donné de la rose, la dernière fois, pour mon état dépressif ? ai-je observé, légèrement suspicieux.

– C'est une huile très adaptable, a dit Dudley d'un ton suave. On l'emploie contre l'impuissance et la frigidité autant que pour combattre la dépression. Le chagrin et la ménopause sont également des indications.

Je lui ai demandé si cela incluait l'andropause, et il a ri sans se compromettre.

Samedi 27 février

Le succès était au rendez-vous, dans une certaine mesure. Nous avons fait l'amour hier soir et j'ai joui.

Pas Sally, je crois, mais elle n'était pas vraiment d'humeur à ça, et elle a paru étonnée quand j'ai pris l'initiative. Je ne peux pas dire non plus que je sois monté au septième ciel, mais au moins j'ai éjaculé. Cette bonne vieille huile essentielle de rose a donc fait son office, quant à l'impuissance. Mais pas en ce qui concerne la dépression, le chagrin et l'andropause. Je me suis réveillé à trois heures cinq avec un cerveau qui broyait du noir comme une bétonneuse, des tourments semblables à des cailloux acérés qui tournoyaient dans une bouillasse d'angoisse, et j'ai passé les heures suivantes aux prises avec une vague somnolence où je glissais pour en sortir presque aussitôt, avec la sensation d'avoir fait un cauchemar dont j'étais incapable de me souvenir. Mes songes sont comme des poissons glissants : je cherche à les saisir par la queue, mais ils m'échappent en se tortillant et s'éclipsent dans les profondeurs insondables. Tel un plongeur, j'émerge en sursaut, le souffle court, le cœur battant. J'ai fini par avaler un somnifère et sombrer dans un coma sans rêve d'où je me suis extrait à neuf heures et demie, seul dans mon lit, abattu et la bouche sèche.

Sally avait laissé un mot pour me dire qu'elle allait à Sainsbury's. Ayant aussi à faire quelques courses, je me suis rendu à pied jusqu'à High Street. Pendant que je trépignais d'impatience dans la file d'attente à la poste, j'ai entendu dans mon dos une voix de femme qui disait : « Tu n'en peux plus ? » Je me suis retourné, croyant qu'elle s'adressait à moi, mais c'était une maman qui parlait à son petit garçon. « ...Tu ne peux pas attendre qu'on soit à la maison ? » L'enfant a secoué la tête d'un air lamentable en serrant les genoux.

Plus tard

J'étais assez désespéré pour me risquer une nouvelle fois dans Kierkegaard, et j'ai eu plus de chance cette fois-ci. J'ai pris *Ou bien... Ou bien* parce que le titre m'intriguait. Un sacré gros bouquin en deux tomes, composé de manière très confuse, un salmigondis d'essais, d'anecdotes, de lettres, etc., écrits par deux personnages fictifs nommés A et B, et « édités » par un troisième, Eremitus, autant de noms d'emprunt pour Kierkegaard, j'imagine. Mon attention a été attirée par un court chapitre du premier volume, intitulé « Le plus malheureux ». En le lisant, j'ai eu l'impression, comme la première fois en voyant la liste de titres des œuvres de Kierkegaard, qu'il se penchait précisément sur mon état.

Selon K., le malheureux est « toujours absent de lui-même, jamais présent en lui-même ». Ma première réaction a été : non, erreur, mon vieux Søren : je pense sans cesse à moi, c'est bien l'ennui. Mais je me suis dit aussitôt, penser à soi n'est pas la même chose qu'être présent en soi. Sally est présente en elle-même, car elle se prend telle qu'elle est, elle ne se met pas en doute – ou du moins, pas pour longtemps. Elle coïncide avec elle-même. Tandis que moi, je ressemble à l'un de ces personnages de bande dessinée de qualité médiocre, où la couleur est un peu décalée par rapport au dessin : soit elle ne remplit pas le contour, soit elle déborde, comme s'il y avait un flottement. C'est tout moi : Mac Malheur, le menton bleu en avant qui ne colle pas tout à fait avec la mâchoire.

L'être malheureux, explique Kierkegaard, n'est pas présent en lui-même parce qu'il est dans le passé ou l'avenir. Il vit dans l'espoir ou le souvenir. Soit il pense que c'était mieux avant, soit il espère que ça ira mieux après, mais ça va toujours mal dans le moment présent. Ce n'est que trop vrai. Et, précise K. : « Les êtres malheureux par l'espoir ne portent jamais, comme les êtres malheureux par le souvenir, cette empreinte douloureuse. Les êtres qui vivent dans l'espoir ressentent toujours une déception moins cruelle [1]. » Quelle belle formule, cette « déception moins cruelle ».

Je me suis demandé si j'étais un malheureux par le souvenir ou un malheureux par l'espoir, et tout bien pesé je me suis rangé dans la seconde catégorie. Je me tourmente quand j'ai une décision à prendre, j'essaie de me prémunir contre tout déboire, mais si les déboires surviennent quand même, je n'en suis pas étonné. Je peux être surpris, désagréablement, par un revers particulier, tel que la découverte de l'article 14 dans le contrat Heartland, mais sur un plan plus général cela ne fait que confirmer ma conviction fondamentale que les pires infortunes sont toujours inattendues. Si vous faites partie des malheureux par le souvenir, vous ne croyez pas vraiment que ça ira mieux dans l'avenir (sinon, vous ne seriez pas malheureux). Ainsi, lorsque en effet ça ne va pas mieux, c'est la preuve que vous avez eu raison tout au long. Voilà en quoi votre déception est moins cruelle. Pas mal, hein ?

D'un autre côté, me suis-je dit, j'ai aussi une impression persistante que ça allait mieux dans le passé – que j'ai dû connaître le bonheur, mais que, quelque part en chemin, je l'ai perdu, je l'ai gâché, je l'ai

1. *Ou bien... Ou bien*, Gallimard, 1943, traduit du danois par F. et O. Prior et M.-H. Guignot. Les différentes citations de ce texte sont extraites de cette même édition. *(N.d.l.T.)*

laissé échapper. J'ai jadis été présent en moi-même sans le savoir, mais je ne peux me souvenir de cet état que par fragments fugaces, comme la finale de la Coupe du monde en 1966, et je ne peux pas le retrouver. Ce qui me classait, du coup, dans les malheureux par le souvenir plutôt que les malheureux par l'espoir. J'ai alors poursuivi plus loin ma lecture et j'ai découvert que l'être le plus malheureux est les deux à la fois.

> Cela tient, d'un côté, à ce qu'il espère toujours ce dont il doit se souvenir ; son espoir est toujours frustré, mais l'être en découvre le motif : le but n'a pas été reculé, mais a été dépassé, il a été déjà vécu ou aurait pu être vécu et est ainsi passé dans le souvenir. D'autre part, il se souvient toujours de ce qu'il aurait dû espérer, car il a recueilli dans ses pensées ce qui devrait venir, il l'a vécu intimement et il se souvient de ce qui a été ainsi vécu, alors qu'il devrait l'espérer. Ce qu'il espère se trouve donc derrière lui, ce dont il se souvient se trouve en avant... Il est toujours tout près du but et, à l'instant même, il en est éloigné ; il découvre alors que ce qui à présent le rend malheureux, parce qu'il l'a atteint ou parce qu'il est ainsi, c'est justement ce qui, il y a quelques années, l'aurait rendu heureux s'il l'avait atteint, tandis qu'il devint malheureux de ne pas l'atteindre.

Pas à tortiller, ce type-là, c'est moi. Le plus malheureux. Qu'est-ce que j'ai donc à faire une tête épanouie en lisant ces lignes ?

Dimanche après-midi 28 février

Aujourd'hui, je ne suis pas allé au studio. J'ai eu envie de montrer aux gens de Heartland que je leur en veux de leur comportement à mon égard. Sally m'a approuvé. J'ai laissé ce matin un message sur le répondeur du bureau pour dire que je ne viendrais pas. Je n'ai pas donné de raison, mais Ollie et Hal comprendront tout seuls. C'est la première fois que je manque un tournage depuis septembre dernier, quand j'ai eu mes ennuis intestinaux. Est-il besoin de le préciser, c'est moi que je punis plutôt qu'eux. Hal sera trop occupé pour ruminer sur mon absence, et Ollie n'est pas homme à ruminer quoi que ce soit. Tandis que moi, je n'ai que ça à faire. La journée a passé avec une lenteur insupportable. Je ne cesse de regarder la pendule et de me demander à quel stade de la répétition ils en sont. Il est quatre heures cinq, et la nuit est déjà là. Dehors, il fait un froid horrible, il est tombé une mince couche de neige. Les journaux annoncent des blizzards dans d'autres régions de Grande-Bretagne.

Les dimanches chics se passent à se tordre les mains et se battre la coulpe. Le pays semble en proie à une gigantesque crise de confiance, Problème Interne du Psychisme national. Le sondage Gallup publié la semaine dernière révèle que 80 % de l'électorat est mécontent du gouvernement. Selon un autre sondage, plus de 40 % des jeunes estiment que la vie sera plus difficile en Grande-Bretagne durant la décennie à venir. Ce qui signifie, peut-on penser, soit qu'ils ne croient pas que les travaillistes remporteront les prochaines élections, soit que dans le cas contraire cela ne fera aucune différence. Nous sommes devenus un peuple de malheureux par l'espoir.

Et aussi de malheureux par le souvenir : je n'ai

pas été le seul, apparemment, à voir dans le décès de Bobby Moore la mesure de notre déclin. Les journaux sont pleins d'articles sur lui et la Coupe du monde 1966. Le fait que nous ayons été battus par l'Inde, la même semaine, dans le troisième test match d'affilée n'a pas remonté le moral de la nation. L'Inde ! Quand j'étais petit, la perspective d'une série de matches contre l'Inde paraissait toujours d'un ennui mortel, car la partie était gagnée d'avance pour l'Angleterre.

Il est cinq heures et demie. Les répétitions doivent être finies, les comédiens sont en train de s'attabler à la cantine avant d'aller au maquillage. Ron Deakin prend toujours des saucisses, des œufs et des frites. Il jure qu'il ne mange jamais ces choses-là à la maison, mais que ça va avec le personnage de papa Davis. C'est une forme de superstition de sa part ; un jour qu'ils étaient à court de saucisses dans les cuisines, une vraie panique s'est emparée de lui. Je me demande si mon absence inhabituelle d'aujourd'hui va le déstabiliser. Les comédiens aiment bien que je sois là pour le tournage, ça leur donne confiance. Je crains de les punir autant que moi en restant à l'écart.

Plus j'y pense (or je ne parviens à me concentrer sur rien d'autre), plus j'en suis contrarié. Je me retiens de toutes mes forces d'arriver à la conclusion que j'ai eu tort de ne pas y aller, mais je suis attiré vers elle inexorablement comme par la force de gravitation d'un trou noir. Bref, je suis en train de me mettre dans un bel état... L'état, *c'est moi* *, dirait Amy. Comment vais-je pouvoir passer le reste de la soirée ? Mon regard se rive sur la touche AIDE de mon clavier. Si seulement je pouvais y faire appel !

Lundi matin 1er mars

Vers sept heures moins le quart hier soir, au moment où Sally mettait la table pour le dîner, mon courage m'a lâché. Je suis sorti en courant de la maison, en criant à Sally une vague explication sans lui laisser le temps de me traiter d'imbécile, j'ai fait une violente marche arrière hors du garage au volant de la Richmobile, suivie d'une embardée dans l'allée – j'ai bien failli emboutir une aile sur le pilier du portail –, et j'ai foncé en ville à une vitesse plus qu'imprudente, grâce à quoi je suis arrivé au studio juste à temps pour prendre ma place avant l'enregistrement.

Tout s'est superbement passé. Un public merveilleux – vif, connaisseur, homogène. Et le scénario n'était pas mal non plus, même si c'est moi qui le dis. L'intrigue du jour était la suivante : les Springfield décident de mettre en vente leur maison pour s'éloigner des Davis, mais sans en avertir ceux-ci parce qu'ils culpabilisent à leur égard, et les Davis ne cessent de saboter innocemment le projet en faisant irruption ou en faisant des choses impossibles juste au moment où les Springfield font visiter la maison à des acquéreurs potentiels. Le public était aux anges. Nombre d'entre eux, j'imagine, voudraient déménager eux aussi, mais ils ne peuvent pas à cause de leur hypothèque, qui dépasse la valeur marchande de leur logement. C'est paraît-il un cas de plus en plus fréquent. Une sorte de Problème Interne du Marché foncier. Rien de drôle quand vous le subissez, mais cela peut vous aider à voir le côté amusant de la situation d'Edward et

Priscilla. Ou, pour présenter les choses autrement, assister à leurs épreuves et tribulations bouffonnes peut, dans une certaine mesure, vous consoler de ne pas pouvoir vendre, d'autant qu'à la fin de l'épisode les Springfield se réconcilient avec l'idée de rester où ils sont. J'ai souvent le sentiment que la sitcom peut jouer ce rôle thérapeutique.

Sensibles aux bonnes vibrations qui émanaient du public, les comédiens étaient dans une forme éblouissante. Il n'y a presque pas eu de prises à refaire. C'était dans la boîte à huit heures et demie. Après le tournage, tout le monde était épanoui. « Salut, Tubby, m'a lancé Ron Deakin, vous nous avez manqué tout à l'heure à la répétition. » J'ai marmonné une histoire d'empêchement. Hal m'a jeté un regard insidieux, mais il s'est tu. Isabel, l'assistante réalisatrice, m'a dit que j'avais bien fait de ne pas venir plus tôt, que les accrocs et les plantages s'étaient multipliés pendant la répétition. « D'ailleurs c'est toujours comme ça, a-t-elle ajouté. Si la répétition marche trop bien, on peut être sûr que le tournage sera un désastre. » (Isabel fait partie des malheureux par l'espoir.) Ollie n'était pas là : il avait téléphoné pour dire que l'état des routes était trop mauvais dans son secteur. Plusieurs membres de la distribution ayant décidé de passer la nuit à Rummidge à cause du mauvais temps, nous sommes tous allés au bar. L'atmosphère était chaleureuse, détendue, tout le monde baignait dans la satisfaction du travail bien fait, les plaisanteries fusaient, chacun offrait sa tournée. J'éprouvais une immense affection pour eux tous. C'est un peu comme une grande famille, et en un sens c'est moi le père. Sans mes scénarios, ils ne se seraient jamais trouvés réunis.

Au moment où je partais, Samantha Handy a fait

son apparition au bar, après être allée mettre le jeune Marc au lit dans un hôtel voisin. Elle m'a adressé un beau sourire, que je lui ai rendu, content que manifestement elle ne m'ait pas gardé rancune pour la conversation de la semaine dernière.

– Oh, vous partez déjà ? s'est-elle exclamée. Vous voulez gâcher la fête ?

– Je suis obligé de me sauver. Comment va votre carrière de scénariste ?

– J'ai rendez-vous avec Jake Endicott cette semaine. Il est votre agent, je crois ? J'ai dit que je vous connaissais, j'espère que vous ne m'en voudrez pas.

– Mais non, bien sûr, ai-je affirmé tout en pensant : « Gonflée, la petite garce ! » Attention à la façon dont vous vous habillerez.

– Pourquoi ? a-t-elle demandé d'un air inquiet. Il a un truc avec les vêtements ?

– Il a un truc avec les jolies jeunes femmes. Si je peux me permettre, je vous conseille un bon sac poubelle bien long et bien informe.

Samantha a éclaté de rire. En tout cas, elle ne pourra pas dire que je ne l'avais pas prévenue. Quand Jake verra cette paire de nénés, le gorille en lui va mugir. En plus, elle a un charmant visage, rond et semé de taches de rousseur, avec un soupçon de double menton qui sert en quelque sorte de bande-annonce à ses courbes opulentes sous l'étoffe tendue du chemisier. Suivant mon conseil, elle a proposé à Ollie de lire pour lui des scénarios, et apparemment il lui en a confié tout un paquet afin qu'elle lui fournisse des fiches de lecture. Une jeune femme à suivre, à tous points de vue.

Je suis rentré en conduisant lentement sur les routes verglacées et désertes. Sally dormait déjà quand je suis arrivé à la maison. Dans sa posture, couchée à plat dos, et l'expression de sa bouche, quelque chose m'a dit qu'au moment de se coucher elle était irritée contre moi, que ce soit d'avoir manqué à ma résolution de ne pas assister au tournage, d'être parti en trombe au moment où elle allait servir le dîner, d'avoir roulé en voiture dans des conditions dangereuses, ou tout cela à la fois, je n'aurais su dire. Ce matin, j'ai découvert qu'il s'agissait d'autre chose. Après que je lui avais dit qu'exceptionnellement je n'irais pas au studio, elle avait invité un couple de voisins à prendre un verre dans la soirée. Elle jure qu'elle m'en a averti, je pense donc que c'est la vérité, quoique je n'en aie pas l'ombre d'un souvenir. Ça me tracasse. Elle a été obligée de rappeler les Webster pour annuler. Très gênant, sans aucun doute. Ce sont des zombies qui votent conservateur, mais ils font tous les ans un pot pour Noël où ils nous invitent, et nous ne le leur avons jamais rendu. (Quand par hasard il nous arrive de recevoir, je me penche pendant des heures sur la liste des invités, je me torture sur le choix des noms, dans le vain espoir d'obtenir un assemblage parfaitement équilibré de causeurs à la fois étincelants et compatibles. Les Webster ne figurent pas un instant dans la sélection, quoique le fait de les éliminer d'office ne m'empêche pas, naturellement, d'atteindre à un état d'angoisse qui frise l'hystérie à l'approche de la petite fête, ni de m'anesthésier à l'alcool le plus vite possible dès qu'elle a commencé.) Nous aurions donc eu l'occasion hier soir de nous rattraper un peu vis-à-vis d'eux. Sally affirme qu'à présent, en compensation, il va nous falloir les inviter à dîner. J'espère qu'il s'agit d'une simple menace. N'importe comment, mon humeur est au plus bas. Toute l'euphorie d'hier soir s'est évaporée. Le genou se manifeste méchamment ce matin, et il se confirme que je me suis froissé un muscle du dos.

Lundi après-midi

Je reviens de ma séance de kinésithérapie. J'ai parlé à Roland de mon muscle du dos, mais sans préciser que je me le suis froissé en me bagarrant contre un poinçonneur pakistanais catégorie poids coq. Il a cru que le tennis en était une fois de plus responsable. En réalité, je n'ai pas joué de toute la semaine passée, moitié à cause du mauvais temps et moitié parce que je n'avais pas très envie de me retrouver en compagnie de mes partenaires habituels après ce que Rupert m'a raconté au sujet de Joe et Jane. En plus des ultrasons au genou Roland m'a fait un massage du dos à l'ancienne. La kinésithérapie consistait essentiellement en cela quand il a acquis sa formation, il y excelle et il y prend plaisir. Ses mains lui servent d'yeux, leur toucher lui permet d'atteindre au noyau le plus profond de vos douleurs, et elles soulagent l'inflammation avec un mélange de douceur et de fermeté. Dudley ne lui arrive pas à la cheville.

La femme de Roland lui a lu ce matin, au petit déjeuner, un article au sujet de nouveaux extraits des coups de téléphone de Diana à Squidgy publiés en Australie. J'ai dit que j'avais peine à croire que ces conversations aient été surprises par hasard. Roland n'était pas d'accord. J'ai appris qu'il passe beaucoup de temps, la nuit, à capter les messages de la police sur la bande VHF de son transistor Sony. « Il m'arrive d'écouter ça pendant des heures, m'a-t-il avoué. Au lit, avec mon casque. La nuit dernière, ils ont fait une descente à Angleside, pour la drogue. C'était palpitant. » Roland est donc insomniaque, lui aussi. Ça doit être particulièrement horrible quand on est aveugle, de rester allongé sans pouvoir dormir, ténèbres sur ténèbres.

L'un des aspects déprimants de la dépression, c'est de savoir qu'il y a des tas de gens dans le monde qui ont de bien meilleures raisons que soi de se sentir abattus, et de constater qu'au lieu de vous arracher à la morosité, cela vous amène simplement à vous mépriser encore davantage et donc à être encore plus déprimé. La forme la plus pure de dépression, c'est quand vous n'avez absolument aucune raison à invoquer pour la justifier. Comme dit B, dans *Ou bien... Ou bien* : « Celui qui a de la peine ou des soucis en sait la cause. Si on demande à un mélancolique la raison de sa mélancolie, ce qui l'oppresse, il répondra qu'il ne le sait pas, qu'il ne peut pas l'expliquer. C'est en cela que consiste l'infini de la mélancolie. »

Je commence à y voir plus clair dans ce livre singulier. La première partie contient les papiers de A – notes, essais tels que « Le plus malheureux » – et un journal intime, intitulé « Le journal du séducteur », qui est censé avoir été publié par A, mais écrit par quelqu'un d'autre, le nommé Johannès. A est un jeune intellectuel oisif qui souffre de dépression, sinon qu'il l'appelle « mélancolie », à laquelle il voue un culte. Dans « Le journal », Johannès décrit la manière dont il séduit Cordélia, une jeune fille belle et innocente, rien que pour voir s'il peut y parvenir contre toute probabilité, puis l'abandonne sans pitié après avoir réussi dans son entreprise :

> Tout est fini pourtant et je ne désire plus jamais la revoir... À présent toute résistance est impossible, et il n'est beau d'aimer que tant qu'elle dure, lorsqu'elle a pris fin, ce n'est que faiblesse et habitude.

Sommes-nous censés croire que « Le journal du séducteur » a été trouvé par A, ou que c'est une invention, ou qu'il s'agit en fait d'une confession déguisée, la chose n'est pas claire. C'est une lecture captivante, en tout cas, même si le sexe en est absent – la baise, s'entend. Il y est beaucoup question de désir sexuel. Ceci, par exemple :

> Aujourd'hui pour la première fois mes yeux se sont reposés sur elle. On dit que le sommeil peut alourdir une paupière jusqu'à la fermer ; ce regard pourrait peut-être avoir un pouvoir semblable. Les yeux se ferment, et pourtant des puissances obscures s'agitent en elle. Elle ne voit pas que je la regarde, elle le sent, tout son corps le sent. Les yeux se ferment et c'est la nuit ; mais en elle il fait grand jour.

C'est peut-être le secret de Jake pour tomber les femmes.

La seconde partie de *Ou bien... Ou bien* est constituée de lettres interminables de B à A, qui critiquent la philosophie de la vie de ce dernier, et l'implorent de renoncer à la mélancolie et de se secouer. B semble être avocat ou juge, et il est heureux en ménage. Il joue un peu au petit saint, mais il est malin. Le passage que je viens de citer, où il parle de l'infini de la mélancolie, est tiré de sa deuxième lettre, intitulée « L'équilibre entre l'esthétique et l'éthique dans l'élaboration de la personnalité », mais l'ensemble de l'ouvrage traite de l'opposition entre l'esthétique et l'éthique. A est l'esthète, B l'éthicien, si le mot existe. (Oui, il existe. Je viens de vérifier.) Selon A, ou bien, ou bien, peu importe ce qu'on choisit, on regrettera son choix quel qu'il soit. « Si vous vous mariez, vous le regretterez, si vous ne vous mariez pas, vous le regretterez ; mariez-vous ou pas, vous le regretterez dans les deux cas », et ainsi de suite. C'est pourquoi A s'intéresse tant à la séduction (que l'entreprise de séduire Cordélia ait été réelle ou imaginaire, il s'agit manifestement d'une idée qui fascine A, et donc aussi ce vieux Søren), car à ses yeux le mariage signifie le choix (qu'il regretterait inévitablement) tandis que la séduction amène quelqu'un d'autre à choisir et le laisse libre. Puisqu'il a eu Cordélia, Johannès s'est prouvé qu'elle n'en valait pas la peine, et se trouve donc libre de l'abandonner et de retourner à sa mélancolie. « Ma mélancolie est la plus fidèle maîtresse que j'aie jamais connue, dit A. Qu'y a-t-il alors d'étonnant à ce que je l'aime aussi ? »

Selon B, il faut choisir. Choisir est d'ordre éthique. B défend le mariage. Il attaque la mélancolie. « La mélancolie est un péché, elle est au fond un péché aussi grave que tout autre, c'est le péché de ne pas vouloir profondément et sincèrement et c'est donc la mère de tous les péchés. » Il a la bonté d'ajouter : « J'avoue volontiers qu'en un sens le fait d'être mélancolique n'est pas un mauvais signe, car la mélancolie ne touche généralement que les natures les plus douées. » Mais B ne doute pas un instant que la vie selon l'éthique soit supérieure à la ligne esthétique. « Celui qui vit éthiquement s'est vu lui-même, pénètre toute sa concrétion avec sa conscience, ne permet pas à des idées imprécises d'aller et venir en lui, ne permet pas à des possibilités séduisantes de le distraire avec leur charlatanisme... Il se connaît lui-même. » Ou elle, elle-même. Sally fait partie de la tendance éthique, et moi je suis du type esthète – sinon que je crois au mariage, ce n'est donc pas tout à fait moi. Et Kierkegaard en personne, où se place-t-il ? Est-il A ou B, ou les deux, ou aucun des deux ? Veut-il dire qu'il faut choisir entre la philosophie de A et celle de B, ou que n'importe comment on regrettera son choix ?

Lire Kierkegaard, c'est comme de traverser en avion des nuages épais. De temps à autre, une brèche s'entrouvre et on aperçoit brièvement un coin de terre illuminé, puis on plonge à nouveau dans les volutes de brouillard gris, sans une putain d'indication pour savoir où on est.

Lundi soir

D'après une encyclopédie que je viens de consulter, Kierkegaard est arrivé à la conclusion que l'esthétique et l'éthique ne sont que des étapes sur le chemin de la vraie lumière, qui est « religieuse ». Le choix éthique semble supérieur à l'esthétique, mais il apparaît au bout du compte qu'il n'est fondé sur rien de plus substantiel. Il ne reste donc qu'à se livrer à la clémence divine. Moi, ça ne me dit trop rien. Mais, en accomplissant ce « saut », l'homme « se choisit enfin lui-même ». Quelle formule agaçante et obsédante à la fois ! Comment peut-on se choisir soi-même quand on est déjà soi-même ? Ça paraît absurde, et cependant j'ai comme une vague idée de ce dont il pourrait être question.

Sally m'a fait comprendre qu'elle est encore furieuse contre moi en se refusant à regarder ce soir *Les Gens d'à côté*, sous prétexte qu'elle avait trop à faire. C'est chez nous un rituel du lundi soir, quand le feuilleton passe à l'antenne, de nous asseoir à neuf heures devant la télé pour le regarder ensemble. Il arrive un drôle de truc : si familier qu'on soit avec un spectacle dont on a écrit le scénario, suivi les répétitions, assisté au tournage et vu une copie VHS de la version finale, c'est toujours autre chose de le voir le jour où il est diffusé. Le fait de savoir que des millions de téléspectateurs le regardent au même moment, et pour la première fois, ça change tout. Il est trop tard pour y apporter des modifications ou l'interrompre, ce qui donne une acuité nouvelle à ce qu'on peut ressentir. Cela ressemble en moins fort à ce qui se passe au théâtre quand on se produit face au public pour la première fois. Chaque lundi soir, à l'instant où s'achève la dernière pub avant le feuilleton, et où je reconnais le thème musical du générique, je sens mon pouls s'accélérer. Et je me surprends à tendre mon énergie vers les comédiens comme s'ils jouaient là en direct, à les implorer mentalement de tirer le meilleur parti de leur texte et des gags visuels, alors que ma raison sait parfaitement que la moindre syllabe, pause, nuance de la voix et du geste, ainsi que les réactions du public du studio, sont enregistrées d'avance et que le sort en est jeté.

Cela fait des années que Sally a renoncé à lire mes brouillons de scénarios, ou que j'ai renoncé moi-même à les lui faire lire. L'idée de départ des *Gens d'à côté* ne l'a jamais emballée, et elle ne croyait pas que ça marcherait. Quand le succès a éclaté, ça lui a fait plaisir, évidemment, pour moi et pour le fric qui s'est mis à affluer dans la boîte aux lettres comme si nous avions trouvé un gisement de pétrole dans le jardin. Mais, c'est typique de sa part, cela n'a pas un instant ébranlé sa confiance en son propre jugement. Puis elle s'est trouvée si absorbée par son propre travail qu'elle n'avait réellement plus le temps ni l'énergie requis pour lire mes scénarios, alors j'ai cessé de l'ennuyer en les lui montrant. En fait, il m'est plus utile qu'elle regarde chaque épisode sans savoir ce qui se passera après. Cela me donne une idée de la manière dont peuvent réagir les autres douze millions neuf cent quatre-vingt-dix-neuf mille neuf cent quatre-vingt-dix-neuf téléspectateurs, à condition de multiplier son plaisir par huit, environ. Lorsque Sally étouffe un petit rire, on peut parier qu'ils se roulent par terre et mouillent leur culotte dans toute la Grande-Bretagne. Mais ce soir, il m'a fallu regarder ça tout seul, dans un morne silence.

Mardi après-midi 2 mars

Séance chez Alexandra ce matin. Elle avait un rhume et le nez bouché, et ne cessait de se moucher inefficacement, comme quelqu'un qui apprend à jouer de la trompette.

– Si vous me permettez, ai-je dit, je crois que vous allez attraper une sinusite si vous continuez de vous moucher ainsi. J'ai eu un professeur de yoga qui m'a appris à me dégager les fosses nasales, une narine après l'autre.

Je lui ai fait une démonstration, un doigt appuyé sur un côté du nez, puis sur l'autre. Elle m'a adressé un pâle sourire et m'a remercié du conseil. C'est à peu près la seule chose que j'ai retenu du yoga. La manière de se moucher.

Alexandra m'a demandé comment je m'étais senti cette semaine. Je lui ai raconté le problème surgi sur *Les Gens d'à côté*. Elle a souhaité savoir ce que je comptais faire.

– Point d'interrogation générale. Tout ce que je sais, c'est que quoi que je fasse, je le regretterai. Si je modifie le scénario pour éliminer Priscilla, je le regretterai. Si je laisse ce soin à quelqu'un d'autre, je le regretterai. J'ai beaucoup lu Kierkegaard ces jours-ci, ai-je ajouté, en croyant impressionner Alexandra, mais elle n'a pas réagi ; peut-être n'avait-elle pas entendu : elle s'est mouchée au moment où je prononçais le nom de Kierkegaard.

– Vous préjugez de l'issue. Vous vous disposez à l'échec.

– Je regarde simplement les choses en face. Mon indécision est définitive, comme disait l'autre. Vous n'avez qu'à voir le week-end dernier...

Je lui ai raconté mes hésitations avant d'aller assister au tournage.

– Mais en fin de compte, vous avez pris une décision et vous vous y êtes tenu, m'a fait observer Alexandra. Vous êtes bel et bien allé au studio. Le regrettez-vous ?

– Oui, parce que je me suis fichu dans un mauvais pas avec Sally.

– Mais vous ignoriez qu'elle avait invité ces amis.

– Oui, mais j'aurais dû écouter quand elle me l'a dit. Et n'importe comment, je savais qu'elle voudrait me dissuader d'aller au studio pour d'autres raisons, telles que l'état des routes – c'est pour ça que je suis sorti en trombe sans lui laisser le temps de me parler. Si je le lui avais permis, j'aurais fini par entendre qu'elle avait invité les Webster.

– Et dans ce cas, vous seriez resté à la maison ?

– Naturellement.
– Et vous regrettez de ne pas l'avoir fait ?
– Non, ai-je dit après mûre réflexion.
Nous nous sommes mis à rire tous les deux, d'un ton assez désespéré.

Suis-je réellement au désespoir ? Non, rien d'aussi dramatique. Il s'agirait plutôt de ce que B nomme le doute. Il établit une distinction entre le doute et le désespoir. Le désespoir est préférable, car au moins il suppose le choix. « Choisis donc le désespoir, – le désespoir lui-même est un choix ; car on peut douter sans choisir de douter, mais on ne peut pas désespérer sans le choisir. Et, en désespérant, on choisit à nouveau, et que choisit-on ? On se choisit soi-même, non pas dans son immédiateté, non pas comme un individu quelconque, mais on se choisit soi-même dans sa validité éternelle. » À lire comme ça, on est bluffé, mais est-il possible de choisir le désespoir sans avoir envie de se flinguer ? Peut-on simplement accepter le désespoir, vivre avec, en être fier, s'en réjouir ?

B dit qu'il est d'accord avec A sur un point : si on est un poète, on ne peut qu'être malheureux, car « ... une existence de poète, comme telle, est plongée dans l'obscurité, conséquence d'un désespoir qu'on n'a pas mené à son terme, où l'âme continue à frissonner de ce désespoir et où l'esprit ne peut gagner sa vraie transfiguration ». Apparemment, on peut donc frissonner de désespoir sans l'avoir vraiment choisi. Est-ce mon cas ? Cela concerne-t-il l'existence du scénariste autant que celle du poète ?

Philip Larkin connaissait bien ce genre de désespoir. Je viens d'ouvrir son *Mr Bleaney* :

Mais s'il restait là à observer les nuages malmenés

Par le vent froid, en se disant, couché sur le lit [confiné,
Que c'était son foyer, grimaçant un sourire
Et frissonnant, sans chasser l'angoisse de savoir

Que la vie qu'on mène donne la mesure de qui on [est
Et qu'à son âge, n'avoir à lui rien à montrer
Qu'une case louée aurait dû lui prouver
Qu'il ne valait pas mieux, point d'interrogation.

Tout y est : frissonnant, l'angoisse, point d'interrogation.

Ce qui m'a fait penser à Larkin, c'est un écho dans le journal d'aujourd'hui, selon lequel sa biographie par Andrew Motion, à paraître, va le révéler sous un jour encore plus abominable que la récente publication de sa correspondance. Je n'ai pas lu ses *Lettres* et n'ai pas l'intention de le faire. Je ne veux pas non plus lire la nouvelle biographie. Larkin est mon poète contemporain préféré (en réalité, à peu près le seul que je comprenne) et je n'ai pas envie qu'on me gâche le plaisir de le lire. Apparemment, il avait coutume de terminer ses conversations téléphoniques avec Kingsley Amis par un « j'emmerde l'Oxfam [1] ». D'accord, il y a pis que de dire : « J'emmerde l'Oxfam », par exemple le mettre en pratique, comme les bandits somaliens qui volent les secours destinés aux femmes et enfants affamés, mais n'empêche, quel besoin avait-il de proférer de telles imbécillités ? J'ai sorti mon chéquier de bienfaisance pour envoyer cinquante livres à l'Oxfam. J'ai fait ce geste au nom de Philip Larkin. Comme Maureen accumulait des indulgences au bénéfice de

1. Oxfam (*Oxford Committee for Famine Relief*) : ONG humanitaire britannique. *(N.d.l.T.)*

son grand-père. Elle m'avait expliqué tout ça un jour, ces histoires de purgatoire et d'indulgences – plus couillon, tu meurs. Maureen Kavanagh... Je me demande ce qu'elle est devenue. Savoir où elle peut être aujourd'hui ?

Mercredi 3 mars, tard

Ce soir, j'ai rencontré le squatter sous le porche. Voici ce qui s'est passé.

Amy et moi, nous sommes allés voir *Un inspecteur vous demande* au National. Brillante représentation dans un décor surréaliste saisissant, la pièce interprétée sans la moindre faille, semblable à un rêve parfaitement remémoré. Je n'ai jamais eu beaucoup d'estime pour Priestley, mais ce soir, ça m'a paru valoir ce salaud de Sophocle. Même Amy s'y est laissé prendre : elle n'a pas passé le repas à refaire toute la distribution de la pièce. Nous avons dîné à *Ovations*, le buffet du théâtre, d'un choix d'entrées, elles sont toujours meilleures que les plats principaux. Amy en a pris deux et moi trois. Arrosées d'une bouteille de sancerre à nous deux. Outre la pièce, les sujets de conversation ne nous manquaient pas : mon problème auprès d'Heartland et le dernier drame d'Amy avec Zelda. En faisant la lessive, elle avait trouvé un comprimé dans la poche de la blouse d'écolière de sa fille, et elle redoutait que ce soit de l'ecstasy, ou un contraceptif. Elle ne savait pas lequel serait le pire, mais elle n'a pas osé interroger Zelda, de crainte d'être accusée de l'espionner. À table, elle a tiré de la grosse vessie boursouflée qu'est son sac l'enveloppe où elle avait enfermé le comprimé, qu'elle a déposé pour examen sur mon assiette à pain. Je lui ai dit qu'à mon avis cela ressemblait plutôt à une pastille d'Amplex, et me suis offert à la mettre sur ma langue pour voir ce qu'il en était. Je ne m'étais pas trompé. Amy a d'abord manifesté un soulagement intense. Puis elle a froncé les sourcils.

– Pourquoi craindrait-elle d'avoir une mauvaise haleine ? C'est sûrement qu'elle embrasse des garçons, m'a-t-elle dit.

– Tu n'en faisais pas autant à son âge ?

– Si, mais pas en fourrant la langue jusque dans la gorge de l'autre comme ils le font maintenant.

– Nous, oui. On appelait ça le *French kiss.*

– Eh bien, c'est un bon moyen d'attraper le sida, de nos jours.

J'ai déclaré qu'à mon avis c'était impossible, mais en réalité je n'en suis pas certain.

Ensuite, je lui ai parlé de l'article 14. Elle a trouvé cela inadmissible et m'a dit qu'il fallait tout de suite virer Jake et charger la Société des auteurs de contester le contrat. À quoi j'ai répondu que changer d'agent ne résoudrait pas le problème et que l'avocat de Jake avait déjà examiné l'affaire et jugé que les termes étaient inattaquables. « *Merde* * ! » s'est exclamée Amy. Nous avons joué avec diverses idées pour éliminer Priscilla de la série, des solutions de plus en plus facétieuses à mesure que le niveau du vin baissait dans la bouteille : un premier mari de Priscilla, qui passait pour mort et dont elle avait omis de parler à Edward, veut la récupérer ; Priscilla se fait opérer pour changer de sexe ; Priscilla est kidnappée par des extraterrestres... Je persiste à penser que la meilleure solution serait la mort de Priscilla au dernier épisode de la série en cours, mais Amy n'a pas été surprise d'apprendre qu'Ollie et Hal n'en voulaient pas. « Pas la mort, chéri, n'importe quoi, mais pas la mort. » J'ai observé que c'était une réaction peut-être un peu excessive. « Seigneur, je croirais entendre Carl », m'a-t-elle dit.

Cette remarque m'a donné un aperçu peu coutumier de ce qui se passe entre Amy et son analyste. En général, elle est extrêmement discrète au sujet de leurs relations. Tout ce que je sais, c'est qu'elle se pointe chez lui à neuf heures pile du matin tous les jours ouvrables de la semaine, il vient dans la salle d'attente et lui dit bonjour, elle le précède dans son cabinet et s'allonge sur le divan, il s'assied derrière elle, après quoi elle parle pendant cinquante minutes. Vous n'êtes pas censé débarquer avec un discours préparé d'avance, mais raconter tout ce qui vous passe par la tête. Une fois, j'ai demandé à Amy ce qui arrivait s'il ne vous venait à l'esprit rien qui vaille d'être mentionné, et elle m'a dit qu'alors, on se taisait. Apparemment, elle pourrait théoriquement garder le silence le plus complet d'un bout à l'autre des cinquante minutes et Carl ramasserait quand même son fric ; mais Amy étant ce qu'elle est, ce n'est jamais arrivé.

Il était environ onze heures quand nous sommes sortis du théâtre. J'ai mis Amy dans un taxi et suis rentré à pied pour donner un peu d'exercice à mon pauvre genou. D'après Roland, je devrais faire au moins une demi-heure de marche par jour. J'ai toujours plaisir à traverser le Waterloo Bridge, surtout la nuit, quand les édifices sont tout illuminés : Big Ben et le Parlement à l'ouest, le dôme de Saint-Paul et les flèches acérées des autres églises de Wren à l'est, avec à l'horizon la lumière rouge qui clignote au faîte de Canary Wharf. Vu du pont de Waterloo, Londres donne encore l'impression d'une ville magnifique. La désillusion vous attend au tournant, dès que vous vous engagez sur le Strand et constatez que chaque entrée de magasin a ses occupants emmaillotés, telles des momies dans un musée.

Je n'avais pas pensé que le mien serait à la niche, peut-être parce que je ne l'avais jamais vu que de l'intérieur de l'appartement, sur l'écran vidéo, passé minuit. Assis contre le mur du porche, les jambes et le bas du corps enfouis dans son duvet, il fumait une cigarette roulée à la main.

– Hé, tirez-vous de là, lui ai-je dit, vous ne pouvez pas dormir ici.

Il a levé la tête, en écartant de ses yeux une longue mèche de cheveux roux. Je lui donnerais dans les dix-sept ans. Difficile d'en juger. Il a le menton à peine ombré de poils roussâtres.

– Je ne dormais pas, a-t-il riposté.

– Je vous ai déjà vu dormir là. Allez, du balai.

– Pourquoi ? Je fais pas de mal, m'a-t-il répondu en pliant les jambes à l'intérieur du sac de couchage, comme pour me laisser passer sans avoir à l'enjamber.

– C'est une propriété privée.

– La propriété, c'est le vol, a-t-il déclaré avec un sourire malin, l'air de me mettre à l'épreuve.

– Tiens donc ! me suis-je exclamé en masquant ma surprise derrière le sarcasme. Un vagabond marxiste ! Et quoi encore ?

– C'est pas de Marx. C'est *proud one* [1], a-t-il dit, ou du moins c'est ce que j'ai cru entendre.

– Qui ça ? Quel orgueilleux ?

Son regard est momentanément devenu un peu flottant, et il a secoué la tête avec une expression butée.

1. *Proud one* : l'orgueilleux. *(N.d.l.T.)*

– J'en sais rien, mais c'est pas de Marx. J'ai vérifié ça dans un livre, un jour.

– Un problème, monsieur ?

J'ai fait volte-face. Bordel, j'avais deux flics plantés derrière moi. Ils s'étaient matérialisés comme en réponse à une prière muette. Sauf que je n'en voulais plus. Ou pas encore. En tout cas, pas à ce moment précis. J'ai surpris en moi une répugnance étrange à livrer ce gosse aux forces de l'ordre. Je pense qu'ils n'auraient rien fait de pire que l'envoyer balader, mais je n'avais pas le temps d'y réfléchir. La décision à prendre était instantanée.

– Tout va bien, monsieur l'agent, ai-je dit à celui qui m'avait adressé la parole. Je connais ce jeune homme.

Entre-temps, le jeune homme s'était levé et il roulait son sac de couchage.

– Vous habitez là, monsieur ? a demandé le policier.

J'ai exhibé mes clés avec un empressement excessif à manifester mon titre de propriété. L'émetteur-transmetteur accroché à la ceinture de l'autre flic s'est mis à nasiller un message au sujet d'une alerte au cambriolage dans Lisle Street et, après avoir encore échangé quelques mots avec moi, les deux hommes se sont éloignés au pas cadencé.

– Merci, m'a dit l'adolescent.

Je l'ai regardé, regrettant déjà d'avoir agi ainsi. (« Si tu le balances, tu le regretteras, si tu ne le balances pas, tu le regretteras, balance-le ou pas, tu le regretteras n'importe comment... ») J'ai été fortement tenté de lui ordonner de déguerpir, sèchement, mais j'ai jeté un coup d'œil vers le bout de la rue et repéré les deux flics qui m'observaient au tournant.

– Je crois qu'il vaudrait mieux entrer cinq minutes, ai-je dit.

Il m'a jeté un regard suspicieux à travers sa touffe de cheveux.

– Z'êtes pas une tantouse, par hasard ?

– Seigneur, quelle idée !

Dans l'ascenseur, où nous nous taisions tous les deux, j'ai compris pourquoi je n'avais pas profité de l'apparition miraculeuse des deux agents de police pour me débarrasser de ce garçon. C'est cette petite phrase : « J'ai vérifié ça dans un livre », qui m'avait déstabilisé momentanément, et fait basculer de son côté. Un autre adepte des ouvrages de références. J'ai eu l'impression d'avoir rencontré sur le pas de ma porte un double de moi-même, plus jeune et moins privilégié.

– Pas mal, a-t-il décrété quand je l'ai fait entrer dans l'appartement en allumant les lampes. Cool, a-t-il ajouté en allant à la fenêtre et regardant en bas dans la rue. On entend à peine la circulation.

– Grâce aux doubles vitrages. Écoutez, je vous ai seulement fait monter pour vous éviter d'être houspillé par la police. Je vous offre une tasse de thé, si vous voulez...

– Merci, a-t-il dit en s'installant aussitôt sur le canapé.

– ... Je vous offre une tasse de thé, et c'est tout, compris ? Ensuite, vous débarrassez le plancher et je ne veux plus vous revoir ici, jamais. D'accord ?

Il a hoché la tête, plus mollement que je ne l'aurais souhaité, et tiré de sa poche une boîte de tabac à rouler.

– Et je préférerais que vous vous absteniez de fumer, si vous voulez bien, ai-je ajouté.

Il a soupiré, haussé les épaules et remis la boîte de

tabac dans la poche de son anorak. Il portait l'uniforme réglementaire du jeune SDF du West End : anorak matelassé, blue-jean, Doc Martens, plus une écharpe tricotée d'un jaune d'ocre crasseux, si longue qu'elle lui pendait sur les chevilles.

– Ça vous ennuie si j'enlève ça ? a-t-il dit en ôtant son anorak sans attendre ma permission. J'ai pas l'habitude d'avoir si chaud. (Dépouillé du rembourrage de son vêtement, il avait l'air tout maigre et frêle dans son chandail élimé aux coudes troués.) Vous passez pas trop de temps ici, hein ? Où c'est que vous créchez le reste de la semaine ? Ah ouais, dans le Nord, hein ? a-t-il commenté vaguement après ma réponse. Pourquoi qu'il vous faut deux endroits ?

Sa curiosité indiscrète me mettait mal à l'aise. Pour tarir le flot de ses questions, je me suis mis à lui en poser de mon côté. Il s'appelle Grahame, avec un « e », a-t-il précisé comme si cette voyelle muette représentait une distinction rare et aristocratique. Il est de Dagenham, avec le genre de contexte qu'on pouvait prévoir : foyer brisé, père absent, mère alcoolo, école buissonnière, des ennuis vis-à-vis de la loi dès l'âge de douze ans, placement dans une famille, fugue, établissement d'accueil, nouvelle fugue ; après quoi il s'est amené dans le West End, attiré par les rues illuminées. Il vit de mendicité, avec un petit boulot de temps à autre, distribution de prospectus à Leicester Square, lavage de voitures dans un garage de Soho. Je lui ai demandé pourquoi il n'essayait pas de se trouver un emploi régulier.

– Je tiens trop à ma liberté, m'a-t-il répondu d'un ton solennel.

C'est un drôle de mélange de naïveté et de sophistication de la rue, d'éducation à moitié défaillante mais qui recèle dans l'autre moitié quelques étonnantes bribes de savoir. Il a repéré l'exemplaire de *La Répétition* de Kierkegaard que j'ai acheté d'occasion aujourd'hui dans Charing Cross Road, et l'a pris en main, sourcils froncés.

– Kierkegaard, a-t-il dit. Le premier existentialiste.

La stupéfaction m'a arraché un petit rire.

– Que savez-vous de l'existentialisme ?

– L'existence précède l'essence, a-t-il énoncé comme s'il récitait le début d'un poème.

Il ne lisait pas le texte écrit au dos de la jaquette, car il n'y en avait pas. Il doit faire partie de ces gens qui ont une mémoire photographique. Il lui suffit d'avoir vu une formule quelque part pour l'avoir mémorisée sans l'ombre d'une idée de ce qu'elle signifie. Mais c'était déjà étonnant que cette formule lui soit tombée sous les yeux. Je lui ai demandé où il avait rencontré le nom de Kierkegaard.

– À la bibliothèque. Ça m'a frappé, à cause de la drôle d'orthographe. Les deux « a ». Comme « Aarghhh ! » dans les bandes dessinées.

Il passe beaucoup de temps à la Westminster Reference Library, derrière Leicester Square, à se plonger dans les encyclopédies.

– Si on y va rien que pour se réchauffer, on se fait vite foutre dehors. Mais si on est en train de lire, ils peuvent rien faire.

Plus la conversation se prolongeait, plus il devenait difficile d'y mettre fin et de le jeter dehors dans le froid.

– Où allez-vous dormir cette nuit ? lui ai-je demandé.

– J'en sais rien. Je peux pas rester en bas ?

– Non, ai-je dit fermement.

– Dommage, a-t-il soupiré. C'est un joli petit porche. Bien propre. Pas trop de courants d'air. Sans doute que je vais trouver un autre coin.

– Combien coûte la chambre la moins chère dans le quartier ?

Il m'a jaugé du regard.

– Quinze livres.

– Je ne vous crois pas.

– Je parle pas des asiles de nuit, s'est-il exclamé d'un ton indigné. Je parle pas de l'Armée du Salut. J'aime mieux coucher sur le trottoir que dans ces trucs-là, pleins de vieux dégoûtants qui toussent et pètent toute la nuit et qui essaient de vous tripoter dans les chiottes.

Pour finir, je lui ai donné ses quinze livres et l'ai raccompagné jusqu'à la rue. Sous le porche, il m'a remercié avec nonchalance, a relevé son col et s'est éloigné en direction de Trafalgar Square. Je doute fort qu'il consacre son aubaine à se payer une chambre – il a là de quoi payer sa bouffe et son tabac pendant deux ou trois jours – mais ma bonne conscience est sauve. Encore que...

Au moment d'aller au lit, il m'est venu à l'idée d'essayer de résoudre le mystère du *proud one* en consultant le dictionnaire dont je dispose dans l'appartement. Les noms des gens célèbres y figurent, et en effet, je l'ai trouvé, celui dont je n'avais jamais entendu parler : « Proudhon, Pierre Joseph (1809-1865). Socialiste français, qui a proclamé dans son pamphlet *Qu'est-ce que la propriété ?* (1840) : " La propriété, c'est le vol. " » Étonnant, non ?

CONTES BIZARRES DES CHEMINS DE FER BRITANNIQUES
N° 167
par *« l'abonné de la ligne »*

Depuis quelques mois, l'escalator entre l'arrêt des taxis sous la gare d'Euston et le grand hall a cessé de fonctionner. Auparavant, il était en réparation par intermittence. De grands panneaux de contreplaqué se dressaient tout autour pour quelques semaines chaque fois, et les passagers, ou « clients » comme les appelle de nos jours le British Rail, qui grimpaient péniblement l'escalier voisin, chargés de leurs bagages, bébés, poussettes, parents âgés et/ou infirmes, etc., etc., entendaient résonner derrière cette barricade la farouche bagarre entre les réparateurs et les boyaux constipés de la machine. Puis on retirait les panneaux, l'escalier roulant roulait à nouveau durant quelques jours, avant de retomber en panne. Ces derniers temps, il était resté ainsi, figé à mi-course, sans qu'on fasse apparemment aucun effort pour le remettre en état. Avec le stoïcisme typique des Britanniques, les voyageurs ont pris l'habitude de s'en servir comme s'il s'agissait d'un escalier ordinaire, bien que les marches soient d'une hauteur malcommode à gravir à pied. Il y a bien un ascenseur quelque part, mais pour y accéder il faut avoir un porteur, et on ne trouve pas de porteur à l'arrêt des taxis.

Depuis peu, on a placardé un avis imprimé au bas de cette machine paralysée :

BONNE NOUVELLE

(Un escalator neuf pour la gare d'Euston)

Nous déplorons que cet escalator soit hors d'usage. Sa durée est expirée. Commande a été passée pour la construction et l'installation d'un nouvel escalator. Il sera terminé et prêt à l'emploi d'ici août 1993.

Le directeur commercial

Jeudi soir 4 mars

J'ai déjeuné avec Jake chez *Groucho*. À nous deux, nous avons expédié deux bouteilles de beaujolais village, que j'ai bu avec plaisir sur le moment mais regretté plus tard. J'ai pris un taxi pour aller directement à la gare et, comme j'étais en avance, j'ai pris le temps de copier l'avis au bas de l'escalator en panne, en vacillant un peu sur mes jambes et pouffant de rire tout seul, m'attirant les regards intrigués des voyageurs qui passaient en trombe et se jetaient à l'assaut des marches d'acier. « Sa durée est expirée. » Voilà qui me plaît. Ce pourrait être le nouveau slogan du British Rail à l'approche de la privatisation, au lieu de « Nous arrivons à bon port ».

Je me suis endormi dans le train, et réveillé en piètre état au moment même où il repartait de la gare de Rummidge Expo. J'ai repéré la Richmobile dans le parc de stationnement, sa robe nacrée blanchie par la lumière des lampes à arc. Il m'a fallu attendre une demi-heure à Rummidge Central le train qui me ramènerait en arrière, et j'ai traîné un moment dans la galerie marchande au-dessus de la gare. La plupart des vitrines portaient des pancartes BAIL À CÉDER, ou laissaient voir un intérieur de boutique nue et poussiéreuse, coquille vide d'un commerce liquidé. J'ai acheté un journal du soir. « MAJOR S'ATTAQUE AUX MARCHANDS DE SINISTROSE », annonçait un gros titre. « 900 000 COLS-BLANCS AU CHÔMAGE », disait un autre. Le sirop de la musique d'ambiance ruisselait des haut-parleurs invisibles.

Je descends vers la pénombre souterraine des quais pour prendre mon train. Un retard est annoncé. La tête dans les épaules, leur haleine toute blanche dans l'air glacial, les voyageurs tassés sur les bancs de bois contemplent mélancoliquement le bout de la voie où luit un signal rouge à la sortie d'un tunnel. Une voix nasale présente des excuses pour le retard du train, « dû à des difficultés techniques ». Sa durée est expirée.

Jake a vu Samantha, mardi.

– Fine mouche, la petite, m'a-t-il dit. Merci de l'avoir aiguillée sur moi.

– Moi ? Pas du tout. Je l'ai seulement mise en garde contre tes mœurs déplorables.

– Ne t'inquiète pas, a répliqué Jake en riant, elle n'est pas mon type. Elle n'a pas de chevilles, as-tu remarqué ?

– Non, je l'avoue. Mon regard n'est jamais parvenu si bas.

– J'attache beaucoup d'importance aux jambes. Tu n'as qu'à voir la belle Linda, par exemple.

Pendant quelques minutes, il a débloqué sur le sujet, les jambes de sa nouvelle secrétaire qui accrochent la lumière et crissent dans le nylon noir du collant comme des lames de ciseaux sous son bout de jupe chaque fois qu'elle entre et sort de son bureau.

– Je l'aurai, c'est impératif. Ce n'est qu'une question de temps.

La seconde bouteille était déjà bien entamée. Je lui ai demandé s'il n'éprouvait jamais un petit pincement de culpabilité à propos de ses frasques.

JAKE – Mais si, bien sûr. Justement. C'est ce qui donne du piquant. Le piquant de l'interdit. Tiens, je vais te raconter une histoire. *(*JAKE *remplit le verre de* TUBBY, *puis le sien.)* Ça se passait l'été dernier. Un dimanche après-midi, j'étais assis dans le jardin – Rhoda était à l'intérieur, elle fricotait dans la cuisine –, je parcourais les journaux, et chez les voisins les gosses jouaient dans une de ces piscines gonflables. Il faisait très chaud ce jour-là. Ils avaient des visiteurs, ce qui faisait en tout deux garçons et deux petites filles à peu près du même âge, entre quatre et six ans, j'imagine. Je ne pouvais pas les voir à cause de la haie, mais pour les entendre, je les entendais. Tu sais comme l'eau a le don de surexciter les mômes – elle les rend encore plus bruyants que d'habitude. Et ça criait, ça hurlait, ça éclaboussait... J'ai commencé à m'énerver un peu. On n'a pas eu tellement de week-ends l'été dernier où il ait fait assez beau pour rester assis dehors, et voilà qu'on me gâchait mon précieux repos dominical. Alors j'ai fini par m'extraire de la chaise longue et je suis allé vers la haie, pour les prier de baisser d'un ton. En m'approchant, j'ai entendu l'une des petites filles qui disait, manifestement à l'un des garçons : « Vous avez pas la permission de nous baisser la culotte. » J'avoue que j'étais plié en deux. J'ai été obligé de me fourrer un poing dans la bouche pour ne pas rugir de rire. Il n'y avait pas trace d'implication sexuelle dans la phrase de la petite, bien entendu. Mais pour moi, ça résumait toute l'affaire. Le monde est rempli de femmes désirables et on n'a pas la permission de leur baisser la culotte – à moins d'être marié avec elles, et dans ce cas ce n'est plus amusant. Mais il arrive qu'on ait de la chance et qu'elles se laissent faire. C'est toujours pareil, évidemment, sous la culotte. Le trou éternel, je veux dire. Mais en même temps, c'est toujours différent, à cause de la culotte. « Vous avez pas la permission de nous baisser la culotte. » Tout est là. *(JAKE vide son verre.)*

Vendredi soir 5 mars

Clinique du Bien-Être cet après-midi pour ma séance d'acupuncture. (Chantons, sur l'air des premières mesures de *Jalousie* : « Thérapie ! Toujours des thérapies ! C'est sans fin, et n' parlons pas de c' que ça m' coûte... ») En fait, je me sens plus d'aplomb ce soir que tous ces derniers temps, mais j'ignore si c'est grâce à l'acupuncture ou parce que je n'ai rien bu. Aujourd'hui, Miss Wu m'a appliqué son traitement par la chaleur au lieu des aiguilles habituelles. Elle dépose de petits granulés qui ressemblent à de l'encens sur les points stratégiques de la peau, puis les touche un par un avec la flamme d'une bougie. Ils se mettent à luire comme des braises, en exhalant de minces volutes d'une fumée légèrement odorante. J'ai l'impression de me transformer en encensoir humain. En principe, à mesure que les granulés se consument, la chaleur s'accroît et produit un effet similiaire à la pression d'une aiguille, mais il faut que Miss Wu les enlève à l'aide d'une pince à épiler avant qu'ils me brûlent tout à fait. C'est à moi de lui dire précisément à quel moment la sensation de chaleur devient douloureuse, sans quoi l'odeur de chair brûlée vient se mêler au parfum d'encens. Je trouve ça assez excitant.

Miss Wu m'a demandé des nouvelles de la famille. J'étais un peu interloqué de m'apercevoir que je n'avais rien à raconter de nouveau depuis ma dernière visite. J'ai le vague souvenir que Sally a eu Jane au téléphone voici quelques jours, et m'a transmis les dernières informations, mais je n'ai pas enregistré sur le moment, et ensuite je n'ai pas osé prier Sally de me les répéter, parce qu'elle me garde rancune de l'affaire Webster. Je crains d'être un peu trop préoccupé ces temps-ci. J'ai abondamment lu Kierkegaard. Et la rédaction de ce journal me prend beaucoup de temps. Ça m'a stupéfié de voir le volume qu'il occupe déjà. Je ne sais pas combien de temps je vais être capable de continuer comme ça. Le journal de Kierkegaard, dans son état intégral, compte apparemment dix mille pages. Je m'en suis procuré à Londres une édition de poche abrégée. Vers le début, il y a un passage, où il va voir son médecin, qui m'a fait sursauter. Il lui demande s'il pense que l'on peut triompher de la mélancolie par sa seule volonté. Le médecin répond qu'il en doute, et qu'il pourrait être dangereux de le tenter. Kierkegaard se résigne à vivre avec sa dépression :

> À partir de ce moment, j'ai fait mon choix. Cette douloureuse disproportion, avec toutes ses souffrances (qui sans nul doute eussent porté au suicide la plupart des hommes ayant assez d'esprit pour comprendre toute la misère de ce supplice), je l'ai regardée comme mon écharde dans la chair, comme mes limites, ma croix... [1]

L'écharde dans la chair ! Qu'en dites-vous ?

Søren Kierkegaard. Rien que le nom sur la page de titre produit un effet singulier. Il est si étrange, si étranger de conformation aux yeux d'un Anglais... presque extraterrestre. Ce « ø » bizarre, barré en travers, comme le chiffre zéro sur un écran d'ordina-

1. *Journal*, t. II, Gallimard, 1941-1961, traduit du danois par K. Ferlov et J.-J. Gateau. *(N.d.l.T.)*

teur, pourrait appartenir à une langue synthétique inventée par un auteur de science-fiction. Et les deux « a » du patronyme paraissent presque aussi exotiques. Je ne crois pas qu'il existe un seul mot anglais d'origine où l'on trouve deux « a » de suite, ni guère de mots d'emprunt. J'ai toujours été irrité par les gens qui rédigent leur petite annonce pour les journaux en commençant par une rangée de « A » sans aucune signification, rien que pour être sûrs de figurer en tête de colonne, du genre « AAAA Ford Escort, état impec., 75 000 km, 3 000 £ à discuter ». C'est de la triche. Ça devrait être interdit, ce qui obligerait les annonceurs à faire un peu travailler leur imagination. Je viens de consulter la première page de mon dictionnaire anglais : *aa*, *aardvark*, *Aarhus... Aa* est un mot hawaïen qui désigne une roche volcanique, un *aardvark* est un mammifère nocturne qui mange les termites – le nom vient du vieil afrikaans, paraît-il. « Aardvark gris, Ford Escort état impec. » pourrait faire une petite annonce assez frappante. (La nuit, tous les aardvarks sont gris, sûrement.)

Quand on commence à se plonger dans la lecture du dictionnaire, on ne sait jamais sur quoi on va tomber. J'ai remarqué qu'Aarhus, le nom d'un port danois, s'écrivait aussi Århus. Une recherche plus poussée m'a révélé que c'est la manière habituelle d'écrire les deux « aa » en danois moderne, un seul « a » surmonté d'un petit rond. Si Kierkegaard vivait actuellement, il écrirait son nom Kierkegård. J'ai été encore plus troublé d'apprendre que tout ce temps, j'ai mal prononcé son nom. Je croyais que c'était Sore'n Ki-erk-euh-garde, ou quelque chose d'approchant. Ce n'est pas ça du tout. Apparemment, le « ø » se dit « eu », comme dans deux, le « Kierk » se prononce « kirg », avec un « g » dur, « aa » se situe quelque part entre l'eau et la mort, et le « d » est muet. Ce qui donne plus ou moins Seurene Kirguegor. Je crois que je vais m'en tenir à ma prononciation anglaise.

Le petit rond au-dessus de la lettre « a » me rappelle quelque chose, mais la tête sur le billot je serais incapable de dire quoi. C'est agaçant. Cela me reviendra un de ces jours, quand je ne chercherai plus.

J'ai aussi lu *La Répétition*, sous-titré *Essai de psychologie expérimentale*. Drôle de bouquin. Ce sont tous de drôles de bouquins, d'ailleurs. Chacun est différent, mais ce sont les mêmes thèmes et obsessions qui reviennent toujours : le travail d'approche, la séduction, l'indécision, la culpabilité, la dépression, le désespoir. *La Répétition* a aussi un auteur imaginaire, Constantin Constantius, ami et confident d'un jeune homme anonyme, lequel ressemble un peu à A dans *Ou bien... Ou bien...* Le jeune homme tombe amoureux d'une jeune fille qui l'aime également, et ils se fiancent. Mais au lieu que cette situation le rende heureux, ce garçon plonge aussitôt au fin fond de la dépression (que Constantius nomme « mélancolie », tout comme Kierkegaard dans son *Journal*). Cette réaction est déclenchée par un fragment de poème (le jeune homme a lui-même des ambitions de poète) qu'il se surprend à répéter indéfiniment :

Un songe printanier me vient de ma jeunesse !
Au fauteuil où je suis,

Et vers ton souvenir je soupire sans cesse,
Femme qui m'éblouis [1] !

Le jeune homme est un modèle classique de malheureux par l'espoir. Au lieu de vivre dans le présent, en se réjouissant de ses fiançailles, il se souvient de l'avenir ; autrement dit, il s'imagine à un âge avancé, pétri de désillusions, en train de se remémorer son amour juvénile, et du coup son mariage ne se justifie plus. « Ce jeune homme était épris au plus profond de son être, c'était clair, et pourtant, dès les premiers jours, il en était à se ressouvenir de son amour. Au fond, il en avait déjà fini. Dès le début, il avait fait un bond si terrible qu'il avait sauté par-dessus la vie. » Voilà un moyen triomphalement déjanté et très plausible de se priver du bonheur. Constantius résume cela ainsi : « Il soupire après elle ; il doit se faire violence pour ne pas rester auprès d'elle du matin au soir et pourtant, à tout considérer, dès le début il est devenu un vieillard... Le malheur l'attend, c'est clair, et la jeune fille aussi, ce n'est pas moins évident... » Il décide que, pour son bien à elle, il faut rompre les fiançailles. Mais comment le peut-il sans qu'elle se sente rejetée ?

Constantius lui conseille de feindre qu'il a une maîtresse – d'installer une grisette dans ses meubles et de lui rendre d'apparentes visites – pour que sa fiancée en vienne à le mépriser et prenne l'initiative de la rupture. Au moment où il s'apprête à suivre ce conseil, le courage lui manque et il se contente de disparaître de Copenhague. Après quelque temps, il se met à écrire à Constantius des lettres où il analyse

1. *La Répétition, Œuvres complètes*, t. V, éd. de l'Orante, 1966-1982, traduit du danois par P.-H. Tisseau et E.-M. Jacquet-Tisseau. Les différentes citations de ce texte sont extraites de cette même édition. *(N.d.l.T.)*

sa conduite et ses sentiments à l'égard de la jeune fille. Bien entendu, il continue d'être complètement obsédé par elle. Il est entré dans la catégorie des malheureux par le souvenir. « Ce que je fais maintenant ? Je reprends mon histoire par le commencement et puis je recommence par la fin. Je fuis tout ce qui, dans le monde, me la rappelle, tandis que jour et nuit mon âme, dans la veille ou le rêve, se repaît inlassablement de son souvenir. » Il s'identifie à Job. (J'ai cherché Job dans la Bible. Je savais deux trois choses à son sujet, évidemment, mais je n'avais jamais vraiment lu le livre de Job. J'ai été étonné de trouver ça si lisible – sacrément malin, en fait.) Tout comme Job, le jeune homme se lamente sur son état lamentable (« Je suis à bout de vivre ; le monde me donne la nausée ; il est fade et n'a ni sel ni sens »), mais, alors que Job en veut à Dieu, le jeune homme ne croit pas en Lui, de sorte qu'il ne sait pas trop à qui s'en prendre : « À quel titre ai-je été intéressé à cette vaste entreprise qu'on appelle la réalité ? Pourquoi faut-il que j'y sois intéressé ? N'est-ce pas une affaire libre ? Et si je suis forcé de l'être, où est le directeur... ? » Le jeune homme appelle de ses vœux la transformation, la révélation que pourrait apporter un événement soudain ou un « orage » comme celui qui vient à la fin du livre de Job, lorsque Dieu finit par l'interpeller et lui dire en substance : « Peux-tu faire ce que Je fais ? Sinon, ferme-la ! », que Job se soumet et que Dieu le récompense en lui accordant deux fois plus de chameaux et d'ânesses qu'il n'en possédait auparavant. « Job est béni et a tout reçu au double, dit le jeune homme. C'est ce qu'on appelle une *répétition*. » Ensuite, il apprend par un journal que la jeune fille vient d'en épouser un autre, et il écrit à Constantius que cette nouvelle l'a délivré de son obsession : « Je suis de nouveau moi-même... La discorde de mon être a cessé ; je retrouve mon unité... N'est-ce pas là une répétition ? N'ai-je pas tout reçu au double ? Ne suis-je pas de nouveau moi-même, et de telle sorte que j'en doive sentir doublement la signification ? » Sa dernière lettre s'achève par des remerciements éperdus à la jeune fille, et il se voue dans l'extase à la vie de l'esprit :

> ... d'abord... une libation pour celle qui a délivré une âme gisant dans la solitude du désespoir : gloire à la magnanimité de la femme ! Vive l'essor de la pensée, vive le danger de mort au service de l'idée, vive le péril de la lutte, vive la solennelle allégresse du triomphe, vive la danse dans le tourbillon de l'infini, vive la vague qui m'entraîne dans l'abîme, vive la vague qui m'élève jusqu'aux étoiles.

Il suffit d'avoir une idée de la vie de Kierkegaard, et à présent j'en connais un bout, pour comprendre que cette histoire était très proche de ce qu'il avait vécu lui-même. Peu après s'être fiancé avec Régine, il se mit à douter qu'ils pussent jamais être heureux ensemble, à cause de sa propre personnalité. Il rompit donc leurs fiançailles, bien qu'il fût toujours amoureux d'elle, et elle de lui, le suppliant ainsi que son père de ne pas rompre. Kierkegaard partit vivre quelque temps à Berlin, où il écrivit *Ou bien... Ou bien*, qui constituait de façon détournée une façon de s'excuser et d'expliquer sa conduite. Il déclara plus tard que le livre était écrit pour elle et que « Le journal du séducteur », en particulier, était destiné à « l'aider à larguer les amarres », autrement dit, à trancher l'attachement qu'elle pouvait lui garder, en l'amenant à penser qu'un homme capable d'inventer le personnage de Johannès devait être lui-même un sacré salaud d'égoïste. En un sens, Kierkegaard écrivant « Le journal du séducteur », c'est le jeune homme de *La Répétition* feignant d'avoir une maîtresse. D'ailleurs, à peine terminé *Ou bien... Ou bien*, il se lança dans *La Répétition*, foulant à nouveau le même terrain dans une histoire beaucoup plus proche de sa propre expérience. Mais, à son retour à Copenhague, quand il découvrit que Régine était déjà fiancée à un autre, fut-il transporté de joie ? Se sentit-il délivré et « réuni » comme le héros de *La Répétition* ? Des clous. Il fut anéanti. Dans un passage du *Journal* qui correspond à ce moment-là, il décrit ce qu'il éprouve : « Ce qui peut arriver de plus terrible à quelqu'un, c'est de devenir comique à lui-même sur l'essentiel, de découvrir par exemple que le centre de ses sentiments n'était que farce [1]. » Manifestement, il avait espéré en secret ou dans son subconscient que sa décision de rompre les fiançailles se trouverait miraculeusement annulée sans qu'il ait à le décider, et qu'il épouserait Régine, en fin de compte. À l'instar de Job, il serait béni et recevrait tout « au double ». Telle était la répétition qu'il avait en tête : il aurait deux fois Régine. En fait, il était en train d'écrire *La Répétition* quand il apprit qu'elle était à nouveau fiancée, ce qui l'amena à abandonner le dénouement original, où le héros se suicide parce qu'il ne peut supporter de songer aux souffrances qu'il a infligées à sa bien-aimée.

Ainsi, tous ces beaux discours sur la magnanimité féminine et le tourbillon de l'infini n'étaient qu'une tentative pour se remettre de sa déception de ce que

1. *Journal, op. cit. (N.d.l.T.)*

Régine eût transféré son penchant vers un autre, un effort pour y voir une sorte de triomphe et de justification de sa conduite, et non la dénonciation de sa folie. Ce fut en vain. Il ne cessa jamais de l'aimer, ni de penser à elle, jusqu'à la fin de ses jours, et lui légua dans son testament tout ce qu'il possédait (à sa mort, il ne restait pas grand-chose, mais c'est l'intention qui compte, et qui est révélatrice, en l'occurrence). Quel idiot ! Mais quel idiot attachant, intensément humain.

La Répétition est un titre typique de Kierkegaard, bizarre, obsédant. En général, la répétition est quelque chose d'ennuyeux en soi, qu'il vaut mieux éviter, comme dans « travail répétitif ». Mais dans ce livre, cela devient quelque chose d'incroyablement précieux et désirable. L'un des sens donnés à ce mot est la restitution de ce qu'on pouvait croire perdu (la prospérité de Job, la confiance en lui du jeune homme). Mais cela signifie aussi la faculté de goûter ce que l'on a. Cela rejoint l'idée de vivre dans le présent. « L'assurance pleine de félicité de l'instant. » La délivrance de la malédiction d'être malheureux par l'espoir et/ou malheureux par le souvenir. « L'espérance est une charmante jeune fille qui vous glisse des mains ; le ressouvenir est une belle vieille, mais qui ne fait jamais votre affaire au moment voulu ; la répétition est une épouse aimée dont on ne se lasse jamais... »

Il me vient à l'esprit qu'on pourrait retourner cette dernière métaphore : au lieu de « la répétition est une épouse aimée », dire qu'une épouse aimée (ou un époux aimé), c'est la répétition. Pour goûter le mariage à sa vraie valeur, il faut écarter l'idée superficielle que la répétition est quelque chose d'ennuyeux et de négatif, et y voir au contraire un élément libérateur, positif – le secret du bonheur, rien de moins. C'est pourquoi B, dans *Ou bien... Ou bien...*, commence sa critique de la philosophie de A, la vie selon l'esthétique (et la mélancolie qui va avec) en prônant l'union conjugale, et en pressant A de se marier. (Quel pied ! je n'ai pas réfléchi aussi fort depuis des années, si tant est que ça me soit jamais arrivé.)

Pensez au sexe, par exemple. L'amour physique conjugal, c'est l'acte répété. L'élément de répétition prédomine sur quelque variation qu'il puisse survenir d'une fois à l'autre. Même si vous expérimentez de nouvelles positions, même si vous avez recours à diverses techniques érotiques, jeux, accessoires et autres bandes vidéo, le fait que vous ne changiez pas de partenaire signifie que chaque rapport est essentiellement (ou devrais-je dire existentiellement ?) le même. Et si l'on peut se fier à notre expérience (à Sally et moi, s'entend), la plupart des couples finissent par adopter une façon de faire l'amour qui leur convient à tous les deux, et qu'ils reproduisent indéfiniment. Combien de rapports sexuels peut-on avoir dans une longue vie conjugale ? Des milliers. Certains seront plus réussis que d'autres, mais en garde-t-on un souvenir distinct ? Non, ils se mélangent dans la mémoire. C'est pourquoi des coureurs tels que Jake trouvent si ennuyeux de ne faire l'amour qu'avec leur femme. La variété leur paraît indispensable, et le moyen d'y parvenir finit par prendre le pas sur l'acte en soi. Pour ces gens-là, l'essence du sexe réside dans l'anticipation, le projet, les manœuvres, le désir, la poursuite, le secret, les mensonges, les rendez-vous. On n'a pas de rendez-vous galants avec sa femme. Ce n'est pas nécessaire. Le sexe est là, disponible quand on en a envie ; et si le ou la partenaire n'y est pas disposé(e) pour une raison ou une autre, la fatigue, un rhume ou l'envie de regarder quelque chose à la télé, ce n'est pas grave, il y aura plein d'autres occasions. Ce que le sexe conjugal a de merveilleux (surtout à l'âge mûr, après la ménopause, quand on est débarrassé des soucis de contrôle des naissances), c'est qu'on n'a pas besoin de s'en préoccuper sans arrêt. Je soupçonne que Jake s'en préoccupe même quand il téléphone à ses clients et pendant qu'il établit un contrat ; le seul moment, sans doute, où il ne pense pas au sexe, c'est quand il est en train de baiser (car l'orgasme est une sorte de seconde de vacuité ; pendant un instant on a la tête vide de toute pensée), mais dès qu'il a joui, je parie que ça recommence à le travailler.

Ce qui est vrai pour le sexe l'est aussi pour tout le reste de la vie de couple : le travail, les distractions, les repas... Tout est répétitif. Plus longtemps on vit ensemble, moins on change, et plus la répétition s'installe dans l'existence quotidienne. Chacun connaît les réactions, les pensées, les habitudes de l'autre : qui dort de quel côté du lit, qui se lève le premier le matin, qui prend du café et qui prend du thé au petit déjeuner, qui aime lire d'abord dans le journal les informations générales et qui se précipite sur les critiques, et ainsi de suite. On a de moins en moins besoin de se parler. Aux yeux d'une tierce personne, cela peut ressembler à de l'ennui et à une aliénation. C'est connu, on peut toujours repérer au restaurant les couples mariés, parce qu'ils mangent en silence. Mais faut-il en conclure qu'ils sont mal ensemble ? Certainement pas. Tout simplement, ils se comportent comme ils le font chez eux, comme ils le font continuellement. Ce n'est pas qu'ils n'ont rien à se dire, mais cela n'a pas besoin d'être dit. Être heureux en ménage, ça signifie qu'on n'a pas à jouer le rôle, on le vit, voilà tout, comme un poisson vit dans la mer. Je trouve remarquable que Kierkegaard l'ait compris intuitivement, lui qui ne se maria jamais, et qui gâcha sa plus belle occasion d'en faire l'expérience.

Sally vient d'entrer dans mon bureau pour m'annoncer qu'elle veut que nous nous séparions. Elle affirme qu'elle m'en a déjà parlé tout à l'heure, mais que je n'écoutais pas. Cette fois-ci, j'ai écouté, mais je reste incapable de l'enregistrer.

Deuxième partie

Brett Sutton

Déposition de . Michael Brett Sutton
Âge du témoin Plus de 21 ans
Profession..... Moniteur de tennis
Adresse .... 41 Upton Road, RUMMIDGE R27 9LP

Je soussigné Michael Brett Sutton certifie que cette déposition, longue de cinq pages, est conforme à la vérité pour autant que j'en aie connaissance, et que je l'ai faite en sachant que, si elle est produite en tant que preuve à charge, je serai passible de poursuites dans le cas où j'aurais volontairement déclaré quelque chose dont je sais l'inexactitude ou que je ne pense pas être exact.
Daté du : 21 mars 1993

Cela fait une quinzaine de jours, j'ai remarqué que Mr Passmore se comportait bizarrement à mon égard. Je donne des leçons à sa femme depuis quelques mois, mais lui, je le connais à peine, juste bonjour bonsoir si on se croise, c'est tout. Il n'a jamais été mon élève. Mrs Passmore m'a dit qu'il souffrait d'une douleur chronique au genou sur laquelle la chirurgie est restée sans effet, et qu'il en est très handicapé en ce qui concerne le tennis. Je l'ai vu jouer à l'occasion, avec une attelle au genou, et j'ai trouvé qu'il s'en sortait plutôt bien, dans ces conditions, mais j'imagine que c'est très frustrant pour lui de ne pas pouvoir se déplacer assez vite sur le court. À mon avis, c'est peut-être pour ça qu'il s'est fourré cette drôle d'idée dans le crâne. Quand on aime le sport, il n'y a rien de pire qu'une lésion chronique. Je sais de quoi je parle, je suis passé par là : problèmes de cartilages, tendinite, j'ai connu tout ça. Ça vous fiche par terre. On voit tout en noir, c'est comme si on avait le monde entier contre soi. Il suffit d'une petite crise dans la vie privée pour vous faire craquer. Mr Passmore n'a pas l'air du genre athlétique, mais je crois comprendre que le sport compte beaucoup pour lui. D'après Mrs Passmore, ils avaient l'habitude de jouer ensemble, avant, mais à présent elle n'aime pas jouer contre lui parce qu'il ne supporte pas qu'elle gagne, et en même temps il proteste si elle se laisse battre. En réalité, je crois que maintenant elle le battrait même s'il était en pleine forme : elle a fait de sacrés progrès. Je lui ai donné deux leçons par semaine tout l'hiver.

La première fois que Mr Passmore a eu une drôle d'attitude envers moi, c'était au club dans le vestiaire des hommes, il y a une quinzaine de jours, même si je n'ai pas trop fait attention sur le moment. C'est rétrospectivement que ça prend un sens. J'étais en train d'ôter mes affaires de tennis avant de prendre une douche, et voilà qu'en levant la tête j'ai vu Mr Passmore qui avait les yeux fixés sur moi. Il était tout habillé. Dès qu'il a croisé mon regard, il a détourné la tête et il s'est mis à tripoter la clé de son casier. Je n'y aurais même pas fait attention, sauf qu'avant de croiser mon regard il reluquait visiblement mes parties intimes. Je peux pas dire que c'est la première fois que ça m'arrive, mais ça m'a surpris de la part de Mr Passmore. Je me suis même demandé si je ne m'étais pas fait des idées, ça s'était passé tellement vite... En tout cas, ça m'est vite sorti de la tête.

Quelques jours plus tard, je donnais sa leçon à Mrs Passmore sur l'un des courts couverts, le soir, Mr Passmore est arrivé et il s'est assis au fond pour nous regarder à travers le grillage. J'ai pensé qu'il avait convenu avec sa femme de la retrouver au club, et qu'il était en avance. Je lui ai adressé un sourire, mais il ne me l'a pas rendu. Sa présence avait l'air d'ennuyer Mrs Passmore. Elle s'est mise à faire des fautes, à frapper la balle n'importe comment. Pour finir, elle est allée vers Mr Passmore et lui a parlé depuis le court. J'ai deviné qu'elle lui demandait de partir, mais il s'est contenté de secouer la tête et de sourire d'un air sardonique. Alors elle est revenue vers moi et m'a dit qu'elle était désolée, qu'il fallait arrêter la leçon. Elle paraissait en colère et perturbée. Elle a tenu à me payer le tarif complet, même si on n'avait fait qu'une demi-heure. Elle a quitté le court sans un regard pour Mr Passmore, qui est resté assis sur son banc, tassé dans son manteau, les mains au fond des poches. Je me sentais un peu embarrassé en passant devant lui pour sortir. J'ai pensé qu'ils devaient s'être disputés. Ça m'a pas effleuré une minute que j'avais quelque chose à voir là-dedans.

Quelques jours après, les coups de fil ont commencé. Le téléphone sonnait, je décrochais, je disais « Allô ? » mais je n'avais pas de réponse. Au bout d'une minute, j'entendais un déclic, l'autre avait raccroché. Les appels venaient à n'importe quelle heure, quelquefois en plein milieu de la nuit.

Je me suis plaint aux Télécom, mais ils m'ont dit qu'ils n'y pouvaient rien. Ils m'ont conseillé de débrancher la nuit mon téléphone de chevet, ce que j'ai fait en laissant le répondeur allumé en bas. Le lendemain matin, j'avais eu deux appels, mais pas de message. Un soir, vers neuf heures, j'ai décroché et j'ai entendu une voix de fausset qui disait : « Pourrais-je parler à Sally, s'il vous plaît ? C'est sa maman. » J'ai répondu que ça devait être une erreur. Sans paraître m'entendre, elle a insisté qu'elle voulait parler à Sally, que c'était urgent. J'ai dit qu'il n'y avait personne chez moi qui s'appelait Sally. Je n'ai pas fait le rapprochement avec Mrs Passmore, quoique nous nous appelions par notre prénom. La voix était un peu bizarre, mais il ne m'est pas venu à l'idée que c'était quelqu'un qui déguisait la sienne.

Trois quatre jours plus tard, un bruit m'a réveillé au milieu de la nuit. Vous savez comment ça fait dans ces cas-là : le temps qu'on soit tout à fait réveillé, le bruit s'est arrêté et on peut pas imaginer d'où il est venu, on n'est pas sûr de pas l'avoir rêvé. J'ai passé un survêtement, parce que je dors toujours sans rien, et je suis descendu vérifier, mais je n'ai pas trouvé trace d'une tentative d'effraction. J'ai entendu un moteur démarrer dehors devant la maison et j'ai ouvert la porte d'entrée juste à temps pour voir une voiture blanche qui tournait le coin. Enfin, elle avait l'air blanche à la lumière des réverbères mais ça pouvait aussi être du gris clair métallisé. Je ne l'ai pas vue assez bien pour identifier la marque. Le lendemain matin, je me suis aperçu que quelqu'un avait pénétré dans le jardin, derrière. Il était entré par le côté et il avait renversé des vitres qui étaient posées contre la cabane à outils – je suis en train de bâtir un châssis de couche. Trois des vitres étaient cassées. C'était sûrement ça, le bruit que j'avais entendu.

Deux jours après, en me levant, j'ai trouvé mon échelle appuyée contre le mur de la maison sous la fenêtre de ma chambre. Quelqu'un l'avait prise là où j'ai l'habitude de la ranger, entre le garage et la clôture du jardin. Toujours aucune trace de tentative d'effraction, mais j'étais inquiet. C'est là que je suis venu pour la première fois signaler les incidents dans votre commissariat. Votre inspecteur, Mr Roberts, m'a conseillé de faire installer un système d'alarme. J'étais en train de me renseigner sur les prix quand j'ai perdu les clés de chez moi. D'habitude, je les mets dans mon sac de sport pendant la journée, parce qu'elles pèsent trop lourd dans la poche de mon survêt, mais vendredi dernier elles avaient disparu. Pour le coup, je commençais à me faire un sérieux mouron, à penser qu'on voulait me cambrioler. En plus, je croyais savoir qui c'était – un membre du personnel du club. Je préfère pas donner son nom. Vous comprenez, j'ai pas mal de trophées à la maison, et une fois cette personne m'a interrogé à ce sujet, m'a demandé combien ça valait. Je me suis mis d'accord avec un serrurier pour qu'il me change les serrures le lendemain.

Cette nuit-là – il était environ trois heures du matin – c'est Nigel qui m'a réveillé en me pinçant le bras et en me chuchotant à l'oreille : « Je crois qu'il y a quelqu'un dans la chambre. » Il tremblait de peur. J'ai allumé la lampe de chevet, et j'ai vu Mr Passmore planté sur le tapis de mon côté du lit, avec une torche électrique à la main et une grande paire de ciseaux dans l'autre. L'allure des ciseaux me revenait pas, ils avaient l'air dangereux, d'une taille immense, comme ceux des drapiers. Pardon de me répéter, je dors toujours tout nu, et Nigel aussi, et je n'avais rien à ma portée pour nous défendre. J'ai tâché de garder mon calme. J'ai demandé à Mr Passmore ce qu'il faisait là. Il n'a pas répondu. Il avait les yeux fixés sur Nigel, l'air complètement estomaqué. Nigel, qui était le plus près de la porte, a bondi hors du lit et il a couru en bas pour appeler le commissariat. Mr Passmore promenait son regard autour de lui avec une expression déboussolée et il a dit : « J'ai dû commettre une erreur. » J'ai répondu : « Je crois bien que oui. » « Je cherchais ma femme. » J'ai dit : « Eh ben, elle est pas là. Elle a jamais fichu les pieds ici. » D'un seul coup, tout s'est mis en place et j'ai compris ce qui s'était passé dans sa tête. Je n'ai pas pu m'empêcher d'éclater de rire, moitié soulagement, moitié parce qu'il avait l'air tellement bête, planté là avec ses ciseaux à la main. « Qu'est-ce que vous vouliez faire avec ça, je lui ai demandé, c'était pour me castrer ? » « Je voulais vous couper votre queue de cheval », qu'il m'a répondu.

Je ne désire pas porter plainte. Pour être tout à fait franc, je préfère éviter de faire une déposition au tribunal qui risquerait de se retrouver dans la presse locale. Ça risquerait de me nuire dans mon travail. Il y a des membres du club qui ont certains préjugés, malheureusement. Je n'ai pas honte d'être homosexuel, mais je préfère rester discret. J'habite assez loin du club, et personne là-bas n'est au courant de ma vie privée. Je ne pense pas quc Mr Passmore vienne à nouveau m'ennuyer, et il a proposé de me rembourser le prix des vitres.

Amy

Voilà, il vient d'arriver une chose terrible. La femme de Lawrence veut la séparation. Il m'a appelée hier soir pour me le dire. J'ai compris tout de suite qu'il devait s'agir de quelque chose de *catastrophique* * parce que je lui ai demandé de ne pas me téléphoner à la maison sauf si c'est très important. Cela m'oblige à monter prendre l'appel dans ma chambre, et après Zelda veut toujours savoir qui c'était et de quoi il s'agissait, et je la crois bien capable d'écouter la communication au téléphone d'en bas. On a un arrangement, Lawrence m'appelle au bureau à l'heure du déjeuner ou c'est moi qui l'appelle quand il est dans son appartement. Je sais bien, vous pensez que je devrais être plus franche envers Zelda au sujet de mes relations avec Lawrence, mais... Non, d'accord, Carl, vous ne m'avez jamais dit ça mais je sais à quoi m'en tenir. Bon, si vous insistez, je vous crois sur parole, mais je pense que subconsciemment, c'est possible que vous désapprouviez mon attitude. Je veux dire, si moi, je peux refouler des choses, vous aussi, sûrement, non ? À moins que vous soyez certain d'être absolument totalement intégralement d'une rationalité surhumaine ? Désolée, désolée... Je suis terriblement bouleversée, je n'ai pas fermé l'œil la nuit dernière. Non, il ne se doutait de rien. Il est complètement anéanti. Apparemment, elle a fait irruption dans son bureau vendredi soir pour lui annoncer qu'elle voulait la séparation. Comme ça, tout d'un coup. Elle a dit qu'elle ne pouvait plus supporter de vivre avec lui, qu'il était comme un zombie, c'est le mot qu'elle a employé, un zombie. C'est vrai qu'il est souvent un peu *distrait* *, je suis obligée de le reconnaître, mais c'est fréquent chez les écrivains, d'après mon expérience. J'aurais cru qu'elle s'y serait habituée, depuis le temps, mais manifestement ce n'est pas le cas. Elle a dit qu'ils ne communiquaient pas, qu'ils n'avaient plus rien en commun, et qu'à présent que les enfants étaient grands et qu'ils avaient quitté la maison, elle ne voyait pas pourquoi ils continueraient à vivre ensemble.

Lorenzo a passé tout le week-end à argumenter pour la faire changer d'avis, mais sans résultat... Eh bien, je crois qu'il a d'abord essayé de la convaincre que leur ménage n'avait aucun problème, qu'il était semblable à tous les autres, une histoire de répétition qui avait à voir avec Kierkegaard, je n'ai pas trop suivi, il n'était guère cohérent, le pauvre chou. Oui, il a l'air de s'être pris de passion pour Kierkegaard dernièrement, Dieu sait pourquoi. Bon, comme cet argument-là n'a rien donné, il a changé de tactique, il a promis qu'il allait tourner la page, qu'il parlerait avec elle à table, qu'il s'intéresserait à son travail à elle, qu'ils iraient passer des week-ends dans des endroits agréables et tout ça, mais elle a dit que c'était trop tard.

Sally. Elle s'appelle Sally. J'ai eu assez rarement l'occasion de la voir, la plupart du temps à des réceptions organisées par Heartland, et elle m'a toujours paru plutôt sur ses gardes et réservée. Elle s'arrange pour faire durer son verre toute la soirée et pour garder toute sa tête quand tout le monde autour d'elle se pète la gueule. Je crois que ça la confirme dans l'idée que nous, les gens de la télé, on n'est qu'une bande de bons à rien. Une belle femme, plutôt du genre *noli me tangere*. Les pommettes hautes, la mâchoire affirmée. Elle ressemble un peu à Patricia Hodge, mais en plus athlétique, la vie au grand air. Ah, c'est vrai ! J'oublie toujours que vous n'allez jamais au théâtre et ne regardez pas la télé. Qu'est-ce que vous pouvez bien faire de vos loisirs ? Bien sûr, j'aurais dû deviner. Vous lisez du Kierkegaard ? Je n'ai pas l'impression que c'est ma tasse de thé. Ni celle de Lawrence, d'ailleurs. Je me demande ce qu'il lui trouve. Oui, Lawrence lui a demandé s'il y avait un autre homme, elle a dit que non. Moi, je lui ai demandé à lui si Sally ne soupçonnerait pas par hasard qu'il y a quelque chose entre nous deux, je veux dire quelque chose de plus que ce qu'il y a en réalité, qui est tout à fait innocent, comme vous le savez, mais il a répondu que c'était hors de question. Enfin, elle sait que nous sommes bons amis, mais elle ne se doute pas du tout, je crois, qu'on se voit aussi fréquemment en dehors du boulot et je me suis demandé si quelqu'un s'était amusé à répandre des ragots ou à jouer au corbeau, mais d'après Lawrence, elle n'a pas prononcé mon nom ni ne l'a accusé de rien de tel. Ah, mon Dieu ! *Quel cauchemar* * !

J'aurais cru que c'était évident. Lawrence est mon ami le plus cher. Je n'aime pas le voir souffrir. Je sais que vous avez un sourire sceptique en m'entendant dire ça. Je le sens dans mon dos. Bon, très bien, mais intérieurement, vous avez un sourire sceptique. D'ailleurs, ça ne me gêne pas de reconnaître que mes raisons d'être bouleversée sont en partie égoïstes. J'étais très satisfaite de notre relation. Elle me convenait. Elle était intime sans... je ne sais pas. D'accord, sans être sexuelle. Non, pourtant, je ne voulais pas dire sexuelle, ou pas seulement, je voulais dire possessive ou exigeante ou je ne sais quoi... Après tout, nos rapports n'ont jamais été asexués. Il y a toujours eu un élément de... de galanterie dans l'attitude de Lawrence à mon égard. Oui, de galanterie. Mais comme il est heureux en ménage – comme il l'était – et que c'était bien établi entre nous, toute tension potentielle se trouvait neutralisée. Nous pouvions prendre plaisir à être en compagnie l'un de l'autre sans nous demander si nous avions envie de coucher ensemble ou si nous escomptions que l'autre en aurait envie, si vous me suivez. J'aimais bien m'habiller pour sortir avec Lawrence – s'habiller pour sortir avec une amie, ce n'est jamais tout à fait la même chose – mais je n'avais pas à me préoccuper du moment où je me déshabillerais pour lui, après. Vous ne pouvez pas vous imaginer le soulagement que ça représente. Quand on vit seule et qu'on sort avec un homme, soit il faut insister lourdement pour partager l'addition, soit on a un malaise, l'impression de contracter une espèce de dette érotique que l'autre pourra vous demander de rembourser n'importe quand.

Non, je n'ai pas la moindre idée de ce qu'était sa vie sexuelle avec Sally. On n'en a jamais parlé. Oui, je lui ai tout raconté de ce que j'ai vécu avec Saul, mais lui, il ne m'a jamais rien dit au sujet de lui et Sally. Je ne lui ai pas posé de questions. Une sorte de *pudeur* * m'en a toujours empêchée. *Pudeur* *.

Après tout, ils étaient encore mariés, ç'aurait été indiscret... Bon, d'accord, je n'avais peut-être pas envie de savoir, au cas où elle se révélerait être une de ces femmes qui ont des orgasmes multiples aussi facilement qu'on écosse des petits pois et qui peuvent faire tout le Kama Sutra en équilibre sur la tête. Qu'est-ce qu'il y a de drôle ? On se met vraiment sur la tête dans le Kama Sutra ? Enfin, vous savez ce que je veux dire. Je n'ai jamais prétendu que je ne me sens pas inadaptée en matière de sexe. Je veux dire, qu'est-ce que je ferais ici, sinon ? Mais je n'ai jamais été jalouse de Sally. Je lui laissais volontiers cette partie de la vie de Lawrence, et même cette partie de Lawrence. Simplement, j'aimais autant ne pas en entendre parler. Ah, je parle au passé ? Oui, c'est vrai, hein... Eh bien, je ne pense sûrement pas que notre relation est terminée, mais j'ai sans doute peur qu'elle change, d'une manière imprévisible. À moins qu'ils se remettent ensemble, évidemment. J'ai suggéré à Lawrence qu'ils aillent voir une conseillère matrimoniale, mais il s'est contenté de gémir : « Elle dira simplement que j'ai besoin d'une psychothérapie, et je la fais déjà depuis un bout de temps. » Je lui ai demandé comment il savait que c'était ce qu'on lui dirait, et il m'a répondu : « Par expérience. » Apparemment, ce n'est pas la première fois que Sally en a ras le bol de la vie commune. Une fois, elle a quitté la maison pendant tout un week-end, il ignorait où elle était partie, et il était en train d'appeler la police au moment où elle est revenue. Elle n'a pas prononcé un mot pendant des jours parce qu'elle avait attrapé une laryngite, elle avait parcouru toutes les collines des Malvern sous une pluie battante, mais dès qu'elle a récupéré sa voix elle a insisté pour qu'ils aillent voir une conseillère matrimoniale. C'est comme ça que Lawrence a commencé sa psychothérapie. Il ne me l'avait jamais raconté. Il n'y avait pas de raison pour qu'il le fasse, sans doute, mais c'était un peu perturbant qu'il crache le morceau maintenant. J'imagine qu'on ne raconte jamais tout à qui que ce soit. Sauf à son analyste, évidemment...

Oui, j'ai vu Lawrence hier soir, dans son appartement. Il m'a appelée au bureau pour me dire qu'il venait à Londres mais qu'il n'avait pas envie de dîner dehors, alors j'ai compris que j'étais bonne pour un long *tête-à-tête* * accablant. En quittant mon travail, je suis passée chez *Fortnum* prendre une quiche et une salade. Lawrence n'a presque rien mangé, mais il a pas mal bu. Il est très déprimé. Je veux dire, il était déjà déprimé avant, mais à présent il a vraiment des raisons de l'être. Oui, je crois qu'il est très conscient de l'ironie de la chose.

La situation ne s'est pas arrangée dans la maison Passmore. Sally s'est installée dans la chambre d'amis. Elle part à l'université tôt le matin et rentre tard le soir, si bien qu'elle n'est pas obligée d'adresser la parole à Lawrence. Elle dit qu'elle parlera avec lui pendant le week-end, mais qu'elle ne peut pas en même temps s'occuper de ses problèmes à lui et faire son travail à elle. Je trouve ça d'assez mauvais augure qu'elle dise « ses problèmes à lui », pas « nos problèmes », et vous ? Notez bien, je comprends qu'elle n'ait pas trop envie de parler avec Lawrence dans l'état où il est. Hier soir, après l'avoir enduré pendant quatre heures, j'étais complètement *finito*. Je me sentais comme une éponge qu'on a trempée et pressée si souvent qu'elle a perdu tout son ressort. Et au moment où j'ai dit qu'il fallait que je rentre chez moi, voilà qu'il m'a demandé de rester. Pas pour faire l'amour, a-t-il précisé, mais juste pour qu'il puisse me serrer contre lui. Il n'a pratiquement pas fermé l'œil depuis vendredi dernier, et c'est vrai qu'il a les yeux battus, le pauvre chou. Il m'a dit : « Je crois que ça m'aiderait à dormir si je pouvais simplement te tenir dans mes bras. »

Bon, évidemment, c'était hors de question. Je veux dire, sans parler de si j'avais envie ou pas d'être dans ses bras, et du risque que ça mène à autre chose, je ne pouvais absolument pas découcher sans prévenir. Zelda aurait été folle d'inquiétude, et si je lui avais téléphoné en inventant une histoire, elle aurait tout de suite su à quoi s'en tenir, elle devine toujours quand je mens, c'est une de ses habitudes les plus irritantes. À propos, j'ai eu une scène pénible avec elle ce matin, je préfère vous en parler pendant que j'y pense. C'était à cause du muesli. Pas seulement à cause de ça, bien sûr. La dernière fois que j'ai fait mes courses chez Safeways, il n'y avait plus de celui qu'elle prend d'habitude alors j'en ai pris un autre, et ce matin, l'ancien paquet étant fini, j'ai mis le nouveau sur la table et elle a refusé d'y toucher parce qu'il contenait du sucre ajouté. Une quantité *minuscule* *, et du sucre roux, en plus, non traité, je lui ai fait remarquer, mais elle a refusé d'en avaler une miette et, comme c'est tout ce qu'elle prend au petit déjeuner, à part le café, elle est partie en classe le ventre vide, en me laissant complètement culpabilisée, ce qui était le but recherché, évidemment. Sur le pas de la porte, elle m'a lancé que je voulais lui faire manger du sucre parce qu'elle est mince tandis que je suis grosse, à un point dégoûtant, ce sont ses propres termes, c'est vrai, vous pensez ? Non, pas que je suis trop grosse, je me trouve rondelette, simplement, même si j'aimerais bien perdre deux ou trois kilos. Je veux dire, est-il possible que je sois inconsciemment jalouse de la silhouette de Zelda ? Oh, vous me renvoyez toujours ces questions-là. Je n'en sais rien. Peut-être que c'est un tout petit peu vrai. Mais, honnêtement, j'ignorais qu'il y avait du sucre dans ce foutu muesli.

Où est-ce que j'en étais ? Ah, oui, Lawrence... Eh bien, j'ai été obligée de lui dire non, même si ça me faisait mal, il avait l'air tellement triste, tellement suppliant, comme un chien sous la pluie qui veut qu'on le laisse rentrer. Je lui ai suggéré de prendre un somnifère, il a dit qu'il ne voulait pas parce que après il se sent trop déprimé au réveil, et que s'il se retrouvait encore plus déprimé qu'il ne l'était déjà, il craignait de se balancer. Il a souri en le disant pour me montrer qu'il plaisantait, mais n'empêche que ça m'a inquiétée. Il est bien allé voir sa psychothérapeute lundi dernier, mais elle n'a pas l'air de lui avoir fait beaucoup de bien. C'est peut-être la faute de Lawrence, parce que quand je l'ai interrogé, il n'a pas été fichu de se rappeler un mot de ce qu'elle lui avait dit. Je crois d'ailleurs qu'il n'a pas non plus entendu un mot de ce que moi, je lui ai dit hier soir. Il ne pense qu'à déverser sa version à lui de la situation, sans écouter aucun conseil constructif. J'ai bien failli lui dire, tu devrais essayer l'analyse, chéri, je ne fais que ça : déverser ma version à moi de la situation sans entendre de conseil constructif. Rien qu'une petite plaisanterie de ma part, Carl. Oui, bien entendu, je sais que les plaisanteries sont une forme déguisée d'agression...

Voilà, la situation n'a fait qu'empirer. Sally est partie de chez eux, et Lawrence s'y retrouve tout seul. C'est une grande maison dans un quartier huppé de la banlieue résidentielle de Rummidge. Je n'y suis jamais allée, mais il m'a montré des photos. C'est ce que les agents immobiliers appellent une résidence moderne de caractère. Quel caractère, je n'en sais rien. Ferme française mâtinée club-house, peut-être. Ce n'est pas mon goût, mais le confort est là. Bien à l'écart de la rue, au bout d'une longue allée, avec plein d'arbres et d'arbustes tout autour. « Il y a un tel silence là-bas, m'a-t-il dit un jour, que je pourrais entendre pousser mes cheveux si j'en avais. » Oui, il est chauve. Je ne vous l'ai jamais dit ? Il plaisante à ce propos, mais je crois que ça le tracasse. Bon, ça m'ennuie de l'imaginer tout seul dans cette baraque, comme la petite boule dans un hochet.

Je crois que le week-end a été catastrophique. Sally lui a dit qu'elle était disposée à parler, mais à condition de limiter le temps de leurs discussions, pas plus de deux heures d'affilée, et une seule séance par jour. Moi, ça m'a paru assez judicieux, mais pour Lawrence c'était inacceptable. Selon lui, elle a fait un stage de gestion récemment pour son université et elle traite leur crise conjugale comme s'il s'agissait d'un conflit industriel, en procédant par ordres du jour et ajournements. Il s'est résigné à ses conditions, mais dans le feu de l'action, une fois écoulées les deux heures, il ne voulait plus s'arrêter. Elle a fini par dire que s'il refusait de la laisser en paix elle quitterait la maison jusqu'à ce qu'il se soit ressaisi. À quoi il a répondu, plutôt bêtement : « Très bien, va-t'en, qu'est-ce que ça peut me faire », alors elle est partie. Elle a refusé de lui dire où elle allait et il est sans nouvelles depuis.

Lawrence est convaincu qu'il y a bel et bien un autre homme et qu'elle a provoqué cette scène afin de pouvoir aller le rejoindre. Il croit même savoir qui c'est : le moniteur de tennis de leur club sportif. Il me semble que ce n'est pas le genre de Sally, mais sait-on jamais ? Vous vous rappelez, je vous ai raconté que Saul m'a juré qu'il n'y avait personne d'autre dans sa vie quand il m'a demandé le divorce, et ensuite j'ai découvert qu'il couchait avec Janine depuis des mois. Lawrence me dit que Sally a commencé voici quelques mois à prendre des leçons de tennis et que, peu après, elle a décidé de se faire teindre les cheveux. Non, il n'y a pas de quoi tirer des conclusions, mais lui, il s'est mis ça en tête et dans son état présent il est inutile de discuter avec lui. Il ne vient pas à Londres cette semaine parce qu'il est trop occupé, paraît-il. Trop occupé à filer le moniteur de tennis, je crois. Toute cette histoire m'inquiète, mais je ne peux pas m'empêcher de me sentir soulagée, malgré ma mauvaise conscience, de ne pas avoir à l'écouter ce soir pendant quatre heures une fois de plus.

Lawrence est en train de nous prendre de plus en plus de temps, hein ? Vous ne pourriez pas dire quelque chose pour m'aider à changer de sujet ? Si on faisait un peu d'associations libres, par exemple ? J'aimais bien ça, dans le temps, vous semblez avoir laissé tomber.

Bon. Mère. Ma maman. Dans la cuisine à Highgate... le soleil de l'après-midi entre par les vitres dépolies de la fenêtre, il projette une lumière marbrée sur la table, et sur les bras et les mains de maman. Elle porte un de ces tabliers en coton à fleurs à l'ancienne mode, avec des bretelles qui croisent derrière et se nouent par-devant. Nous sommes occupées à couper des légumes pour un pot-au-feu, ou une soupe... Je dois avoir treize ou quatorze ans. Je viens d'avoir mes premières règles. Elle m'explique les choses de la vie. Comme c'est vite fait de se retrouver enceinte, et que je ferais bien de me méfier des hommes et des garçons. Elle est là à trancher ses carottes tout en parlant, on dirait qu'elle aimerait bien en faire autant à leur zizi... Je me demande pourquoi c'est ça qui me vient à l'esprit ? Sans doute parce que je me fais du mauvais sang pour Zelda. Bien sûr que je lui ai parlé des choses de la vie, moi aussi, mais est-ce que je devrais veiller à ce qu'elle ait la contraception ou bien risquerait-elle d'y voir un encouragement à faire n'importe quoi ? Vous ne pensez pas que c'est ça ? Quoi, alors ? Oh, voyons, Carl, laissez-vous aller pour une fois, suggérez-moi une interprétation. Non, ce n'est pas la peine – je sais, en fait, c'est à propos de Lawrence et moi, n'est-ce pas ? Oh, mon Dieu...

Bon, Sally a pris un avocat. Oui. Lawrence a reçu une lettre de lui pour le prier de charger le sien d'entamer les discussions en vue d'un accord de séparation. Et aussi lui transmettre la suggestion de Sally qu'ils s'entendent sur une fréquentation alternée de leur club sportif, afin d'éviter des rencontres gênantes. Apparemment, ces temps-ci, il va là-bas pour la regarder s'entraîner avec le moniteur. Elle dit que ça l'empêche de se concentrer sur son jeu. Je la comprends. Lui, naturellement, il y a vu une confirmation qu'elle a quelque chose à cacher en ce qui concerne le moniteur. Lawrence a prié son avocat de dire à celui de Sally que si elle voulait se séparer de lui, elle n'aurait pour vivre que son seul salaire à elle plus la part qu'elle a pu apporter à leurs économies, qui n'est pas très importante, évidemment, comparé à ce que Lawrence a gagné ces dernières années. Je trouve ça mauvais signe qu'ils en soient déjà à se chamailler sur des questions d'argent, et à passer par leurs avocats, c'est là que la situation est vraiment devenue odieuse entre Saul et moi. Mon Dieu, tout ça me donne une affreuse sensation de *déjà vu* *...

Voilà, la situation a encore empiré. Lawrence s'est vu présenter une injonction de se tenir à l'écart de l'institut où elle travaille, non, je crois que maintenant ça s'appelle université, l'université Volt ou Watt ou je ne sais quoi, un truc électrique en tout cas. Quant à l'argent, son avocat à elle a répondu qu'elle estimait avoir droit à davantage que sa contribution chiffrée à leur patrimoine commun, dans la mesure où elle l'a entretenu des années durant sur son seul salaire d'enseignante pendant qu'il essayait de se faire une place de scénariste. Elle veut la moitié. Hors de lui, Lawrence est allé à l'université, il l'a guettée à la porte de son bureau et il lui a fait une scène en public. Elle lui a dit qu'il perdait la tête. Je crois bien que c'est la vérité, le pauvre chou. Alors Sally a eu recours à cette injonction contre lui, et s'il remet les pieds là-bas il risque de se faire arrêter. En fait, il n'a même pas le droit de s'en approcher dans un rayon de mille cinq cents mètres. Il en est d'autant plus furieux que ça l'empêche de la suivre, quand elle quitte son travail, pour essayer de découvrir où elle habite. Il a monté le guet devant la maison du moniteur de tennis, mais sans résultat jusqu'à présent. D'après lui, il les surprendra tôt ou tard. En flagrant délit, il veut dire, je crois. Dieu sait à quoi il s'imagine pouvoir arriver si en effet il les surprend. Lawrence ne ferait guère le poids face à un moniteur de tennis s'ils en viennent aux coups...

Bon, eh bien finalement, on dirait que Sally n'avait pas de liaison, en tout cas pas avec le moniteur de tennis. Apparemment, c'est un homo. Oui. J'avoue que j'ai moi-même eu du mal à ne pas rire quand Lawrence m'a annoncé ça. Je ne sais pas au juste comment il l'a découvert, il est resté un peu évasif au téléphone, mais il en avait l'air tout à fait sûr. Il m'a paru très abattu, le pauvre chou. Tant qu'il soupçonnait le moniteur, sa colère et son ressentiment avaient une cible. On ne peut pas honnir quelqu'un si on ne sait pas qui c'est. D'ailleurs, je crois bien qu'il commence à penser que Sally lui a peut-être dit la vérité, en fin de compte, sur son motif de vouloir la séparation : simplement, qu'elle ne pouvait plus supporter de vivre avec lui. Ça ne contribue pas à lui donner une meilleure opinion de lui-même. Je me rappelle, quand j'ai découvert que Saul avait une liaison avec Janine, j'étais en rage mais en même temps j'ai éprouvé une pointe de soulagement secret, car ça signifiait que je n'étais pas responsable de l'échec de notre mariage. Ou pas entièrement.

Autre tournant difficile à vivre pour Lawrence, ses enfants sont maintenant au courant de la séparation. Je crois que ça représente pour lui une espèce de traversée du Rubicon. Tant qu'ils ne savaient rien, il restait une possibilité que Sally et lui se remettent ensemble sans dégâts sérieux, sans qu'il ait perdu la face. Quand Sally est partie, la dernière chose qu'il lui a dite – il m'a raconté qu'il avait couru après sa voiture dans l'allée et qu'il avait tapé sur la vitre pour l'obliger à la baisser – la dernière chose qu'il lui a dite, c'est : « N'en parle pas à Jane et Adam. » Mais il fallait bien qu'ils le sachent tôt ou tard, évidemment. Sally leur a sans doute appris la nouvelle presque tout de suite, mais Lawrence vient seulement de découvrir qu'ils sont au courant. Ils lui ont téléphoné tous les deux. Ils font très attention à ne pas prendre parti, mais ce qui l'a frappé, c'est principalement qu'ils n'ont pas l'air tellement bouleversés ni même étonnés. Il me paraît évident que Sally a dû leur faire des confidences depuis un certain temps et les préparer à la suite des événements. Je crois que cette idée commence aussi à effleurer Lawrence. « J'ai l'impression que j'ai vécu dans un rêve, m'a-t-il dit, et que je viens juste de me réveiller. Mais c'est sur un cauchemar que j'ouvre les yeux. » Pauvre Lorenzo... À propos de rêves, j'en ai fait un très bizarre la nuit dernière...

Ça y est, c'est arrivé, j'en étais sûre, je m'y attendais : Lawrence veut coucher avec moi. Pas seulement me serrer dans ses bras. Il veut faire l'amour. La bête à deux dos. C'était l'une des expressions favorites de Saul, ne me dites pas que vous ne l'avez jamais entendue. C'est quelque part dans Shakespeare, je ne sais plus quelle pièce, mais je suis sûre que c'est de Shakespeare. Oh, ce n'est pas plus bizarre que la plupart des autres formules en usage. « Dormir avec », par exemple, comme on dit en anglais. J'ai connu une fille, une certaine Muriel, qui disait qu'elle dormait avec son patron alors qu'il se l'envoyait à l'arrière de sa Jaguar dans la forêt d'Epping, à l'heure du déjeuner. À mon avis, ils ne devaient guère dormir.

Lawrence a abordé la question au dîner, hier soir. J'aurais sans doute pu m'en douter lorsqu'il m'a emmenée chez *Rules* au lieu de notre trattoria habituelle. Et qu'il m'a encouragée à prendre du homard. Encore une veine qu'on ait dîné de bonne heure et que le restaurant ait été à moitié vide, sinon nos voisins seraient tombés de leur chaise à force de tendre l'oreille. S'il n'avait jamais essayé auparavant de baiser avec moi, m'a déclaré Lawrence, c'est seulement parce qu'il croyait à la fidélité conjugale, et je l'ai coupé *tout de suite* * pour l'assurer que je comprenais très bien et que c'était à mes yeux une raison de le respecter. Il a dit que c'était très généreux de ma part de voir les choses ainsi, mais qu'il avait le sentiment de m'avoir exploitée, en quelque sorte, d'avoir profité de ma compagnie sans se compromettre, et que Sally l'ayant plaqué, à présent, nous n'avions plus aucune raison de nous sentir inhibés. À quoi j'ai répliqué que je ne me sentais pas du tout exploitée, ni inhibée, d'ailleurs. Un peu moins brutalement que ça, bien sûr. J'ai essayé de lui expliquer que si j'attachais tant de prix à nos relations, c'était précisément parce qu'elles étaient exemptes de liens sexuels, et donc de tension, d'anxiété, de jalousie. Il a pris une expression de chien battu et m'a dit : « Dois-je comprendre que tu ne m'aimes pas ? » « Chéri, j'ai répondu, je ne me suis jamais autorisée à t'aimer de cette manière. » « Eh bien, tu le peux, à présent. » J'ai dit : « Et si je m'y autorisais, et que Sally et toi vous vous remettiez ensemble, qu'est-ce qui se passerait ? » Il a dit d'un air très sombre qu'il ne pouvait pas imaginer que ça arrive. Leurs relations ne font que s'aggraver. Elle en est à parler de divorce au lieu de séparation, parce qu'elle a découvert qu'elle peut obtenir beaucoup plus si ça se conclut au tribunal. D'après l'avocat de Lawrence, elle recevrait au moins un tiers de leur patrimoine commun, en cas de divorce. Dans l'esprit de Lawrence, puisqu'elle l'a abandonné, elle n'a droit à rien du tout. Les échanges de lettres s'accélèrent entre leurs avocats. Et voilà qu'à présent il veut coucher avec moi.

Alors, que faire ? Oh, je sais, vous ne me le direz pas, c'était une question de pure rhétorique. Sauf qu'une question rhétorique, c'est quand la réponse va de soi, non ? Et moi, la réponse à cette question-là, je ne la connais pas. J'ai dit à Lawrence que j'y réfléchirais. Oui, j'ai réfléchi, je ne pense pratiquement qu'à ça depuis hier soir, mais je ne sais que faire, honnêtement, je ne sais pas. Lawrence m'est très cher, et j'aimerais bien l'aider à traverser cette crise. Il a simplement besoin d'être consolé, je m'en rends compte, et je voudrais être une de ces femmes maternelles, au cœur d'or qu'on voit dans les films, prêtes à faire généreusement don de leur corps au premier signal, mais je ne suis pas comme ça. Par chance, Lawrence reste merveilleusement *galant* *. Quand la foule a commencé à envahir le restaurant à la sortie des théâtres, nous sommes retournés chez lui et nous avons encore parlé, mais il n'y a pas eu de tripotage, il n'a même pas essayé. Il s'est tout de même passé un drôle de truc quand il m'a raccompagnée en bas. Il descend toujours avec moi dans l'ascenseur pour me mettre dans le taxi qui me ramène à la maison. Quand nous avons ouvert la porte de l'immeuble, il y avait là sous le porche un de ces jeunes SDF qu'on voit partout aujourd'hui, dans un sac de couchage. Il a fallu l'enjamber pour sortir dans la rue. Bon, moi j'ai fait comme si je ne le voyais pas, ça semblait le plus simple, mais Lawrence lui a dit « Hello ! » comme s'il n'y avait rien d'anormal à ce qu'il soit là, comme s'il connaissait cet homme, ou plutôt ce garçon. Pendant que nous restions plantés sur le trottoir à chercher un taxi, j'ai chuchoté à Lawrence : « Qui c'est, ça ? » et il m'a répondu : « Grahame. » Comme s'il s'agissait d'un voisin ou je ne sais quoi. Ensuite, un taxi est arrivé et je n'ai pas pu en savoir davantage. Je crois que j'en ai rêvé la nuit passée...

Bon, le fait que j'ai employé la dernière fois cette expression de Saul, la bête à deux dos, en l'appliquant à Lawrence, j'imagine que ça pourrait être significatif... c'est là que vous voulez en venir ? Que j'ai peur de faire l'amour avec Lawrence parce que avec Saul ç'a été un tel désastre ? Mais est-ce que c'est faire preuve de lâcheté, ou de bon sens ?

Je sais bien, ça ne vous paraît pas normal que je n'aie jamais plus fait l'amour depuis mon divorce. Non, vous ne l'avez jamais dit de manière explicite... ça vous est déjà arrivé de me dire quelque chose de manière explicite ? Mais je suis capable de lire entre les lignes. Eh bien, par exemple, vous avez fait allusion à mes relations avec Lawrence comme à une sorte de *mariage blanc* *. Enfin, je suis pratiquement certaine que c'est vous qui l'avez dit, pas moi. En tout cas, vous avez suggéré, je me le rappelle clairement, que mes relations avec Lawrence me servaient plus ou moins d'alibi. Et ce que j'ai dit, c'est que nous sommes devenus si proches tous les deux que de faire l'amour avec un autre me ferait l'effet d'une infidélité. C'est la pure vérité.

Zelda n'est pas étrangère à tout ça, non plus, évidemment. Si je décide de coucher avec Lawrence, va-t-elle s'en apercevoir ? Est-ce que je peux le lui cacher ? Est-ce que je devrais ? Si elle le savait, est-ce que ça la jetterait dans les bras du premier boutonneux lubrique ? Vous m'avez laissé entendre, un jour, que je n'osais pas encore regarder en face le fait que tôt ou tard elle va découvrir le sexe. Que, tant qu'elle n'avait pas l'âge, je pouvais me justifier de défendre sa virginité en tant que mère responsable, mais qu'elle finirait par devenir une jeune adulte, par décider de faire l'amour avec un homme, et que ce jour-là je ne pourrais rien faire pour l'en empêcher, alors il vaudrait mieux que je m'y résigne, mais que je n'en serai pas capable si je n'ai pas de mon côté des rapports sexuels satisfaisants. Alors, c'est peut-être le ciel qui m'offre l'occasion de redevenir ce qui serait à vos yeux une femme complète, qu'en pensez-vous ?

Et puis, il y a une autre considération qui me trotte au fond de la tête. La possibilité du mariage. Si Sally et Lawrence divorcent, ça paraîtrait assez logique qu'on saute le pas. Non, je ne pense pas, sans quoi il en aurait parlé l'autre soir quand il a entrepris de me tomber. C'est peut-être pour ça, en fait, qu'il m'avait emmenée chez *Rules*, parce que la *padrona* du restaurant italien où on va d'habitude est toujours à chanter les louanges du mariage, en insinuant que Lorenzo devrait faire de moi une femme honnête – elle ne se doute pas qu'il est déjà marié. Je crois que secrètement, ou inconsciemment, il rêve encore de se réconcilier avec Sally. Il se plaint amèrement de son attitude, mais si elle acceptait de faire une nouvelle tentative de vie commune, je crois qu'il se précipiterait en frétillant de la queue. Là-dessus, je suis sans illusion. Mais si elle tient bon, si elle va jusqu'au bout, je suis bien convaincue qu'il voudra se remarier. Je comprends mieux que lui la façon de fonctionner de son cerveau. Il est du genre porté sur le mariage. Et qui d'autre que moi épouserait-il ?

J'ai essayé de me figurer comment ce serait. Il y aurait peut-être au début une résistance de la part de Zelda, mais je pense qu'elle finirait par l'accepter. Ce serait bon pour elle d'avoir à la maison un adulte du sexe masculin, bon pour nous deux. J'ai une image un peu rose, un peu floue qui me vient sans cesse en tête, de nous trois ensemble à la cuisine, Lawrence qui aide Zelda à faire ses devoirs sur la table, et moi avec un sourire bienveillant devant le fourneau à l'ancienne. Nous n'avons pas de fourneau à l'ancienne, alors ça supposerait, j'imagine, que je choisirais de déménager. Même si Sally obtient le tiers du patrimoine, Lawrence sera encore assez riche. Vous savez comment ça se passe une fois qu'on commence à rêver tout debout, on pense vaguement à la possibilité de se marier et avant d'avoir le temps de se retourner, on se retrouve en train de choisir le tissu des rideaux pour la maison de campagne en Dordogne. Mais ce qui m'a effleurée, c'est que si Lawrence me pose la question un beau jour, il vaudrait mieux savoir d'avance s'il y a entre nous... comment dire, une compatibilité physique, vous ne croyez pas ? Ou non ?

Je suis sûre que ça ne pourrait pas être vraiment une mauvaise expérience, n'importe comment. Lawrence est très gentil, très doux. Saul était toujours tellement dominateur, au lit ! Fais ceci, fais cela, plus vite, plus lentement... Il nous dirigeait comme si on était en train de tourner un film porno. Ce ne serait pas comme ça avec Lawrence. Il n'attendrait pas de moi que je fasse des trucs vicieux

– enfin, je ne crois pas. Oui, Carl, je sais que c'est un concept subjectif...

Alors, vous avez vu l'histoire dans *Public Interest* ? Le dernier numéro, il est sorti hier. Non, pas vous, ça ne m'étonne pas, mais tous les autres gens que je connais se jettent dessus, en feignant de mépriser ces inepties, bien sûr. Il y a une colonne de potins sur le monde des médias, intitulée O.C. Ça veut dire « *Off Camera* ». Ils sont tombés sur l'histoire de Lawrence avec le moniteur de tennis. Oui. Il paraît que Lawrence s'est introduit dans la maison de ce type en plein milieu de la nuit, dans l'espoir de le surprendre au lit avec Sally, et qu'il l'a trouvé couché avec un autre homme. Vous vous rendez compte ? Non, je ne me doutais de rien avant d'avoir lu moi-même ce torchon. C'est Harriet qui est arrivée au bureau hier matin avec le numéro tout frais et qui l'a posé devant moi sans mot dire, ouvert à la page O.C. J'ai failli suffoquer en lisant ça. Après, j'ai téléphoné à Lawrence mais son agent l'avait déjà averti. Selon lui, l'histoire est globalement exacte, sauf qu'on lui met une barre à mine dans la main alors qu'il s'agissait d'une paire de ciseaux. Bonne question. Il paraît qu'il voulait couper sa queue de cheval au moniteur. Encore heureux que le canard n'ait pas eu vent de ce détail. Tout est sur le ton de la raillerie cruelle, ça va de soi. « Tubby Passmore, auteur à problèmes folliculaires de la sitcom *Les Gens d'à côté*, s'est récemment fourré en personne dans une situation plus comique que toutes celles qu'il a pu inventer... » Vous voyez le genre. Et il y a une caricature de lui en, comment s'appelle-t-il déjà, ce dieu grec qui était le mari de Vénus et qui l'a trouvée au lit avec Mars... oui, Vulcain, c'est ça. C'est dessiné dans le style d'une vieille peinture, il y a marqué en dessous « d'après Titien » ou le Tintoret ou je ne sais qui. Avec le pauvre Lorenzo tout gros et tout chauve vêtu d'une tunique, et le moniteur de tennis avec son ami, tout nus, enlacés sur le lit, et les trois ont l'air effaré. C'est plutôt drôle, en fait, si on n'est pas personnellement concerné. Lawrence ne sait pas comment ils ont pu dénicher cette histoire. Le moniteur n'a pas porté plainte parce qu'il préfère ne pas ébruiter sa vie privée, ce n'est donc sûrement pas de lui que ça vient. Heureusement pour lui, son nom ne figure pas. Mais la police est intervenue, alors c'est sans doute un flic qui a vendu le potin à *Public Interest*. Lawrence est anéanti. Il a l'impression que le monde entier est en train de ricaner de lui. Il n'ose plus mettre le nez chez *Groucho* ni à son club de tennis ni nulle part où on le connaît. C'est surtout la caricature qui semble l'avoir atteint. Il est allé chercher dans ses bouquins l'histoire de Vénus, Mars et Vulcain, et il a découvert que ce dernier était boiteux. Il y voit une touche diabolique, quoique à mon avis il s'agisse d'une simple coïncidence. Oui, Lawrence souffre d'un problème au genou, je ne vous en ai jamais parlé ? Il ressent des douleurs soudaines et violentes dans l'articulation, sans raison apparente. Il s'est fait opérer, mais c'est revenu. Je suis sûre que c'est psychosomatique. Je lui ai demandé s'il se souvient d'un traumatisme d'enfance associé à son genou, mais il dit que non. Ce qui me fait penser, je me suis rappelé l'autre jour un accident qui m'est arrivé quand j'étais petite...

Ça y est, j'ai dit à Lawrence que je veux bien. Coucher avec lui, bien sûr. Oui. Le papier de *Public*

Interest l'a plongé dans un tel état de dépression que j'ai senti qu'il fallait faire quelque chose pour le réconforter. Non, évidemment, ça n'est pas mon seul motif. Oui, ma décision était sans doute déjà prise. Enfin, presque. L'affaire *P.I.* a juste apporté la dernière goutte. Alors je prends deux jours de congé et nous partons pour un week-end prolongé. Dans dix jours. On part jeudi soir, on revient lundi après-midi. Je ne pourrai donc pas venir vous voir le vendredi ni le lundi. Oui, je sais qu'il faudra payer quand même, Carl, je me rappelle votre petit speech quand j'ai commencé. Eh bien, si vous détectez un soupçon d'irritation latente, c'est qu'il y en a un. Étant donné que je n'ai pratiquement pas raté une seule séance depuis trois ans, j'aurais cru que vous pourriez me faire grâce de vos honoraires en la circonstance, après tout c'est un peu un cas d'urgence. Il s'agit de sauver la santé mentale de Lawrence. Il prendrait sans doute vos honoraires à son compte si je le lui demandais, mais vous ne seriez sans doute pas d'accord, hein ?

Je ne sais pas encore, c'est Lawrence qui s'occupe de tout. J'ai dit n'importe où, pourvu que ce soit à l'étranger, et qu'il fasse chaud, de préférence. Le voyage me semblait s'imposer. Chez moi, ce serait hors de question, évidemment, et dans son appartement ça n'irait pas non plus, pas pour la première fois, en tout cas. C'est tout petit, et on a quelquefois l'impression que tout le West End le plus sordide vient se coller aux murs et aux fenêtres pour entrer : les odeurs de restaurants, le bruit de la circulation, les touristes, les clochards... Oui, je l'ai interrogé au sujet de ce jeune SDF. Ça fait quelques semaines, il paraît, qu'il campe sous le porche. Lawrence a essayé de s'en débarrasser mais au lieu de ça, c'est bien de lui, il a fini par l'inviter à prendre une tasse de thé. Puis il lui a donné de quoi se payer une chambre pour la nuit. Grave erreur. Naturellement, le garçon n'a pas tardé à se repointer, dans l'espoir de nouvelles *largesses* *. Lawrence affirme qu'il ne lui a plus rien donné, mais ce qui est sûr c'est qu'il a renoncé à le faire décamper. Je lui ai suggéré de demander à la police de s'en charger, mais il refuse. « Il ne fait aucun mal, dit-il. Et il nous protège contre les cambrioleurs. » Ce qui n'est sans doute pas faux, d'une certaine manière. Ces appartements sont inoccupés la plupart du temps. Mais je soupçonne que si Lawrence le laisse s'incruster, c'est à cause de sa solitude. Lawrence est solitaire. Il aime bien, je crois, avoir quelqu'un avec qui échanger quelques mots au passage, quelqu'un qui ne lit pas *Public Interest*. À propos, j'ai rêvé de cette caricature, la nuit dernière. J'étais Vénus, Saul était Mars et Lawrence, Vulcain...

Alors, nous allons à Tenerife, malheureusement. Lawrence est entré dans une agence de voyages, il a dit qu'il voulait un endroit où il fasse chaud, à l'étranger mais pas trop loin, et voilà ce qu'on lui a trouvé. À présent, je regrette de ne pas avoir tout organisé moi-même. Ce n'est pas dans les cordes de Lawrence. C'était toujours Sally qui faisait les réservations pour leurs vacances. Les îles Canaries, ça a l'air charmant comme ça, le nom, je veux dire, mais je ne les ai jamais entendu vanter par quelqu'un qui y est allé. Et vous ? Vous connaissez ? Non, ce n'est pas votre genre. Harriet avait fait un séjour à la Grande-Canarie et elle m'avait dit que c'était atroce, quoiqu'elle ait essayé hier de me soutenir le contraire pour ne pas me déprimer. Tenerife, c'est peut-être mieux. Enfin, il s'agit seulement de trois quatre jours, et au moins on aura chaud.

J'ai dit à Zelda que je fais un voyage professionnel, que Lawrence situe un épisode des *Gens d'à côté* aux Canaries, une histoire de vacances organisées, et qu'on a besoin d'un casting local. L'alibi n'est guère crédible, en réalité. Pas l'idée des Canaries en soi, il arrive en effet qu'on filme un épisode en extérieurs, et Lawrence est même assez séduit par l'idée des vacances organisées, il voit d'avance les Springfield qui se réveillent le premier matin dans leur chambre d'hôtel, ravis d'échapper aux Davis pendant quinze jours, jusqu'à ce qu'ils les découvrent attablés autour du petit déjeuner sur le balcon voisin, il va peut-être s'en servir s'il y a une nouvelle série – mais que je sois obligée d'aller là-bas pour le casting, surtout au stade préliminaire, c'est invraisemblable, pour peu qu'on ait la moindre notion du métier. Zelda a gobé mon histoire avec une absence de suspicion que je trouve suspecte. Je ne peux pas m'empêcher de croire qu'elle a deviné qu'il est question d'autre chose que de télévision dans ce voyage, mais je dois dire qu'elle s'est montrée adorable. Elle m'a donné de très bons conseils sur les vêtements à emporter. C'est bizarre, on croirait que les rôles sont renversés, comme si elle m'aidait à préparer mon trousseau. J'ai tout arrangé pour qu'elle passe le week-end avec son amie Serena, alors ça l'a mise de bonne humeur. La mère de Serena est une femme raisonnable, je n'ai donc pas à craindre qu'elles fassent des bêtises. L'un dans l'autre, j'attends ce week-end avec une certaine impatience. Quelques jours de *dolce vita* au soleil seront les bienvenus.

Bon, pour un week-end raté, c'en était un, un désastre. D'abord, ça n'était pas brillant comme lieu de vacances. Vous êtes déjà allé à Tenerife ? Non, c'est vrai, je me rappelle. Eh bien, à choisir entre les mines de sel en Sibérie et un quatre-étoiles à Playa de las Americas, je prends la Sibérie à tous les coups. Playa de las Americas, c'est le nom de la station où nous étions. Lawrence l'avait choisie sur la brochure de l'agence parce qu'elle est proche de l'aéroport et que nous devions débarquer tard le soir. Ça n'avait pas l'air idiot, a priori, mais cet endroit s'est révélé le plus hideux qu'on puisse imaginer. *Playa*, en espagnol, ça veut dire plage, bien sûr, seulement il n'y a pas de plage, pas ce que j'appellerais une plage. Rien qu'une bande de vase noirâtre. Toutes les plages sont noires à Tenerife, on dirait des négatifs. L'île entière est constituée essentiellement d'un énorme bloc de charbon, et les plages, c'est de la poudre de charbon. C'est une île volcanique, vous voyez. Il y a même au milieu un putain de gros volcan. Malheureusement, il n'est pas en activité, sinon on pourrait espérer une éruption qui raserait Playa de las Americas. Là, ça pourrait valoir la visite, comme Pompéi. De pittoresques ruines de béton avec touristes carbonisés à l'instant où ils paradaient en T-shirt mouillé et lampaient de la sangria.

Il y a quelques années encore, paraît-il, ça n'était qu'un bout de côte rocheuse et déserte, où des promoteurs ont décidé de bâtir une station balnéaire, ce qui donne à présent un Blackpool[1] sur l'Atlantique. Il y a une rue principale baptisée avenida Litoral, bouchée en permanence par la circulation et bordée de ce qu'on peut imaginer de plus vulgaire comme

1. Villégiature prolétarienne sur la côte nord-ouest de l'Angleterre. *(N.d.l.T.)*

bars, cafés et boîtes de nuit, qui crachent vingt-quatre heures sur vingt-quatre une musique assourdissante, des lumières criardes et des odeurs de graillon ; à part ça, il n'y a que des tours plantées côte à côte, hôtels et appartements en multipropriété. C'est un cauchemar de béton, pratiquement sans un arbre ni un brin d'herbe.

On ne s'est pas rendu compte tout de suite à quel point c'était horrible, parce qu'il faisait noir à notre arrivée et que le taxi pris à l'aéroport a emprunté un itinéraire détourné qui m'a paru suspect, mais, à la réflexion, le chauffeur cherchait peut-être à nous épargner pour notre premier soir le choc de l'avenida Litoral. On n'a pas dit grand-chose pendant le trajet, à part une ou deux remarques sur la chaleur et l'humidité de l'air. Il n'y avait guère d'autre commentaire à faire puisqu'on ne voyait rien jusqu'au moment où on est arrivés aux abords de Playa de las Americas, et là il valait mieux se taire sur ce qu'on découvrait : des chantiers de construction à l'abandon, des grues immobiles, des façades mortes d'immeubles où n'étaient éclairées que quelques fenêtres au milieu des pancartes « à vendre », puis une longue artère bordée d'hôtels. Tout était en béton armé, chichement éclairé par la lumière jaune des lampadaires, et tout donnait l'impression d'avoir été construit, aux moindres frais, quinze jours plus tôt. Je sentais Lawrence se tasser de plus en plus bas sur lui-même dans son coin du taxi. On avait déjà compris tous les deux qu'on était venus dans le trou du cul du monde, mais on ne pouvait pas se résoudre à l'admettre. Un terrible sentiment de contrainte s'était abattu sur nous depuis l'atterrissage : la conscience de ce que nous venions faire ici et notre peur que ce soit un ratage nous retenaient de laisser échapper le moindre mot de déception.

Du moins, me disais-je pour me consoler, l'hôtel sera forcément confortable. Quatre étoiles, m'avait garanti Lawrence. Seulement, quatre étoiles à Tenerife n'ont pas le même sens qu'en Angleterre. Un quatre-étoiles à Tenerife, c'est l'hôtel pour groupes organisés, à peine au-dessus de la moyenne. Je préfère ne pas savoir à quoi ressemble là-bas un hôtel une étoile. L'accablement m'a gagnée – il a fini de me gagner – quand on a pénétré dans le hall et vu les dalles de vinyle au sol, les canapés couverts en plastique et les ficus poussiéreux qui dépérissaient sous les néons du plafond. Lawrence est allé à la réception puis nous avons suivi en silence le bagagiste dans l'ascenseur. Notre chambre était nue et fonctionnelle, assez propre mais imprégnée d'une forte odeur de désinfectant. Il y avait des lits jumeaux. Lawrence leur a jeté un regard consterné et s'est retourné vers le bagagiste pour lui dire qu'il avait demandé une chambre double. Toutes les chambres de l'hôtel, a répondu l'employé, étaient équipées de lits jumeaux. Les épaules de Lawrence se sont affaissées un peu plus. Dès que le bagagiste a disparu, il s'est mis à s'excuser lamentablement et à jurer que l'agence de voyages lui revaudrait ça à notre retour. J'ai dit bravement que ça n'avait pas d'importance et j'ai ouvert la fenêtre coulissante pour sortir sur le petit balcon. La piscine s'étalait en bas, de forme biscornue, comme la tache d'un test de Rorschach, encadrée de faux rochers et de palmiers artificiels. Éclairée par en dessous, l'eau luisait d'un bleu vif dans la nuit. C'était depuis notre arrivée la première vision très vaguement romanesque, mais l'effet en était gâché par la violente odeur chlorée de bains publics qui montait à nos narines, et le martèlement des basses d'une disco encore en plein boum de l'autre côté. J'ai fermé les volets pour nous protéger du bruit et de l'odeur, et mis en marche la climatisation. Lawrence avait entrepris de tirer les lits l'un contre l'autre, avec pour résultat le grincement effroyable des pieds sur le carrelage, la révélation que la chambre n'était pas aussi propre qu'à première vue car la poussière s'accumulait derrière les tables de chevet et en dessous, et la découverte que le fil des lampes n'était pas assez long pour la nouvelle disposition, si bien que pour finir il a remis les lits là où ils étaient avant. J'étais secrètement soulagée parce qu'il devenait plus facile de suggérer que nous dormions tout de suite. Il était tard, j'étais épuisée et je me sentais aussi sexy qu'un sac de choux de Bruxelles. Lawrence devait en être au même point, car il n'a pas fait mine de protester. Nous sommes passés cérémonieusement à la salle de bains l'un après l'autre, après quoi nous avons échangé un chaste baiser et nous sommes couchés dans nos lits respectifs. J'ai senti aussitôt à travers la minceur du drap que mon matelas était recouvert de plastique. Vous vous rendez compte ? Je croyais qu'on réservait les alèses en plastique aux bébés et aux vieillards incontinents. Erreur : les groupes organisés y ont droit aussi. Je sens que vous vous agitez, Carl... vous voulez savoir si nous avons fini par faire l'amour ou pas, hein ? Eh bien, il vous faudra patienter. C'est mon histoire à moi et j'ai bien l'intention de la raconter à ma manière. Ah bon, déjà ? Alors, à demain.

Eh bien, vous savez ce qui est arrivé ? Vous ne devinerez jamais. Sally est revenue à la maison à Rummidge et elle a annoncé son intention d'y rester, en menant une vie séparée. Oui, ça s'appelle comme ça, « vie séparée de corps », c'est un terme légal. Cela signifie qu'on partage la demeure familiale en attendant que la situation soit réglée, mais qu'on ne vit pas ensemble. On ne cohabite pas. Quand Lawrence est rentré hier – il avait passé la nuit dans son appartement de Londres – il a trouvé Sally qui l'attendait, avec une liste dactylographiée de propositions pour le mode de partage de la maison : répartition des chambres, des heures où chacun disposerait de la cuisine et des jours où ils se serviraient de la machine à laver. Sally a été très explicite sur le fait qu'elle ne s'occuperait pas du linge sale de Lawrence. Elle s'était déjà adjugé la chambre principale avec salle de bains attenante, et elle avait fait poser un nouveau verrou sur la porte de la chambre. Lawrence a trouvé tous ses costumes, ses chemises et le reste soigneusement rangés dans la chambre d'amis. Il est fou de rage, mais d'après son avocat il ne peut rien faire. Sally a bien choisi son moment. Elle avait demandé si elle pouvait venir prendre des vêtements à la maison le week-end dernier, et il avait dit oui, quand elle voulait, puisqu'il serait absent ; et bien sûr, elle avait les clés de la maison. Mais, au lieu d'emporter ses vêtements, elle s'est réinstallée, profitant de ce qu'il n'était pas là pour tenter de l'en empêcher. Non, elle ne sait pas qu'il était à Tenerife avec moi. Il ne faut surtout pas qu'elle l'apprenne.

Ah, oui, où en étais-je ? Eh bien, il ne s'est rien passé la première nuit, comme je vous le disais, sinon que nous avons dormi dans nos lits jumeaux, assez tard malgré les matelas pour incontinents, tellement nous étions fatigués tous les deux. Nous avons demandé qu'on nous monte le petit déjeuner dans la chambre. Ce n'était pas encourageant : du jus d'orange en boîte, des croissants flasques qui avaient le goût de carton, des confitures dans de minuscules barquettes en plastique – le prolongement des repas servis en avion. On a essayé de se mettre sur le petit balcon, mais on a été chassés par le soleil, déjà incroyablement chaud. Le balcon ouvrait à l'est et n'avait ni store ni parasol. On a donc pris le petit déjeuner à l'intérieur, volets clos. Lawrence a relu l'*Evening Standard* qu'il avait acheté la veille à Londres. Il a offert de m'en céder une partie, mais en l'occurrence je trouvais que lire le journal au petit déjeuner n'était pas de sa part très *comme il faut* *. Je me suis permis une petite plaisanterie à ce sujet et il a froncé les sourcils d'un air perplexe. « Mais j'ai toujours lu le journal au petit déjeuner », a-t-il dit comme s'il se référait à une loi fondamentale de l'univers. C'est extraordinaire à quel point, dès qu'on partage son espace vital avec quelqu'un, on le découvre sous un jour différent, et on est irrité par des choses complètement inattendues. Ça m'a rappelé mes premiers mois de vie conjugale. J'étais écœurée par l'état dans lequel Saul laissait les toilettes, avec des traînées de merde sur la cuvette, comme si personne ne lui avait jamais expliqué à quoi servait la balayette, mais naturellement il m'a fallu des mois avant d'oser lui en parler. Le partage des toilettes à Tenerife était là aussi un peu cauchemardesque, en fait, mais épargnons-nous les détails.

Nous avons décidé de passer notre première matinée à flemmarder près de... Ah, oui, ça ne m'étonne pas de vous, vous voulez que je vous parle de ça, hein ? Eh bien, il n'y avait pas de fenêtre à la salle de bains, comme le plus souvent dans les hôtels, et l'aérateur n'avait pas l'air de marcher, en tout cas il ne faisait aucun bruit, alors je me suis arrangée pour passer la première à la salle de bains après le petit déjeuner. À la lumière de ce que j'ai déjà eu l'occasion de vous confier sur la question, vous ne serez pas étonné d'apprendre que... comment dire... quand je parviens à faire caca, c'est plutôt des petites crottes serrées. Vous tenez vraiment à ce que je continue ? Alors, voilà, il se trouve que ces toilettes de Tenerife n'étaient pas fichues de les avaler. Quand j'ai actionné la chasse d'eau, les crottes ont joyeusement sautillé dans l'eau, comme de minuscules balles en caoutchouc brun, et refusé de disparaître. Chaque fois que je recommençais à tirer la chaîne, elles rebondissaient à la surface. Vous parlez d'un retour du refoulé. Je devenais frénétique. Je ne voulais pas sortir de la salle de bains avant de m'en être débarrassée. Je veux dire, c'est pas très agréable de trouver les cacas de quelqu'un d'autre qui flottent dans la cuvette quand on veut s'en servir, et c'est un peu dégrisant pour une idylle, vous ne croyez pas ? Je ne pouvais pas me résoudre à présenter des excuses ou des explications à Lawrence, ni à plaisanter là-dessus. Il faut être mariés depuis au moins cinq ans pour se permettre ça. J'aurais eu besoin d'un bon seau d'eau à déverser dans la cuvette, mais le seul récipient disponible dans la salle de bains était une corbeille à papiers en plastique ajouré. J'ai fini par pousser mes petites crottes une par une jusqu'au fond avec la balayette et les faire partir, mais plus jamais ça.

Bon, comme je vous le disais, nous avons décidé de passer notre première matinée à flemmarder près de la piscine. Mais quand nous sommes descendus, il ne restait pas une chaise longue ni un parasol de libre. C'était plein de gens vautrés partout à cultiver leur cancer de la peau. Lawrence a le teint très clair et le torse couvert d'une masse incroyable de poils qui absorbent la crème solaire comme du buvard, mais laissent passer tous les rayons dangereux. Moi, je bronze facilement, mais ces derniers temps j'ai lu dans les magazines féminins tellement d'articles effrayants au sujet des effets néfastes du soleil sur la peau que je n'ose plus m'exposer. Le seul endroit à l'ombre était un miteux petit carré d'herbe contre le mur de l'hôtel, à des kilomètres de la piscine. On s'est assis là inconfortablement sur nos serviettes et tout d'un coup la colère m'a prise contre les gens qui s'étaient réservé des lits de plage en y déposant leurs affaires avant d'aller prendre leur petit déjeuner. J'ai suggéré à Lawrence que nous allions réquisitionner une paire de ces lits de plage inoccupés, mais il ne voulait pas. Les hommes sont d'une lâcheté pour ces choses-là ! Alors je m'en suis chargée toute seule. Il y avait deux lits de plage côte à côte sous un palmier, avec des serviettes pliées, alors j'ai simplement transféré l'une des serviettes d'un lit à l'autre et je me suis installée à l'aise. Une vingtaine de minutes plus tard, une femme est arrivée et elle s'est mise à fulminer, mais j'ai fait semblant de dormir et au bout d'un moment elle a ramassé les deux serviettes et elle est partie, alors Lawrence s'est ramené pas trop fier et il a pris l'autre lit de plage.

Cette petite victoire m'a mise de bonne humeur pendant un moment, mais ça n'a pas duré. Je n'ai pas une passion pour la natation, Lawrence doit faire attention à son genou, et la piscine qui avait l'air correcte vue d'en haut était en fait assez désagréable pour le bain, avec sa forme biscornue, la foule d'enfants mal élevés et l'horrible odeur de chlore. J'ai lu quelque part que ce n'est pas le chlore en soi qui dégage cette odeur, mais la réaction chimique produite par l'urine, alors ces gosses devaient pisser dans l'eau à qui mieux mieux, et ils retournaient sans arrêt faire le plein au distributeur de coca. Après nous être baignés, il n'y avait rien d'autre à faire que lire, et les lits de plage s'y prêtaient mal, c'était le genre bon marché qu'on ne peut pas ajuster. Le cadre en acier tubulaire se relève un peu au bout, mais pas assez pour soutenir la tête à une hauteur qui permette de lire confortablement, si bien qu'on est obligé de tenir le livre en l'air et, au bout de cinq minutes, les bras vous en tombent littéralement. J'avais apporté *Possession*, le roman d'Antonia Byatt, et Lorenzo avait un livre de Kierkegaard, *Crainte et Tremblement*, je crois que ça s'appelle, pas très approprié pour la circonstance. On pouvait situer tout de suite les autres pensionnaires de l'hôtel rien qu'à voir ce qu'ils lisaient : Danielle Steel, Jeffrey Archer et les journaux anglais à scandales qui étaient arrivés au milieu de la matinée. Pour la plupart, j'ai eu l'impression que ces gens étaient des ouvriers des usines automobiles de Luton, mais je me suis tue parce que Lawrence a une dent contre le snobisme londonien.

Ni l'un ni l'autre nous n'avions apporté de drap de bain, croyant qu'un hôtel quatre étoiles nous en fournirait, mais pas celui-ci, il n'y avait dans la salle de bains qu'une assez petite serviette éponge par personne, alors nous avons décidé d'aller faire un tour et quelques achats. Nous avions aussi besoin de chapeaux, et de tongs, parce que le ciment autour de la piscine était devenu brûlant. Nous nous sommes donc rhabillés et nous voilà partis sous le soleil au zénith, réfléchi comme des rayons laser par les trottoirs et les murs des immeubles. D'après le plan de la ville donné par l'hôtel, on n'était qu'à deux rues de la mer, alors on est partis dans cette direction pour chercher une boutique d'accessoires de plage, mais il n'y avait ni plage ni boutiques, rien qu'un muret au bout d'un cul-de-sac, et au-dessous une bande étroite de ce qui ressemblait à des cendres mouillées battues par la mer. On a fait demi-tour pour regagner la rue principale où se trouvait une petite galerie commerciale, bâtie en sous-sol pour une raison mystérieuse, un lugubre tunnel d'échoppes qui vendaient des souvenirs de voyage et autre camelote pour touristes. Il semblait impossible d'acheter un article où ne soient pas imprimés le mot « Tenerife » ou la carte de l'île. Quelque chose en moi se refusait à acheter une serviette dont je ne voudrais pour rien au monde qu'on la voie en ma possession chez nous. Nous avons donc repris la rue principale en direction du centre, dans l'espoir d'y trouver un plus grand choix. Il est apparu que cela faisait deux bons kilomètres à parcourir en plein soleil. Un trajet ennuyeux au début, qui n'a pas tardé à devenir accablant. Il y a une portion particulièrement horrible de l'avenida Litoral, nommée Las Veronicas, où s'entassent les bars, les clubs et les restaurants affichant « Paella et chips » et « Haricots sur toast », équipés pour la plupart de haut-parleurs qui inondent la rue d'une musique disco tonitruante pour attirer le client, ou alors d'écrans de télé qui diffusent au maximum du volume sonore des cassettes vidéo de vieilles sitcoms anglaises. C'était comme un résumé de la nullité absolue de Playa de las Americas. Tous ces Britanniques échoués sur un volcan éteint au beau milieu de l'océan à trois mille kilomètres de chez eux, qui payaient pour regarder de vieux épisodes de *Porridge*, *Only Fools and Horses* et *It Ain't Half Hot, Mum.* « Tu as déjà vu quelque chose d'aussi minable ? » ai-je demandé à Lawrence à l'instant précis où nous arrivions devant un café où passait *Les Gens d'à côté*. La part de marché n'était pas formidable, malheureusement. En fait, il n'y avait que quatre personnes attablées là, un couple d'un certain âge qui ressemblait à de grands crabes ébouillantés, et deux jeunes femmes maussades à la coiffure punk. Bien entendu, Lawrence n'a pas pu s'empêcher d'entrer. Je ne connais pas un seul scénariste capable de détourner les yeux d'un écran de télé qui montre son œuvre. Lawrence a commandé une bière pour lui et un gin-tonic pour moi, et il est entré en contemplation, avec un sourire attendri, tel un père devant le home-movie des premiers pas de son bébé. Je veux dire, il n'y a pas plus fan que moi du travail de Lawrence, mais je n'avais pas fait tout ce chemin pour rester assise dans un bar à regarder les trésors exhumés des *Gens d'à côté*. Il ne me restait apparemment qu'une solution, sur laquelle je me suis rabattue. J'ai lampé mon gin-tonic et j'en ai commandé un second, un double. Lawrence a pris une autre bière, nous avons partagé une pizza réchauffée au micro-ondes, puis nous avons tous les deux arrosé le café au cognac. Lawrence a suggéré que nous rentrions à l'hôtel faire une petite sieste. Dans le taxi qui nous ramenait, il m'a passé le bras autour des épaules, d'où j'ai déduit à quel genre de *siesta* il pensait. Ah bon, c'est l'heure, déjà ? Alors, la suite à demain. Schéhérazade, oui, bien sûr que j'en ai entendu parler, pourquoi... ?

Eh bien, heureusement que j'étais pompette, sans quoi je serais morte d'embarras. Je veux dire, il y avait de quoi éclater de rire ou fondre en larmes, et avec ce que j'avais bu, c'est l'hilarité qui a eu le dessus. Le fou rire m'a prise dès que j'ai vu Lawrence mettre sa genouillère quand nous nous apprêtions pour la sieste. Elle est faite d'un matériau extensible enduit d'une espèce de mousse, comme les combinaisons de plongée autrefois, et rouge vif, avec un trou au milieu pour la rotule. C'était particulièrement comique à voir alors qu'il était tout nu. Il a eu l'air assez étonné de ma réaction. Apparemment, il la met toujours pour faire l'amour avec Sally. Quand en plus il a enfilé un bandage élastique sur son coude, je n'en pouvais plus. Il m'a expliqué qu'il se sentait guetté ces temps-ci par une récidive de tennis-elbow et qu'il préférait ne pas prendre de risques. Je me demandais s'il allait ajouter autre chose, peut-être des protège-tibias ou un casque intégral. Ce qui n'aurait pas forcément été une mauvaise idée, car vu l'étroitesse du lit il courait le danger de tomber par terre durant les préliminaires, accomplis à grand renfort de léchage et de travail du museau. Je me suis contentée de fermer les yeux et de le laisser brouter. C'était plutôt agréable, même si ça chatouillait et si je continuais à pouffer de rire alors que j'étais sûrement censée gémir. Puis il est apparu qu'il attendait de moi que je le chevauche pendant qu'il restait à plat dos, à cause de son genou, et que je me charge moi-même de la partie la plus délicate du processus, si j'ose dire. Une actrice m'a raconté un jour qu'elle était poursuivie par un rêve où elle se trouvait en scène sans savoir quelle pièce elle jouait, obligée de deviner ses répliques et ses déplacements en fonction de ce que disaient et faisaient les autres interprètes. J'ai eu l'impression d'être en train de doubler le rôle de Sally avec le même handicap. J'ignore comment elle s'en tire, mais quant à moi je me sentais à mi-chemin entre la pute et l'infirmière orthopédique. Je suis quand même allée jusqu'au bout, je me suis un peu agitée sur lui de haut en bas jusqu'à ce qu'il pousse un gémissement, et j'ai roulé sur le côté. Seulement voilà, il avait gémi parce qu'il ne parvenait pas à jouir. « Tu as peut-être un peu trop bu à déjeuner, chéri », ai-je suggéré. « Peut-être, a-t-il dit sombrement. Pour toi, c'était bien ? » Naturellement, j'ai répondu que ç'avait été merveilleux, quoique pour être franche il me soit arrivé de tirer davantage de plaisir d'un bon bain après une dure journée de travail, ou d'un chocolat belge de grande classe avec une tasse de café de Colombie moulu de frais. En toute honnêteté.

Bon, après ça on a dormi une petite heure, puis on a pris une douche suivie d'une tasse de thé sur le balcon, qui se trouvait à l'ombre à présent, et on a lu jusqu'à ce que vienne l'heure de descendre prendre un verre au bar avant le dîner. Nous ne nous parlions guère, parce que tout ce qui nous venait à l'esprit, au mien en tout cas, c'étaient des remarques qu'il valait mieux taire, sur l'horreur de cet endroit et l'allure de désastre que prenait notre voyage, sachant qu'il nous restait trois jours à tirer. Nous avions le régime de demi-pension à l'hôtel. À notre arrivée, on nous avait remis de petits tickets qu'il fallait présenter à l'entrée de la salle à manger, une vaste caserne où quatre cents personnes environ engloutissaient la nourriture comme s'ils luttaient contre la montre dans un jeu télévisé. On se servait soi-même au buffet de hors-d'œuvre et de dessert, et le plat principal vous était apporté à la table. On avait le choix entre le poulet *chasseur* et le poisson pané. C'était à peu près du niveau de la cantine de la BBC, mangeable mais sans charme. On a pris une bouteille de vin rouge mais j'en ai bu la plus grande partie parce que Lawrence se restreignait en vue de sa performance à venir. La soirée s'annonçait tendue. On est sortis prendre l'air et retournés vers le bord de mer contempler les vagues qui battaient les cendres mouillées. Il ne nous restait plus qu'à aller nous coucher. L'alternative étant de retourner en ville, or on imaginait sans peine à quoi ressembleraient de nuit les Veronicas. Nous avons donc recommencé à faire l'amour, avec le même résultat. Il avait une érection, mais sans parvenir à... comment dit-on... à éjaculer, quelque ardeur que je mette à me secouer sur lui. Il était dans tous ses états, malgré mes efforts pour lui dire que ça n'avait aucune importance, en fait, je préférais, je n'ai jamais aimé cette sensation de mouiller sa chemise de nuit qu'on a après. « Il y a sûrement quelque chose qui ne va pas chez moi », m'a-t-il dit. « Tu n'y es pour rien, ai-je protesté, c'est cet horrible hôtel et cet endroit hideux, il y a de quoi rendre impuissant n'importe qui. »

C'était la première fois que j'exprimais le fond de ma pensée depuis notre arrivée. Il a pris ça comme une gifle. « Je suis désolé, a-t-il dit avec raideur. J'ai fait de mon mieux. » « Mais bien sûr, *chéri*, ai-je répondu. Je ne t'adresse aucun reproche, c'est la faute de l'agence de voyages. Mais si nous déménagions dans un endroit plus agréable ? » « Impossible, a-t-il rétorqué, j'ai payé d'avance. » Il semblait croire que nous étions tenus par obligation contractuelle de rester là pour toute la durée du séjour prévu. Il m'a fallu un bon moment pour le convaincre que nous pouvions nous permettre – ou plus exactement, qu'il pouvait se permettre – de renoncer à trois des nuits auxquelles son argent lui donnait droit. Le fantôme de ses parents semblait se dresser devant lui pour lui interdire un gaspillage si scandaleux. « N'importe comment, a-t-il dit, il n'y a qu'un seul hôtel cinq étoiles à Playa de las Americas, et il est complet. L'agence l'avait contacté. » « Pas étonnant qu'il soit complet, ai-je répondu. Quelqu'un qui a réservé une chambre dans un cinq-étoiles à Playa de las Americas doit sûrement s'y barricader et ne plus mettre le nez dehors. Mais j'ose imaginer qu'il existe des cinq-étoiles ailleurs à Tenerife ? » « Et comment s'y rendrait-on ? » a demandé Lawrence. « Il n'y a qu'à louer une voiture, mon chou », ai-je dit en pensant, j'ai l'impression de parler à un enfant.

Bon, en prenant la direction des opérations, j'ai réussi à nous sortir de ce trou à rats aussitôt après le petit déjeuner, le lendemain. Lawrence aurait voulu s'éclipser sans rien dire aux gens de l'hôtel, mais comme il fallait passer à la caisse pour régler quelques extras, j'ai eu la satisfaction de leur dire pourquoi on s'en allait, ce qui d'ailleurs leur était bien égal. Dans la voiture climatisée louée chez Avis, nous avons longé la côte jusqu'à Santa Cruz, la capitale. On n'a jamais vu un paysage aussi nu et ennuyeux, dans le genre surface lunaire sous une canicule. Enfin, Santa Cruz est une petite ville assez charmante, un peu miteuse mais civilisée. Il y a au moins un hôtel qui a vraiment de la classe, une piscine au milieu des ombrages d'un beau jardin, et un restaurant correct. C'est là, en fait, que Robert Maxwell a pris son dernier repas, avant d'aller se jeter par-dessus le bastingage de son yacht. S'il avait séjourné à Playa de las Americas, personne ne se serait interrogé sur les motifs de son geste.

Nous avons passé des moments très agréables à Santa Cruz. Nous avions une chambre immense, haute de plafond, une salle de bains en marbre avec une fenêtre qui s'ouvrait, et un vaste lit dans lequel nous avons échangé quelques câlins et dormi comme des bébés. C'est tout ce que nous y avons fait. J'ai dit à Lawrence, évitons de nous exposer à une nouvelle *débâcle* *, mon chou, à présent que tout se passe bien, et je crois qu'il s'est gardé d'insister. À la vérité, j'avais décidé que je n'épouserais pas Lawrence même s'il me le demandait, et que je ne voulais plus avoir de rapports sexuels avec lui, ni un autre homme, d'ailleurs. Je suis arrivée à la conclusion que je me passerais très bien de sexe, merci infiniment, jusqu'à la fin de mes jours. Je me suis trouvée idiote d'avoir gâché tout ce temps à analyser mes relations avec Saul, à me demander ce qui avait cloché, pourquoi je n'avais pas su le satisfaire, alors que ce qui comptait, c'était ce qui pourrait me satisfaire, moi. Et ce ne serait pas de mettre mon corps à la disposition d'un autre homme. J'espère que nous parviendrons, Lawrence et moi, à retrouver nos chastes relations de bonne compagnie, mais sinon, eh bien, *tant pis* *.

De sorte qu'en fin de compte, cela n'a pas été un tel désastre, mon week-end de cul. Je crois vraiment que j'y vois plus clair qu'avant, grâce à cette expérience. Je vois qu'il n'y a rien qui cloche chez moi. Je m'accepte telle que je suis. Je n'ai pas besoin de sexe. Je n'ai pas besoin d'un homme. Et je n'ai plus besoin de vous, Carl. Parfaitement. C'est la fin de l'analyse. Vous m'aviez dit que je m'en rendrais compte. Voilà, ça y est. C'est notre dernière séance, Carl. Oui. Je vous fais mes adieux. Je suis guérie.

Louise

Stella ?... C'est Louise... Salut !... Très bien, et toi ?... Oh... Il me semblait bien que tu avais un ton déprimé sur le message du répondeur... Ouais, écoute, je suis désolée de pas t'avoir rappelée plus tôt, mais tu peux pas savoir ce que j'ai été débordée... Des réunions qui se multiplient indéfiniment... Ouais, c'est toujours pour le même film, sauf qu'à présent il s'appelle *Zigzag*. Tu sais ce qu'on raconte à propos de Hollywood, que n'importe quoi prend cinq minutes ou cinq ans, et ce bébé-là m'a tout l'air d'être parti pour nous faire chier pendant cinq ans. À part ça, pourquoi tu as le cafard ?... Hmm, hmm... Je m'en doutais un peu... Écoute, mon coco, tu vas pas apprécier que je te dise ça maintenant, mais franchement, bon débarras !... D'accord, il m'a jamais plu, mais j'avais raison, non ? Je t'avais prévenue, non, qu'il faut pas faire confiance à un mec qui porte une croix d'or au cou ?... Il t'a exploitée, mon lapin... Dès que tu as eu fini de lui payer son dentiste et ses cours de théâtre, il t'a plaquée... Oui, normal que tu réagisses comme ça maintenant, mais tu t'en remettras, crois-moi, je suis passée par là. Attends une minute, j'ai un autre appel. Raccroche pas...

Coucou ! C'était Nick qui appelait de New York, juste pour me dire bonjour... Ouais, pour quelques jours seulement. Une pièce d'un client à lui qui démarre off-Broadway. Tiens, Stella, pour te changer les idées, tu veux que je te raconte le truc insensé qui m'est arrivé hier ?... O.K., envoie balader tes chaussures, cale tes pieds sur un coussin et écoute un peu ça...

C'était vers six heures du soir. Je venais juste de rentrer d'une réunion à Global Artists, le temps de prendre une douche et de me changer, je me demandais si j'allais me faire à bouffer ou appeler Sushi Express, quand le téléphone a sonné. J'entends une voix à l'accent britannique qui me dit : « Allô, Louise, ici Lawrence Passmore. » Lawrence Passmore ? Le nom ne me dit rien, et je reconnais pas la voix. Alors je réponds : « Ah, oui ? » d'un ton neutre, le mec glousse nerveusement et il reprend : « Pour vous, ça doit être ce que les disc-jockeys appellent une bouffée du passé. » Je lui demande « On se connaît ? », il y a comme un silence chagriné qui dure bien trente secondes et il finit par articuler « *Les Gens d'à côté*... Ça fait quatre ans... » et le déclic se fait. C'est le mec qui avait créé la version britannique originale de *Qui sont les voisins ?* Ouais. Chez eux, ça s'appelle *Les Gens d'à côté*. Quand je travaillais chez Mediamax, ils avaient acheté les droits, et lui il était venu d'Angleterre comme conseiller pour le pilote, j'avais été chargée de m'occuper de lui. Mais le prénom « Lawrence », tu vois, ça me disait rien. Je lui demande : « Vous n'aviez pas un autre prénom, à l'époque ? » Il me répond : « Tubby ». « Ah, oui, bien sûr, Tubby Passmore ! » Tout de suite, j'ai revu le mec : la cinquantaine, crâne dégarni, la silhouette trapue. Un type sympathique. Plutôt timide, mais sympa. « Je n'ai jamais aimé ce surnom, je dois vous l'avouer, me dit-il, mais apparemment je n'arriverai pas à m'en débarrasser... » Je le coupe : « C'est gentil de m'appeler. Qu'est-ce qui vous amène à Los Angeles ? » « Eh bien, mon voyage n'a rien de professionnel, en fait », me dit-il. Je lui demande : « Vous êtes en vacances ? » en pensant qu'il doit être en chemin pour Hawaï ou un coin comme ça. Il me répond : « En quelque sorte », c'est bien anglais, ça, et il ajoute : « Je me demandais si vous seriez libre ce soir pour dîner ? »

Tu vois, quatre-vingt-dix-neuf fois sur cent, ç'aurait été hors de question. Nick et moi, on est sortis tous les soirs la semaine dernière. Tous les soirs. Mais il s'est trouvé que Nick n'était pas là, que j'avais rien de prévu, alors je me suis dit, après tout, merde, pourquoi pas ? Je savais qu'il se passerait rien au-dessous de la ceinture, parce que, tu vois, la fois d'avant, quand il était là, je lui avais proposé la botte et il avait pas voulu... Non... Ben, tu vois, je venais de rompre avec Jed et j'étais un peu esseulée. Lui aussi. Mais il a repoussé mes avances, le plus gentiment possible, parce qu'il aimait sa femme... Ouais, Stella, ça existe, ces hommes-là, y en a en Angleterre, en tout cas... Enfin, quand j'ai dit d'accord pour le dîner, il a eu l'air fou de joie. Il m'a dit qu'il était au *Beverly Wilshire*, alors j'ai pensé, un mec qui s'offre le *Beverly Wilshire*, ça me va, et j'en étais à me demander si le maître d'hôtel chez *Morton* m'avait assez à la bonne pour nous trouver une table au dernier moment quand il m'a dit : « J'aimerais retourner dans ce restaurant à poisson sur la plage à Venice où nous étions allés ensemble. » Moi, je me rappelais pas de quel restaurant il s'agissait, il avait oublié le nom, mais il a dit qu'il le reconnaîtrait quand on serait sur place, alors pour lui faire plaisir j'ai proposé de l'y emmener en voiture. J'ai pas une passion pour Venice, mais au fond je ne tenais pas à me montrer chez *Morton* en compagnie d'un obscur scénariste de la télé anglaise, tu vois, c'est pas comme s'il s'agissait de Tom Stoppard ou Christopher Hampton...

Alors, j'enfile un truc décontracté et je prends la route de Beverly Hills pour passer chercher Tubby Passmore à l'heure prévue. Il attendait devant la porte, si bien que j'avais pas besoin de descendre, j'ai klaxonné et je lui ai fait signe. Il a bien mis dix minutes avant de me voir. Il était exactement comme je me rappelais, peut-être deux trois kilos de plus, avec une grosse figure en forme de patate et une frange de cheveux de bébé qui lui pendaient sur le col de la veste. Un sourire sympathique. Mais je me suis demandé quelle lubie m'avait prise de vouloir me mettre au pieu avec lui. Il est monté dans la voiture, j'ai lancé : « Contente de vous revoir à L.A. », et j'ai tendu la main au moment où il se penchait vers ma joue, alors y a eu un petit cafouillage mais on a ri. Il m'a dit d'un ton presque accusateur : « Vous avez changé de voiture », j'ai encore éclaté de rire et j'ai répliqué : « Je pense bien ! Ça doit être au moins la cinquième depuis votre passage ici »... Non, mon chou, c'est une Mercedes. J'ai échangé la BMW contre une Mercedes blanche garnie de cuir rouge. Elle est superbe. Une minute, s'il te plaît, j'ai un autre appel...

Merde merde merde... Excuse, je pensais à haute voix. C'était Lou Renwick, de Global Artists. Notre star ne veut pas signer si c'est pas son pote qui réalise, et le dernier film du pote était à chier. Quelle bande de trous-du-cul. Ça fait rien, j'ai l'intention de m'accrocher. J'ai des intérêts dans ce coup-là... Ouais, j'avais pris une option sur le bouquin... Où est-ce que j'en étais ? Ah, ouais, bon, on roule jusqu'à Venice, on marche le long de la plage, en se faufilant entre les joggers, les surfers, les gens qui jouent au frisbee et ceux qui promènent leur chien, à la recherche de ce restaurant, et pour finir il croit le reconnaître, sauf que c'est pas le même nom ni un restaurant à poisson mais un thaï. Mais, quand on entre demander, ils nous disent qu'ils n'ont ouvert que depuis un an, alors ça devait bien être là. En fait, je retrouve aussi un vague souvenir.

Tubby voulait manger dehors, malgré qu'il faisait pas tellement chaud et que j'étais pas assez couverte pour dîner *al fresco*... Oh, tu sais, un débardeur et cette jupe de coton noir à boutons dorés que j'ai achetée dans ta boutique l'an dernier. D'après Tubby, y avait eu un merveilleux coucher de soleil quand on avait dîné à Venice la fois d'avant, mais hier, tu t'en rappelles, il faisait gris alors ça s'imposait pas de s'installer sur la terrasse, mais il a plus ou moins insisté. Le serveur nous a proposé un apéritif et Tubby m'a regardée en disant : « Un whisky sour, c'est ça ? », alors j'ai ri et expliqué que je ne buvais plus de cocktails, rien qu'une eau minérale, et il a paru tout désarçonné. « Vous boirez quand même un peu de vin ? », il m'a demandé d'un air inquiet, alors j'ai dit, peut-être un verre. Il a commandé une bouteille de chardonnay de Napa Valley, ce que j'ai trouvé un peu radin de la part d'un type qui créchait au *Beverly Wilshire*, mais je me suis tue.

Tout le long de la route en allant à Venice, j'avais fait rien que de parler de *Zigzag* parce que ça me trottait dans la tête et aussi je crois que je la ramenais un peu, histoire de lui faire savoir qu'à présent je suis une vraie productrice de films, pas un petit cadre de la production télé. Donc, une fois la commande passée, j'ai pensé qu'il était temps de lui tendre la perche : « Alors, qu'est-ce que vous devenez, vous, ces temps-ci ? » Eh ben, figure-toi, ça a fait comme dans un film catastrophe, le moment où on ouvre une porte distraitement et où un million de tonnes d'eau de mer déferle à l'intérieur du navire. Il a poussé un soupir limite gémissement, et il s'est mis à me débiter le récit de ses malheurs. Sa femme qui veut divorcer, son producteur télé qui veut lui voler son feuilleton et son mal chronique au genou qui ne veut pas guérir. Il paraît que sa femme s'est tirée sans prévenir, puis qu'elle s'est ramenée quinze jours plus tard pour revendiquer la moitié de leur maison, en attendant que le divorce soit prononcé. La maison est divisée en deux parties, comme la Corée du Nord et la Corée du Sud, et s'il franchit la ligne de démarcation sa femme peut le traîner devant le tribunal... Il soupçonne qu'elle a un autre homme dans sa vie, mais elle, elle affirme que c'est simplement qu'elle ne veut plus être mariée avec lui. Leurs enfants sont adultes... Elle est prof d'université. Il dit que ça l'a fichu par terre quand elle le lui a annoncé... Presque trente ans de vie commune – non mais, tu te rends compte ? Je ne me doutais pas qu'il existait encore des gens sur la terre, à part dans les maisons de retraite, qui étaient restés mariés trente ans avec la même personne. Ce qu'il a l'air d'encaisser le plus mal, c'est que pendant tout ce temps il ne l'a pas trompée une seule fois. « Et ce n'est pas faute d'en avoir eu la tentation, m'a-t-il dit. Vous êtes bien placée pour le savoir, Louise. » Sur quoi, j'ai eu droit à un regard long et appuyé de ses yeux bleu délavé, injectés de sang.

Je vais te dire, Stella, j'ai eu la chair de poule partout, et c'était pas à cause de la brise qui soufflait de l'océan. D'un seul coup, j'ai compris où il voulait en venir avec ce rendez-vous. C'était dans ce même restaurant que je lui avais proposé la botte il y a des années de ça... Ouais ! Toute l'histoire m'est revenue en bloc, comme un flash-back dans un vieux film noir. Le dîner avait été agréable, on avait vidé une bouteille de vin et je m'étais éclipsée aux toilettes le temps de me faire une ligne... Ouais, je crachais pas sur la came à l'époque... J'en planquais toujours un peu dans mon sac à main, la meilleure récolte de Colombie... Mais c'était pas le genre de Tubby. Si quelqu'un lui proposait une prise de coke dans une party, il croyait qu'on lui offrait du coca. Être plein jusqu'aux yeux, il confondait avec plein aux as. Même à l'idée de fumer du hasch, il paniquait, alors je ne lui ai jamais révélé que je sniffais. Ce qui m'étonne, c'est qu'il n'ait jamais deviné, à me voir m'écrouler de rire à la moindre de ses petites blagues britanniques. Bon, enfin, j'étais là, mûre à point et envie de baiser, face à ce gentil Anglais bien clean que je branchais visiblement sauf qu'il était trop convenable ou trop timide pour prendre l'initiative, alors c'est moi qui l'ai prise. Il paraît que je lui ai dit que j'avais envie de le ramener chez moi pour qu'on baise à lui en faire péter le cerveau... Ouais. Il m'a répété mes propres termes. Gravés dans sa mémoire. Tu vois ce que je veux dire ? Toute cette soirée était une espèce de reproduction point par point de celle d'autrefois. Le restaurant à Venice, la table sur la terrasse, le chardonnay de Napa Valley... C'est pour ça qu'il était tellement perturbé que j'aie changé de voiture, que le restau à poisson soit devenu un thaï et que je ne boive plus de whisky sour. C'est pour ça aussi qu'il avait tenu à dîner sur la terrasse. Il tâchait de recréer les circonstances exactes de cette soirée d'il y a quatre ans, autant que possible dans tous les détails. Tous les détails sauf un... Exactement ! À présent que sa femme l'avait plaqué, il voulait prendre au mot ma proposition de baiser avec lui. Il était venu d'Angleterre en avion rien que dans cette intention. Visiblement, ça ne l'avait pas effleuré qu'entre-temps ma situation personnelle avait pu changer, sans parler de mes envies. Dans sa tête, je crois, j'étais éternellement assise à cette table face à la mer, que je contemplais d'un regard nostalgique en attendant qu'il réapparaisse, libéré de ses vœux matrimoniaux, pour me prendre dans ses bras. Attends une minute, j'ai un autre appel...

Allô, Stella ? Comment faisait-on avant qu'existe le signal d'appel ? C'était l'agent de Gloria Fawn. Elle ne veut pas jouer dans *Zigzag*. Tu parles d'une surprise, je suis sûre qu'il ne lui a même pas montré le scénario. Qu'ils aillent se faire foutre... Ah ouais, donc, comme je te disais, ça m'a fait flipper de me rendre compte que ce mec avait parcouru dix mille kilomètres en avion pour changer d'avis au sujet d'une proposition vieille de quatre ans. Un peu comme si on disait à quelqu'un, passe-moi le sel, et quatre ans plus tard il se pointe avec la salière. Bon, j'ai pensé qu'il valait mieux éclairer sa lanterne le plus vite possible, alors quand il a voulu remplir mon verre de vin j'ai mis ma main au-dessus et j'ai dit que j'y allais mollo parce que j'essayais de faire un bébé... Ouais. Je trouve qu'il faut tenter le coup. Y a les aiguilles qui tournent à mon horloge biologique. Nick est vachement pour... Merci, tu seras la première à le savoir, après Nick et ma mère... En tout cas, ma réplique l'a estomaqué, mais il pigeait toujours pas. Il a cru un instant, je crois bien, que je voulais qu'il me fasse un enfant, lui... Ouais, y a de quoi rire, mais il est pas vrai, ce type, je te jure. Alors là, je lui ai expliqué que j'étais mariée avec Nick et je l'ai vu qui se ratatinait sous mes yeux. J'ai cru qu'il allait se mettre à pleurer dans sa soupe de crevettes à la citronnelle. Je lui ai demandé : « Qu'y a-t-il ? », même si je le savais très bien, et en réponse il m'a cité Kierkegaard... Ouais, le philosophe. Pas le traiteur danois... Il a dit : « Ce qui peut arriver de plus terrible à quelqu'un, c'est de devenir comique à lui-même sur l'essentiel, de découvrir par exemple que le centre de ses sentiments n'était que farce. » Ouais, c'est ça. Je l'ai noté mot pour mot, après.

Bon, pas besoin de te faire un dessin, la soirée était fichue. J'ai tout mangé toute seule et lui il a bu tout le vin, il n'y avait plus que moi qui parlais. Je ne pouvais pas m'empêcher d'avoir pitié de lui, alors je lui ai parlé du Prozac. Tu vas pas me croire, il n'en avait jamais entendu parler. Il a secoué la tête et m'a dit qu'il ne prenait jamais de tranquillisants, qu'il avait eu une mauvaise expérience avec le Valium. Le Valium ! Non mais ce mec, il en est encore à l'âge de pierre ! Je lui ai expliqué que le Prozac n'est pas un tranquillisant, ni un anxiolytique, que ça appartient à une génération entièrement nouvelle de médicaments antidépressifs. Je lui ai fait tout le baratin – les neurotransmetteurs, les inhibiteurs de sérotonine, comment ça marche... Bien sûr, pas toi ? Comme tout le monde à Hollywood, non ?... En tout cas, pour Nick et moi, c'est la panacée. On a un tableau affiché au mur de la cuisine pour savoir quand il faut prendre les capsules... Eh bien, ça m'a changé la vie... Non, j'étais pas déprimée, mais sans le Prozac j'aurais jamais eu le courage de démissionner de Mediamax... Oui, je connais toutes ces histoires d'hallucinations et ainsi de suite, mais il ne m'est rien arrivé de pareil... Tu devrais essayer, Stella, je t'assure... Enfin, si, il y a un effet secondaire, je te l'avoue, ça risque d'inhiber ton aptitude à l'orgasme... Mais, puisque tu n'as pas d'amant en ce moment, mon coco, qu'est-ce que tu as à perdre ? Non, chérie, bien sûr, mais le Prozac pourrait t'aider à franchir le cap. Bon, d'accord, chacun sa manière d'affronter l'adversité... Eh bien, j'ai reconduit Tubby au *Beverly Wilshire,* il s'est endormi, le vin ou le décalage horaire ou la déception, ou la combinaison des trois. Le chasseur lui a ouvert sa portière, je l'ai embrassé sur la joue avant de le pousser dehors et de le regarder entrer dans l'hôtel d'un pas chancelant. J'avais le cœur un peu serré pour lui, mais qu'est-ce que j'y pouvais ?... J'en sais rien, j'imagine qu'il va sauter dans le premier avion pour rentrer à Londres... Non, sans blague, toi ?... Eh bien, je ne sais pas, je pourrais lui demander... Tu es sûre que c'est une bonne idée, Stella ?... Bon, si tu crois... Je vais l'appeler tout de suite pour lui dire que j'ai une copine superbe et célibataire qui meurt d'envie de faire sa connaissance...

Ollie

Ah, salut, George, comment vont les affaires du jour ? Génial. Oh, on survit, sans plus. Merci, j'en ai bien besoin. Une Bass pression, s'il vous plaît. Une pinte. Merci. Oui, y a des matins comme ça. Ma secrétaire est malade, le fax est tombé en panne, la BBC nous rafle un soap canadien que j'avais en vue, et un connard d'avocat nous fait un procès parce qu'il porte le même nom que l'avoué marron dans cet épisode de *La Patrouille de l'autoroute* – tu l'as vu ? Non, celui d'il y a quinze jours. Ah, merci, Gracie. Je voudrais aussi un paquet de chips, arôme bacon. Non, George, je t'en prie, les chips c'est moi qui paie. Bon, si tu insistes. Merci, Gracie. À la tienne, George ! Ah... ça fait du bien. Quoi ? Bah, je suppose qu'on va le désamorcer avec un petit dédommagement, quelques unités, ça revient moins cher en fin de compte. On se pose ? Là-bas, dans le coin. J'aime mieux m'asseoir le dos au mur ici, y a moins d'oreilles qui traînent. Oui, mais ça veut pas dire qu'ils essaient pas de t'avoir. Ha, ha... Nous y voilà. Sers-toi de chips. Si j'arrive à ouvrir ce foutu paquet. On devrait inventer un outil pour ouvrir ces sachets en plastique, du genre coupe-cigares, un machin qu'on pourrait avoir dans sa poche, j'ai envie de déposer le brevet, y a une fortune à faire. Oulà ! Tu vois ce que je veux dire ? Soit ça refuse de s'ouvrir, soit ça se déchire de haut en bas et tu prends tout le contenu sur les genoux. Sers-toi quand même. J'ai vu un mec l'autre jour dans un pub, ma parole qu'il a livré ses dix rounds contre un paquet de chips Walton. Il s'est cassé un ongle, il a failli y laisser une dent, et en désespoir de cause il y a mis le feu avec son briquet. Non, je blague pas. Je crois qu'il espérait faire fondre le coin du sachet, mais c'est parti en flammes, pffft ! Il a eu les sourcils brûlés et tout le pub empestait de l'odeur de graisse brûlée. Je te jure. Si on mettait ça dans un épisode, on oserait pas nommer Walton, ils nous traîneraient en justice, c'est le jeu, évidemment, mais où va-t-on s'il faut vérifier le nom de tous les putains d'avocats du pays avant de donner le feu vert à un scénario ? Sacrée bonne bière.

Oui, je te disais, y a des matins comme ça. Pour tout couronner, j'ai eu un entretien avec Tubby Passmore. C'est pas de la tarte, ce mec. Eh bien, il me fait souffrir, ces temps-ci. Tu es au courant, je suppose, pour Debbie Radcliffe ? Ah, tiens, j'aurais cru que Dave Treece t'en parlerait. Bon, tu gardes ça pour toi, mais elle veut partir des *Gens d'à côté*. Oui. Tu parles que c'est sérieux. Son contrat expire à la fin de la série en cours, et elle refuse de le renouveler à n'importe quel prix, la connasse. J'en sais rien, elle prétend qu'elle veut refaire de la scène. Ah bon ? Qu'est-ce que j'en sais, moi, je mets jamais les pieds au théâtre à moins d'être forcé. Je supporte pas. Autant être ligoté sur son siège face à une télé où y aurait qu'une seule chaîne. On peut pas parler, on peut pas bouffer, on peut pas boire, on peut pas aller pisser, on peut même pas se croiser les jambes parce qu'on a pas la place. Et en plus, on te pique trois cents balles pour t'accorder ce privilège. En tout cas, elle est inébranlable, alors on est obligé de faire disparaître son personnage du feuilleton. On ramasse encore une fameuse part de marché, comme tu sais. Absolument. Au moins une série de plus, sans doute deux ou trois. Alors, on a demandé à Tubby de modifier les deux ou trois derniers épisodes de la série en cours de manière à éliminer Priscilla, tu sais, le rôle de Debbie, pour faire place à une nouvelle gonzesse auprès d'Edward dans la prochaine série, tu vois le topo ? On a suggéré un paquet de solutions à Tubby, mais il les a toutes repoussées. D'après lui, le seul moyen, c'est de la tuer. Dans un accident de voiture, sur la table d'opération ou n'importe quoi. Oui, incroyable, hein ? On aurait tout ce putain de pays qui fondrait en larmes. Il faut que Debbie disparaisse d'une manière qui ne dérangera pas le téléspectateur, c'est évident. Personne ne prétend que c'est facile. Mais s'il y a bien une chose que j'ai apprise au bout de vingt-sept ans de télé, c'est qu'il y a toujours une solution. Peu importe où est le problème, scénario, distribution, lieu de tournage ou budget, il y a toujours une solution, pourvu qu'on se donne la peine d'y réfléchir. L'ennui, c'est que la plupart des gens sont de trop foutus flemmards pour en faire l'effort. Seulement eux, ils appellent ça de l'authenticité. Tubby a déclaré qu'il préférait voir le feuilleton s'arrêter plutôt que de compromettre l'authenticité de ses personnages. Tu as déjà entendu des conneries pareilles ? Merde, il s'agit d'une sitcom, c'est pas de l'Ibsen. Je crois qu'il commence à avoir la grosse tête, tu sais pas la dernière, il veut écrire un... Oui, bon, par chance, on a découvert une clause du contrat qui nous permet d'embaucher un scénariste de rechange si Tubby refuse d'écrire une nouvelle série. Oui. Bien entendu, on n'y tient pas. On préférerait que ce soit Tubby lui-même qui fasse le boulot. Oh, ses droits moraux, je les emmerde, George ! Mais le fait est qu'il s'en tirerait mieux que n'importe qui, si seulement il voulait bien s'en donner la peine. Eh bien, c'est en attente, pour le moment. Il a cinq semaines pour nous fournir une idée acceptable permettant de sortir en douce le personnage de Debbie, sans quoi on s'adresse à quelqu'un d'autre. Je sais pas, j'ai pas trop d'espoir. Il a pas l'air d'être en contact avec le monde réel, ces temps-ci. Sa vie privée est en train de merder. Tu sais que sa femme l'a plaqué ? Oui. J'en ai eu le premier écho un soir où il m'a appelé très tard à la maison. Il avait l'air un peu paf, tu sais, le souffle bruyant et de longs silences entre les mots. Il m'a dit qu'il avait une idée pour éliminer Debbie du feuilleton : « Et si Priscilla quittait simplement Edward comme ça sans prévenir ? Si elle lui annonçait simplement au dernier épisode qu'elle ne veut plus rester mariée avec lui ? Ce n'est pas à cause d'un autre homme. C'est juste qu'elle ne l'aime plus. Elle a même plus de sympathie pour lui. Elle dit que vivre avec lui, c'est comme d'habiter avec un zombie. Alors elle a décidé de le quitter. » « Sois pas ridicule, Tubby, je lui ai répondu. Il faut d'autres motivations. Personne n'y croira. » « Ah, non ? » a-t-il dit avant de raccrocher. Le lendemain, j'apprends que sa femme l'a plaqué. Tu as vu l'histoire dans *Public Interest* ? Eh ben, tout était là, non ? C'était pas à cause d'un autre homme. Le type était pédé. Apparemment, la femme de Tubby l'a quitté tout simplement parce que, comme il a dit, elle ne voulait plus rester mariée avec lui. Il en a pris plein la gueule. Pareil que n'importe qui, à sa place. On remet ça ? La même chose ? Qu'est-ce que tu avais, le rouge du patron ? Ah, bon, un saint-émilion. Tu trouves que ça vaut la différence de prix ? Non, non, tu auras ton saint-émilion, George. J'y connais rien, jamais prétendu le contraire. Un petit ou un grand ? Moi, je crois que je me contente d'un demi, j'ai du travail à faire cet après-midi. Bon, d'accord. Je vais prendre une tourte, et toi ? Poulet champignons, c'est ça.

Et voilà. Un grand verre de saint-émilion. On nous préviendra dès que les tourtes seront prêtes. On a le numéro dix-neuf. Dans un pub où j'étais l'autre jour, ils vous donnent une carte à jouer au lieu de ces tickets de vestiaire. La fille au bar annonce « La reine de cœur ! » ou « Dix de pique ! »... Bonne idée, j'ai trouvé. Je paume tout le temps ces petits bouts de papier et j'oublie mon numéro. Au fait, ça fait une livre vingt-cinq pour ta tourte. Merci. Tiens, c'est toute la monnaie dont je dispose, je te redois dix pence, d'accord ? À la tienne ! Oui, alors il a pris rendez-vous avec moi pour ce matin. Je pensais qu'il lui était peut-être venu une idée brillante pour sortir Debbie du scénario, mais malheureusement non. Au lieu de ça, il m'annonce qu'il veut se lancer dans la dramatique sérieuse. Oui. Tu ne vas pas en croire tes oreilles, George. Il veut faire une série à propos d'un nommé Kikiguard. Ah bon, c'est comme ça qu'il faut prononcer ? Tu en as donc entendu parler ? Oui, c'est ça, un philosophe danois. Qu'est-ce que tu sais d'autre sur son compte ? Eh ben, moi, j'en savais même pas aussi long, jusqu'à ce que Tubby me parle de lui. J'étais effaré. Primo, que le sujet l'intéresse, et secundo, qu'il se figure que ça nous intéresserait. Je lui ai demandé, très lentement : « Tu veux écrire une série dramatique pour Heartland Television à propos d'un philosophe danois ? » Tu comprends, une pâtisserie danoise, ça m'aurait pas paru plus dingue. Il a juste fait signe que oui. J'ai réussi à ne pas lui éclater de rire au nez. C'est pas la première fois que ça m'arrive avec un auteur de comédies. Ils finissent tous par péter plus haut que leur cul. Ils veulent se passer du public au studio, ou traiter des problèmes sociaux. L'autre semaine, Tubby avait fourré dans son scénario une allusion à l'avortement. Non mais, je te demande un peu, l'avortement dans une sitcom ! Soit il faut leur passer leur caprice, soit on les envoie se faire foutre. Comme je garde espoir que Tubby retrouve son bon sens pour *Les Gens d'à côté*, je lui ai passé son caprice. « O.K., Tubby, je lui ai dit, je t'écoute. Raconte-moi l'histoire. »

L'histoire, y en avait pas, pour ainsi dire. Ce fameux... comment il s'appelle, déjà... Kierkegaard, c'était le fils d'un riche négociant de Copenhague, ça se passe à l'époque... quoi, victorienne, vers le début. Le paternel était un vieux barbon sinistre, bourré de mauvaise conscience, qui avait élevé ses enfants selon ses principes. Le protestantisme le plus strict. Jeune homme, Kierkegaard rua un peu dans les brancards. « On pense qu'il a pu aller au bordel, une fois », m'a dit Tubby. « Une seule fois ? », j'ai demandé. À quoi Tubby m'a répondu : « Il se sentit très coupable. Ce fut sans doute son unique expérience sexuelle. Il se fiança par la suite avec une jeune fille nommée Régine, mais il rompit les fiançailles. » « Pourquoi ? » « Il ne pensait pas qu'ils seraient heureux ensemble. Il était très dépressif, comme son père. » « Je vois en effet que ça ne donnera pas un feuilleton comique, Tubby », ai-je observé. « Non, a-t-il dit sans l'ombre d'un sourire, c'est une histoire très triste. Après qu'il eut rompu les fiançailles, sans que personne comprenne pourquoi, il partit passer quelque temps à Berlin où il écrivit un livre intitulé *Ou bien... Ou bien*. Il revint à Copenhague en caressant le secret espoir d'une réconciliation avec Régine, mais il découvrit qu'elle avait un nouveau fiancé. » Tubby s'est tu en me jetant un regard lourd, comme s'il s'agissait de la plus grande tragédie dans l'histoire de l'humanité. Après un silence, j'ai dit : « Je vois. Et alors, qu'est-ce qu'il a fait ? » « Il a écrit des livres, a répondu Tubby. Il avait une formation de pasteur, mais il se refusait à faire de la religion une sorte de carrière. Par chance, il avait hérité de son père une certaine fortune. » « C'est bien le seul coup de bol qu'il a eu, semble-t-il », ai-je dit. Elle vient d'annoncer le dix-neuf, hein, George ? Par ici, ma belle, c'est nous le dix-neuf. Une steak et rognon et une poulet champignons, c'est ça. Épatant. Merci. Ç'a été rapide. Au micro-ondes, évidemment. Attention à la première bouchée, ça risque de brûler la langue, ces putains de tourtes. On s'attend pas à ce que ça soit si chaud à l'intérieur. Hmmm, pas mauvais. Et la tienne ? Parfait. Bon, alors... Oui, Tubby Passmore. Je lui ai demandé si Kierkegaard était célèbre de son vivant. « Non, m'a répondu Tubby. On trouvait ses livres bizarres et obscurs. Il était en avance sur son temps. C'est lui qui a fondé l'existentialisme, en réaction contre l'idéalisme généralisé de Hegel. » J'ai dit : « A priori, Tubby, ça n'a pas vraiment l'air du sujet idéal pour une série à diffuser en prime time sur une chaîne commerciale. » À quoi il a répliqué : « Je ferais à peine allusion à ses livres. Il s'agirait surtout de l'amour de Kierkegaard pour Régine. Il n'est jamais parvenu à l'oublier, même après qu'elle s'est mariée. » « Qu'est-il arrivé ? ai-je demandé. Ils ont eu une liaison ? » À cette idée, Tubby a paru franchement choqué. « Non, non ! Il la croisait dans Copenhague – à l'époque, c'était une petite ville – mais ils ne s'adressaient pas la parole. Un jour, ils se sont rencontrés nez à nez à l'église et il a cru qu'elle allait lui parler, mais elle s'est tue et lui aussi. La scène serait géniale. Une émotion incroyable, sans qu'un mot soit échangé. Rien que des gros plans. Et de la musique, bien sûr. » Apparemment, c'est le moment où ils ont été le plus près de renouer. Quand Kierkegaard a demandé au mari la permission d'écrire à Régine, ce dernier la lui a refusée. « Mais il n'a jamais cessé de l'aimer, a dit Tubby. Il lui a légué le peu qu'il lui restait au moment de son décès. » J'ai demandé de quoi il était mort. « Une infection pulmonaire. Mais à mon avis, a déclaré Tubby, il avait en réalité le cœur brisé. Il ne voulait plus vivre. Personne ne comprenait vraiment sa souffrance. Quand il fut sur son lit de mort, son oncle déclara que rien ne clochait chez lui qu'il n'aurait pu guérir en se tenant droit. Il n'avait que quarante-huit ans. » Je me suis enquis de ce qu'il avait fait, à part écrire des livres. Pas grand-chose, paraît-il, à part des promenades en calèche à la campagne. J'ai dit : « Où est l'intrigue, Tubby ? Où est le suspense ? » Il a eu l'air sidéré : « C'est pas un polar ! » J'ai rétorqué : « Mais il faut bien que ton héros soit exposé à une forme ou une autre de menace ? » « Eh bien, a-t-il dit, à un moment donné, il y a un magazine satirique qui s'est mis à l'attaquer. Ça lui a fait beaucoup de peine. On se moquait de ses pantalons. » « Ses pantalons ? » Crois-moi, George, j'ai eu du mal à garder mon sérieux tout au long. « Oui, a repris Tubby, le magazine publiait des caricatures de lui avec une jambe de pantalon plus courte que l'autre. » Dès qu'il a prononcé le mot « caricature », je me suis rappelé le dessin comique dans *Public Interest*, et j'ai fait le rapprochement. Bon sang, mais c'est bien sûr ! La lubie de notre ami, c'est de s'identifier avec ce Kierkegaard ! Mais je ne lui ai pas montré que j'avais deviné. Je me suis contenté de récapituler l'histoire telle qu'il me l'avait exposée. « O.K., Tubby, voyons voir si j'ai bien compris. Nous avons ce philosophe danois, au XIXe siècle, qui se fiance à une certaine Régine, puis rompt les fiançailles pour des raisons qui échappent à tout le monde, elle en épouse un autre, ils ne se reparlent plus jamais, il vit encore une vingtaine d'années en écrivant des livres auxquels personne ne pige rien, enfin il casse sa pipe et cent ans plus tard on célèbre en lui le père de l'existentialisme. Tu crois vraiment que ça peut faire un feuilleton télé ? » Après avoir un peu réfléchi, il m'a répondu : « Peut-être qu'il vaudrait mieux resserrer ça en une seule dramatique. » « Sûrement, j'ai dit. Mais comme tu sais, ça n'est pas de mon domaine. Il faudra que tu en parles à Alec Woosnam. » Je me suis trouvé plutôt malin, de l'envoyer vendre à Alec son baratin sur Kierkegaard. Mais non, évidemment qu'Alec n'y mordra pas, tu me prends pour qui ? Seulement, il fera traîner si je le lui demande. Il lui demandera de lui amener un scénario, d'en parler aux gens de Channel Four, tout le parcours, quoi. Si on le tient en haleine sur Kierkegaard, il risque de jouer le jeu pour nous sortir le personnage de Debbie des *Gens d'à côté*. Non, il n'a pas de coordinateur de textes. Nous en avions un pour la première série, mais ensuite on s'en est passé. Tubby nous remet directement ses scénarios, à Hal et moi, et on y retravaille ensemble. Je ne crois pas qu'il serait ravi qu'on lui colle à nouveau un coordinateur de textes. Quand même, c'est une idée, George, c'est une idée. Si on remet ça ? Oh, je ne devrais pas, mais cette tourte m'a flanqué une soif de tous les diables, elle devait être trop salée. Bah, prends-moi une pinte, pendant qu'on y est. Merci.

Samantha

Hetty chérie, comment tu vas ? Oh, mon Dieu ! Quelle question, hein ? Mon pauvre lapin. Tu as la joue enflée comme une citrouille. Tu dois être surprise de me voir, mais j'ai téléphoné et ta colocataire m'a dit où tu étais, et comme je me trouvais dans le coin j'ai pensé que je passerais te dire bonjour même si c'est pas l'heure des visites. Je crois qu'ils s'en fichent un peu, non ? Tu ne peux pas parler du tout ? Oh, zut, c'est dommage. J'avais envie de tailler une bonne petite bavette avec toi. Bon, tu n'auras qu'à hocher la tête ou la secouer et te servir de tes yeux, chérie, comme une bonne comédienne de télé. Je t'ai apporté des raisins, où est-ce que je les mets... là-dessus ? Ils sont tout lavés, tu peux y aller. Non ? Tu ne peux absolument rien manger ? Quelle plaie, les dents de sagesse ! Une mauvaise inclusion, c'est ça ? Deux ? Pas étonnant que tu aies l'air si abîmé. Mmm... qu'est-ce qu'ils sont bons ! Pas un pépin. Tu es sûre que si je t'en pelais un grain, tu ne pourrais pas... ? Non ? Bon, n'en parlons plus. Tu souffres beaucoup ? On a dû te bourrer d'analgésiques. N'hésite pas à en redemander, dès que l'effet commence à passer. Ils sont vachement durs à la détente là-dessus dans les cliniques, ils croient à la vertu rédemptrice de la douleur. Alors, c'est à moi d'entretenir la conversation toute seule, hein ? Heureusement que j'ai plein de choses à te raconter. À vrai dire, je viens de passer un week-end insensé et je crève d'envie d'en parler à quelqu'un d'étranger à mon travail. J'ai un nouveau boulot chez Heartland, tu sais, sérieux, cette fois. Coordinatrice de textes. J'ai commencé la semaine dernière. Ça consiste à lire le premier jet des scénarios, à faire des remarques et des suggestions et à servir d'intermédiaire entre le scénariste et le producteur ou le réalisateur. C'est un bon marchepied pour devenir moi-même scénariste ou productrice. Tu te rappelles que je servais de chaperon à ce morveux de Mark Harrington sur *Les Gens d'à côté* ? Alors voilà, à présent je travaille avec l'auteur, Tubby Passmore. Bon, tu peux faire la grimace, Hetty, mais treize millions de spectateurs ne peuvent pas se tromper, pas pour la télé, en tout cas. C'est Tubby en personne qui m'a demandée. J'ai fait sa connaissance au studio, on se rencontrait pendant les répétitions, à la cantine et tout ça. Il s'est toujours montré très courtois, mais plutôt timide. Je l'avais classé dans les herbivores. Tu sais, je dis toujours qu'il y a deux catégories d'hommes, les herbivores et les carnivores. Ça tient à leur façon de te reluquer. Avec ma paire de nichons, j'attire les regards. Je me rappelle qu'à l'école tu disais toujours que tu donnerais n'importe quoi pour en avoir des pareils, mais sincèrement je préférerais avoir ta silhouette. Si, je te jure. Les vêtements tombent tellement mieux quand on a pas de poitrine. Évidemment que tu en as un peu, chérie, mais tu sais bien ce que je veux dire. En tout cas, tu as des hommes qui vont simplement te jeter un regard d'appréciation, un peu comme si tu étais une statue, quoi, c'est eux que j'appelle les herbivores, ils se contentent de paître, tandis que les autres te matent comme s'ils avaient envie de t'arracher tes fringues et de te croquer à pleines dents, c'est les carnivores. Jake Endicott, c'est un carnivore. C'est mon agent. Il se trouve que c'est aussi celui de Tubby. Et Ollie Silvers, le producteur des *Gens d'à côté*, voilà un autre carnivore. Un jour que je parlais à Tubby de mes ambitions de scénariste, il m'a suggéré de demander à Ollie de me confier des scénarios à lire pour lui faire un rapport, tu sais, tous ces manuscrits que les gens envoient. Alors je suis allée le trouver vêtue de mon ensemble en lin crème, j'avais pas mis de chemisier, et tout au long de l'entrevue j'ai repéré qu'il essayait de plonger le regard dans l'ouverture de ma veste pour voir si je portais quelque chose en dessous. Je suis ressortie de son bureau avec une pile de scénarios. D'accord, je vois que tu désapprouves, Hetty, mais moi je suis résolument postféministe en la matière, je te l'avoue. À mon sens, les femmes ont bien tort de faire tant d'histoires à propos du harcèlement sexuel. Autant le désarmement unilatéral ! Dans un monde d'hommes, il vaut mieux nous servir de toutes les ruses et les armes dont nous disposons. Tu ne devrais pas secouer la tête si fort, chérie, tu risques de faire sauter tes points de suture. Peut-être ça se passe autrement chez les fonctionnaires, j'en sais rien. En tout cas, disais-je, je voyais Tubby comme un herbivore invétéré. Quand on était assis à la même table à la cantine ou au bar, il bavardait avec moi d'un air paternel, sans jamais faire le moindre geste équivoque. En réalité, il a bel et bien l'âge d'être mon père. Le genre corpulent, comme son nom l'indique. Le crâne dégarni. Une grosse tête en forme d'œuf. Il me fait toujours penser aux images de Humpty Dumpty dans l'album d'*Alice au pays des merveilles* que j'avais quand j'étais petite. C'est juste pour ma carrière que j'ai cultivé la relation, ça ne me gêne pas de l'admettre. Seigneur, il faut que j'arrête de manger tous tes raisins. Rien qu'un de plus, alors.

Bon, je disais donc que Tubby semblait complètement indifférent à mes appas féminins, en fait je me sentais un peu vexée de son absence d'intérêt, mais voilà que son attitude a changé d'un seul coup. C'était après la rupture de son ménage – ah, oui, j'oubliais de le préciser, sa femme l'a plaqué, il y a un mois ou deux. Toutes sortes de bruits ont couru – qu'elle avait viré lesbienne ou qu'elle était partie vivre dans un ashram ou qu'elle l'avait trouvé au lit avec leur moniteur de tennis. Autant d'inventions, ainsi que je l'ai appris depuis. Pendant quelques semaines, on ne l'a pas beaucoup vu. Puis un beau jour il s'est pointé à la répétition, à Londres, un local minable à Pimlico qu'utilise Heartland, et il m'a tout de suite sauté dessus. Je l'ai vu pousser la porte battante et s'arrêter pour balayer la salle du regard, je m'en souviens, jusqu'à ce qu'il m'ait repérée, après quoi il est venu tout droit s'asseoir à côté de moi, sans presque prendre la peine de saluer Hal Lipkin, c'est le réalisateur, ni aucun des comédiens. Deborah Radcliffe lui a décoché un sourire mais il est passé sans la regarder, elle n'était pas contente. Elle nous a foudroyés du coin de l'œil. Tubby avait l'air d'une épave. Les yeux injectés de sang. Pas rasé. Vêtements fripés. Apparemment, il débarquait de Los Angeles et il était venu directement de Heathrow à la salle de répétition. Je lui ai dit que ça témoignait d'une grande conscience professionnelle et il m'a dévisagée comme s'il ne comprenait pas de quoi je parlais. J'ai donc précisé : « Le fait de venir assister à la répétition alors que vous devez être épuisé. » « Rien à foutre de la répétition », m'a-t-il dit, et il a enchaîné aussitôt en m'invitant à dîner ce même soir. Bon, j'étais censée aller au cinéma avec James, mais j'en ai pas tenu compte. Tu comprends, si un auteur célèbre, enfin, célèbre dans le monde de la télé, invite à dîner une fille comme moi qui n'est personne, tu ne vas pas dire non. C'est ça le système, crois-moi, chérie. À propos, pour James, j'ai passé le week-end chez ma grand-mère à Torquay, tu t'en souviendras, hein, si jamais tu le voyais ?

Tubby m'a donc emmenée au *Gabrielli*, ce petit restaurant italien de Soho. C'était la première fois que j'y allais, mais lui, visiblement, c'est un habitué. Tout le monde l'a reçu les bras grands ouverts comme le fils prodigue – enfin, tout le monde sauf la femme du patron, qui me jetait des regards noirs, je ne sais pas pourquoi. Objet de tous les petits soins, Tubby commençait à s'épanouir quand elle est venue à notre table apporter des gressins et qu'elle a lancé en me dévisageant : « Alors, c'est votre fille, signore Passmore ? » Tubby s'est empourpré et il a dit que non, je n'étais pas sa fille, sur quoi cette femme a demandé : « Et comment va la signora Amy ? » Il est devenu encore plus rouge en disant qu'il n'en savait rien, qu'il ne l'avait pas vue ces temps-ci, et cette vieille fouineuse a fait une espèce de sourire hypocrite avant de disparaître dans les cuisines. Tubby ressemblait à Humpty Dumpty tombé par terre. Il a marmonné qu'il venait parfois dîner là avec Amy Porteus, celle qui fait le casting pour *Les Gens d'à côté*. Je l'ai vue trois ou quatre fois. C'est une petite brune boulotte, la quarantaine, qui est toujours un peu trop sapée et qui empeste le parfum. J'ai observé, sur le ton du badinage, que ce n'était manifestement pas dans ses habitudes d'amener là des jeunes femmes, non, en effet, m'a-t-il dit d'un air coincé, avant de me proposer un apéritif. J'ai pris un Campari-soda et lui, rien qu'une eau minérale. Je lui ai raconté mon idée de soap, il a hoché la tête et déclaré qu'elle lui paraissait intéressante, mais je n'avais pas vraiment l'impression qu'il écoutait. Pardon, chérie, qu'est-ce que tu n'as pas compris ? Tu n'as qu'à mimer. Ah ! Non, pas une idée de soupe, chérie, un *soap opera*, tu sais, style *Deux (ou trois) cœurs et une chaumière*, sauf que moi, je situerais plutôt ça à Londres dans le West End. Je lui ai demandé s'il était allé à Los Angeles pour affaires, et il m'a répondu : « En partie », sans préciser en quoi consistait l'autre partie. Le repas était plutôt bon et on nous a servi une bouteille de chianti de derrière les fagots, paraît-il, mais il n'a presque rien bu, à cause du décalage horaire, d'après lui, il avait peur de s'endormir. Au moment du dessert, il a aiguillé assez gauchement la conversation sur le sexe. « Vous n'imaginez pas, m'a-t-il dit, ce qu'on pouvait être refoulé sexuellement à l'époque de ma jeunesse. Tout rapport était simplement exclu pour une jeune fille bien élevée. Il l'était du même coup, la plupart du temps, pour un jeune homme. Le pays était plein de puceaux de vingt-cinq ans, des deux sexes. Vous devez trouver ça difficile à croire. Si quelqu'un vous plaisait, vous n'hésiteriez pas à faire l'amour avec lui, je pense ? » À quoi j'ai répondu... pardon ? Ah, d'accord, je vais parler moins fort. Ces lits sont vraiment très près l'un de l'autre, hein ? Elle est là pour quoi ?

Exprime-toi par gestes. L'appendicite ? Non... Une hystérectomie ? C'est vrai ? Très bien mimé, chérie. Tu sais que ça ferait un jeu de société assez amusant !

J'ai donc répondu qu'il faudrait pour ça que la personne me plaise vraiment, et il a posé sur moi un regard éloquent en demandant : « Est-ce que je vous plais vraiment, Samantha ? » Ma foi, j'étais assez ahurie qu'on en soit arrivés là si vite. Tu sais, comme quand on t'emmène faire un tour dans une de ces GTI qui ressemblent à de sages berlines familiales et qui accélèrent de zéro à cent en trois secondes chrono. Alors je suis partie de mon éclat de rire le plus argentin et j'ai répliqué que sa question me semblait très directive. « Donc, je ne vous plais pas ? » a-t-il dit d'un air accablé. J'ai protesté que je l'aimais beaucoup, au contraire, mais qu'il devait être épuisé et déphasé par le voyage et ne plus trop savoir ce qu'il faisait ou ce qu'il disait, et que je ne voulais pas profiter de la situation. Il a ruminé ça pendant un petit moment, les sourcils froncés, et j'ai pensé, tu as loupé le coche, Samantha, mais à mon vif soulagement j'ai vu apparaître un sourire sur sa figure de Humpty Dumpty et il a dit : « Vous avez tout à fait raison. Voulez-vous un dessert ? Ils font très bien le tiramisu, ici. » Il a rempli son verre de vin à ras bord, il se l'est jeté derrière la cravate comme pour rattraper le temps perdu et il en a commandé une autre bouteille. Après, il n'a plus fait que parler de football, ce qui n'est pas mon sujet favori, je l'avoue, mais heureusement le dîner touchait à sa fin. Il m'a mise dans un taxi à la sortie du restaurant, il a filé dix livres au chauffeur pour la course et m'a embrassée sur la joue comme un bon tonton. Tiens, voilà le chariot du thé. Tu peux boire dans une tasse ? Ah, bon ! Sinon, j'allais t'offrir de le boire à ta place. Je prends tes petits gâteaux, alors ? Ce serait bête de les gâcher. Mmm, fourrés à la crème, c'est mes préférés. Quel dommage que tu ne puisses pas y goûter.

Bon, où j'en étais ? Ah, oui, alors quelques jours plus tard, je trouve un message qui me convoque chez Ollie Silvers au siège de Heartland. J'ai passé toute une matinée à me torturer pour décider ce qu'il fallait me mettre sur le dos ou ne pas mettre sur le devant, mais en fin de compte c'était inutile car il m'a offert le boulot tout de suite. Hal Lipkin était avec lui. Ils étaient assis aux deux bouts d'un grand canapé, et s'adressaient à moi à tour de rôle. Ollie a commencé : « Vous avez pu remarquer que Mr Passmore a certains comportements assez étranges ces temps-ci. » Hal : « Son mariage est à l'eau. » Ollie : « Il a très mal encaissé. » Hal : « On se fait du souci pour lui. » Ollie : « On se fait aussi du souci pour le feuilleton. » Hal : « On voudrait produire une nouvelle série. » Ollie : « Mais y a un pépin. Je ne peux pas vous révéler de quoi il s'agit, mon coco, parce qu'on m'a fait jurer de me taire. Je sais que vous ne fréquentez pas les gens des médias, mais n'empêche... J'aurais même pas dû vous dire qu'il y a un problème. Tout ça est top-secret. En résumé, on veut que Tubby modifie les derniers épisodes de la série en cours de manière à permettre à l'histoire de prendre un nouveau tournant dans la prochaine série. Amener une nouvelle situation dans la sitcom, quoi. » Hal : « Malheureusement, Tubby n'a pas l'air en état de se concentrer sur la question. » Ollie : « Alors, on pense qu'il a besoin d'un coordinateur de textes. » Hal : « Une sorte d'ange-gardien-scénariste. » Ollie : « Quelqu'un pour lui tenir les doigts sur le clavier et le cul sur sa chaise. » Hal : « On a craché le morceau à Tubby. » Ollie : « Et il a demandé que ce soit vous ». Tout ce temps, ils ne m'avaient pas laissée placer un mot, je me contentais de tourner les yeux de l'un à l'autre comme les spectateurs à Wimbledon. Mais là, ils ont marqué une pause, de l'air d'attendre ma réaction. J'ai répondu que j'étais flattée. « Y a de quoi », a dit Ollie. Hal : « Nous aurions préféré quelqu'un d'un peu plus expérimenté. » Ollie : « Mais ces fiches de lecture que vous m'avez faites n'étaient pas bêtes du tout. » Hal : « En outre, vous devez connaître le feuilleton par cœur, à force d'assister aux répétitions. » « Oui, ai-je dit. C'est sans doute pour cette raison que Mr Passmore a pensé à moi. » Ollie m'a reluquée en bon carnivore avant de conclure : « Oui, c'est sûrement ça. » Il ignorait, bien sûr, que Tubby m'avait invitée à dîner quelques jours auparavant pour me draguer.

Naturellement, j'ai présumé que ce rebondissement n'était qu'une nouvelle manœuvre de séduction un peu plus subtile de la part de Tubby. Je n'ai donc pas été étonnée quand la première chose qu'il a faite, pratiquement, dès que j'ai pris mes fonctions, ç'a été de m'inviter à partir en week-end en sa compagnie. Je lui téléphonais de mon nouveau bureau, plus exactement dc ma nouvelle table dans le bureau que je partage avec deux autres filles. Elles sont aussi chargées de la coordination des textes, c'est presque toujours des femmes qui font ça, on se demande pourquoi. Comme les sages-femmes. « Allô, c'est Samantha, j'ai dit, vous savez sûrement que je suis votre nouvelle coordinatrice de textes. » Et lui : « Oui, je suis ravi qu'on vous ait confié ce travail. » Je ne lui ai pas indiqué que je savais que ça venait de lui. J'ai demandé :« Quand est-ce qu'on se voit ? », à quoi il m'a répondu : « Accompagnez-moi à Copenhague le week-end prochain. » Moi : « Pourquoi donc ? » Lui : « J'ai des recherches à faire. » Moi : « Quel rapport entre Copenhague et *Les Gens d'à côté* ? » Lui : « Aucun. J'écris un téléfilm sur Kierkegaard, Ollie ne vous en a pas parlé ? » J'ai dit que non, ça n'était pas apparu clairement dans les propos d'Ollie, mais que je serais très contente, bien entendu, de l'aider autant que je le pouvais. Il s'occuperait des billets d'avion et de réserver les chambres d'hôtel, m'a-t-il annoncé, et me rappellerait pour me donner les précisions. J'ai apprécié le pluriel de « chambres ». Tu comprends, je savais bien dans quoi je m'embarquais, mais on a son amour-propre. Ne me regarde pas comme ça, Hetty !

Dès qu'il a raccroché, j'ai appelé Ollie pour lui dire que, dans l'esprit de Tubby, j'avais apparemment pour mission de l'aider à écrire un scénario sur Kierkegaard, pas sur *Les Gens d'à côté*. Kierkegaard, tu vois qui c'est, hein, chérie, ou plutôt qui c'était ? Mais bien sûr, tu as fait de la philo à Oxford. Excuse. Moi, j'avoue que je le connaissais juste de nom jusqu'à ce week-end, mais à présent j'en ai plus appris sur son compte que je n'y tenais. C'est pas le plus évident des sujets pour un téléfilm, tu ne diras pas le contraire. Au fait, pour le cas où tu penserais que j'écorche son nom, c'est comme ça que ça se prononce en danois, Kirkegôd, comme un gode, selon la fine remarque que m'a faite Ollie quand je lui ai dit que Tubby voulait m'emmener à Copenhague, et pourquoi. Je l'ai entendu soupirer et grommeler tout seul, puis son briquet a claqué quand il a allumé son cigare. « Écoute, Samantha, mon coco, vas-y, passe-lui ses fantaisies, jouez à Kierkegaard, fais ce qu'il faut, mais tâche de profiter de la moindre occasion pour lui remettre en mémoire *Les Gens d'à côté*, d'accord ? » J'ai dit d'accord.

Tu es déjà allée à Copenhague ? Non, moi non plus, c'était la première fois. C'est joli, mais un peu ennuyeux. Très propre, très calme – presque pas de circulation, comparé à Londres. Apparemment, c'est eux qui ont fait les premières rues piétonnes en Europe. Je trouve que ça résume les Danois, en un sens. Ils sont terriblement écolos et obsédés par les économies d'énergie. On était dans un palace, mais le chauffage était réglé à la limite de l'inconfort, et il y avait dans la chambre un petit carton pour vous prier d'aider à préserver les ressources de la Terre en évitant le blanchissage superflu. Le carton est rouge d'un côté et vert de l'autre, et si tu le tournes du côté vert on ne te change tes draps que tous les trois jours, quant aux serviettes de toilette on ne te les change pas du tout à moins que tu les laisses sur le carrelage de la salle de bains. Tout ça fait preuve d'un esprit très raisonnable et responsable, mais c'est un peu rude quand même. Je veux dire, je suis aussi écolo qu'une autre, par exemple j'achète toujours du shampooing en flacon biodégradable, mais l'un des plaisirs d'habiter un palace, c'est de dormir tous les soirs dans du linge repassé de frais et de s'envelopper dans un drap de bain tout propre chaque fois qu'on prend une douche. J'avoue que j'ai laissé mon carton du côté rouge durant tout le week-end ; j'évitais le regard de la femme de chambre quand je la croisais dans le couloir...

Nous avons pris l'avion à Heathrow vendredi soir – en classe Club, tu vois, on ne se refuse rien, repas chaud avec des vrais couverts et autant d'alcool que tu peux en lamper en deux heures de vol. J'ai bu pas mal de champagne, ce qui m'a sans doute rendue un peu trop bavarde, en tout cas la bonne femme assise devant nous n'arrêtait pas de se retourner pour me foudroyer du regard, mais Tubby avait plutôt l'air de s'amuser. Le temps qu'on arrive à l'hôtel, j'étais quand même un peu sonnée et je lui ai demandé s'il voyait un inconvénient à ce que j'aille me coucher tout de suite. Il a paru légèrement déçu, mais il a galamment répondu que non, pas du tout, c'était une bonne idée, il allait m'imiter de sorte que nous serions en pleine forme le lendemain matin. Nous nous sommes séparés très cérémonieusement dans le couloir à la porte de ma chambre, sous les yeux du bagagiste. Je me suis écroulée dans mon lit et j'ai sombré.

Il faisait un temps magnifique le lendemain, idéal pour explorer Copenhague à pied. Tubby n'y était jamais venu non plus. Il voulait faire connaissance avec la ville, et aussi repérer d'éventuels lieux de tournage. Ça ne manque pas de bâtiments bien conservés du XVIIIe et début XIXe, mais le problème, c'est le mobilier urbain et autres feux de signalisation. Il y a un bassin portuaire pittoresque, nommé Nyhavn, où sont amarrés de vieux navires authentiques, mais les vieux édifices authentiques qui l'entourent ont été convertis en restaurants à la mode et hôtels pour touristes. « On va sans doute finir par tourner le film tout à fait ailleurs, a conclu Tubby, quelque part sur la Baltique ou la mer Noire. » Nous avons déjeuné d'un smorgasbord dans un de ces restaurants au bord du Nyhavn, avant d'aller au musée de la ville où se trouve une salle Kierkegaard.

Tubby était tout surexcité d'avance à la perspective de voir ça, mais la réalité était un peu décevante, à mon avis, du moins. Une salle plutôt petite pour un musée, dix mètres sur cinq environ, avec quelques meubles et une demi-douzaine de vitrines où sont exposés divers objets ayant appartenu à Kierkegaard : ses pipes, sa loupe, des tableaux et des vieux bouquins. Pas de quoi t'accrocher le regard chez un brocanteur, mais Tubby restait à les contempler comme des reliques sacrées. Il a paru particulièrement fasciné par un portrait de Régine, la fiancée de Kierkegaard. Celui-ci rompit avec elle au bout d'un an de fiançailles, mais il le regretta toute sa vie, selon Tubby. Le portrait, une petite toile peinte à l'huile, montre une jeune femme en robe verte décolletée, avec un châle vert foncé sur les épaules. Tubby a gardé les yeux rivés dessus pendant cinq bonnes minutes sans un battement de paupières. « Elle vous ressemble », a-t-il déclaré enfin. J'ai répondu : « Vous trouvez ? » Comme c'est une brune aux yeux noirs, je suppose qu'il voulait dire qu'elle avait de gros seins. Pour être honnête, en fait, il y avait quelque chose du côté de la bouche et du menton qui pouvait vaguement faire penser à moi. En plus, elle avait plutôt l'air d'une marrante – une trace de sourire sur les lèvres et un pétillement dans l'œil. Ce qui n'était pas le cas de Kierkegaard, à en juger par un dessin exposé dans la même vitrine : un vieux croûton tout sec, bossu, coiffé d'un tuyau de poêle, avec un parapluie sous le bras comme un fusil. Tubby m'a dit que c'était une caricature parue dans un journal quand Kierkegaard avait la quarantaine, et il m'a montré un autre dessin de lui fait par un ami dans sa jeunesse, où il avait l'air plutôt beau, mais, je ne sais pas pourquoi, c'était moins convaincant que la caricature. La bosse, c'était parce qu'il avait une déviation de la colonne vertébrale. Il préférait écrire debout face à un pupitre, qui figure parmi les meubles conservés là. Tubby lui-même s'est installé devant pendant un bon moment pour prendre des notes sur un bloc dont il s'était muni, et une petite Allemande qui venait d'entrer dans la salle avec ses parents et qui le dévisageait en train d'écrire a demandé à son papa : « *Ist das Herr Kierkegaard*[1] ? » Moi, j'ai éclaté de rire, parce qu'il est difficile d'imaginer quelqu'un qui lui ressemble moins. Tubby m'a entendue et il s'est retourné. « Qu'y a-t-il ? », a-t-il demandé. Quand je lui ai expliqué, il a rougi de plaisir. Il est complètement obsédé par Kierkegaard, surtout ses relations avec Régine. À l'autre bout de la salle, il y avait un autre meuble, une espèce d'armoire haute d'environ un mètre cinquante. Dans le catalogue du musée, Tubby a vu que Kierkegaard se l'était fait fabriquer exprès pour y ranger ses souvenirs de Régine. Apparemment, elle le supplia de ne pas rompre leurs fiançailles et lui déclara qu'elle serait heureuse de couler le reste de ses jours auprès de lui, même s'il lui fallait vivre enfermée dans une petite armoire, la connasse. « C'est pour cette raison qu'il n'y a pas de rayonnages à l'intérieur, m'a expliqué Tubby. Pour qu'elle y ait juste sa place. » Ses yeux se sont remplis de larmes, je te le jure, quand il a lu ça dans le catalogue.

Le soir, nous avons dîné au restaurant de l'hôtel : de la cuisine simple, mais des ingrédients de très bonne qualité, surtout du poisson, cuit à la perfection. J'ai pris du turbot grillé. Est-ce que je t'ennuie, chérie ? Ah, tant mieux, j'ai cru un instant voir tes

1. « C'est M. Kierkegaard ? » *(N.d.l.T.)*

yeux se fermer. Bon, pendant tout le repas je n'arrêtais pas de faire des efforts pour amener la conversation sur *Les Gens d'à côté* tandis que lui, il revenait inlassablement à Kierkegaard et Régine. Franchement, je commençais à en avoir ras le bol du sujet. En plus, j'avais envie d'aller mettre un peu le nez dans Copenhague *by night* après le dîner. Tu comprends, la ville a la réputation d'être très libérée, avec plein de sex-shops, de salles de vidéo, de *live sex* et tout ça. Jusque-là j'en avais pas vu la trace, mais je pensais qu'il devait bien y avoir un quartier pour ça. J'aurais aimé faire un peu de repérage de mon côté, pour mon idée de feuilleton à moi. Mais quand j'ai glissé des insinuations dans ce sens, Tubby a paru complètement obtus, comme s'il faisait exprès de ne pas saisir. J'ai pensé qu'il avait peut-être ses projets à lui de *live sex*, avec rien que nous deux dans le coup, mais ce n'était pas ça. Vers dix heures et quart, il s'est mis à bâiller, il a dit que nous avions eu une journée fatigante et qu'il était peut-être l'heure de nous retirer. Ma foi, j'étais étonnée, et un peu vexée, je t'avoue. Tu vois, c'est pas qu'il me branchait tellement, mais je m'attendais à ce que lui, il manifeste un peu plus ouvertement que je le branchais. Je pouvais pas croire qu'il m'avait amenée jusqu'à Copenhague rien que pour parler de Kierkegaard.

Le lendemain, c'était dimanche et Tubby a insisté pour qu'on aille à l'église, parce que c'est ce qu'aurait fait Kierkegaard. Apparemment, il était très pieux, à sa manière excentrique. Alors on est allés assister à ce service luthérien d'un ennui incroyable, tout en danois, bien entendu, si bien que c'était encore pire que la prière à l'école, crois-moi si tu veux. Et après le déjeuner, on est allés voir la tombe de Kierkegaard. Il est enterré dans un cimetière à trois ou quatre kilomètres du centre de la ville. En fait, son nom signifie « cimetière » en danois, si bien que nous rendions visite à Kierkegaard au *kierkegaard*, comme me l'a fait remarquer Tubby, à peu près sa seule plaisanterie de l'après-midi. C'était un endroit plutôt agréable, avec des massifs de fleurs et des avenues plantées d'arbres ; d'après le guide de Copenhague, les gens vont s'y balader et pique-niquer comme dans un parc quand il fait beau, mais là il s'était mis à pleuvoir. On a eu un peu de mal à trouver la tombe, et quand on y est arrivés c'était assez décevant, comme la salle du musée. C'est un petit rectangle de terre entouré d'une grille, avec au milieu un monument à la mémoire du père Kierkegaard et deux plaques où sont gravés les noms de sa femme et de ses enfants, y compris Søren. C'est le prénom de Kierkegaard, Søren, avec un de ces drôles de « o » barrés qu'il y a en danois. Mais je suis sûre que tu le savais déjà, hein ? Excuse, chérie. On est restés plantés là sous la pluie durant quelques minutes, dans un silence respectueux. Tubby avait enlevé son chapeau, la pluie lui coulait de son crâne dégarni sur la figure et s'égouttait au bout du nez et du menton. On n'avait pas de parapluie, et je n'ai pas tardé à en avoir assez de me faire mouiller, mais Tubby voulait absolument chercher la tombe de Régine. Il avait lu quelque part qu'elle était enterrée dans le même cimetière. Sur un panneau près de l'entrée, il y avait une espèce d'index de toutes les sépultures, mais comme Tubby ne parvenait pas à se rappeler le nom de famille du mari de Régine, il lui a fallu parcourir toute la liste jusqu'à ce qu'il tombe sur Régine Schlegel. « C'est elle ! », s'est-il exclamé, et il est parti au pas de course en direction du lieu indiqué – 58 D ou je ne sais quoi – qui s'est révélé introuvable. Les repères des carrés ne sont pas très bien indiqués, il n'y avait personne à qui demander parce que c'était dimanche et qu'il tombait des cordes, et moi j'en avais plein le dos de barboter avec des chaussures et des vêtements détrempés, sous la pluie qui dégoulinait des arbres et me coulait dans le cou, alors j'ai dit que je voulais rentrer à l'hôtel et il m'a répondu d'un air assez fâché : « Très bien, allez-vous-en », en me donnant de l'argent pour un taxi. Je n'ai pas demandé mon reste. J'ai pris un grand bain chaud, utilisé *deux* serviettes de toilette que j'ai jetées par terre toutes les deux, j'ai commandé du thé dans ma chambre et prélevé un cherry brandy miniature dans le minibar, après quoi mon humeur a commencé à s'améliorer. Tubby est revenu environ deux heures plus tard, mouillé jusqu'aux os et très contrarié parce qu'il n'avait pas réussi à dénicher la tombe de Régine et qu'il n'aurait pas le temps d'y retourner le lendemain matin pour demander où elle était, parce que nous prenions l'avion de bonne heure.

La soirée s'est déroulée sur le même modèle : dîner au restaurant de l'hôtel, suivi de la proposition de Tubby que nous nous retirions dans nos chambres respectives. Je n'en croyais pas mes oreilles. J'ai commencé à me demander si j'étais fautive, si j'avais mauvaise haleine ou quoi, mais j'ai vérifié en m'apprêtant à me mettre au lit qu'elle était très fraîche. Puis je me suis mise toute nue et me suis regardée dans la glace, et je ne voyais pas ce qui clochait là non plus, en fait je me suis dit que si j'étais un homme je ne pourrais pas m'empêcher d'avoir la main baladeuse, si tu me suis. J'étais pas mal émoustillée, je t'avoue, à force de frustration, et j'avais pas du tout sommeil, alors j'ai décidé de regarder un film érotique sur le canal vidéo de l'hôtel. J'ai pris une demi-bouteille de champagne dans le minibar et je me suis installée en peignoir devant la télé. Eh ben, mon chou, quelle surprise ! Je ne sais pas s'il t'est déjà arrivé de voir un de ces films dans un hôtel britannique. Non ? Tu n'as pas manqué grand-chose, tu peux me croire. Moi, j'en regardais de temps en temps quand je passais la nuit à Rummidge pour mon boulot de chaperon, rien que pour rigoler un coup. L'une de mes attributions consistait à m'assurer que le petit Harrington ne pouvait pas s'offrir ça. Le poste de télé de sa chambre était bloqué depuis la réception, ce qui n'était pas fait pour lui plaire. En réalité, ces films ne vont pas plus loin que beaucoup de ceux qui passent à la télé normale, plutôt moins, même, la seule différence étant que les soi-disant films X consistent exclusivement en scènes de baise, qu'ils sont incroyablement bâclés, incroyablement mal joués et que le scénario est incroyablement indigent. En plus, ils sont très courts et bourrés de faux raccords parce que tous les moments vraiment crus ont été censurés pour la diffusion interne à l'hôtel. Bon, j'espérais que ce serait un peu plus osé chez les Danois, mais je ne m'attendais pas à voir du porno hard, à quoi j'ai eu droit. Je débarquais en plein milieu du film, il y avait une fille avec deux hommes à poil sur un lit. Les deux mecs bandaient comme des ânes et l'un d'eux se faisait sucer voracement par la fille, comme si elle jouait sa vie sur ce coup-là, pendant que l'autre la prenait par-derrière, tu sais, façon toutou. J'en croyais pas mes...

Pardon ? Oh ! Je m'excuse, mais ce n'est pas à

vous que je parlais. C'est pas ma faute si vous avez l'oreille trop fine. Si vous ne tenez pas à épier les conversations des autres, vous n'avez qu'à vous mettre ce casque sur les oreilles et écouter la radio.

Pffft ! Quel culot ! Je veux dire, je suis désolée pour son hystérectomie et tout, mais elle n'a pas besoin de faire tant d'histoires. Je parlais pas tellement fort, si ? Bon, d'accord, Hetty, je vais rapprocher ma chaise de ton lit et te chuchoter à l'oreille, c'est mieux comme ça ? Il y avait donc tous ces gens dans le film qui suçaient et baisaient comme des dingues et au bout d'une dizaine de minutes se payaient des orgasmes d'enfer – si, je te jure, Hetty, ça se voyait. Les hommes, en tout cas, puisqu'ils brandissaient leur zizi pour montrer le sperme qui giclait partout. La fille se le frottait sur les joues comme si c'était une crème de beauté. Tu te sens bien, chérie ? Tu as l'air un peu pâle. Quelle heure ? Il est... bon sang, trois heures et demie ! Il va falloir que je file, mais je tiens à te finir mon histoire. Alors, après ça, le film continuait dans le même style. Dans la scène suivante, c'étaient deux filles nues, une Noire et une Blanche, qui se léchaient à tour de rôle, mais c'était pas des vraies lesbiennes parce que les deux mecs de la séquence précédente les mataient par la fenêtre, puis entraient et ça tournait à nouveau à l'orgie. Bon, ça me gêne pas de t'avouer, arrivée à ce point-là je mouillais ferme et j'étais échauffée jusqu'au bout des orteils. Je crois que je n'ai jamais connu de toute ma vie une excitation pareille. J'en pouvais plus. J'aurais baisé avec n'importe qui à cet instant, sans parler du scénariste anglais si propre sur lui qui m'avait amenée à Copenhague, croyais-je, tout exprès pour ça. J'ai décidé que ça ne pouvait être que la timidité qui le retenait d'agir. Je n'avais qu'à lui téléphoner pour lui parler de la vidéo sidérante qui passait sur la télé de l'hôtel, et l'inviter à venir regarder ça en ma compagnie. À mon idée, au bout de quelques minutes de ce spectacle, à côté de moi toute nue sous mon peignoir, sa timidité s'envolerait. Je devrais peut-être préciser qu'entre-temps, j'avais fait un sort à la demie de champ' et que je me sentais aussi intrépide qu'excitée. Comme il a mis un bout de temps à répondre, j'ai demandé si je le réveillais. Il a dit que non, il regardait la télé et il avait pris le temps de baisser le son avant de décrocher. Seulement, il l'avait pas baissé tout à fait suffisamment. J'ai reconnu en fond sonore la musique disco et les gémissements. Tu sais, le dialogue est succinct dans ces trucs-là. Guère de travail pour le coordinateur de textes. J'ai étouffé un rire et j'ai dit : « J'ai l'impression que vous regardez le même film que moi. » Il a marmonné quelque chose, vachement embarrassé, et j'ai repris : « Ça ne serait pas plus amusant de regarder ça ensemble ? Si vous veniez me rejoindre dans ma chambre ? » Après un silence, il a dit : « Je ne crois pas que ce serait une bonne idée. » Moi : « Pourquoi pas ? » Lui : « Parce que. » Bon, on a continué comme ça pendant quelques minutes, jusqu'à ce que je perde patience : « Non mais, par pitié, qu'est-ce qui vous prend ? La semaine dernière, dans votre restaurant italien, vous m'avez fait clairement comprendre que je vous branchais, et aujourd'hui que je m'offre pratiquement à vous, vous battez en retraite. Pourquoi m'avoir amenée ici si vous ne vouliez pas coucher avec moi ? » Nouveau silence, après quoi il a articulé : « Vous avez tout à fait raison, c'est pour cela que je vous ai demandé de venir, mais une fois ici je me suis rendu compte que je ne pouvais pas faire ça. » Je lui ai demandé pourquoi. « À cause de Kierkegaard. » J'ai trouvé ça cocasse et je lui ai dit : « Il n'en saura rien. » Il a protesté : « Non, je parle sérieusement. Vendredi soir, peut-être, si vous n'aviez pas été si fatiguée... » Moi : « Soûle, vous voulez dire. » Lui : « Peu importe... Mais dès que je me suis mis à visiter Copenhague en pensant à Kierkegaard, et surtout quand nous étions dans la salle du musée, c'était comme si j'avais senti sa présence, tel un pur esprit ou un ange gardien, qui me murmurait : " N'exploite pas la bonne volonté de cette jeune fille. " Les jeunes filles, voyez-vous, lui inspiraient des sentiments assez particuliers. » Moi : « Mais je meurs d'envie de me laisser exploiter. Venez vite m'exploiter, dans la position de votre choix. Regardez un peu l'écran. Ça vous plairait, ça ? Je le fais avec vous. » Je t'épargne la description, chérie, tu risquerais d'être choquée. Il a dit : « Vous ne mesurez pas vos paroles. Vous le regretteriez demain matin. » Moi : « Sûrement pas. D'ailleurs, pourquoi regardez-vous ces cochonneries si vous êtes tellement vertueux ? Il serait d'accord, Kierkegaard ? » Lui : « Non, sans doute. Mais je ne fais de mal à personne d'autre. » « Tubby, j'ai dit en prenant ma voix la plus sensuelle, j'ai envie de vous. J'ai besoin de vous. Tout de suite. Venez. Prenez-moi. » Il a poussé une espèce de gémissement : « Je ne peux pas. Je viens de prendre une serviette-éponge. » Il m'a fallu une seconde ou deux pour décoder. J'ai dit : « Eh bien, j'espère que vous la laisserez par terre pour que le prochain client n'en hérite pas », et j'ai raccroché, furieuse. J'ai éteint la télé, avalé un somnifère avec un scotch miniature du minibar et j'ai sombré. À mon réveil, le lendemain, je voyais la situation sous son aspect comique, mais Tubby n'avait pas osé me faire face. Il était parti dès l'aube à la recherche de la tombe de Régine en me laissant un message, avec mon billet d'avion, pour dire qu'il restait un jour de plus à Copenhague. Qu'est-ce que tu dis de ça ? Ah, j'oubliais, tu ne peux pas parler. Tant pis, d'ailleurs il faut que je me sauve. Oh, Seigneur, j'ai mangé tous tes raisins ! Je reviendrai demain t'en apporter d'autres. Non ? Tu penses être sortie d'ici là ? Vraiment ? Bon, alors je t'appelle chez toi. Au revoir, chérie. C'était un plaisir de bavarder avec toi.

Sally

Avant que nous commencions, docteur Boulmer, je souhaiterais établir l'ordre du jour de cette entrevue, pour qu'il n'y ait pas de malentendu. J'ai accepté de vous voir parce que je veux faire admettre à Tubby que notre mariage est fini. Je voudrais que vous l'aidiez à affronter cette idée en face. Pas question pour moi de négocier une réconciliation. J'espère que c'est bien clair. C'est pourquoi j'ai dit dans ma lettre que je ne voulais vous voir qu'en tête à tête. Nous sommes au-delà de tout conseil pour préserver la vie conjugale, bien au-delà. Tout à fait sûre. Oui, nous étions déjà passés par là... Tubby ne vous en a pas parlé ? Cela fait quatre ou cinq ans. Je ne me souviens pas du nom de cette dame. Après nous avoir vus tous les deux pendant quelques semaines, elle a recommandé que Tubby suive une psychothérapie pour soigner sa dépression. Cela, il vous en a parlé, j'imagine ? Oui, le Dr Wilson. Il l'a fait durant six mois environ, et ensuite il semblait aller mieux. Nos relations s'étaient améliorées, nous ne sommes même pas retournés chez la conseillère conjugale. Mais en moins d'un an, l'état de Tubby est redevenu pire qu'avant. Je suis parvenue à la conclusion qu'il n'en serait jamais autrement, et qu'il fallait organiser ma vie de manière à être moins affectée par ses crises. Je me suis absorbée dans mon travail – les cours, la recherche, l'administration, les commissions, l'élaboration des programmes et ainsi de suite. Mes collègues se plaignent de l'envahissement actuel de l'enseignement supérieur par les paperasses, mais moi, cela m'amuse assez de maîtriser cet aspect des choses. Mieux vaut pour moi accepter le fait que je n'accomplirai jamais une œuvre de recherche bouleversante, je m'y suis mise trop tard, mais je suis douée pour les tâches administratives. Mon domaine est la psycholinguistique, l'acquisition du langage chez les jeunes enfants. J'ai publié quelques articles. Ah, oui ? Bof, il n'y comprend rien, alors ça l'impressionne à bon compte. Ce n'est pas vraiment un intellectuel, Tubby. Je veux dire, il a un merveilleux sens du dialogue, évidemment, mais il est incapable d'une réflexion conceptuelle sur la question. Tout se passe au plan intuitif.

Je me suis donc absorbée dans mon travail. À ce stade, je ne songeais pas au divorce. J'ai reçu une éducation très conventionnelle, mon père était un pasteur anglican, et le divorce m'a toujours répugné. C'est un aveu d'échec, en un sens, et je déteste échouer dans ce que j'entreprends. Aux yeux du monde extérieur – de nos amis, de la famille, y compris nos enfants – notre ménage était sûrement une réussite. Il a duré si longtemps sans accrocs visibles, et notre niveau de vie a connu une ascension si spectaculaire grâce au succès de Tubby... Nous avions la grande maison à Hollywell, l'appartement à Londres, les deux voitures, nous passions nos vacances dans des hôtels de luxe et ainsi de suite. Les enfants étaient sortis de l'université et installés sans problème dans la vie adulte. Je crois que dans notre entourage la plupart des gens nous enviaient. Il aurait été humiliant – il a été humiliant, ces dernières semaines – d'admettre que les apparences étaient illusoires. J'imagine aussi que je redoutais l'amertume et la colère qui semblent inséparables du divorce. Nous les avions vues fleurir chez beaucoup de nos amis. J'ai cru que si je me consacrais suffisamment à mes occupations, je pourrais m'accommoder des humeurs de Tubby. J'apportais même du travail à faire à la maison, pour me protéger. Cela constituait un mur derrière lequel je pouvais me retrancher. Tant que nous prendrions plaisir à pratiquer ensemble certaines choses, comme le tennis, le golf, et que nous faisions encore l'amour régulièrement, je croyais que cela suffirait à préserver notre couple. Oui, j'avais lu un article, un jour, qui m'avait beaucoup marquée, selon lequel les ruptures conjugales autour de la cinquantaine étaient presque toujours liées à la désaffection sexuelle de l'un des membres du couple. J'étais donc très vigilante à ce sujet. Eh bien, s'il ne prenait pas l'initiative, je m'en chargeais. Après le sport, grâce à quoi nous nous sentions bien dans notre peau, c'était toujours un moment opportun. Je croyais que le sport, le sexe et un mode de vie confortable suffiraient à nous faire passer le cap difficile de la cinquantaine – c'était le titre de l'article, cela me revient : « Le cap difficile de la cinquantaine ».

Eh bien, je me trompais. Cela n'a pas suffi. Le problème de genou de Tubby n'a rien arrangé, évidemment. Cela s'est mis entre nous sur le terrain sportif – il ne pouvait plus se mesurer à moi – et ça a réfrigéré nos rapports sexuels. Pendant des semaines sinon des mois après l'opération, il n'osait pas s'y risquer, et même après, il avait toujours l'air plus soucieux de protéger son genou que de prendre son pied. Et quand il est devenu évident que l'opération n'avait servi à rien, il s'est abandonné à un état dépressif plus profond que jamais. Cette dernière année, il s'est montré impossible à vivre, exclusivement préoccupé de lui-même, il n'entend pas un mot de ce qu'on lui dit. Enfin, je suppose qu'il prête attention à son agent, son producteur et tous ces gens-là, sinon il ne pourrait plus fonctionner du tout, mais en tout cas, ce que je lui disais, moi, il ne l'écoutait pas. Vous n'imaginez pas ce que cela peut être exaspérant, lorsqu'on vient de parler à quelqu'un pendant plusieurs minutes d'affilée, qu'il a hoché la tête et émis quelques onomatopées, de s'apercevoir qu'il n'a pas enregistré un mot de tout ce que vous avez pu raconter. On se sent complètement imbécile. Autant faire un cours en écrivant au tableau noir et découvrir en se retournant que tous les élèves ont quitté la classe sur la pointe des pieds et qu'on a parlé tout seul depuis Dieu sait quand. La goutte qui a fait déborder le vase, c'est le jour où je lui ai dit que Jane avait téléphoné pour nous annoncer qu'elle était enceinte – Jane, c'est notre fille – et qu'elle allait épouser son compagnon cet été, et lui, il a simplement grommelé « Ah, oui ? Très bien ! » tout en continuant à lire son foutu Kierkegaard. Et vous me croirez si vous voulez, mais quand je me suis résolue à l'informer que j'en avais assez et que je voulais la séparation, il n'a d'abord pas entendu ce que je lui disais.

Oh, cet engouement pour Kierkegaard, je n'arrive pas à le prendre au sérieux. Je le répète, Tubby n'est pas un intellectuel. Ce n'est qu'une lubie, un truc pour impressionner son monde. Moi la première, peut-être. Ou lui-même. Une façon de magnifier ses petites dépressions minables en les assimilant à l'angoisse existentialiste. Non, personnellement je ne l'ai jamais lu, mais je sais en gros de quoi il est question. Il arrivait à mon père de le citer dans ses sermons. Non, plus maintenant, mais nous étions bien obligés d'y aller quand nous étions petits, tous les dimanches, matin et soir. C'est pour cela, je crois, que l'obsession de Kierkegaard chez Tubby me paraît tellement absurde. Tubby a reçu une éducation totalement laïque, il ignore tout de la religion, tandis que moi, je suis passée par là jusqu'au bout et ressortie de l'autre côté. Ce fut pénible, croyez-moi. Des années durant, j'ai caché à mon père que j'avais perdu la foi. Je crois que ça lui a brisé le cœur, quand j'ai fini par cracher le morceau. Peut-être avais-je trop tardé à lui révéler le fond de ma pensée, comme avec Tubby, en ce qui concerne notre mariage.

Eh bien, je pourrais répondre que cela ne vous regarde en rien, n'est-ce pas ? Mais enfin, non, je n'ai pas d'autre homme dans ma vie. J'imagine que Tubby vous a fait son numéro de parano. Vous êtes au courant de ses soupçons ridicules au sujet de mon moniteur de tennis ? Le pauvre garçon, je n'ose plus le regarder en face depuis cette histoire, sans parler de prendre des leçons avec lui. Je ne sais vraiment pas ce qui a pu déclencher la crise de jalousie de Tubby. Si, d'ailleurs, je le sais : il était simplement incapable d'admettre qu'il était lui-même la cause de nos problèmes de couple. Il fallait que ce soit la faute de quelqu'un d'autre, la mienne ou celle d'un amant imaginaire. Cela aurait tellement mieux valu pour tout le monde s'il avait pu affronter calmement la réalité. Tout ce que je demandais, c'était une séparation de corps à l'amiable et un accord financier satisfaisant. C'est sa faute à lui s'il y a eu escalade, affrontement par avocats interposés, injonctions, vie séparée sous le même toit et ainsi de suite. Il pourrait encore nous épargner beaucoup d'épreuves et de dépenses inutiles en acceptant simplement le divorce, accompagné d'un règlement honnête. Non, il doit habiter en ce moment dans son appartement à Londres. Cela fait quelques semaines que je ne l'ai pas vu. Mais moi, je m'en tiens toujours à la partie de la maison qui m'est allouée, au cas où il reviendrait subitement pour essayer de me surprendre en flagrant délit de violation des accords. Vous pouvez le lui répéter, si vous voulez.

Non, je ne le déteste pas, malgré la manière dont il s'est comporté. J'éprouve de la compassion à son égard. Mais je ne peux plus rien faire pour lui. C'est à lui de trouver la voie de son propre salut. J'ai à me soucier de mes propres besoins. Je n'ai pas le cœur dur. Tubby affirme le contraire, mais c'est faux. Cela n'a pas été facile à vivre pour moi, toutes ces histoires d'avocats et le reste. Mais une fois que j'ai pris sur moi de franchir le pas, il faut que j'aille jusqu'au bout. C'est ma dernière chance de me forger une vie indépendante. Je suis encore juste assez jeune pour y parvenir, je crois. Oui, j'ai quelques années de moins que Tubby.

Il y a si longtemps de cela... Chacun de nous était une personne différente, en fait. Je faisais un stage d'enseignement dans une école primaire de Leeds quand il est passé par là avec un groupe de théâtre qui faisait la tournée des écoles. Cinq jeunes gens, des apprentis acteurs incapables de décrocher leur carte professionnelle, qui avaient fondé une compagnie avec trois sous et parcouraient le pays dans une vieille Dormobile attelée d'une remorque bourrée d'accessoires. Ils donnaient du Shakespeare en version abrégée dans les écoles secondaires, et des adaptations de contes de fées pour les petits. Ils n'étaient pas très bons, à vrai dire, mais leur enthousiasme compensait le manque de technique. Après leur représentation dans la salle des fêtes de l'école et le départ des enfants, nous les avons invités à prendre du thé et des petits gâteaux dans la salle des professeurs. Je les trouvais merveilleusement bohèmes et aventureux. Par comparaison, ma vie à moi me paraissait bien conventionnelle et protégée. À l'époque, je portais des twin-sets aux teintes pastel sur des jupes plissées à mi-mollet, des chaussures sages, et je ne me maquillais pratiquement pas. Ces jeunes comédiens arboraient des chandails troués de couleurs foncées, des cheveux longs et sales, et ils fumaient beaucoup. Il y avait trois garçons et deux filles et ils dormaient tous ensemble dans la Dormobile la plupart du temps, m'expliqua Tubby, par souci d'économie. Une nuit, il l'avait garée au sommet d'une côte et avait mal serré le frein à main, si bien que la guimbarde avait lentement dévalé la pente pour venir buter contre un commissariat de police. Il racontait l'histoire si drôlement qu'il me fit éclater de rire. C'est la première chose qui m'a attirée vers lui, je crois : sa capacité à me faire rire spontanément, gaiement. À la maison, le rire était plutôt du genre poliment contenu ou – entre nous, les enfants – moqueur et sarcastique. Avec Tubby, je riais avant de m'apercevoir que je riais. Si je devais à présent essayer de résumer en une formule ce qui s'est mis à clocher dans notre couple ces dernières années, pourquoi la vie commune ne m'apportait plus rien, ni bonheur, ni joie de vivre, je dirais que c'est parce que Tubby a cessé de me faire rire. Une belle ironie, non, quand on pense que chaque semaine son feuilleton télé fait crouler d'hilarité des millions de téléspectateurs. Mais malheureusement, pas moi. Je ne le trouve pas comique du tout.

Bon, pour en revenir à ce premier jour, il me demanda plutôt hardiment mon numéro de téléphone et je le lui donnai tout aussi hardiment. Tant qu'il resta avec ses copains dans le secteur de Leeds, j'eus plusieurs rendez-vous avec lui dans des pubs – des pubs ! C'est à peine si j'avais mis les pieds dans un pub avant de rencontrer Tubby. Je ne l'invitai pas chez nous. Je savais qu'il ne plairait pas à mes parents, même s'ils n'avoueraient jamais pourquoi : il était négligé, inculte et il avait l'accent cockney. Vous n'ignorez pas, je pense, qu'il a quitté l'école à seize ans ? Eh bien, si, et avec des notes déplorables à la sortie. Il avait été admis au collège mais n'avait jamais pu s'adapter, il était toujours dernier de la classe. Je ne sais pas... un ensemble, affaire de caractère, de mauvais enseignement et de soutien insuffisant à la maison, j'imagine. C'était une famille de la classe ouvrière, des gens très convenables, mais qui sous-estimaient l'importance des études. En tout cas, Tubby a quitté l'école dès qu'il a pu, et il s'est fait embaucher comme grouillot par un imprésario de théâtre ; c'est là qu'il a contracté le virus. Après son service militaire, il a suivi des cours d'art dramatique et tenté sa chance dans la carrière d'acteur. C'est à ce moment-là que je l'ai connu. Il jouait tous les rôles comiques dans le répertoire de la troupe à la Dormobile, et c'est lui qui écrivait les adaptations de contes de fées. Il n'a pas tardé à découvrir qu'il était plus doué pour écrire que pour jouer. Nous sommes restés en contact quand sa compagnie a quitté le Yorkshire. Cet été-là, je suis allée à Édimbourg où ils donnaient un spectacle en marge du festival, et j'ai distribué leurs prospectus et leurs programmes, sans avouer à mes parents à quoi je m'amusais. Ensuite, à leur vive contrariété, j'ai pris mon premier poste d'enseignante à Londres, où vivait alors Tubby. La troupe à la Dormobile s'était dissoute, et il gagnait péniblement sa vie comme employé de bureau intérimaire, tout en employant ses loisirs à écrire des sketches pour un fantaisiste. Nous sortions ensemble. J'ai fini par être obligée de l'amener à la maison un week-end pour le présenter à mes parents. Je savais que ce serait un mauvais moment à passer, et je ne me trompais pas.

Mon père officiait dans une banlieue de Leeds qui n'avait cessé de se dégrader depuis des décennies. Le temple était immense, néo-gothique, en brique noircie. Je ne me souviens pas de l'avoir jamais vu plein. Il avait été édifié au sommet d'une colline par les riches industriels et négociants qui habitaient à l'origine les grandes villas bâties en pierre de taille tout autour, d'où ils avaient une vue plongeante sur leurs usines, leurs entrepôts et les rangées de maisonnettes ouvrières des rues d'en bas. Il restait encore quelques habitants propriétaires, exerçant des professions libérales, quand mon père avait hérité de cette paroisse, mais la plupart des grosses maisons furent divisées en appartements ou envahies par des familles nombreuses de Pakistanais au cours des années 50. Mon père était un homme de bonne volonté, lecteur du *Guardian* quand cela s'appelait encore le *Manchester Guardian*, et il faisait de son mieux pour que l'Église réponde aux besoins du quartier, mais le quartier ne semblait guère concerné, en dehors des mariages, des baptêmes et des enterrements. Ma mère le secondait loyalement, elle économisait les bouts de chandelle afin d'assurer à ses enfants une éducation petite-bourgeoise respectable sur le maigre revenu d'un pasteur. Nous étions quatre enfants, deux garçons et deux filles. J'étais la cadette. Nous fréquentions tous le lycée mixte du quartier, mais nous grandissions à l'intérieur d'une sorte de bulle culturelle, isolés de la vie de nos congénères. Nous n'avions pas la télévision, parce que papa n'en voulait pas, mais aussi parce que c'était au-dessus de nos moyens. Le cinéma était une fête si rare que l'intensité de l'aventure me laissait bouleversée, au point que j'en redoutais presque la perspective. Nous avions un phonographe, mais seulement des disques classiques. Nous apprenions tous à jouer d'un instrument de musique, quoique aucun d'entre nous n'eût un vrai talent, et il arrivait à la famille réunie de s'asseoir en rond pour interpréter laborieusement un morceau de musique de chambre ; les sons que nous produisions déclenchaient le concert de hurlements des chiens du voisinage. L'alcool était prohibé – là aussi, autant pour raison d'économie que de principe. Et nous adorions discuter. La récréation principale de la famille consistait à marquer des points les uns contre les autres à coups d'argumentation, surtout durant les repas.

Il y avait de quoi désarçonner complètement Tubby. N'importe comment, il n'avait pas l'habitude des repas familiaux. Il lui était très rarement arrivé de s'asseoir à table en compagnie de sa mère, de son père et de son frère, en dehors du déjeuner dominical et autres jours fériés. Quand il vivait chez ses parents, chacun mangeait séparément, à des heures différentes. Lorsqu'ils rentraient le soir, du travail ou de l'école, Mrs Passmore leur demandait de quoi ils avaient envie, elle leur faisait la cuisine et les servait, comme si elle tenait un café, tandis qu'ils mangeaient en lisant le journal ou un livre calé contre la salière. Je n'en crus pas mes yeux la première fois qu'il m'amena chez eux.

Lui aussi, il trouva bizarre notre mode de vie, « aussi archaïque que la *Saga des Forsyte* », me dit-il un jour : s'asseoir *en famille* * deux ou trois fois par jour, dire le bénédicité et les grâces à chaque repas, utiliser des serviettes de table en tissu qu'il fallait ensuite replier dans un rond de serviette attitré pour épargner la lessive, et les couverts adaptés, si usés et ternis qu'ils fussent, la cuillère à soupe pour la soupe, le couteau et la fourchette à poisson pour le poisson et ainsi de suite... La nourriture était assez immangeable, et si par hasard un plat était bon il n'y en avait jamais assez, mais elle était servie avec tout le décorum souhaitable. Le pauvre Tubby perdit complètement pied, lors de ce premier week-end. Il commença à manger avant que tout le monde soit servi, il prit sa cuillère à dessert pour la soupe et la cuillère à soupe pour le dessert, et commit toutes sortes d'autres faux pas qui firent ricaner mon petit frère et ma petite sœur. Mais ce qui l'effara réellement, ce fut le feu roulant de la conversation à table. Non qu'il y eût un vrai débat. Papa pensait qu'il nous encourageait à réfléchir pour notre propre compte, mais il y avait des limites très strictes à ce qu'il était permis de dire. Pas question, par exemple, de contester l'existence de Dieu, la vérité du christianisme ou l'indissolubilité du sacrement du mariage. Nous avions assimilé ces contraintes, et la conversation tenait plutôt d'un jeu compétitif, le but étant de discréditer l'un de ses frères ou sœurs aux yeux du reste de la famille. Si l'on employait un mot de travers, par exemple, ou commettait une erreur factuelle, les autres vous tombaient instantanément dessus comme un seul homme. Tubby était bien incapable de faire face. Bien entendu, il s'en est servi de longues années plus tard pour *Les Gens d'à côté*. Les Springfield et les Davis sont essentiellement basés sur ma famille et sur la sienne, *mutatis mutandis*. Les Springfield n'ont rien à voir avec l'Église, mais le mélange de volonté d'élévation d'esprit et de manie de la discussion, le snobisme et les préjugés inavoués, tout cela remonte à la première impression qu'eut Tubby de ma famille, tandis que les Davis constituent une version plus exubérante, légèrement sentimentalisée de sa famille à lui, avec quelques emprunts à son oncle Bert et sa tante Molly. C'est pour cette raison, sans doute, que ce feuilleton ne m'a jamais plu. Il remue trop de souvenirs pénibles. Notre mariage fut un moment particulièrement épouvantable, avec le heurt de deux groupes tribaux totalement incompatibles.

Pourquoi l'ai-je épousé ? Je croyais en être amoureuse. Oui, enfin, je l'étais peut-être vraiment. Qu'est-ce qu'aimer, sinon croire qu'on a trouvé l'amour ? J'étais en pleine rébellion intérieure contre mon éducation, épouser Tubby était une manière d'affirmer mon indépendance. En outre, l'appétit sexuel nous mettait tous les deux au supplice – rien d'autre, bien sûr, que les exigences hormonales normales à cet âge – mais je n'étais pas rebelle au point d'envisager un instant de faire l'amour hors mariage. Et puis, c'est vrai qu'à l'époque, Tubby avait un charme indéniable. Il avait confiance en lui, en son talent, et il m'amenait à partager cette confiance. Enfin, et surtout, je m'amusais bien avec lui. Il me faisait rire.

Troisième partie

Mardi 25 mai

Devant ma fenêtre, les platanes ont verdi : des feuilles un peu molles, anémiques, et pas de fleurs visibles, à la différence des marronniers qui dressent leurs chandelles crémeuses et phalliques face à mon bureau, à Hollywell. Il n'y a pas non plus ici d'écureuils qui gambadent dans ces branchages, mais le contraire serait étonnant. Je devrais déjà m'émerveiller – je m'émerveille – d'y voir des arbres, étant donné le degré de pollution dans le centre de Londres. Entre Brewer Street et Regent Street, il existe un raccourci, un étroit passage sans rien de particulier que son nom, Air Street ; je ne peux retenir un sourire chaque fois que mes yeux se posent sur la plaque. Un sourire et non un rire, car ce passage est obstrué en permanence par la circulation qui sature l'atmosphère de gaz d'échappement carcinogènes, et on n'est pas tenté d'ouvrir la bouche à moins d'une nécessité absolue. Air Street. J'ignore d'où provient ce nom, mais on pourrait faire fortune en vendant de l'air en bouteille dans le coin.

À présent que j'habite en permanence dans l'appartement, il me rend claustrophobe. L'air pur de Hollywell me manque, ainsi que les écureuils qui jouent à cache-cache dans le jardin, le calme en plein jour de ces rues de banlieue résidentielle où le bruit le plus fort, à cette époque de l'année, est celui d'une lointaine tondeuse, ou le « poc-poc » des balles de tennis. Mais je ne supportais plus la tension du partage de la maison avec Sally. La croiser en silence, visage figé, dans l'escalier ou dans le vestibule ; échanger de petits billets accusateurs (« Si tu es obligé de laisser tremper ta lessive, arrange-toi s'il te plaît pour la retirer avant que ce soit mon tour d'utiliser la machine », « Puisque c'est moi qui ai acheté le dernier flacon de produit de rinçage pour le lave-vaisselle, tu ne verras peut-être pas d'inconvénient à le remplacer toi-même la prochaine fois ») ; me cacher quand elle ouvrait à un voisin ou un livreur afin que nous ne soyons pas obligés de nous adresser la parole devant eux ; décrocher le téléphone pour appeler quelqu'un et le reposer comme si je m'étais brûlé parce que je surprenais une communication de Sally, puis être tenté d'appuyer sur le bouton pour écouter... Quiconque a inventé cette disposition aberrante de « vie séparée » devait avoir des tendances sadiques... ou un sens de l'humour tordu. Lorsque j'ai raconté à Jake comment ça se passait, il m'a dit : « Tu sais que tu tiens là une idée formidable pour une sitcom. » Je ne lui ai pas reparlé depuis.

Cela fait un drôle d'effet de reprendre ce journal. Il y a un sérieux trou au milieu. Après que Sally a fait exploser sa bombe ce soir-là (au passage, comment peut-on faire exploser une bombe sans sauter avec ? ou bien était-ce du genre de ces bombes primitives qu'on larguait de la carlingue des vieux biplans ? Ce n'est pas le dictionnaire qui me donnera la réponse), après donc l'irruption de Sally dans mon bureau ce soir-là, pour m'annoncer qu'elle voulait la séparation, j'ai été trop bouleversé pour pouvoir écrire quoi que ce soit, fût-ce mon journal, pendant des semaines. J'étais hors de moi de jalousie, de rage et d'apitoiement sur mon propre compte. (Voilà une bonne formule toute faite : « hors de moi », comme si l'excès de sentiments négatifs vous poussait l'esprit à sortir du corps, à couper les liens entre les deux, si bien que l'un devient incapable d'exprimer la souffrance de l'autre.) Je n'avais pas d'autre idée en tête que de le faire payer à Sally : littéralement, en lui refusant l'argent ; en essayant de surprendre l'amant qu'elle avait forcément, selon moi ; et en m'offrant une liaison de mon côté. Pourquoi pensais-je que cette dernière manœuvre la chagrinerait, je me le demande. N'importe comment, même si j'étais parvenu à mes fins, je n'aurais pas pu le faire savoir à Sally, car cela lui aurait permis d'obtenir un divorce rapide à mes torts pour adultère. Si je m'applique à démêler le nœud de mes motivations durant cette période, j'en arrive à la conclusion que je voulais compenser toutes les aventures manquées.

Évidemment, ce qui était le plus pénible dans la déclaration unilatérale d'indépendance de Sally, c'était de me sentir rejeté personnellement, et le sous-entendu qu'à ses yeux à elle, nos trente ans de vie commune ou tout au moins une bonne partie n'avaient eu aucun intérêt, aucun sens. Après son départ de la maison, je suis resté assis sur le tapis du séjour au milieu de tous nos albums de photos de famille, que je n'avais pas ouverts depuis des années, à tourner les pages avec des larmes qui me ruisselaient sur les joues. Quelle charge affective insupportable, ces images ! Sally et les enfants qui souriaient à l'objectif du fond de leur chaise longue, sur leur balançoire, à côté de leur château de sable, dans le bassin, la piscine, du haut de la selle de leur bicyclette ou de leur poney, sur le pont du ferry pendant la traversée de la Manche et dans la cour d'un gîte français... Les petits qui devenaient chaque année de plus en plus grands et forts, Sally avec un visage un peu amaigri et des cheveux grisonnants, mais qui avait toujours l'air pleine de santé et de bonheur... Oui, du bonheur. L'appareil-photo ne pouvait pas mentir, sûrement ? J'ai reniflé, essuyé mes larmes et je me suis mouché, tout en scrutant intensément les tirages Kodak aux couleurs vives pour voir si je pouvais déceler dans les expressions de Sally le moindre signe de la désaffection à venir. Mais les yeux étaient trop petits, je ne pouvais pas déchiffrer les yeux, qui sont le seul endroit où l'on ne peut pas masquer ce qu'on éprouve. Peut-être tout cela, notre « couple heureux » n'avait-il été qu'une illusion, un sourire pour l'objectif.

Quand on en arrive à mettre en doute toute sa vie conjugale, on met en doute sa perception de la réalité. Je croyais connaître Sally, et je m'apercevais soudain du contraire. Dans ce cas, je ne savais peut-être pas qui j'étais moi-même. Peut-être que je ne savais rien du tout. Cette conclusion était si vertigineuse que j'ai battu en retraite et me suis réfugié dans la colère. J'ai diabolisé Sally. Notre rupture était entièrement sa faute. Même s'il y avait du vrai lorsqu'elle se plaignait de mon égocentrisme, de mes humeurs, de ma distraction, etc. (certes, il était embarrassant pour moi de n'avoir pas enregistré la nouvelle que Jane était enceinte), ce n'était pas une raison valable pour me quitter. Il devait y avoir un autre motif, c'est-à-dire un autre homme. Il ne manquait pas dans notre entourage d'exemples d'adultère pour étayer cette hypothèse. Et notre mode de vie depuis le départ des enfants n'aurait posé aucun problème à Sally pour entretenir une autre relation, puisque je passais deux jours par semaine à Londres et que sa vie professionnelle était *terra incognita* en ce qui me concernait. Ce qui me chagrinait particulièrement, c'était de n'avoir pas moi-même profité de la situation. « Chagriner » n'est peut-être pas le mot qui convient. Enrager serait mieux, il comporte l'élément de rancœur insidieuse, vengeresse qui me possédait. J'enrageais à l'idée de toutes les femmes que j'aurais pu avoir si aisément dans l'exercice de mon métier, surtout ces dernières années, si je n'avais pas résolu d'être fidèle à Sally : comédiennes, assistantes de production, attachées de presse ou secrétaires, toutes sensibles au prestige d'un scénariste en vogue. Selon Freud, m'a dit un jour Amy, tout écrivain est mû par trois ambitions : la célébrité, l'argent et l'amour des femmes (ou des hommes, sans doute, selon le cas, quoique je ne pense pas que Freud ait guère pris en compte les écrivains féminins, ou homo). Je reconnais avoir cédé aux deux premières ambitions, mais je me suis scrupuleusement abstenu de la troisième, par principe. Et quelle a été ma récompense ? Me trouver mis au rancart après usage, quand ma puissance sexuelle a décliné.

Cette dernière idée a provoqué ma panique. Combien d'années me restait-il pour rattraper les occasions perdues ? Je me suis souvenu de ce que j'avais écrit dans mon journal quelques semaines auparavant : « Vous ne saurez pas, sur le moment, que vous baisez pour la dernière fois ; et quand vous vous en apercevrez après coup, vous ne serez probablement même pas capable de vous rappeler comment c'était. » J'ai essayé en vain de me remémorer quand nous avions fait l'amour pour la dernière fois, Sally et moi. J'ai cherché dans mon journal, c'était noté à la date du samedi 27 février. Il n'y avait aucun détail, sinon que Sally avait paru étonnée quand j'en avais pris l'initiative, et s'y était prêtée assez mollement. À cette lecture, mes soupçons se sont renforcés. Je suis remonté plus haut, jusqu'à la conversation avec les copains au club de tennis : « T'as intérêt à la surveiller, ta bonne femme, Tubby... Il est doué comme entraîneur. Doué aussi sur d'autres terrains, il paraît... Notre cher Mr Sutton s'y entend avec les femmes... » La solution du mystère m'a éclaté comme un flash sous la boîte crânienne. Brett Sutton, bien sûr ! Les leçons de tennis, la nouvelle tenue de sport, la soudaine décision de se teindre les cheveux... Tout collait. Mon cerveau s'est transformé en salle de projection pour films X, où défilaient les images obscènes de Sally nue sur le divan de l'infirmerie du club, la tête renversée en pleine extase pendant que Brett Sutton la barattait avec son énorme bite.

J'ai découvert mon erreur au sujet de Brett Sutton. Mais le besoin de faire l'amour de mon côté, dès que possible – en guise de vengeance, de compensation, et pour me rassurer – tournait à l'obsession dévorante. Naturellement, j'ai d'abord pensé à Amy. Depuis quelques années, nos relations avaient l'aspect d'une liaison – le secret, la régularité de nos rendez-vous, les repas discrets au restaurant, les coups de téléphone à mots couverts, l'échange de confidences – tout sauf l'acte sexuel. Je m'étais refusé à franchir ce seuil par loyauté naïve envers Sally. À présent, je n'avais plus aucune raison morale de me l'interdire. Voilà ce que je me disais à ce moment-là, juste après la bombe. Ce que je ne prenais pas en compte, c'est 1. si Amy m'inspirait un désir réel, 2. si elle me désirait. À Tenerife, nous avons découvert que la réponse aux deux questions était négative.

Mercredi 26 mai

Au courrier de ce matin, une lettre de Jane et une d'Adam. Je n'avais pas envie de les ouvrir – j'avais la nausée rien qu'à reconnaître leur écriture sur l'enveloppe – mais je ne pouvais m'attaquer à rien tant que je ne l'aurais pas fait. L'une et l'autre étaient de brèves missives pour me demander comment j'allais et m'inviter à aller les voir. Je soupçonne un complot de bonnes intentions : la coïncidence de leur arrivée simultanée est trop flagrante.

Je les ai vus séparément après le départ de Sally, et avant qu'elle revienne à la maison. Nous avons déjeuné ensemble à Londres, Adam et moi, après quoi je suis allé passer un week-end à Swanage chez Jane et Gus. J'étais aussi mal à l'aise dans ces deux circonstances. Pour le déjeuner avec Adam, j'avais choisi un restaurant où je n'avais jamais mis les pieds, afin qu'on ne me reconnaisse pas. La salle était pleine, avec des tables trop rapprochées, de sorte que nous n'aurions pas pu causer librement même si nous y avions été disposés, et nous avons communiqué dans une sorte de langage elliptique codé. Si par hasard quelqu'un écoutait notre conversation, il a dû croire que nous commentions une soirée un peu ratée plutôt que le naufrage de trente ans de vie conjugale. J'ai quand même préféré cela au week-end à Swanage, où Gus, plein de tact, s'arrangeait sans cesse pour nous laisser en tête à tête, Jane et moi, afin que nous puissions avoir le genre de conversation à cœur ouvert dont nous n'avions pas plus envie l'un que l'autre, parce que cela ne nous est jamais arrivé et que nous ne savions pas comment nous y prendre. Jane a toujours pratiqué à mon égard les réprimandes sur le ton humoristique, me reprochant mon style de consommation anti-écologique, du genre eau minérale en bouteille, trombones de couleur et rayonnages en bois exotique, ou mes plaisanteries sexistes dans *Les Gens d'à côté.* Cela constituait entre nous une sorte de jeu, en partie destiné à amuser l'auditoire. L'échange de propos intimes nous semblait étranger.

Le dimanche après-midi, nous sommes allés, Jane et moi, promener le chien sur la plage en forme d'anse, en commentant à bâtons rompus le temps qu'il faisait, la marée et les véliplanchistes sur la baie. Il paraît qu'elle attend le bébé pour octobre. Quand je lui ai demandé comment elle vivait sa grossesse, elle m'a dit qu'elle avait, grâce au ciel, dépassé la période des nausées matinales ; mais ce thème a tourné court lui aussi, peut-être parce qu'il se rattachait de manière douloureuse, dans son esprit à elle comme dans le mien, à la scène finale entre Sally et moi. Puis, sur le chemin du retour, alors que nous approchions de la maison, Jane m'a soudain interpellé :

– Pourquoi tu ne veux pas accorder à maman ce

qu'elle demande ? Il te resterait bien assez pour vivre, non ?

J'ai dit que c'était une question de principe. Je n'acceptais pas que Sally me plaque simplement parce qu'elle me trouvait difficile à vivre, tout en comptant encore sur moi pour lui assurer le confort auquel elle s'est habituée.

– Tu veux dire qu'elle était payée pour s'accommoder de tes humeurs ?

– Non, bien sûr que non, ai-je protesté.

Mais, en un sens, ma fille avait sans doute raison, même si je ne l'aurais pas formulé ainsi. Elle n'est pas bête, Jane.

– Je crois que tout cet argent que t'a rapporté *Les Gens d'à côté* a eu sur vous deux un effet néfaste, a-t-elle repris. À partir de là, tu as paru plus tourmenté qu'à l'époque où vous étiez fauchés. Et maman a été prise de jalousie.

Il ne m'était jamais venu à l'esprit que Sally pouvait être jalouse de ma réussite.

Malgré les efforts de Jane et d'Adam pour se montrer impartiaux, je les sentais tous les deux « dans le camp de Sally », aussi n'ai-je rien fait pour les revoir. D'autant que je m'apprêtais à emmener Amy à Tenerife, et que je craignais qu'ils ne le découvrent et ne le révèlent à Sally.

Tenerife était un choix désastreux, c'est certain, mais en réalité toute l'entreprise était d'avance vouée à l'échec. Tant que j'ai gardé Amy sous cloche, pour ainsi dire, sans jamais m'aventurer avec elle à un contact plus intime qu'une étreinte ou un baiser amicaux, je la revêtais d'une certaine séduction, la séduction de l'interdit, de ce qu'on se refuse à soi-même. Dès que je l'ai eue à ma portée toute nue sur un lit, elle n'était plus qu'une grosse petite dame aux jambes assez poilues, ce que je n'avais jamais remarqué parce qu'elle portait toujours des bas ou des collants. En outre, son corps n'avait aucune tonicité musculaire. Je n'ai pas pu m'empêcher de la comparer physiquement à Sally, à son détriment, et de me dire que ma stratégie semblait avoir sérieusement déraillé. Que diable faisais-je là, dans cette chambre d'hôtel merdique de villégiature hideuse, en compagnie d'une femme infiniment moins désirable que l'épouse perdue avec qui je voulais régler mes comptes ? Ça n'a rien de surprenant que Tenerife ait été un désastre érotique. Dès mon retour, et même avant, je me suis mis à éplucher mentalement la liste de mes relations féminines, en quête d'une possible partenaire, plus jeune et plus attirante qu'Amy. Je me suis arrêté à Louise.

Quelques jours plus tard, j'ai repris l'avion, direction Los Angeles. Nouveau fiasco. Et même, double fiasco, si l'on compte le rendez-vous que m'avait arrangé Louise avec son amie Stella, après avoir déçu mes espérances. Quelles espérances ? En réalité, dès le moment où j'ai pris mon billet pour L.A. (open, classe affaires ; ça coûtait la peau des fesses, mais je voulais arriver en bonne forme), je savais qu'il était extrêmement peu probable que Louise soit encore disponible après tant d'années, et j'avais refusé de me l'avouer parce que envisager un échec m'était insupportable. J'étais comme Kierkegaard lorsqu'il revint à Copenhague un an après avoir rompu ses fiançailles, en caressant l'espoir que Régine serait encore libre et se languirait de lui, et qu'il découvrit qu'elle s'était fiancée avec Schlegel. C'était cela, Louise m'attirait parce que j'aurais pu l'avoir jadis, et que je me l'étais refusée, sottement, perversement. Ce qui me poussait à parcourir des milliers de kilomètres, c'était l'attrait de la répétition, l'idée que Louise allait s'offrir à nouveau à moi, ce qui redoublerait le charme de sa conquête.

Par contre, Stella ne représentait pour moi qu'une occasion d'aventure éphémère. J'avais une journée et une soirée à tuer avant le prochain vol pour Londres où j'avais pu trouver une place ; quand Louise m'a appelé le lendemain de notre expédition à Venice pour me dire qu'une amie à elle rêvait de faire ma connaissance, j'ai donc accepté le rendez-vous. J'ai accueilli Stella dans le hall du *Beverly Wilshire* et l'ai emmenée dîner au restaurant absurdement cher de l'hôtel. Au premier abord, elle était plutôt séduisante, blonde, mince, d'une élégance impeccable. Mes yeux papillotaient face à l'éclat de ses dents, de sa chevelure laquée, de son vernis à ongles et de ses bijoux de théâtre. Mais ses sourires duraient une fraction de seconde de trop pour paraître naturels, et la peau du visage, sous le fond de teint, était si tendue qu'on suspectait le lifting. Elle n'y est pas allée par quatre chemins :

– Si j'en crois Louise, m'a-t-elle dit après nos margaritas de l'apéritif, nous avons beaucoup de choses en commun ; nous nous sommes fait plaquer tous les deux et nous sommes pressés de tirer un coup, hein ?

J'ai eu un rire gêné, et lui ai demandé ce qu'elle faisait dans la vie. Elle a une boutique sur Rodeo Drive où Louise achète parfois ses vêtements. Quand nous avons pris place à notre table, elle m'a fait sursauter en me demandant si j'avais passé un test pour le sida. Non, ai-je répondu, je n'en voyais pas la nécessité puisque j'avais toujours été fidèle à ma femme.

– C'est ce que Louise m'a expliqué. Mais votre femme ? Est-ce qu'elle vous est restée fidèle ?

J'ai dit que j'en avais acquis la conviction, et lui ai demandé ce qu'elle voulait manger.

– Une salade César et un filet mignon, bleu. Ça ne vous dérange pas que je vous pose ces questions, Tubby ?

– Mais non, ai-je dit poliment.

– D'après mon expérience, il vaut mieux tout de suite mettre ces choses-là au point. Après, on peut se décontracter tous les deux. Il y a combien de temps que votre femme est partie ? Vous avez été avec quelqu'un d'autre ?

– Rien qu'une fois. Une amie de très longue date.

– Vous avez utilisé un préservatif, bien sûr ?

– Oui, bien sûr, ai-je menti.

En réalité, Amy avait mis son diaphragme. Je crois que Stella a vu clair dans mon mensonge.

– Vous en avez ici ? a-t-elle demandé après qu'on nous eut apporté la salade César.

– Eh bien, non, pas sur moi.

– Dans votre chambre, je voulais dire.

– Il y en a peut-être dans le minibar, ai-je hasardé d'un ton plaisant. Il a l'air très bien garni.

– Ça ne fait rien, a répliqué Stella sans l'ombre d'un sourire, j'en ai dans mon sac.

Quand elle s'est mise à parler de gants en latex et de protections dentaires devant son filet mignon, la panique m'a saisi. Si elle était aussi préoccupée de *safe sex*, ai-je pensé, c'est qu'elle devait avoir ses raisons. Pour la première fois de ma vie, j'ai simulé un problème aigu au genou, me livrant sur mon fauteuil à des contorsions qui reproduisaient à merveille, pardonnez-moi de m'en vanter, les effets d'une douleur insupportable. Les dîneurs des tables voisines ont manifesté leur sympathie. Le maître d'hôtel a fait signe à deux serveurs qui m'ont transporté dans le hall. J'ai présenté mes excuses à Stella, pris congé et me suis retiré seul dans ma chambre. Stella m'a dit de lui téléphoner le lendemain, mais le lendemain j'étais à bord du premier avion qui décollait direction Heathrow.

C'est quelque part au-dessus de la calotte glaciaire du pôle Nord que m'est apparue la vision de Samantha comme une promesse sexuelle. Comment n'avoir pas pensé à elle plus tôt ? Elle était jeune, désirable et elle s'était donné beaucoup de mal pour cultiver nos relations. Qui plus est, elle semblait incarner la santé et l'hygiène, et elle était très maligne. On ne pouvait imaginer que Samantha ait des pratiques sexuelles imprudentes. Oui, elle représentait manifestement ma meilleure chance de me prouver que ma virilité était intacte. J'étais impatient d'atterrir à Heathrow. Les yeux rouges, crasseux et pas rasé, j'ai sauté dans un taxi pour aller tout droit au studio, où je savais que Samantha assisterait à la répétition.

L'échec de ma première tentative de séduction n'a rien eu de surprenant, d'autant que la signora Gabrielli a fait de son mieux pour me casser mon coup. Mais lorsque, quelques jours plus tard, Ollie a suggéré d'embaucher un coordinateur de textes pour me seconder, j'ai saisi l'occasion et j'ai insisté pour que ce soit Samantha. Ayant fort bien perçu la faveur que je lui offrais, elle était visiblement toute prête à m'en remercier de la façon consacrée dans le show-biz. J'ai alors commis une erreur fatale, fatale du point de vue de la galipette, veux-je dire, en choisissant Copenhague pour site de ma conquête, une façon de courir deux lièvres à la fois : combiner une petite recherche sur Kierkegaard avec l'aventure sexuelle objet de mes désirs et de mes frustrations, dans un palace commodément à l'écart de tout lieu où nous risquerions d'être reconnus. J'aurais dû comprendre que les deux entreprises étaient incompatibles. J'aurais dû prévoir quel effet cela aurait sur moi de fouler les trottoirs arpentés par Kierkegaard voilà un siècle et demi, de voir de mes yeux les rues, les places et les édifices qui n'étaient jusque-là que des noms imprimés, Nytorv, Nørregade, la Borgerdydskole, et de contempler au Bymuseum les souvenirs de S.K., d'une quotidienneté poignante : ses pipes, sa loupe avec l'étui confectionné par Régine ; la cruelle caricature parue dans *Le Corsaire*, et le portrait de Régine, avenante, bien en chair, avec un sourire sur le point d'écarter ses belles lèvres, visiblement peinte aux jours heureux, avant que Kierkegaard ait rompu leurs fiançailles. Et ensuite, de m'installer pour écrire au pupitre même de Kierkegaard ! J'ai eu la sensation extraordinaire qu'il était présent quelque part dans la pièce, qu'il regardait par-dessus mon épaule.

Du coup, l'objectif licencieux de mon voyage s'est mis à m'inspirer une réticence singulière et embarrassante, et quand la belle Samantha m'a offert impudemment toutes les délices de son corps somptueux, je me suis trouvé incapable d'en profiter. Quelque chose me retenait, et ce n'était pas la crainte d'une défaillance, ni de me faire mal au genou. Attribuons cela à la conscience. Attribuons cela à Kierkegaard. Ils ne font plus qu'un pour moi. Je crois que Kierkegaard est l'homme maigre en moi qui s'efforçait de sortir au grand jour, et à Copenhague, il y est parvenu.

Quelque part dans son *Journal*, Kierkegaard raconte qu'en découvrant que Régine était fiancée avec Schlegel, et en comprenant qu'il l'avait perdue irrévocablement, son « état d'esprit était le suivant : soit tu te livres à une dissipation effrénée, soit à l'absolu de la religion ». Mon odyssée sexuelle, frénétique et imbécile, à la suite du départ de Sally, mes efforts désespérés pour coucher tour à tour avec Amy, Louise, Stella et Samantha, c'était ma tentative de dissipation effrénée. Mais moi, face à l'échec, je ne disposais pas de la religion. En guise de défouloir, il ne me restait plus qu'à me branler et à écrire. En fait, c'est tout ce que put faire Kierkegaard pendant un certain temps : écrire. (Peut-être se branlait-il aussi, je n'en serais pas tellement surpris.) Ce sont seulement ses derniers livres, ceux qu'il publia sous son propre nom, qui traitent « absolument » de la religion et, honnêtement, je les trouve rebutants. Les titres mêmes sont rebutants : la plupart s'appellent *Discours chrétien*. Les ouvrages pseudonymes, comme on dit, surtout ceux qu'il écrivit tout de suite après la rupture avec Régine, attribués à Victor Eremitus, Constantin Constantius, Johannès de Silentio et autres bizarres prête-noms, sont très différents et bien plus passionnants : une sorte d'effort pour se réconcilier avec ce qu'il a vécu, pour accepter les conséquences de ses propres choix, en abordant les questions de manière indirecte, par l'entremise d'histoires fictives, en se cachant derrière des masques. C'est la même impulsion, me semble-t-il, qui m'a lancé dans la rédaction des monologues. Monologues dramatiques, je crois que ça s'appelle, parce qu'ils s'adressent à quelqu'un dont on ne fait que deviner les répliques. C'est un des rares souvenirs que j'aie gardé du cours d'anglais au lycée. Nous en avions un, de Browning, à apprendre par cœur. « Ma dernière duchesse » :

Voilà ma dernière duchesse, peinte sur le mur,
On la croirait vivante. À mes yeux,
Cette œuvre tient du fantastique...

Le duc est un mari fou de jalousie qui se révèle avoir assassiné sa femme. Jamais je n'aurais tué Sally, évidemment, mais à certains moments j'ai bien failli la frapper.

L'idée m'est venue d'Alexandra, en un sens, même si elle n'imaginait pas quel torrent verbal sa suggestion allait déclencher, ni la forme qu'il prendrait. Je suis allé la voir dans un état de morne désespoir, une semaine environ après mon retour de Copenhague. J'avais renoncé à la dissipation, mais je me sentais toujours déprimé. Tout comme l'économie : le jour où je suis revenu du Danemark (par le dernier avion – j'avais mis des heures à trouver la tombe de Régine, une dalle assez pitoyablement envahie par la végétation, mais après tout, c'est Kierkegaard qui lui a dressé dans ses écrits son vrai monument), le gouvernement a annoncé que la récession était officiellement terminée, mais personne n'a vu la différence. La production connaît peut-être une croissance de 0,2 %, mais il reste des millions de chômeurs et des centaines de milliers piégés par les hypothèques.

Je me suis terré dans mon appartement. Je n'osais plus sortir de crainte d'être identifié. Je vivais dans la terreur de rencontrer des connaissances. (Hormis Grahame, naturellement. Quand la solitude devient insupportable, je l'invite à prendre une tasse de thé ou de chocolat pour bavarder un peu avec lui. Il passe toujours la soirée ici, à partir de neuf heures du soir environ, et il est souvent présent aussi dans la journée. Il est devenu une sorte de jeune homme de compagnie.) J'avais la conviction que tous mes amis et les autres parlaient de moi sans arrêt, se moquaient et ricanaient du dessin comique paru dans *Public Interest.* Quand j'allais à Rummidge pour mes rendez-vous avec Alexandra, je voyageais en seconde classe et portais mes Ray-Ban dans l'espoir que les contrôleurs ne me reconnaissent pas. J'étais sûr qu'eux aussi, ils lisaient *Public Interest.*

J'ai demandé à Alexandra ce qu'elle pensait du Prozac. Elle a eu l'air surpris.

– Je croyais que vous vous opposiez à toute thérapie médicamenteuse.

– Il paraît que c'est une formule entièrement nouvelle. Pas de dépendance, pas d'effets secondaires. Aux États-Unis, même les non-déprimés en prennent, pour le bien-être que ça leur procure.

Bien entendu, Alexandra savait tout du Prozac ; elle m'a fourni des explications techniques sur la façon dont agissent ces molécules, les neurotransmetteurs, les inhibiteurs de retour de sérotonine. J'ai eu du mal à suivre. J'ai dit que j'avais déjà des problèmes de retour et que je pouvais me passer d'inhibitions supplémentaires en ce domaine, mais apparemment il ne s'agissait pas du tout de ça. Alexandra est assez réticente à l'égard du Prozac.

– Il n'est pas exact qu'il n'engendre aucun effet secondaire. Même ses défenseurs admettent qu'il affecte la capacité du patient à atteindre l'orgasme.

– Eh bien, comme je souffre déjà de l'effet secondaire, ai-je objecté, autant prendre le médicament.

Le rire d'Alexandra a dénudé ses grandes dents, jamais je n'avais suscité de sa part une expression d'hilarité aussi franche. Elle a précipitamment repris son sérieux.

– Des rapports non confirmés font état d'effets secondaires plus graves. Certains patients seraient sujets à des hallucinations, à des tentatives d'automutilation. Il y a même un assassin qui affirme avoir tué sous l'influence du Prozac.

– Mon amie n'a fait aucune allusion à de tels cas. Selon elle, on se sent mieux que bien quand on en prend.

Alexandra a posé sur moi le regard doux de ses grands yeux marron.

– Je vous prescris du Prozac si vous y tenez, m'a-t-elle dit après un long silence. Mais il faut que vous compreniez bien ce qui est en jeu. Là, je ne parle plus des effets secondaires, j'insiste sur les effets tout court. Ces nouveaux psychotropes modifient la personnalité du patient. Ils agissent sur le mental comme la chirurgie esthétique agit sur le physique. Grâce au Prozac, vous retrouverez peut-être une meilleure opinion de vous-même, mais vous ne serez plus le même.

J'ai réfléchi.

– Vous auriez une autre idée ?

Alexandra m'a suggéré d'écrire exactement ce que je pensais que les gens de mon entourage étaient en train de raconter et de penser à mon propos. J'ai reconnu sa méthode, bien entendu. D'après elle, ce n'était pas en soi-même ce que les gens pensaient de moi, mais mes propres craintes de ce qu'ils pouvaient penser qui me minaient. Si je me concentrais sur la question – que pensent-ils vraiment de moi ? – et si je m'astreignais à y donner une réponse explicite, dès lors, au lieu de projeter sur les autres ma mauvaise opinion de moi-même et de m'en repaître, je serais obligé de reconnaître qu'en réalité, loin de me haïr et de me mépriser, mon entourage éprouvait à mon égard du respect, de la sympathie et même de l'affection. Mais le résultat n'a pas été tout à fait conforme à son attente.

En bon scénariste, je ne pouvais pas me contenter de résumer l'opinion des autres sur mon propre compte, il fallait que je leur donne la parole. Et les propos que je leur ai prêtés n'ont rien eu de très flatteur. « Vous ne vous êtes pas fait de cadeaux », a commenté Alexandra quand je lui ai enfin montré ce que j'avais écrit. Ce travail m'a pris plusieurs semaines – je me suis quelque peu laissé aller – et c'est seulement la semaine dernière que je lui ai envoyé le tout, un paquet assez volumineux. Je suis allé hier à Rummidge pour entendre son verdict.

– C'est très drôle, très pénétrant, a-t-elle dit, tout en feuilletant la liasse au format A4, avec un sourire de réminiscence qui venait effleurer ses lèvres pâles, non maquillées. Mais vous ne vous êtes pas fait de cadeaux.

J'ai haussé les épaules et répliqué que je m'étais efforcé de me percevoir honnêtement au travers du regard des autres.

– Vous avez quand même beaucoup inventé, sûrement.

– Non, pas tellement, ai-je dit.

Évidemment, j'ai forcément fait appel à mon imagination. Par exemple, je n'ai jamais eu accès à la déposition de Brett Sutton, mais comme il m'a fallu moi-même en faire une, la police m'en a donné un exemplaire à emporter, j'avais donc le modèle du formulaire, et il n'était pas difficile de deviner à quoi pouvait ressembler sa version à lui des événements. Pour Amy, bien qu'elle ait toujours été extrêmement discrète au sujet de ses séances chez Carl Kiss, je savais qu'elle avait dû lui faire le compte rendu quotidien de l'évolution de nos relations à la suite du départ de Sally, et je connais par cœur sa manière de penser et de s'exprimer. La plupart des histoires qu'elle confie à Carl au cours du monologue, elle m'en a parlé à moi à l'occasion, par exemple son souvenir de sa mère occupée à trancher des carottes sur la table de la cuisine tout en lui expliquant les choses de la vie, ou son rêve inspiré par le dessin de *Public Interest*, avec moi en Vulcain et Saul dans le rôle de Mars. Le passage sur son problème d'évacuation sanitaire dans la chambre d'hôtel de Playa de las Americas m'est venu à force de l'avoir entendue dans la salle de bains actionner indéfiniment la chasse d'eau. La chute est peut-être un peu trop appuyée, mais je n'ai pas su y résister. À son retour en Angleterre, Amy affichait réellement une belle assurance et elle proclamait qu'elle allait donner *congé* * à Carl, mais aux dernières nouvelles elle a repris son analyse. En fait, je ne la vois guère, ces temps-ci. Nous avons essayé de nous retrouver une fois ou deux pour dîner ensemble, mais sans réussir tout à fait à renouer le lien amical d'autrefois. Les souvenirs fâcheux de Tenerife sont trop encombrants.

Louise a-t-elle pu décrire ainsi en détail à Stella l'épisode de nos retrouvailles, je n'en ai pas la moindre idée, mais en tout cas c'est au téléphone qu'elle lui en a parlé. Elle a peut-être en effet arrêté de fumer, de boire et de se droguer (sauf au Prozac), mais c'est au téléphone qu'elle est accrochée. Tout au long du repas au restaurant de Venice, elle a gardé son petit appareil portatif japonais posé à côté de son assiette, et n'a pas cessé d'interrompre mes tristes confidences pour recevoir et lancer des appels ayant trait à son film en cours. Ollie, ce n'était pas difficile. Il a bien dû m'arriver cent fois de le subir dans un bar. J'avoue avoir pris quelques libertés en ce qui concerne Samantha. Elle a fait allusion un jour – je ne me souviens pas du contexte – à une amie qui souffrait d'inclusions de ses dents de sagesse, mais la visite à la clinique est pure invention de ma part. J'aimais bien l'idée de cette auditrice sans défense, immobilisée et réduite au mutisme, incapable d'arrêter le flot sonore des confidences de Samantha sur le ratage de notre week-end libidineux à Copenhague. C'est une petite futée, Samantha, mais la sensibilité ne l'étouffe pas.

Le monologue le plus difficile à écrire a été celui de Sally. Je ne l'ai pas montré à Alexandra de crainte qu'elle ne se formalise de ce que je me sois permis de l'y inclure. Je sais qu'elle a suggéré à Sally de venir la voir, car elle m'avait demandé si je n'y voyais pas d'objection (j'avais dit que non). Et je crois que Sally a accepté, mais Alexandra ne m'a jamais rendu compte de ce qu'elle avait dit, de quoi j'ai déduit que c'était rédhibitoire. C'était presque une souffrance physique de revivre la rupture du point de vue de Sally. Ce qui a amené le monologue de Sally à passer, à mi-chemin, de son discours supposé à l'adresse d'Alexandra à ce torrent de réminiscences sur nos débuts amoureux. Mais c'était douloureux aussi de retrouver cette époque pleine d'espoir, de promesses et de rires. La chose la plus cruelle que je me sois entendu dire par Sally au cours de ce week-end cauchemardesque de discussions, de plaidoiries et de récriminations qui a abouti à son départ, le moment où j'ai compris, réellement compris au fond du cœur que je l'avais perdue, c'est quand elle a lancé : « Tu ne me fais plus rire. »

Jeudi 27 mai, 10 heures du matin

Cela m'a pris toute la journée d'hier de rédiger le passage qui précède. Je ne me suis pas arrêté, à part une pause de cinq minutes pour aller acheter chez *Prêt à Manger* un sandwich crevettes avocat, que j'ai grignoté à mon bureau tout en continuant d'écrire. J'avais du retard à rattraper.

J'ai terminé vers sept heures du soir, fatigué, affamé, assoiffé. J'avais aussi mon genou qui me taraudait : la position assise prolongée est mauvaise pour l'articulation. (Je viens de vérifier « tarauder » dans le dictionnaire. Le taraud est un outil d'acier formé d'une mèche dont le pas est interrompu par des rainures longitudinales. Ça doit être la mèche qui me torture.) Je suis sorti me dégourdir les jambes et refaire le plein. La soirée était douce. Les jeunes grouillaient autour de la station de Leicester Square comme tous les jours à cette heure-là, en toute saison. Ils giclent de la bouche de métro comme une source intarissable, se répandent sur le trottoir et restent plantés autour de l'hippodrome, dans leurs tenues décontractées, d'un air d'expectative. Qu'est-ce qu'ils attendent ? Je crois que, pour la plupart, ils ne sauraient que répondre si vous leur posiez la question. Une aventure, une rencontre, une transformation miraculeuse de leur vie ordinaire. Évidemment, quelques-uns ont un rendez-vous. Je vois leur visage s'éclairer dès qu'ils aperçoivent leur petite amie, ou petit ami, qui s'approche. Ils s'étreignent, indifférents au gros monsieur chauve en veste de cuir qui traîne par là, les mains dans les poches, et ils s'en vont en se tenant par la taille, vers un restaurant, un cinéma ou un bar noyé sous un déferlement de musique rock. C'est à ce coin de rue que je rencontrais Sally quand nous sortions ensemble. À présent, j'y achète le *Standard* pour avoir quelque chose à lire en dînant au chinois de Lisle Street.

L'inconvénient de dîner seul, ou plutôt l'un des inconvénients, c'est qu'on a tendance à commander trop de choses et à manger trop vite. Quand je suis rentré du restaurant, ballonné et rotant, il n'était que huit heures et demie et il faisait encore jour. Cependant, Grahame était déjà là en train de s'installer sous le porche pour la nuit. Je l'ai convié à venir assister à la deuxième mi-temps de la finale de Coupe d'Europe entre le Milan AC et Marseille. Marseille a gagné un à zéro. Une belle partie, même s'il est difficile de se passionner pour un match où n'est pas impliqué un club britannique. Je me rappelle le jour où Manchester United a remporté la Coupe d'Europe avec George Best à l'aile. Un délire. J'ai demandé à Grahame s'il s'en souvenait, mais bien sûr il n'était même pas né.

Grahame a de la chance d'occuper encore notre porche. Herr Bohl, l'homme d'affaires suisse qui possède l'appartement numéro cinq et qui y réside épisodiquement, s'est offusqué de sa présence ; il voulait appeler la police pour le faire expulser. J'ai objecté qu'il maintenait le porche dans un état de propreté remarquable, et dissuadait les passants d'y balancer leurs détritus et les ivrognes de s'en servir comme urinoir, ce dont ils ne se privaient pas auparavant. Cet appel adroit à l'obsession helvétique de l'hygiène a atteint son but. Herr Bohl s'est trouvé obligé de reconnaître que le porche sentait bien meilleur depuis que Grahame l'occupait, et il a renoncé à demander l'intervention des flics.

Le fait que Grahame lui-même ait toujours l'air propre venait à l'appui de mes arguments. Cette particularité m'a longtemps intrigué, jusqu'au jour où je me suis hasardé à lui demander comment il se débrouillait. Avec un sourire malin, il m'a dit qu'il allait me livrer un secret. Le lendemain, il m'a conduit à un endroit de Trafalgar Square, une simple porte dans un mur, équipée d'une fermeture électronique, devant laquelle j'avais dû passer cent fois sans la remarquer. Grahame a pianoté sur les touches du digicode, la serrure a émis un bourdonnement et s'est ouverte. À l'intérieur se déployait un labyrinthe souterrain de salles offrant une cantine, des jeux, des sanitaires et des machines à laver. C'est une sorte de refuge à la disposition des jeunes sans-abri. On y fournit même des peignoirs, de sorte que si vous ne possédez qu'un seul jeu de vêtements, vous pouvez vous asseoir là en attendant qu'ils soient passés à la lessive et séchés. Cela m'a un peu rappelé le salon Pullman à la gare d'Euston. L'autre jour, j'ai envoyé une petite contribution financière à l'organisme qui gère cet endroit. Grâce à son existence, je culpabilise un peu moins à la pensée que Grahame couche dehors sous le porche. Le riche dans son palais, le pauvre à sa porte...

En réalité, je n'ai aucune raison de culpabiliser. C'est Grahame qui a choisi de vivre à la rue. Face à un éventail assez pourri d'options, certes, mais sans doute mène-t-il ainsi la meilleure vie qu'il ait connue, la plus indépendante, en tout cas. « Je suis le maître de mon sort », m'a-t-il dit un jour d'un ton solennel. C'est l'une de ces formules qu'il a lues quelque part et mémorisées, sans savoir qui en est l'auteur. J'ai consulté mon dictionnaire des citations. Elle provient d'un poème de W.E. Henley :

Qu'importe l'étroitesse de l'issue,
La liste des châtiments sur le parchemin,
Je suis le maître de mon sort :
Je suis le capitaine de mon âme.

Si seulement je pouvais en dire autant...

11 h 15

Jake vient de téléphoner. J'ai écouté le message qu'il me laissait sur le répondeur, sans décrocher ni le rappeler. Il voulait m'emmener déjeuner chez *Groucho*. Il commence à s'énerver parce que nous approchons du délai fatidique à partir duquel Heartland pourra exercer son droit d'embaucher un autre scénariste. Eh bien, libre à eux. Ces temps-ci, je m'intéresse beaucoup plus à Søren et Régine qu'à Priscilla et Edward, mais je sais bien qu'Ollie Silvers n'a pas la moindre intention de produire un téléfilm sur Kierkegaard, quel que soit l'apport que je lui fournirais pour *Les Gens d'à côté*, alors pourquoi m'embêter avec ça ?

Grahame a paru assez impressionné quand il a découvert que j'étais scénariste pour la télé, mais dès que j'ai précisé le nom du feuilleton, il a dit « Ah, ça... » d'un ton assez méprisant. J'ai trouvé qu'il avait un certain culot, d'autant qu'il était en train de boire mon thé et de se bourrer du gâteau aux carottes de *Prêt à Manger*.

– C'est bien, j'imagine, pour les gens à qui ça plaît, a-t-il enchaîné.

Je l'ai pressé de m'expliquer pourquoi cela ne lui plaisait pas à lui, visiblement.

– Eh ben, c'est pas la vérité, quoi. Toutes les semaines, y a du grabuge dans l'une des deux maisons, mais ça s'arrange toujours à la fin de l'épisode, et tout le monde se retrouve le museau enfariné. Rien ne change jamais. Il n'arrive jamais rien de vraiment mauvais à personne. Y a pas de coups échangés. Les gosses font jamais de fugues.

– Si, Alice s'est enfuie, une fois.

– Oui, pendant une petite dizaine de minutes.

Il s'agissait de dix minutes de temps cinématographique, mais je n'ai pas voulu pinailler. J'ai admis son point de vue.

14 h 15

Je suis allé manger un morceau au pub et, en rentrant, j'ai trouvé sur le répondeur un message de Samantha : il lui est venu une idée pour résoudre le problème Debbie-Priscilla, elle aimerait m'en parler. Elle disait qu'elle serait de retour à son bureau vers trois heures, apparemment elle comptait prendre tout son temps pour déjeuner, mais cela m'a permis de lui laisser à mon tour un message sur son répondeur pour la prier de mettre son idée par écrit et de me l'envoyer. Je ne communique plus que par courrier ou répondeur interposé. Je peux ainsi maîtriser le programme de n'importe quel échange verbal et éviter la question redoutée : « Comment ça va ? » Quand je me sens vraiment trop seul, il m'arrive d'appeler le service téléphonique de ma banque pour vérifier la situation de mes divers comptes avec la jeune fille dont les recommandations enregistrées vous guident tout au long de l'opération codée numériquement. La voix est plutôt agréable, et ne vous demande pas de vos nouvelles. Mais, si je commets une erreur, elle dit : « Je regrette, il semble y avoir un problème. » Ce n'est que trop vrai, chérie.

« Ce n'est qu'en écrivant que je me sens bien. J'oublie alors toutes les vexations de la vie, toutes ses souffrances, je me plonge dans la pensée et je suis heureux. » *Journal* de Kierkegaard, 1847. Tant que j'écrivais les monologues, je me sentais... pas exactement heureux, mais actif, absorbé, intéressé. C'était comme de travailler à un scénario. J'avais une tâche à accomplir, et j'ai éprouvé quelque satisfaction à la mener à bien. À présent qu'elle est achevée, et que j'ai plus ou moins actualisé mon journal intime, je me retrouve en proie à l'agitation, à la nervosité, au malaise, incapable d'entreprendre quoi que ce soit. Je n'ai ni objectif ni projet, sinon d'empêcher Sally autant que possible de mettre la main sur ma fortune, et cela ne me tient plus vraiment à cœur. Il faut que je fasse un saut à Rummidge, demain, pour aller voir mon avocat. Je pourrais lui dire de jeter l'éponge, de boucler rapidement la procédure et d'accorder à Sally tout ce qu'elle demande. Mais me sentirais-je mieux pour autant ? Non. C'est encore une de ces situations du genre ou bien / ou bien. Quoi que je fasse, je le regretterai forcément. Si tu divorces, tu le regretteras, si tu ne divorces pas, tu le regretteras. Divorce ou ne divorce pas, tu le regretteras n'importe comment.

Je garde peut-être encore un espoir que Sally et moi pourrons nous réconcilier, que je retrouverai ma vie de jadis, que tout sera comme avant. En dépit de toutes mes crises de colère, de mes larmes et de mes plans de vengeance – ou à cause d'eux ? – je n'ai pas vraiment tiré un trait sur notre couple. B dit à A : « Afin de désespérer en vérité, il faut qu'on le veuille en vérité, mais lorsqu'on le veut en vérité, alors on a en vérité dépassé le désespoir ; lorsqu'en vérité on a choisi le désespoir, alors on a en vérité choisi ce que le désespoir choisit : soi-même et sa validité éternelle. » On peut dire sans doute que je me suis choisi quand j'ai décliné l'offre d'Alexandra de me prescrire du Prozac, mais, sur le moment, cela ne m'est pas apparu comme un acte d'affirmation de mon moi existentiel. Je me sentais plutôt comme un coupable capturé qui tend les poignets pour qu'on y passe les menottes.

17 h 30

Puisque je vais demain à Rummidge, j'ai soudain pensé que pendant que j'y étais, je pouvais m'offrir une petite séance de thérapie. J'ai passé deux ou trois coups de fil. Roland était complet, mais Dudley a pu me donner un rendez-vous pour l'après-midi. Je n'ai pas appelé Miss Wu. Je ne l'ai pas revue depuis le vendredi où Sally a fait exploser sa bombe. Je n'en ai pas eu envie. Rien à faire de Miss Wu. Association d'idées : l'acupuncture et ma vie qui se désintègre.

21 h 30

Après avoir dîné ce soir dans un restaurant indien, je suis rentré vers neuf heures, en épiçant la pollution de la capitale du parfum de mes pets explosifs. Grahame m'a dit qu'un homme avait sonné à ma porte. D'après sa description, j'ai deviné qu'il s'agissait de Jake.

– Un ami à vous ?

– Si l'on veut.

– Il m'a demandé si je vous avais vu récemment. Le portrait qu'il m'a fait de vous n'était pas très flatteur.

Naturellement, j'ai demandé en quoi.

– Un peu gros, chauve, voûté.

Ce dernier qualificatif m'a un peu abattu. Je ne me suis jamais perçu comme un homme voûté. Ça doit être l'effet de la dépression. L'aspect extérieur raconte ce qu'on ressent. Je ne crois pas que la torsion de l'épine dorsale de Kierkegaard était seulement due à son accident d'enfance.

– Que lui avez-vous dit ? ai-je demandé à Grahame.

– Rien du tout.

– Bon. Vous avez bien fait.

Vendredi 28 mai, 19 h 45

J'arrive de Rummidge. J'ai fait le trajet en voiture, pour faire un peu rouler la Richmobile : je la laisse dans un parking fermé près de King's Cross, et m'en sers rarement ces temps-ci. Ça n'était pas vraiment le pied d'emprunter la M1 aujourd'hui. L'autoroute était hérissée d'une éruption de cônes, un accès de scarlatine, et la circulation sur deux voies entre les bretelles 9 et 11 provoquait un bouchon de huit kilomètres. Apparemment, une caravane était rentrée dans un camion. Je suis donc arrivé en retard à mon rendez-vous avec Dennis Shorthouse. C'est le spécialiste des divorces et litiges familiaux dans mon cabinet d'avocats, Dobson McKitterick. Je n'avais jamais eu affaire à lui avant la rupture avec Sally. Il est grand, maigre, avec une figure ridée, le nez crochu et les cheveux gris, et s'extrait rarement de derrière son vaste bureau où règne un ordre presque inquiétant. À la manière de certains médecins qui affichent une propreté excessive comme pour se protéger contre les microbes, Shorthouse donne l'impression d'utiliser son bureau en guise de cordon sanitaire afin de tenir à distance le malheur de ses clients. Il est garni de deux corbeilles à courrier, arrivée et départ, toujours vides, d'un buvard immaculé et d'une pendule à quartz, disposée à un angle subtil en direction du fauteuil du client, façon taximètre, pour qu'on puisse contrôler le prix que vous coûteront ses conseils.

Il avait reçu une lettre des avocats de Sally, menaçant de demander le divorce pour motif de comportement déraisonnable.

– Vous n'êtes pas sans savoir que l'adultère et le comportement déraisonnable sont les seuls motifs permettant d'obtenir le jugement de divorce immédiat.

J'ai demandé en quoi consistait le comportement déraisonnable.

– Très bonne question, a-t-il dit en joignant le bout de ses doigts et en se penchant en avant sur son bureau.

Il s'est lancé dans un long développement, mais j'avoue que j'ai décroché et je me suis aperçu tout à coup qu'il s'était tu et me regardait d'un air d'expectative.

– Excusez-moi, voudriez-vous répéter cela, s'il vous plaît ?

– Répéter dans quelle proportion ? m'a-t-il demandé avec un sourire un peu forcé.

– Rien que la fin, ai-je dit sans avoir la moindre idée de la longueur de son discours.

– Ma question était en substance la suivante : quel type de comportement déraisonnable Mrs Passmore risquerait-elle d'invoquer, si elle déposait sous serment ?

J'ai réfléchi un peu.

– Le fait que je n'écoutais pas quand elle me parlait pourrait-il être pris en considération ?

– C'est possible. Tout dépendrait du juge.

S'il avait appartenu à Shorthouse de me juger, j'ai eu l'impression que j'aurais été en mauvaise posture.

– Vous êtes-vous jamais livré à des voies de fait sur votre épouse ? a-t-il poursuivi.

– Grand Dieu, non !

– Existe-t-il des faits d'ivrognerie, de propos insultants, de scènes de jalousie, d'accusations infondées, ce genre de choses ?

– Seulement depuis qu'elle m'a plaqué, ai-je répondu.

– Je préfère ne pas avoir entendu ce que vous venez de dire. Je ne pense pas, a-t-il repris après avoir marqué une pause, que Mrs Passmore prendra le risque de vous faire ce procès. Elle n'aura pas droit à l'assistance juridique, et si elle perdait cela lui coûterait très cher. En outre, elle se retrouverait à la case départ en ce qui concerne le divorce. Elle use de cette menace pour vous amener à coopérer. Je ne crois pas que vous ayez à vous inquiéter, a-t-il conclu avec un rictus, visiblement satisfait de son analyse.

– Vous voulez dire qu'elle n'obtiendra pas le divorce ?

– Oh, si, elle finira par l'obtenir, inévitablement,

pour cause de rupture irréversible. Le tout est de savoir combien de temps vous voulez la faire attendre.

– Et combien je suis prêt à vous payer pour faire durer ?

– Exactement, a-t-il répliqué en jetant un coup d'œil à la pendule.

Je lui ai dit de continuer à mettre des bâtons dans les roues.

Ensuite, je suis allé chez Dudley. En me garant devant sa maison, j'ai songé avec mélancolie à toutes mes visites précédentes, lorsque je n'avais à me plaindre que d'un malaise général et mal défini. Un gros-porteur est passé au-dessus avec un bruit de tonnerre au moment où je sonnais à la porte, ce qui m'a fait rentrer la tête dans les épaules et me couvrir les oreilles. Dudley m'a dit que c'était un nouveau vol pour New York.

– Ce sera pratique pour vous, non, dans votre métier ? Vous n'aurez plus besoin de passer par Heathrow.

Dudley se fait une image un peu trop prestigieuse de la vie d'un scénariste télé. Je lui ai simplement répondu que j'habitais Londres à présent, et pourquoi.

– Vous n'auriez pas par hasard une huile essentielle pour l'échec conjugal ? ai-je dit.

– Je peux vous donner quelque chose pour le stress.

Je lui ai demandé s'il pouvait s'occuper de mon genou, qui m'avait cruellement tourmenté sur l'autoroute. Il a tapoté son clavier d'ordinateur et annoncé qu'il allait essayer la lavande, salutaire en cas de douleur aussi bien que de stress. Il a sorti une fiole de sa vitrine à huiles essentielles aux montants de laiton, et m'a invité à en humer le contenu.

Je crois que c'est la première fois que Dudley me sert sa lavande, car l'arôme en a fait surgir de ma mémoire un souvenir d'une acuité extraordinaire, le souvenir de Maureen Kavanagh, mon premier flirt. Depuis que j'ai commencé à tenir ce journal, elle n'a cessé de m'effleurer la conscience, telle une silhouette aperçue indistinctement à la lisière d'un bois lointain, qui glisse entre les arbres et émerge de l'ombre par instants. L'odeur de lavande l'a amenée à découvert – la lavande et Kierkegaard. J'avais noté, voici quelques semaines, que la transcription du « aa » en danois moderne, un « a » tout seul surmonté d'un rond, me rappelait quelque chose que j'étais incapable d'identifier sur le moment. Eh bien, voilà, il s'agissait de l'écriture de Maureen. C'est ainsi qu'elle écrivait ses « i », avec un petit cercle au lieu d'un point, qui formait comme un sillage de bulles au-dessus des lignes de sa grosse écriture ronde. Je ne sais pas où elle avait pris ça. Nous nous voyions tous les matins à l'arrêt du tram, mais cela ne nous empêchait pas d'échanger du courrier, rien que pour le plaisir d'avoir une correspondance intime. Je lui écrivais des lettres d'amour assez passionnées et elle me répondait par de timides petits billets, d'une banalité décevante : « J'ai fait mes devoirs après le goûter, puis j'ai aidé maman pour son repassage. As-tu écouté Tony Hancock [1] ? Nous étions écroulées. » Elle utilisait du papier à lettres mauve de Woolworth, parfumé à la lavande. La bouffée exhalée par la fiole de Dudley m'a tout ramené à la mémoire, pas seulement son écriture,

1. Célèbre fantaisiste britannique. *(N.d.l.T.)*

mais Maureen telle qu'en elle-même. Maureen. Mon premier amour. Mon premier sein.

Quand je suis rentré, j'ai trouvé dans la boîte une lettre de Samantha, contenant son idée pour éliminer des *Gens d'à côté* le rôle de Debbie : au dernier épisode, Priscilla à bicyclette se fait renverser par un camion et meurt sur le coup, mais elle revient sous la forme d'un fantôme qu'Edward est seul à voir, et qui le presse de se trouver une autre femme. Rien de follement original, mais cela ouvre certaines possibilités. Il faut reconnaître que cette fille est une maligne. Si j'avais la tête à ça, je me serais peut-être mis tout de suite à jouer avec cette suggestion. Mais pour le moment, je ne peux penser qu'à Maureen. J'ai été pris du besoin irrésistible d'écrire à son sujet.

Maureen

UNE CHRONIQUE

J'avais quinze ans quand je pris conscience pour la première fois de l'existence de Maureen, mais près d'une année s'écoula avant que je réussisse à lui parler et que je découvre son nom. Je la voyais tous les matins en attendant le tramway, première étape du fastidieux trajet en trois morceaux que j'avais à parcourir pour aller en classe à Lambeth Merchants. C'était un collège financé par un système de donations, dans lequel j'avais hélas été admis en qualité de boursier après le brevet, poussé par un directeur d'école primaire bien intentionné. Je dis « hélas », parce que rétrospectivement, je pense que j'aurais été plus heureux, et donc aurais davantage appris dans un établissement moins prestigieux et prétentieux. J'avais l'intelligence innée, mais pas le contexte social et culturel qu'il m'aurait fallu pour tirer bénéfice de l'éducation dispensée à Lambeth Merchants. Cette antique fondation tirait une fierté obsessionnelle de son histoire et de sa tradition. Elle s'ouvrait aux élèves payants aussi bien qu'à la crème des lauréats du brevet, et fonctionnait sur le modèle de la classique école privée britannique, avec des « maisons » (bien qu'il n'y eût pas de pensionnaires), une chapelle, un hymne de l'école aux paroles en latin, et une accumulation de rituels et de privilèges. Les bâtiments étaient en brique rouge noircie par les ans, à tourelles et créneaux de style néo-gothique, sans oublier les vitraux dans la chapelle et la grande salle de réunions. Les professeurs portaient des toges. Je ne m'y suis jamais adapté et n'y ai jamais obtenu de bons résultats, cantonné presque en permanence dans les derniers de la classe. Incapables de m'aider à faire mes devoirs, mes parents me laissaient les bâcler. Je passais la plupart de mes soirées à écouter des émissions comiques à la radio (mes classiques à moi ne sont pas *L'Énéide* ou *David Copperfield*, mais *Much Binding in the Marsh*, *Take It From Here* et *The Goon Show* [1]) ou à jouer au foot et au cricket dans la rue avec mes copains de l'école secondaire du coin. Le sport était encouragé à Lambeth Merchants – les sélectionnés entraient dans l'équipe qui représentait l'école – mais le jeu pratiqué l'hiver était le rugby, que je détestais, et le cricket y prenait un caractère cérémonieux qui m'assommait. Mon seul succès scolaire était celui d'acteur comique lors de la représentation annuelle. En dehors de cela, on me donnait l'impression d'être un crétin et un rustre. J'étais devenu le pitre de la classe, et le bouc émissaire permanent des professeurs. J'avais fréquemment droit aux coups de canne. J'étais impatient de plaquer les études dès que j'aurais passé les examens de sortie auxquels je n'espérais pas être reçu.

Maureen fréquentait l'école du Sacré-Cœur à Greenwich, elle aussi amenée là par ses résultats au brevet. Pour y aller de Hatchford, où nous vivions

1. Approximativement, entre *La Famille Duraton* et *Signé Furax*. *(N.d.l.T.)*

tous les deux, elle se tapait un trajet tout aussi malcommode, mais dans la direction opposée. J'imagine que Hatchford était une grande banlieue enviable à la fin du XIXe siècle, époque où elle était sortie de terre à l'endroit où la vallée de la Tamise rencontre les premières collines du Surrey, mais entre-temps elle s'était presque intégrée à la ville en décrépitude. Maureen habitait, au sommet de l'une des collines, la partie inférieure d'une vaste villa victorienne divisée en appartements. Sa famille disposait du soussol et du rez-de-chaussée. Nous occupions une petite maison au milieu d'une rangée dans Albert Street, l'une des voies adjacentes de la rue principale au pied de la colline, où passaient les tramways. Papa était conducteur de trams.

C'était un dur métier. Il fallait qu'il reste debout aux commandes pendant huit heures ou davantage, sur une plate-forme exposée d'un côté à tous les éléments, et l'usage des freins nécessitait une certaine dose de force brute. L'hiver, il rentrait du boulot frigorifié et hagard, et s'accroupissait devant le foyer à charbon de la salle de séjour, à peine en état de parler avant de s'être dégelé. Il existait un modèle de tramways plus moderne, aérodynamique et fermé, que je voyais parfois dans d'autres quartiers de Londres, mais papa travaillait toujours sur les vieilles voitures d'avant-guerre, ouvertes à chaque bout, qui se traînaient d'un arrêt à l'autre en cahotant à grand renfort de grincements aigus et bruits de ferraille. Avec leur phare unique qui luisait dans le brouillard comme un œil chassieux, leur cloche, leurs accessoires de laiton et leurs sièges en bois astiqués par le frottement d'innombrables paumes et derrières, leur étage supérieur qui empestait la fumée du tabac et la vomissure, leur conducteur à face grise emmitouflée et leurs receveuses pleines d'entrain aux mains gainées de mitaines, ces trams à impériale sont inséparables de mes souvenirs d'enfance et d'adolescence.

Chaque matin de semaine, je prenais donc mon premier tram à Hatchford Five Ways. J'avais l'habitude de ne pas l'attendre à la station, mais au coin du carrefour, devant le fleuriste, d'où je pouvais apercevoir la rame dès qu'elle s'engageait dans le lointain virage de la grande rue, en tanguant sur les rails comme un galion en haute mer. En translatant d'environ trente degrés mon angle de vision, je pouvais aussi couvrir du regard la longue pente rectiligne de Beecher's Road. Maureen apparaissait toujours là-haut à huit heures moins cinq précises, et elle mettait cinq minutes à arriver en bas. Elle passait devant moi, traversait la rue et parcourait quelques mètres pour attendre le tram qui roulait en direction opposée du mien. Je la regardais hardiment tant qu'elle était au loin, sous cape dès qu'elle approchait, tout en guettant ostensiblement mon tramway. Après son passage, je gagnais ma station d'un pas nonchalant pour l'observer de dos, plantée de l'autre côté de la rue. Parfois, à l'instant où elle atteignait le coin, je me risquais à tourner la tête en feignant l'ennui ou l'impatience causés par l'attente prolongée, et posais les yeux sur elle comme par accident. Elle gardait le plus souvent les paupières baissées, mais, une fois, elle avançait en regardant droit vers moi et nos regards se croisèrent. Elle s'empourpra et abaissa aussitôt le regard sur le trottoir. Je crois bien qu'il m'a fallu cinq minutes pour recouvrer ma respiration.

Ce manège se poursuivit pendant des mois. Peut-être un an. Je ne savais ni son nom, ni rien d'autre à son sujet, sinon que j'étais amoureux d'elle. Elle était belle. Un observateur moins impressionnable, ou plus blasé l'aurait sans doute jugée « jolie » ou « gracieuse » plutôt que belle, lui aurait trouvé le cou un peu trop court ou la taille un peu trop épaisse pour mériter le qualificatif suprême, mais, à mes yeux, elle était belle. Même dans son uniforme d'écolière – un chapeau rond, une gabardine et une robe chasuble plissée, le tout d'un bleu marine éteint et déprimant –, elle était belle. Elle imprimait au chapeau un angle insolent, à moins que ce ne fût la masse drue de ses cheveux auburn qui le repoussait vers l'arrière, de sorte que le bord encadrait le visage en forme de cœur qui faisait battre le mien plus fort : de grands yeux bruns, un petit nez bien dessiné, une bouche généreuse, une fossette au menton. Comment décrire la beauté au moyen des mots ? C'est sans espoir, comme de jouer avec les morceaux d'une photo d'identité. Sa chevelure était longue et ondulée, relevée sur les oreilles et attachée avec une barrette sur la nuque en une sorte de crinière qui lui tombait jusqu'au milieu du dos. Elle portait son imperméable déboutonné, les pans flottants, le bas des manches retroussé sur les poignets de son chemisier blanc, et la ceinture nouée derrière. Je découvris par la suite qu'elle et ses amies passaient des heures à inventer ces infimes modifications qu'elles apportaient à l'uniforme pour déjouer le règlement oppressif des sœurs. Elle transportait ses livres et ses cahiers dans une sorte de cabas, qui lui prêtait une allure de femme adulte, et soulignait par comparaison le caractère enfantin de mon gros cartable de cuir.

Le soir, mes dernières pensées étaient pour elle, avant de m'endormir, ainsi que les premières à mon réveil. Si elle tardait à apparaître en haut de Beecher's Road, ce qui arrivait très rarement, je laissais passer mon tram sans y monter, et m'exposais aux conséquences de mon propre retard (deux coups de canne) plutôt que de renoncer à la voir comme chaque jour. C'était la dévotion la plus pure, la plus désintéressée et romanesque. Dante et Béatrice sur le mode banlieusard. Personne ne connaissait mon secret, et la torture ne me l'aurait pas arraché. J'étais alors en proie à la tempête hormonale classique de l'adolescence, malmené par les transformations et les sensations physiques que j'étais aussi incapable de contrôler que d'identifier – érections, éjaculations nocturnes, apparition des poils et tout le reste. Nous ne recevions aucune éducation sexuelle à Lambeth Merchants, et mes parents, conformes au puritanisme profond et répressif de la classe ouvrière respectable, n'abordaient jamais la question. Naturellement, les blagues et vantardises grivoises habituelles fleurissaient dans la cour de récréation, illustrées sur les murs des cabinets du collège, mais il était difficile de soutirer aux soi-disant initiés des informations de base sans trahir une ignorance humiliante. Un jour, un garçon à qui je me fiais m'expliqua les choses de la vie tandis que nous revenions à l'heure du déjeuner d'une visite illicite chez le marchand de frites local – « quand ta queue devient toute raide, tu l'enfonces dans la fente de la fille et tu décharges dedans » – mais malgré la perspective excitante, cet acte me paraissait laid et sale, d'une nature que je répugnais à associer avec l'ange quotidiennement descendu du haut de Beecher's Road pour recevoir mon adoration muette.

Bien entendu, je mourais d'envie de lui parler et

je ruminais en permanence un procédé pour entrer en conversation avec elle. La méthode la plus simple, pensais-je, consisterait à lui sourire et à lui dire bonjour un matin à son passage. Après tout, nous n'étions plus tout à fait des inconnus l'un pour l'autre, ce serait une attitude très normale envers une personne qu'on rencontrait tous les jours dans la rue, même en ignorant son nom. Le pire qui pourrait arriver serait qu'elle feigne de ne pas me voir et qu'elle passe son chemin sans répondre. Ah, mais ce pire était affreux à envisager ! Que ferais-je le lendemain ? Et tous les matins suivants ? Tant que je ne l'accostais pas, elle ne pouvait me rabrouer, et mon amour était indemne même s'il n'était pas payé de retour. Je passais des heures à fantasmer sur des moyens plus spectaculaires et irrésistibles de faire sa connaissance, par exemple la sauver d'une mort certaine en la tirant en arrière à l'instant où elle allait passer sous les roues d'un tramway, ou la défendre contre l'attaque d'un bandit qui entreprendrait de la voler ou de la violer. Mais elle se montrait toujours très prudente pour traverser la rue, et les bandits n'abondaient pas à huit heures du matin sur les trottoirs de Hatchford (cela se passait en 1951, ne l'oublions pas, le mot « braquage » était quasi inconnu, et une femme non accompagnée se sentait en sécurité même la nuit dans les rues bien éclairées de Londres).

L'incident qui nous mit enfin en contact fut moins héroïque que ces scénarios, mais il me parut presque miraculeux à l'époque, comme si quelque divinité compatissante, témoin de mon envie muette de nouer des relations avec cette jeune fille, avait fini par perdre patience et s'était saisie d'elle pour la jeter à mes pieds. Ce jour-là, la jeune fille de mes rêves était en retard et je la vis descendre Beecher's Road en se dépêchant. De temps à autre, elle se mettait à courir – cette façon attendrissante de courir propre aux filles, où la jambe bouge surtout à partir du genou et projette le talon latéralement –, puis, encombrée par son lourd cabas, elle reprenait simplement un pas précipité. Dans cet état d'agitation, elle était encore plus belle que d'habitude. Son chapeau pendait en arrière, retenu au cou par l'étroite bande élastique, sa longue crinière se balançait, et l'énergie de sa démarche faisait tressauter sa poitrine de manière fascinante sous la robe chasuble et le chemisier blanc. Je dardai mon regard droit sur elle plus longtemps qu'à l'accoutumée ; mais pour ne pas lui donner l'impression de la dévisager grossièrement, je finis par être obligé de détourner les yeux et je feignis de scruter la grande rue dans l'attente de mon tram, qui d'ailleurs n'était plus très loin.

J'entendis un cri et voici qu'elle fut soudain étalée à mes pieds, ses livres et cahiers éparpillés partout sur le trottoir. En se remettant à courir, elle avait trébuché du bout de sa chaussure sur le coin d'un pavé qui dépassait, et elle avait lâché son sac en tombant. Elle fut debout en un clin d'œil, sans me laisser le temps de lui tendre une main secourable, mais je pus l'aider à ramasser ses affaires et lui parler.

– Vous ne vous êtes pas fait mal ?

– Hmm, marmonna-t-elle en suçant son poing écorché. Imbécile...

Cette épithète s'adressait manifestement à elle-même, ou au pavé, et non à moi. Elle était toute rouge. Mon tramway passa, ses roues crissèrent dans la rainure des rails en tournant le coin.

– C'est votre tram, dit-elle.

– Ça ne fait rien, répondis-je, grisé par ce qu'impliquait cette remarque : elle avait observé mes mouvements aussi attentivement que moi les siens depuis des mois. Je rassemblai soigneusement un certain nombre de feuillets quadrillés sortis d'un classeur et couverts d'une grosse écriture ronde, où les « i » étaient surmontés de petits cercles au lieu de points, et les lui tendis.

– Merci, balbutia-t-elle en les fourrant dans son cabas avant de s'éloigner précipitamment, en boitillant un peu.

Elle arriva juste à temps pour sauter dans son tram habituel – je la vis émerger du haut de l'escalier sur l'impériale lorsqu'il passa devant moi quelques instants plus tard. Le mien était parti sans moi, mais ça m'était égal. Je lui avais parlé ! Je l'avais presque touchée. Je me serais battu de ne pas avoir été assez rapide pour l'aider à se relever, mais peu importait : le contact était pris, des paroles avaient été échangées, et je lui avais rendu un menu service en ramassant ses livres et ses papiers. Désormais, je pourrais lui sourire et lui dire bonjour tous les matins quand elle passerait. Tandis que je me repaissais de cette perspective enthousiasmante, mon regard fut attiré par quelque chose de brillant dans le caniveau : l'agrafe d'un stylo à bille, sûrement tombé de son sac. Je me jetai dessus et le rangeai dans une poche intérieure, tout contre mon cœur.

Les stylos à bille étaient encore assez nouveaux à l'époque, et absurdement chers, je savais donc que la jeune fille serait contente de le récupérer. Cette nuit-là, je le mis sous mon oreiller pour dormir (l'encre fuit et tacha de bleu le drap et la taie, ce qui me valut de me faire gronder par ma mère et flanquer une taloche par mon père) et le lendemain matin, je gagnai mon poste devant le fleuriste cinq minutes plus tôt que d'habitude, pour être sûr de ne pas rater la propriétaire du stylo. En fait, elle apparut elle-même un peu en avance en haut de Beecher's Road et descendit lentement la pente, avec une sorte de détermination contenue, en plaçant soigneusement un pied devant l'autre sans quitter le trottoir des yeux – non pas, j'en avais la conviction, pour éviter simplement de trébucher à nouveau, mais parce qu'elle savait que je l'observais et que je l'attendais. Ce furent des minutes palpitantes qui s'écoulèrent tandis qu'elle venait dans ma direction. Comme ce plan magnifique à la fin du *Troisième homme*, quand l'amie de Harry Lime s'avance vers Holly Martins le long de l'avenue dans le cimetière glacé, sinon qu'elle passe devant lui sans un regard, alors que cela n'arriverait pas ici, car j'avais un prétexte imparable pour arrêter la jeune fille et lui adresser la parole.

En approchant, elle affecta de s'intéresser à un vol d'étourneaux qui tournoyaient dans le ciel au-dessus de la boulangerie coopérative, mais lorsqu'elle se trouva à quelques mètres de moi elle me jeta un coup d'œil et me fit un petit sourire timide.

– Hum, je crois que vous avez laissé tomber ceci hier, bafouillai-je en tirant de ma poche le stylo à bille que je lui tendis.

Son visage s'illumina.

– Oh, merci infiniment, dit-elle en s'arrêtant pour prendre le stylo. Je croyais l'avoir perdu. Je suis revenue ici hier après-midi pour chercher partout, mais pas moyen de le retrouver.

– Eh bien, non, puisque je l'avais ramassé...

Nous avons éclaté tous les deux d'un rire idiot. Quand elle riait, le bout de son nez bougeait et se plissait comme celui d'un lapin.

– Alors, merci encore, dit-elle en faisant mine de s'éloigner.

– Si j'avais connu votre adresse, je vous l'aurais apporté, dis-je en un effort désespéré pour la retenir.

– Ce n'est pas grave, lança-t-elle en marchant à reculons. Puisque je l'ai récupéré. Je n'avais pas osé avouer à maman que je l'avais perdu.

Elle m'offrit un nouveau sourire délicieux au nez plissé avant de me tourner le dos et de disparaître au coin de la rue. J'ignorais toujours son nom.

Mais je n'ai pas tardé à l'apprendre. Chaque matin, à la suite de son providentiel plongeon à mes pieds, je lui adressais un sourire et un bonjour quand elle passait devant moi, et elle rougissait, souriait et me rendait mon bonjour. Bientôt, j'ajoutai à mon salut une remarque soigneusement préparée au sujet du temps qu'il faisait, une question concernant le fonctionnement de son stylo à bille ou une critique sur le retard de mon tram qui invitaient une réponse de sa part à elle, et un jour elle s'arrêta au coin devant le fleuriste pour quelques instants de vraie conversation. Je lui demandai comment elle s'appelait.

– Maureen.

– Moi, c'est Lawrence.

– Retournez-moi ! dit-elle, et mon regard ahuri la fit pouffer. Vous ne connaissez donc pas l'histoire de saint Laurent ? On lui fit subir le martyre en le rôtissant lentement sur un gril. « Retournez-moi, dit-il, je suis cuit de ce côté. »

– Ça se passait quand ? demandai-je en grimaçant de compassion.

– Je ne sais pas au juste. Au temps des Romains, je crois.

Cette anecdote burlesque et un peu morbide, racontée comme si elle n'avait rien eu de perturbant, m'a fourni le premier indice du catholicisme de Maureen, confirmé dès le lendemain lorsqu'elle m'a dit le nom de son école. J'avais remarqué le cœur brodé au fil rouge et doré sur l'insigne de son blazer, mais sans en deviner la signification religieuse.

– C'est le Sacré-Cœur de Jésus, m'informa-t-elle avec une petite révérence réflexe en prononçant le saint nom.

Ces pieuses allusions à un gril et un cœur, qui évoquaient pour moi de façon incongrue la cuisine et les abats, me mettaient un peu mal à l'aise et me rappelaient les menaces de Mrs. Turner, quand j'étais tout petit, de me laver dans le sang de l'Agneau, mais elles ne m'ont pas découragé de faire de Maureen ma petite amie.

Je n'avais jamais eu de petite amie, et les préliminaires me jetaient dans l'embarras, mais je savais que les amoureux allaient souvent au cinéma ensemble, parce que j'avais fait la queue avec eux devant l'Odéon du quartier, et les avais vus se peloter dans les rangées du fond de la salle. Un jour que Maureen s'attardait devant le fleuriste, j'ai pris mon courage à deux mains pour lui demander si elle voulait bien m'accompagner au cinéma le prochain week-end. Elle a souri et paru à la fois alléchée et inquiète.

– Je sais pas. Il faut que j'en parle à mes parents.

Le matin suivant, elle est apparue en haut de Beecher's Road en compagnie d'un homme immense, au moins un mètre quatre-vingts et, m'a-t-il semblé, aussi large que notre maison. J'ai deviné que c'était le père de Maureen, contremaître, m'avait-elle dit, dans une entreprise de construction, et ne me sentais pas rassuré en le voyant arriver. Je ne craignais pas tant une agression physique qu'une scène humiliante en public. Maureen partageait visiblement cette appréhension, car elle traînait les pieds et marchait la tête basse. À leur approche, j'ai fixé mon regard sur la longue trouée de la grande rue, où les rails luisants couraient vers l'infini, en me cramponnant à l'espoir que Mr Kavanagh était simplement là pour accompagner Maureen et qu'il ne s'occuperait pas de moi si je ne tentais pas d'adresser la parole à sa fille. Vain espoir. Une masse gigantesque sous la grosse veste bleu marine s'est plantée devant moi.

– C'est vous la jeune fripouille qui harcèle ma fille ? a-t-il lancé avec un accent irlandais à couper au couteau.

– Hein ? ai-je marmonné pour gagner du temps.

J'ai jeté un coup d'œil à Maureen, mais elle évitait mon regard. Elle était cramoisie et semblait avoir pleuré.

– Papa ! a-t-elle murmuré d'une voix plaintive.

La jeune vendeuse en sarrau qui disposait des fleurs dans des seaux devant la boutique du fleuriste a marqué une pause dans son labeur pour savourer l'algarade.

Mr Kavanagh m'a enfoncé dans la poitrine un doigt énorme, aussi calleux et dur qu'une matraque de policier.

– Ma fille est une jeune personne respectable. J'admets pas qu'elle cause à des inconnus au coin de la rue, c'est compris ?

J'ai incliné la tête.

– Alors, attention, hein ! Allez, file à l'école.

Cette dernière phrase s'adressait à Maureen, qui s'est sauvée en me glissant un regard d'excuse désespéré. Mon blazer d'uniforme, un vêtement d'un rouge criard à boutons d'argent que je haïssais, semblait retenir l'attention de Mr Kavanagh, qui scrutait sur la poche l'écusson compliqué à devise en latin.

– C'est quoi, cette école où vous êtes ? a-t-il demandé. (Ma réponse a paru l'impressionner à son corps défendant.) Z'avez intérêt à marcher droit, sans quoi je vous dénonce à votre proviseur.

Il a tourné les talons et il est reparti d'où il venait. Je suis resté planté là, le regard tourné vers la grande rue jusqu'à l'arrivée de mon tram, le temps de récupérer un pouls normal.

Naturellement, cet incident n'a fait que nous rapprocher l'un de l'autre, Maureen et moi. Nous étions devenus un couple d'amoureux persécutés, défiant l'interdiction de son père. Nous avons continué d'échanger quelques mots chaque matin, mais je me tenais prudemment juste après le coin, hors de vue de quiconque pouvait surveiller le carrefour du haut de Beecher's Road. Au bout de quelque temps, Maureen a pu convaincre sa mère de m'ouvrir leur porte un samedi après-midi, en l'absence du père, afin qu'elle puisse constater de ses yeux que je n'étais pas le voyou qu'ils s'étaient imaginé lorsque leur fille avait demandé la permission d'aller au cinéma avec moi.

– Mets ton blazer d'uniforme, m'a judicieusement recommandé Maureen.

Ainsi, à la surprise de mes propres parents et à l'indignation de mes copains, j'ai manqué un match de l'équipe locale à Charlton, revêtu le blazer que d'habitude je ne portais jamais pendant le weekend, et j'ai escaladé la côte qui menait à la maison de Maureen. Au sous-sol, dans sa cuisine vaste, obscure et chaotique, Mrs Kavanagh m'a offert une tasse de thé et une tranche de gâteau confectionné à la maison, et s'est mise à m'observer tout en faisant faire son rot au bébé qu'elle tenait contre son épaule. C'était une belle femme, âgée d'une quarantaine d'années, épaissie par les grossesses successives. Elle avait la longue chevelure de sa fille, mais grisonnante et nouée en un chignon désordonné. Tout comme son mari, elle avait l'accent irlandais, alors que Maureen et ses frères et sœurs parlaient comme moi avec les intonations sud-londoniennes. Maureen était l'aînée, et la prunelle des yeux de ses parents. Ils étaient particulièrement fiers de la bourse qu'elle avait obtenue pour l'école religieuse du Sacré-Cœur, et le collège que je fréquentais moi-même plaidait manifestement en ma faveur. J'avais contre moi le fait d'être du sexe masculin, et un non-catholique, donc une menace pour la vertu de Maureen.

– Vous avez l'air d'un bon gars, a dit Mrs Kavanagh. Mais le père de Maureen pense qu'elle est trop jeune pour aller courir le guilledou avec les garçons, et je suis d'accord. Elle a ses devoirs à faire.

– Pas tous les soirs, maman !

– Mais tu as déjà le club des jeunes le dimanche. À ton âge, c'est suffisant comme sorties.

J'ai demandé si je pouvais adhérer au club des jeunes.

– Il dépend de la paroisse, a répliqué Mrs Kavanagh. Il faut être catholique.

– Mais non, maman. Le père Jérôme dit que les non-catholiques peuvent venir s'ils s'intéressent à l'Église.

Maureen a rougi en me regardant.

– Je m'y intéresse beaucoup, ai-je déclaré précipitamment.

– Ah, bon ? a dit Mrs Kavanagh en me jetant un regard sceptique, mais elle savait qu'elle s'était laissé coincer. Enfin, si le père Jérôme pense que ça peut se faire, c'est que ça peut se faire, sans doute.

Bien entendu, je n'éprouvais aucune attirance réelle pour l'Église catholique, ni aucune autre religion, d'ailleurs. Mes parents n'étaient pas pratiquants et ne respectaient le jour du Seigneur que dans la mesure où ils nous interdisaient, à mon frère et moi, de jouer dans la rue le dimanche. En principe, Lambeth Merchants était un établissement anglican, mais les prières et les cantiques de l'assemblée matinale ainsi que les offices épisodiques dans la chapelle semblaient s'inscrire dans la perpétuelle célébration par le collège de son propre héritage plutôt qu'exprimer des conceptions morales ou théologiques. Je trouvais incompréhensible que l'on puisse, comme Maureen et sa famille, se soumettre volontairement à une contrainte aussi ennuyeuse tous les dimanches, au lieu de faire la grasse matinée. J'étais cependant tout prêt à simuler un intérêt poli pour sa religion, si c'était le prix à payer pour la compagnie de Maureen.

Le dimanche soir suivant, je me suis donc pointé, ainsi que convenu avec elle, devant l'église catholique romaine du quartier, un édifice trapu en brique rouge, orné sur le devant d'une statue de la vierge Marie plus grande que nature. Elle tenait les bras ouverts, et l'inscription gravée sur le socle disait « Je suis l'Immaculée Conception ». On célébrait un office à l'intérieur, et je suis resté sous le porche à écouter les cantiques et prières inconnus de moi, les narines chatouillées par une odeur forte et douce, de l'encens, ai-je pensé. Un vacarme de cloches au son aigu a soudain retenti et j'ai glissé un œil au coin de la porte, en direction de l'autel tout au fond. Il m'a paru spectaculaire, tout embrasé par des dizaines de longues et fines bougies. Le prêtre, vêtu d'une lourde chasuble brodée blanc et or, brandissait quelque chose qui jetait des éclats de lumière reflétée, un disque blanc dans une espèce de vase en verre tout entouré de rayons dorés comme un soleil. Il tenait la base de l'objet enveloppé dans une étole brodée qu'il avait sur les épaules, comme si c'était brûlant ou radioactif. Tous les gens, et ils m'ont paru très nombreux, étaient agenouillés, la tête basse. Maureen m'a expliqué par la suite que le disque blanc était une hostie consacrée, et que selon leur foi c'était la vraie chair et le vrai sang de Jésus, mais à mes yeux toute cette affaire avait une allure plus païenne que chrétienne. Les chants aussi m'ont fait un effet bizarre. Au lieu des cantiques entraînants auxquels j'étais accoutumé à l'école (mon favori était *Avance, pèlerin!*), on aurait dit des hymnes funèbres, auxquels je ne comprenais rien parce qu'ils étaient en latin, où je ne brillais pas en classe. J'ai quand même été obligé de reconnaître qu'il régnait sur cet office une atmosphère qui surpassait de loin la chapelle du collège.

Ce qui m'a plu tout de suite chez les catholiques, c'était qu'ils ne prenaient pas des airs confits en sainteté. Quand les fidèles ont émergé en masse de l'église, on aurait cru qu'ils sortaient du cinéma ou même du pub, à les voir se dire bonjour, bavarder, plaisanter et s'offrir des cigarettes. Maureen est apparue en compagnie de sa mère, toutes deux coiffées d'un foulard. Mrs Kavanagh s'est mise à parler avec une femme en chapeau. M'ayant repéré, Maureen est venue vers moi en souriant.

– Alors, tu as trouvé ton chemin ?

– Et si ton père nous voit parler ensemble ? ai-je demandé, inquiet.

– Oh, il n'assiste jamais au salut, a-t-elle dit en dénouant son foulard et secouant ses cheveux. Grâce à Dieu !

Le caractère paradoxal de cette remarque ne m'a pas frappé sur le moment, et d'ailleurs toute ma capacité d'attention était captée par sa chevelure. C'était la première fois que je voyais celle-ci en liberté, répandue sur ses épaules en vagues rutilantes. J'ai trouvé Maureen plus belle que jamais. Consciente de mon regard, elle a rougi et dit qu'il était temps de me présenter au père Jérôme. Mrs Kavanagh avait disparu.

Le père Jérôme était le moins vieux des deux prêtres qui s'occupaient de la paroisse, bien qu'il ne fût plus vraiment tout jeune. Il ne ressemblait en rien à notre aumônier du collège ni à aucun ecclésiastique que j'aie eu l'occasion de rencontrer. Il ne se ressemblait même pas à lui-même tel que je l'avais aperçu à l'autel – car c'était lui qui venait d'officier. Le Dublinois typique, maigre, grisonnant, il avait les doigts tachés de nicotine et une coupure de rasoir au menton, sur laquelle était resté collé un fragment de papier hygiénique. Il portait une longue soutane noire qui effleurait ses souliers éculés, avec des poches profondes où il rangeait son matériel à rouler des cigarettes. Il en a allumé une en déclenchant un petit feu d'artifice.

– Vous souhaitez donc vous joindre à notre club, jeune homme ? demanda-t-il tout en balayant de sa soutane les brins de tabac incandescents.

– Oui, s'il vous plaît, monsieur.

– Dans ce cas, vous feriez mieux de m'appeler mon père.

– Oui, monsieur... enfin, mon père, ai-je bafouillé.

Le sourire du père Jérôme a dénudé une brèche déconcertante dans sa dentition tachée et irrégulière. Il m'a posé quelques questions, où j'habitais, où j'allais en classe. Le nom de Lambeth Merchants a produit l'effet habituel, et je suis devenu membre à l'essai du club des jeunes de la paroisse de l'Immaculée-Conception.

Pour commencer, il a fallu que Maureen m'explique le nom de son église. Je croyais que cela avait trait à la virginité de Marie quand elle avait enfanté Jésus, mais pas du tout, cela signifiait apparemment que Marie elle-même avait été « conçue sans péché ». Je trouvais très étrange le langage des catholiques, surtout les mots qu'ils employaient dans leurs dévotions, tels que « vierge », « conçue », « ventre », qui auraient paru frôler l'indécence dans une conversation ordinaire, en tout cas chez nous. J'en croyais à peine mes oreilles quand Maureen m'a dit qu'elle allait à la messe le jour de l'An parce que c'était la fête de la Circoncision.

– La fête de quoi ?

– La Circoncision.

– La circoncision de qui ?

– De Notre-Seigneur, évidemment. Quand il était bébé. La Sainte Vierge et saint Joseph l'ont conduit au temple pour le faire circoncire. C'était le baptême des juifs.

J'ai éclaté d'un rire incrédule.

– Mais tu sais ce que c'est, la circoncision ?

Maureen a rougi et pouffé de rire en plissant le nez.

– Bien sûr !
– C'est quoi, alors ?
– Je ne te le dirai pas.
– Parce que tu sais pas vraiment.
– Si, je sais.
– Je te parie que non.

J'ai persisté dans mon interrogatoire lubrique jusqu'à ce qu'elle articule qu'il s'agissait « d'un bout de peau qu'on coupe au bout du zizi du bébé » ; à ce point de la conversation, mon propre zizi se dressait, raide comme un témoin de relais, sous la flanelle grise de mon pantalon. Nous rentrions à pied de la réunion dominicale du club des jeunes, et par chance je portais un imperméable ce jour-là.

Le club des jeunes se réunissait deux fois par semaine à l'école maternelle contiguë à l'église : le mercredi pour des jeux, principalement le ping-pong, et le dimanche pour le « convivial ». Ceci consistait à danser sur la musique de disques et à consommer des sandwiches et du jus d'orange ou du thé préparés par des équipes de jeunes filles qui se relayaient. Les garçons avaient pour tâche d'empiler les pupitres contre les murs de la salle en début de soirée, et de les replacer à la fin. Nous avions l'usage de deux salles de classe séparées le reste du temps par une cloison pliante. Le sol était fait de grosses planches de bois brut et usé, les murs couverts de peintures enfantines et de tableaux pédagogiques, et l'éclairage crûment utilitaire. Le tourne-disque était un portatif à haut-parleur unique, et les disques une collection de soixante-dix-huit tours qui grattaient. Mais, pour moi qui émergeais à peine de la chrysalide de l'enfance, le club était un lieu de plaisirs grisants et sophistiqués.

J'apprenais à danser avec une dame de la paroisse

qui venait le soir des jeux (pour lequel Maureen avait rarement la permission de sortie) et qui donnait des cours gratuits. Je me suis découvert étonnamment doué. « Tenez fermement votre cavalière », recommandait toujours Mrs Gaynor, consigne que je suivais très volontiers, surtout quand Maureen était ma partenaire le dimanche soir. Faut-il le préciser, je dansais surtout avec elle, mais le protocole du club interdisait de faire couple en permanence et j'avais un certain succès lorsque venait « le tour des dames » d'inviter, grâce à mon brillant jeu de pieds. Il s'agissait naturellement de danses de salon – quickstep, fox-trot et valse –, plus quelques danses de jadis pour mettre un peu de variété. Nous suivions le tempo rigoureux de Victor Sylvester, alternant avec des succès de Nat King Cole, Frankie Laine, Guy Mitchell et autres chanteurs de l'époque. Notre air favori était le *Twelfth Street Rag* de Pee Wee Hunt, mais le swing n'était pas autorisé – il était même expressément interdit par le père Jérôme – et la matrice du temps n'avait pas encore accouché des pirouettes, plongeons et déhanchements en solo nés dans les années 60 et qui passent pour de la danse de nos jours. À l'heure actuelle, quand il m'arrive de mettre le nez dans une discothèque ou une boîte fréquentée par les jeunes, je suis frappé par le contraste entre l'érotisme ambiant – lumières tamisées, pulsation orgasmique de la musique, vêtements moulants et provocateurs – et l'appauvrissement tactile de la danse en soi. La surabondance des contacts physiques dont ils jouissent ensuite est telle, j'imagine, qu'ils n'en ont pas besoin sur la piste de danse, mais pour nous c'était l'inverse. Danser, même au club des jeunes de la paroisse, c'était avoir le droit de tenir une fille dans ses bras en public, peut-être même une fille que vous ne connaissiez pas avant de l'inviter, de sentir ses cuisses effleurer les vôtres à travers ses jupons bruissants, de percevoir la chaleur de sa poitrine contre la vôtre, de humer le parfum derrière ses oreilles ou l'odeur de shampooing de ses cheveux tout propres qui vous chatouillaient la joue. Bien entendu, il fallait feindre que ce n'était pas le but recherché, parler du soleil et de la pluie, de la musique ou n'importe quoi tout en guidant votre partenaire à travers la piste, mais la liberté des sensations physiques était considérable. Imaginez un cocktail où tous les invités se masturberaient tout en s'adonnant ostensiblement à la dégustation de vin blanc et à la critique littéraire et théâtrale, et vous aurez une idée de ce qu'était la danse pour les adolescents du début des années 50.

D'accord, le père Jérôme s'efforçait de son mieux de refroidir les feux de la luxure ; il imposait en ouverture de la soirée la récitation de dix *Je vous salue Marie*, qu'il appelait « un mystère du saint rosaire » ; mystère pour moi, sans aucun doute, l'intérêt que pouvaient présenter tous ces marmonnements. Et ensuite il rôdait autour de nous, gardant à l'œil les couples de danseurs pour s'assurer que tout restait convenable et au-dessus de la ceinture. Il existait même un article du règlement du club – l'article 5, objet de plaisanteries légèrement osées parmi les membres – selon lequel le jour devait toujours rester visible entre un couple de danseurs ; mais personne ne songeait à le respecter ni à le faire respecter de manière rigide. En tout cas, le père Jérôme s'en allait d'habitude (selon la rumeur, pour boire du whisky et jouer au whist au presbytère avec des copains) bien avant la dernière valse, pour laquelle nous baissions les lumières et les plus hardis dansaient joue contre joue, ou au moins épaule contre épaule. Naturellement, je m'assurais toujours d'avoir Maureen pour cavalière à ce stade de la soirée. Elle ne dansait pas tellement bien, au point qu'il m'arrivait, quand elle était au bras d'autres garçons, de lui trouver l'air vraiment gauche, ce qui ne me gênait pas du tout. Elle suivait quand je la guidais avec fermeté et riait, ravie, si je la faisais tournoyer à la fin du disque, tous jupons épanouis. Elle avait deux tenues pour la soirée du dimanche : une jupe en taffetas noir qu'elle portait avec divers corsages, et une robe blanche semée de roses roses, ajustée sur sa poitrine, qui était joliment formée pour son âge.

J'ai été très vite adopté par les autres membres du club, surtout après mon entrée dans l'équipe de football, qui jouait le dimanche après-midi contre d'autres paroisses du Sud de Londres, aux noms parfois aussi bizarres que le nôtre, ce qui donnait des affichages du genre « Immaculée-Conception 2 – Précieux-Sang 1 », ou « Bon-Secours 3 – Quarante Martyrs 0 ». Je jouais intérieur droit, avec un tel succès que nous avons remporté le championnat cette saison-là. J'étais meilleur buteur, avec vingt-six points. L'entraîneur d'une équipe adverse ayant découvert que je n'étais pas catholique, a déposé une plainte officielle aux termes de laquelle je n'aurais pas dû être autorisé à jouer dans l'équipe. Nous avons cru un moment que le trophée allait nous échapper, mais après notre menace de nous retirer du championnat, on nous l'a laissé.

Nous jouions sur des terrains cabossés, pentus, dans les parcs publics, les déplacements se faisaient en tram ou en autobus et nous nous changions dans des cabanes humides et lugubres équipées de toilettes et d'eau froide au lavabo dans les meilleurs cas, mais jamais de douches. La boue m'encroûtait les genoux sur le chemin du retour et, plus tard, assis dans la baignoire, je dépliais lentement les jambes dans l'eau en me racontant que mes genoux étaient deux îles volcaniques qui s'enfonçaient sous l'océan. Lorsqu'ils avaient disparu, mon pénis congestionné émergeait dans la vapeur comme un méchant serpent de mer tandis que je pensais à Maureen qui devait être en train de se laver les cheveux en prévision de la soirée. Elle m'avait confié qu'elle le faisait le plus souvent en prenant son bain, parce qu'il était difficile de rincer sa crinière, penchée sur un lavabo. Je la voyais assise dans l'eau chaude et la mousse, remplir au robinet un pot en émail qu'elle se vidait sur le crâne, plaquant les longues mèches sur la courbe de ses seins, semblable à l'image de sirène que j'avais admirée une fois.

Maureen et quelques-unes des autres filles du club venaient aux matches du dimanche après-midi pour nous soutenir. Quand je marquais un but, je la cherchais des yeux sur le bord du terrain tout en regagnant au petit trot le cercle central avec le maintien modeste et réservé que je copiais sur Charlie Vaughan, l'avant-centre du Charlton Athletic, et je me repaissais de son sourire adorateur. Je me rappelle un but en particulier que j'avais marqué grâce à une volée spectaculaire de la tête, je crois que c'était contre Notre-Dame-de-Bon-Secours, de Brickley, la paroisse voisine, et donc une sorte de derby local. C'était un pur coup de pot, en réalité, car je n'ai jamais joué très bien avec la tête. On était à deux partout dans les dernières minutes de la partie lorsque le ballon m'est arrivé sur un dégagement de notre goal, j'ai semé deux ou trois joueurs adverses et fait une passe à notre ailier droit. Son nom était Jenkins, nous l'appelions Jenksy : un garçon de petite taille, prématurément voûté, qui fumait une Woodbine non seulement avant et après chaque match, mais aussi à la mi-temps, quand il ne lui arrivait pas de profiter d'une pause en pleine partie pour mendier une bouffée de cigarette à un spectateur. En dépit des apparences, il était étonnamment rapide, surtout en descente, comme c'était le cas ici. Il a filé en direction du piquet de coin et croisé le ballon, comme il le faisait en général, sans regarder, pressé de s'en débarrasser avant que l'arrière gauche d'en face lui tombe dessus. Je déboulais dans la surface de réparation au moment où le ballon est arrivé devant moi à hauteur de taille. J'ai bondi et par un hasard heureux je l'ai cueilli au beau milieu du front. Il est parti dans les filets comme une fusée sans laisser le temps au goal d'esquisser un geste. C'était d'autant plus satisfaisant que, pour une fois, le but était en effet équipé d'un filet (raffinement rare sur les terrains où nous jouions). Les adversaires me regardaient bouche bée. Mes coéquipiers m'ont relevé et tapé sur le dos. Maureen et les autres filles de l'Immaculée-Conception faisaient des sauts de cabris sur le bord du terrain, en m'acclamant follement. Je ne crois pas avoir depuis lors connu un tel moment de pure exultation. C'est ce jour-là, en raccompagnant Maureen après la soirée du club, que je lui ai touché le sein pour la première fois, à travers son chemisier.

Il devait y avoir un an environ que je lui avais adressé la parole pour la première fois. Nous avions progressé lentement sur le chemin de l'intimité physique, par degrés infinitésimaux, et cela pour plusieurs raisons : mon inexpérience, l'innocence de Maureen, la vigilance suspicieuse de ses parents. Mr et Mrs Kavanagh étaient très stricts, même par rapport aux mœurs de l'époque. Ils ne pouvaient pas empêcher nos rencontres au club, ni s'opposer à ce que je la raccompagne ensuite, mais ils lui interdisaient de sortir avec moi en tête à tête, pour aller au cinéma ou ailleurs. Le samedi soir, elle avait mission de surveiller les petits pendant que ses parents se rendaient dans un club irlandais à Peckham, mais elle n'avait pas le droit de m'accueillir à la maison en leur absence, pas plus que de me rendre visite chez moi. Naturellement, nous continuions de nous voir tous les matins à l'arrêt du tram (devenu entretemps, en fait, une station d'autobus : on supprimait les trams, on arrachait les rails et on les recouvrait de goudron – papa venait d'être affecté à un travail de bureau au dépôt, et ne s'en plaignait pas) et nous partions de chez nous en avance afin d'avoir plus de temps pour bavarder tous les deux. J'avais pris l'habitude de remettre à Maureen des lettres d'amour à lire sur la route de l'école. Elle m'avait recommandé de ne jamais les envoyer par la poste parce que ses parents les auraient forcément interceptées tôt ou tard. Je lui avais demandé le contraire car cela faisait adulte de recevoir du courrier personnel, surtout contenu dans des enveloppes mauves au parfum de lavande, qui rendaient fou de curiosité frustrée mon petit frère. Il n'y avait guère de danger que mes parents cherchent à en connaître le contenu, d'ailleurs parfaitement inoffensif. Sur les feuillets de papier mauve à la lavande s'étalait la grosse écriture ronde, avec ses « i » surmontés d'un petit cercle. Je pense finalement qu'elle avait pris cette idée sur les publicités des stylos Biro. Cela lui valait quelques ennuis en classe. En dehors de nos brèves rencontres matinales, nous ne pouvions nous retrouver que dans le contexte des activités du club des jeunes – les soirées de danse ou de jeux, les matches de foot et les randonnées épisodiques dans le Kent et le Surrey durant les mois d'été.

Ces contraintes contribuaient peut-être à faire durer notre attachement réciproque. Nous n'avions pas le temps de nous lasser l'un de l'autre, et le fait de défier la réprobation des parents de Maureen nous donnait l'impression de vivre une idylle profondément romantique. Dans *Too Young*, Nat King Cole exprimait tout cela à notre place, avec ses voyelles qui roulaient dans sa bouche comme des bonbons, sur fond de violons sirupeux et d'accords retentissants au piano :

Ils nous disent qu'on est trop jeunes,
Trop jeunes pour nous aimer vraiment.
L'amour, disent-ils, n'est qu'un mot,
Un mot qu'on a entendu souvent,
Sans pouvoir en comprendre le sens.
Mais on n'est pas trop jeunes pour savoir
Qu'il durera, notre amour, au fil des ans...

C'était notre air préféré, et je m'assurais toujours d'avoir Maureen pour partenaire quand quelqu'un le passait sur le tourne-disque.

Pratiquement, le seul tête-à-tête prolongé dont nous disposions était quand je la raccompagnais le dimanche après la soirée au club. Au début, plein de gaucherie et ne sachant trop quelle attitude adopter dans cette situation nouvelle, je marchais les mains dans les poches à un mètre d'elle. Mais par une froide nuit, à mon ravissement, Maureen se rapprocha de moi comme en quête de chaleur, et elle glissa son bras sous le mien. La fierté possessive m'envahit. À présent, elle était réellement ma petite amie. Elle gazouillait à mon bras comme un canari dans sa cage ; elle parlait des autres membres du club, de ses copines de classe et de ses professeurs, de sa famille, avec son immense réseau de relations apparentées en Irlande et même en Amérique. Maureen débordait toujours de nouvelles, de potins, d'anecdotes, chaque fois que nous nous retrouvions. C'étaient des bavardages futiles, mais ils m'enchantaient. Comme j'essayais de tout oublier de mon propre collège dès que j'en sortais, et que ma famille semblait présenter moins d'intérêt que celle de Maureen, je ne voyais pas d'inconvénient à la laisser prendre en charge la conversation. Mais il lui arrivait de m'interroger au sujet de mes parents et de mes années d'enfance, et elle adorait que je lui raconte comment je l'avais si longtemps guettée tous les matins au coin du carrefour de Hatchford sans jamais oser lui parler.

Même après qu'elle m'eut pris le bras à la sortie du club des jeunes, des semaines passèrent avant que je me hasarde à l'embrasser pour lui dire bonsoir devant sa maison. C'était un baiser maladroit, à moitié sur la bouche, à moitié sur la joue, qui la saisit au dépourvu, mais elle me le rendit avec chaleur. Elle s'enfuit aussitôt en murmurant : « Bonne nuit ! » et grimpa en hâte les marches de son perron. Mais, le lendemain matin, à l'arrêt du bus, je vis une lueur différente dans ses yeux, une douceur nouvelle dans son sourire, et je compris que le baiser avait été aussi capital pour elle que pour moi.

Il me fallait apprendre à embrasser comme j'avais appris à danser. Dans notre maisonnée à dominante masculine, tout contact physique était pratiquement tabou, tandis que dans la famille de Maureen, m'avait-elle dit, tous les enfants y compris les garçons avaient l'habitude d'embrasser leurs parents avant d'aller se coucher. C'était bien sûr tout autre chose que de m'embrasser, moi, mais cela expliquait qu'elle ait si spontanément livré son visage au mien, que je l'aie sentie si à l'aise et si détendue dans mes bras. Ah, l'enchantement de ces premières étreintes ! Qu'ont donc d'unique les baisers de l'adolescence ? Je suppose qu'on y puise l'intuition de ce que sera le sexe, les lèvres et la bouche de la jeune fille offrant le secret des chairs internes de son corps : roses, humides et tendres. Ce que nous appelions alors le *French kiss*, enfoncer la langue dans la bouche de l'autre, représente sûrement une sorte de réplique de l'acte sexuel. Mais il fallut longtemps pour que nous nous aventurions aussi loin, Maureen et moi. Des mois durant, cela semblait déjà bien assez grisant de s'embrasser tout simplement, dans les bras l'un de l'autre, lèvres à lèvres, les yeux fermés, en retenant notre souffle plusieurs minutes d'affilée.

Nous le faisions dans l'ombre au coin du sous-sol de la maison de Maureen, en supportant au nom de la discrétion l'odeur des poubelles toutes proches. Nous restions plantés là par tous les temps. S'il pleuvait, Maureen tenait son parapluie ouvert au-dessus de notre étreinte. Par temps froid, je défaisais les attaches de mon duffle-coat (une nouvelle acquisition que j'étais fier d'arborer pendant le week-end) et j'écartais les pans de son imperméable pour fabriquer une sorte de tente sous laquelle je l'attirais tout contre moi. Un soir, m'apercevant qu'il manquait un bouton au dos de sa robe semée de petites roses, je glissai la main dans l'ouverture et palpai sa peau nue entre les omoplates. Elle frissonna et écarta un peu plus ses lèvres pressées contre les miennes. Quelques semaines plus tard, je me frayai un chemin par le devant de son corsage et je lui caressai l'estomac sur le satin glissant de sa combinaison. Ainsi progressions-nous. Centimètre par centimètre, je poursuivais l'exploration de son corps, territoire vierge dans tous les sens du mot. Maureen était tendre et abandonnée dans mes bras, pleine du désir d'être aimée, goûtant mes caresses, sans éprouver apparemment aucune conscience d'une gêne sexuelle. Elle devait fréquemment sentir à travers nos vêtements l'érection de mon pénis, mais elle ne faisait jamais de commentaire, pas plus qu'elle ne manifestait d'embarras. Peut-être croyait-elle que, dès la maturité, un zizi était en permanence dur comme un os. Moi, les érections me posaient davantage de problèmes. Lorsqu'il nous fallait nous séparer (il était périlleux de nous attarder là plus d'une dizaine de minutes, car Mr Kavanagh savait à quelle heure s'achevaient les soirées du club et il lui arrivait de sortir sur le perron pour jeter un coup d'œil dans la rue, tandis que nous nous cachions, mi-effrayés, mi-amusés, juste en dessous de lui), j'attendais que Maureen ait monté les marches et qu'elle soit entrée dans la maison pour m'éloigner d'un pas raide, un peu penché en avant, comme si je marchais sur des échasses.

Maureen éprouvait sans doute de son côté certains symptômes d'excitation sexuelle, mais sans les identifier en tant que tels, à mon avis. Elle était d'une pureté naturelle, exempte de pruderie. Les plaisanteries cochonnes la laissaient sincèrement indifférente. Elle voulait se marier plus tard et avoir des enfants, disait-elle, mais elle ne semblait pas lier ces notions à la sexualité. En même temps, elle adorait se laisser embrasser et tripoter. Elle ronronnait dans mes bras comme un chaton. Un tel mélange de sensualité et d'innocence serait à peu près inconcevable de nos jours, où les adolescents sont bombardés d'informations et d'imagerie sexuelles. Sans parler des cassettes et des magazines porno disponibles dans n'importe quelle boutique vidéo ou kiosque à journaux de High Street, une bonne partie des films autorisés aux plus de quinze ans contiennent des séquences et un langage qui, voici une quarantaine d'années, auraient suffi à faire éjaculer dans leur pantalon la moitié du public et expédié en prison leurs auteurs et leurs distributeurs. Comment s'étonner dans ces conditions que les gosses d'aujourd'hui veuillent faire l'amour dès qu'ils en sont capables ? Je me demande s'ils prennent seulement la peine de s'embrasser avant de se dépiauter et de se mettre au lit.

Je n'avais pas la pureté de Maureen, mais je n'en savais pas beaucoup plus long. Même si je m'offrais de vagues fantasmes où je faisais l'amour avec elle, surtout au moment de m'endormir, ce qui engendrait de fréquentes pollutions nocturnes, il ne me venait pas à l'idée d'aller plus loin, et j'aurais sûrement fait un gâchis horrible si je m'y étais risqué. Je n'aspirais pas à davantage que toucher ses seins nus. Mais cela constitua une sorte de conquête quand j'y parvins.

J'étais allé jusqu'à cueillir doucement dans ma paume un sein sous le corsage, pendant que nous nous embrassions, en palpant du bout des doigts comme du braille les coutures de son soutien-gorge, lorsque sa conscience catholique se rebiffa. Rétrospectivement, je m'étonne que cela ne se soit pas produit plus tôt. Le déclic fut provoqué par une « retraite » à son école – une drôle d'appellation, me semblait-il, pour la procédure telle qu'elle me la raconta, trois journées de sermons, de dévotions et de périodes de silence obligatoire ; mais dans son acception militaire, le terme convenait assez bien à l'effet produit sur nos relations à tous deux. Ce fut un Dunkerque de la chair. Le prêtre venu diriger la retraite (Maureen me le décrivit grand et barbu comme l'image de Dieu le Père, avec un regard perçant qui donnait l'impression de plonger tout au fond de votre âme) s'était adressé aux jeunes filles de la classe de première en présence d'une Mère supérieure qui approuvait solennellement de la tête, pour leur parler de la sainte pureté, et il leur avait fichu une peur bleue en évoquant les abominables conséquences auxquelles les exposerait la souillure de leur temple du Saint-Esprit, ainsi qu'il appelait leur corps. « Si jamais l'une d'entre vous », tonna-t-il, et Maureen affirmait qu'il l'avait regardée tout particulièrement, « par sa manière de se vêtir ou de se comporter, amenait un garçon à commettre le péché d'impureté en pensée, en parole ou en acte, elle serait aussi coupable que lui de ce péché. Plus coupable, même, car le mâle de l'espèce humaine a moins d'aptitude que la femelle à contrôler ses désirs licencieux. » Ensuite, elles furent toutes obligées de se confesser à lui, et il leur extorqua tous les détails des privautés avec leur temple du Saint-Esprit qu'elles avaient autorisées à un garçon. Il m'apparaît très clairement, à présent, que c'était un vieux cochon qui prenait son pied à fourrer le nez dans les sensations et les expériences sexuelles de vulnérables adolescentes, et à les faire fondre en larmes. Toujours est-il qu'il fit pleurer Maureen. Et moi aussi, quand elle m'annonça qu'il ne fallait plus que je la touche « là ».

S'il fut un élément entre tous de la religion catholique qui me détermina à rester protestant, ou athée (je n'étais pas très sûr de mes convictions), ce fut la confession. De temps à autre, Maureen s'efforçait de m'intéresser à sa foi, et je savais sans qu'elle eût besoin de me le dire que son vœu le plus cher était de devenir l'auteur de ma conversion. Par prudence, il m'arrivait de me pointer au salut du dimanche soir, pour lui faire plaisir à elle et justifier mon appartenance au club des jeunes, mais après deux ou trois tentatives, j'évitai la messe. Elle se passait principalement en latin (une matière qui me compliquait particulièrement la vie au collège jusqu'à ce qu'on m'autorisât à l'abandonner en échange des Beaux-Arts), marmonné d'un ton inaudible par un prêtre au dos tourné, et elle me paraissait provoquer un ennui comparable au mien dans le reste de la congrégation, car de nombreux fidèles disaient leur chapelet tout au long – Dieu sait pourtant que dire son chapelet était encore plus ennuyeux, or, malheureusement, cela faisait officiellement partie du salut. Pas étonnant dans ces conditions que les catholiques soient de si bonne humeur à la sortie de ces cérémonies, qu'ils se mettent aussitôt à bavarder, à rire et à se tendre des paquets de cigarettes : pur soulagement après l'ennui écrasant enduré à l'intérieur. La seule exception était la messe de minuit à Noël, animée par des chants et par la surexcitation propre à son heure tardive. D'autres aspects de la religion catholique, tels que les tableaux et les sculptures représentant la crucifixion avec un réalisme saisissant, les accumulations de cierges dégoulinants, ne pas manger de viande le vendredi ni de bonbons pendant le carême, prier saint Antoine si l'on avait perdu quelque chose et acquérir des « indulgences » comme une sorte de contrat d'assurance pour la vie éternelle, tout cela semblait simplement se rattacher à de bizarres superstitions. Tandis que la confession, c'était d'un autre ordre.

Un jour que nous étions tout seuls dans l'église pour je ne sais quel motif – je crois que Maureen voulait brûler un cierge à l'appui d'une de ses « intentions », peut-être ma propre conversion – je mis le nez dans l'un des confessionnaux semblables à des armoires qui se dressaient le long du mur. Il y avait d'un côté une porte où était inscrit le nom du prêtre ; de l'autre, un rideau. En écartant le rideau, j'ai vu le prie-Dieu capitonné et le petit carré de grillage à travers lequel on chuchotait la liste de ses péchés dans l'oreille du prêtre. À cette seule idée, j'eus la chair de poule. Je vois là une certaine ironie, en réalité, quand je songe combien je suis devenu dépendant de la psychothérapie plus tard dans la vie, mais pour un adolescent cela paraît dégoûtant de partager avec un adulte ses pensées les plus secrètes et honteuses.

Maureen s'efforçait de combattre mon préjugé. À l'école, c'est en instruction religieuse qu'elle était la meilleure. Elle était entrée chez les sœurs et elle se sortait de ses études grâce à son assiduité au travail plutôt que par brio naturel, et apprendre par cœur le catéchisme lui convenait.

– Ce n'est pas au prêtre que tu avoues tes péchés, c'est à Dieu, me disait-elle.

– Alors, pourquoi ne pas s'adresser directement à Dieu, en priant ?

– Parce que ça ne serait plus un sacrement. (Dépassé sur ce terrain théologique, j'ai émis une sorte de grognement sceptique.) N'importe comment, le prêtre ne sait pas qui tu es. Il fait trop sombre.

– Et s'il reconnaît ta voix ?

Maureen me concéda que, pour cette raison précise, elle évitait le plus souvent de se confesser au père Jérôme, mais elle argumenta que même si le prêtre identifiait la voix, il n'en manifesterait rien, et ne révélerait sous aucun prétexte à quiconque les péchés qu'on avait commis, car c'était sous le secret de la confession.

– Même si on était coupable d'un meurtre ?

Même dans ce cas, m'assura-t-elle, mais il y avait bien un petit problème :

– Il ne te donnerait l'absolution qu'à la condition que tu promettes de te dénoncer.

Et c'était quoi, l'absolution, demandai-je en prononçant par mégarde « ablution », ce qui fit pouffer de rire Maureen avant de se lancer dans un long galimatias au sujet du pardon, de la grâce, de la pénitence, du purgatoire et du châtiment temporel, guère plus intelligible pour moi que si elle m'avait récité les règles du jeu de bridge. Je lui avais demandé un jour, vers le début de nos relations, quels péchés elle confessait et, bien entendu, elle avait refusé de me le dire. Mais elle me répéta bel et bien sa confession durant la retraite à l'école, et les propos du prêtre, selon qui je commettais un péché en la touchant comme je le faisais ; il ne fallait plus recommencer et, afin d'éviter la tentation, nous ne devions plus descendre dans le passage du sous-sol et nous enlacer quand je la raccompagnais, mais nous borner à nous serrer la main et, peut-être, échanger un chaste baiser.

Consterné par ce retournement, j'employai toutes mes ressources à le contrer. Je protestai, je plaidai, j'essayai de prendre un ton enjôleur ; je me montrai éloquent, pathétique, rusé. Et je finis par gagner, naturellement. C'est toujours le garçon qui remporte ce genre de batailles, si la fille ne veut pas risquer de le perdre, et c'était le cas de Maureen. Certes, si elle m'avait donné son cœur, c'était parce que j'étais le premier à le lui demander. Mais j'étais vraiment beau garçon à l'époque. On ne m'avait pas encore surnommé Tubby, et j'avais tous mes cheveux, une somptueuse chevelure blonde, en fait, que je faisais bouffer au-dessus du front en une vague pétrifiée à force de brillantine. En outre, j'étais le meilleur danseur du club des jeunes et l'étoile de l'équipe de foot. Ces choses-là comptent davantage aux yeux d'une jeune fille que les résultats aux examens et les perspectives de carrière. Nous passions tous les deux le premier bac cette année-là. Maureen obtint cinq notes moyennes, suffisantes pour passer en terminale ; j'échouai partout sauf en littérature anglaise et en art, et quittai le collège pour me faire embaucher dans les bureaux d'un grand imprésario de théâtre du West End, suite à une petite annonce parue dans l'*Evening Standard*. En réalité, je n'étais qu'un grouillot, chargé d'affranchir le courrier, de le porter à la poste, d'aller chercher des sandwiches pour tout le monde, et ainsi de suite, mais le glamour de la profession déteignait un peu sur moi. Des acteurs et actrices célèbres traversaient notre bureau miteux niché au-dessus d'un théâtre de Shaftesbury Avenue pour aller voir le patron dans son saint des saints, et ils m'adressaient des sourires et des mots gentils quand je les débarrassais de leur manteau ou leur apportais une tasse de café. Je ne tardai pas à adopter le jargon du métier et à partager leurs accès de fébrilité, les hauts et les bas des succès et des bides. Maureen percevait sans doute ma maturation rapide dans ce milieu sophistiqué, et devait y sentir un danger d'éloignement. On me donnait parfois des places gratuites pour des spectacles, mais il n'y avait aucun espoir que Mr et Mrs Kavanagh l'autorisent à m'y accompagner. Nous avions cessé de nous voir le matin à la station d'autobus, car j'allais maintenant à la gare de Hatchford prendre le train de la ligne Southern Electric pour Charing Cross. Passer ensemble au club la soirée du dimanche et rentrer à pied tous les deux n'en avait que plus de prix. Elle ne persista pas trop longtemps à me refuser ses baisers. Je parvins à l'attirer dans l'ombre au bas de l'escalier qui menait au sous-sol et je regagnai pas à pas le terrain d'intimité qui s'était établi auparavant.

J'ignore à quel compromis elle arriva avec Dieu ou sa conscience; je jugeai plus prudent de ne pas m'en enquérir. Je savais qu'elle allait se confesser une fois par mois, et communier chaque semaine, et que ses parents auraient des soupçons si elle s'écartait de ce programme; je savais aussi, grâce à ses explications, que pour obtenir l'absolution de ses péchés il fallait promettre de ne pas récidiver, et que d'avaler l'hostie consacrée dans l'état de péché constituait un péché de plus, pire que le premier. Il existait une distinction entre les gros péchés et les petits, dont elle tirait peut-être parti. Les gros péchés s'appelaient péchés mortels. Je ne me souviens plus du nom des petits, mais on pouvait aller communier sans en avoir été absous. Je crains fort, toutefois, que la pauvrette n'ait cru que c'était un péché mortel de se laisser caresser les seins, et qu'elle s'exposait au péril d'aller tout droit en enfer au cas où elle mourrait subitement.

Son allure et son expression changèrent subtilement à cette époque, quoique je fusse sans doute le seul à m'en apercevoir. Elle avait perdu un peu de son exubérance coutumière. Son regard avait quelque chose de distrait, son sourire pâlissait. Même le teint était affecté : la peau n'avait plus d'éclat, des boutons apparaissaient de temps à autre autour de sa bouche. Mais le plus significatif, c'était qu'elle se mît à m'accorder plus de libertés qu'avant, comme si elle avait abandonné tout espoir de demeurer, selon ses propres termes, dans un état de grâce, et si cela ne servait donc plus à rien de défendre sa pudeur. Lorsque, par une douce soirée de septembre, je lui déboutonnai son chemisier et défis, avec un soin et une délicatesse infinis, tel un cambrioleur violant une serrure, l'agrafe qui fermait son soutien-gorge, elle n'opposa aucune résistance, pas même un mot de protestation. Elle se tenait là dans la pénombre, à côté des poubelles, passive et un peu tremblante, comme un agneau offert au sacrifice. Elle ne portait pas de combinaison. En retenant mon souffle, je dégageai doucement un sein, le gauche. Il roula sous mes doigts comme un fruit mûr. Seigneur ! Jamais, ni avant ni depuis, je n'ai éprouvé une sensation comparable à ce premier contact avec le jeune sein de Maureen, si doux, si lisse, si tendre, si élastique, si ferme, défi mystérieux aux lois de la gravité. Je le soulevai un peu pour le soupeser dans ma paume arrondie, puis j'abaissai légèrement la main de manière à simplement en mouler la forme sans le soutenir. Qu'il continue de se dresser là orgueilleusement me semblait un phénomène aussi miraculeux que celui de la planète Terre suspendue dans l'espace. Je le recueillis à nouveau et le pressai doucement dans sa nudité. J'ignore combien de temps nous sommes restés là, dans la nuit, sans parler, respirant à peine, avant qu'elle murmure : « Il faut que j'y aille », replie les bras dans son dos pour rattacher son soutien-gorge et s'éclipse dans l'escalier.

À partir de ce soir-là, nos étreintes m'amenèrent invariablement à lui toucher la poitrine sous ses vêtements. C'était le point culminant du rituel, comme, à l'office du salut, le prêtre élevant l'ostensoir. J'appris si bien par cœur les contours de ses seins que j'aurais pu les modeler les yeux fermés dans de la glaise. C'étaient des hémisphères presque parfaits, achevés par de petits tétons pointus qui durcissaient au contact de mes doigts comme une menue érection. Quel désir j'avais de les voir en plus de les toucher, de les sucer, de les embrasser et d'enfouir ma tête dans la tendre vallée qui les séparait ! Je commençais aussi à couver certains desseins sur la partie inférieure de son anatomie, et à ruminer l'idée lubrique de glisser la main dans sa culotte. De toute évidence, il n'était pas envisageable d'accomplir tout cela debout dans la froide humidité du passage. Il fallait trouver un moyen d'être seul avec elle quelque part sous un toit. Je me raclais les méninges en quête de quelque stratagème, lorsque je subis un revers inattendu. Un soir, alors que je la raccompagnais, elle s'arrêta sous un réverbère à une certaine distance de sa maison et m'annonça, en me regardant gravement et en tortillant sur ses doigts une mèche de ses cheveux, qu'il fallait cesser nos baisers et tout le reste. C'était à cause de la représentation de la Nativité qui se préparait au club des jeunes.

L'idée de cette représentation était venue de Bede Harrington, le président du comité qui gérait le club. Je n'avais jamais rencontré quelqu'un qui porte ce prénom, et quand je le rencontrai pour la première fois, je lui demandai en toute innocence si cela s'écrivait B-e-a-d comme la perle d'un collier. Il crut visiblement que je voulais blaguer et m'informa d'un ton pincé que Bede était le nom d'un saint antique de Grande-Bretagne, un moine qu'on appelait le Vénérable Bede. Bede Harrington était lui-même l'objet d'une certaine vénération dans la paroisse, surtout auprès des adultes. Âgé d'un an ou deux de plus que Maureen et moi, il avait fait de brillantes études à Saint-Aloysius, le cours catholique du quartier. À l'époque dont je parle, il était chef de classe en deuxième année préparatoire, et venait d'être admis à Oxford pour y faire de l'anglais l'an prochain. De haute taille, il avait une figure longue et maigre, d'une pâleur accentuée par ses lunettes à grosse monture d'écaille et par sa chevelure noire, épaisse qui semblait résister au peigne, puisqu'il avait toujours des mèches qui rebiquaient en l'air ou qui lui tombaient sur les yeux. Malgré ses succès intellectuels, Bede était dépourvu des atouts les plus prisés au club des jeunes. Il ne dansait pas plus qu'il ne jouait au football, ni d'ailleurs ne pratiquait aucun autre sport. Il en avait toujours été dispensé à l'école à cause de sa myopie, et, quant à la danse, il déclarait simplement que ça ne l'intéressait pas. En réalité, les occasions de contacts physiques avec les jeunes filles qu'elle procurait l'auraient bel et bien intéressé, je crois, mais il savait qu'avec ses longs membres mal coordonnés et ses pieds énormes, il aurait sans doute abondamment cafouillé, et il ne pouvait pas supporter de paraître ridicule en apprenant à danser. Il éprouvait le besoin de se montrer le meilleur dans tout ce qu'il faisait. Il s'imposa donc au club des jeunes en se faisant élire président du comité et en jouant au petit chef. Il publiait un bulletin du club, une feuille polycopiée aux lignes baveuses dont il était le principal auteur, et infligeait à leur corps défendant aux membres du club des activités épisodiques de caractère intellectuel, débats ou concours, qui lui permettaient de briller. Durant les soirées du dimanche, on le voyait en grande conférence avec le père Jérôme, ou plongé, sourcils froncés, dans l'examen des comptes du buffet, ou assis tout seul sur une chaise basculée en arrière, les jambes allongées et les mains dans les poches, à observer la ronde des couples avec un léger sourire de supériorité, tel un maître d'école qui tolérerait les amusements enfantins de ses élèves. On pouvait cependant lire dans ses yeux une certaine envie nostalgique, et son regard me semblait parfois s'attarder avec une particulière convoitise sur Maureen, tandis qu'elle s'abandonnait dans mes bras au rythme de la musique.

La représentation de la Nativité était un exemple typique du système d'autopromotion de Bede Harrington. Non seulement il en avait écrit le texte, mais il faisait la mise en scène, il s'était attribué un rôle important, il choisissait lui-même les disques d'accompagnement et prenait pratiquement tout en charge, excepté la confection des costumes, tâche déléguée à sa mère adorante et à ses malheureuses sœurs. La pièce devait se jouer à l'école maternelle trois soirs de suite au cours de la semaine précédant Noël, et serait donnée ensuite dans un foyer pour personnes âgées dont s'occupaient des religieuses, une seule fois, le 6 janvier, fête de l'Épiphanie – « La nuit des rois », ainsi qu'il nous en informa d'un ton pédant lors de la première audition.

Celle-ci eut lieu au club un mercredi soir de novembre. Je m'y rendis pour couver Maureen du regard du propriétaire. Bede Harrington l'avait prise à part le dimanche soir d'avant, profitant de ce que je dansais avec une autre, et il lui avait extorqué la promesse de se présenter pour le rôle de la Sainte Vierge. Cette perspective la flattait et l'excitait, et puisque je ne parvins pas à la convaincre d'y renoncer, je pensai qu'il valait mieux l'accompagner. Bede parut étonné et pas très content de me voir me pointer à l'audition.

– Je n'aurais pas cru que ce genre de choses vous intéressait, me dit-il. Et, pour être tout à fait franc, je ne suis pas très sûr que ce serait très approprié qu'un non-catholique prenne part à la représentation paroissiale de la Nativité. Il faudrait que je consulte le père Jérôme.

Bien entendu, Bede s'était réservé le rôle de saint Joseph. Je parie qu'il aurait fait aussi l'ange Gabriel et les trois Rois Mages si cela avait été matériellement réalisable. Après lecture, Maureen fut rapidement confirmée pour le rôle de Marie. Je feuilletai un exemplaire polycopié de la pièce à la recherche d'un rôle qui pourrait me convenir.

– Et Hérode ? demandai-je. On n'a sûrement pas besoin d'être catholique pour jouer ce personnage ?

– Vous pouvez faire un essai si vous y tenez, répondit Bede à regret.

J'interprétai la scène où Hérode se rend compte que les trois rois ne vont pas revenir l'informer du lieu où ils ont trouvé le Messie nouveau-né, ainsi qu'il les en a priés hypocritement sous prétexte de vouloir lui-même aller lui rendre hommage, et où il ordonne le cruel massacre de tous les petits garçons de moins de deux ans dans la région de Bethléem.

Je l'ai déjà dit, jouer la comédie était à peu près la seule chose à quoi j'étais bon, au collège. Je passai une audition époustouflante. Je fus un super-Hérode. Quand je me tus, les autres candidats interprètes applaudirent spontanément, et Bede pouvait difficilement ne pas m'accorder le rôle. Maureen levait vers moi un regard d'adoration : non seulement j'étais le meilleur danseur et le meilleur buteur du club, mais en outre je devenais manifestement l'acteur vedette. Quant à elle, à vrai dire, elle n'était guère douée pour l'art dramatique. Elle avait la voix trop frêle, un langage gestuel trop timide pour passer les feux de la rampe. (Figure de style, bien sûr : nous n'avions pas de rampe. Pour éclairer la scène, nous ne disposions que d'une batterie de lampes de bureau équipées d'ampoules de couleur.) Mais tout ce que son rôle exigeait d'elle, c'était une expression de douceur et une beauté sereine, elle n'avait guère à parler ni à bouger.

Durant les premières semaines de répétitions, je m'amusai bien. Je m'amusais en particulier à taquiner Bede Harrington et à saper son autorité. Je contestais sa mise en scène, suggérais des améliorations pour les dialogues, improvisais sans arrêt des ajouts, et le paralysais par un étalage de science théâtrale, jonglant avec des termes techniques glanés au bureau et qui le déroutaient, tels que « tunnel », « un blanc », « tenir le haut du plateau ». Je lui dis que le titre de sa pièce, *The Fruit of the Womb* [1] (tiré du *Je vous salue Marie*) me faisait penser à l'étiquette « *Fruit of the Loom* » sur mes T-shirts, ce qui provoqua une telle hilarité générale qu'il fut obligé d'en changer et la rebaptisa *L'Histoire de Noël.* Je me livrais à des pitreries outrageuses, prê-

1. *Le Fruit de ses entrailles. (N.d.l.T.)*

tant au personnage d'Hérode toutes sortes de voix comiques, imitations de Tony Hancock, de Bluebottle et du père Jérôme, qui faisaient crouler de rire mes partenaires. Faut-il le préciser, Bede réagissait assez mal à ces singeries et il alla un jour jusqu'à me menacer de m'expulser, mais je battis en retraite et lui présentai mes excuses. Je ne voulais pas me faire virer du spectacle. D'abord parce que cela m'amusait, mais aussi à cause des nombreuses occasions supplémentaires que m'offraient les répétitions de voir Maureen et de la raccompagner, sans que ses parents puissent s'y opposer. Et surtout, je ne voulais pas la laisser sans protection au pouvoir de Bede Harrington. Dans son rôle de Joseph, j'avais remarqué qu'il saisissait la moindre occasion de passer un bras protecteur autour des épaules de Marie sur le chemin de Bethléem et durant la fuite en Égypte. Si je le suivais sans relâche d'un regard sardonique, j'étais sûr de le priver de tout le plaisir qu'il aurait pu retirer de ces contacts physiques; après quoi, quand je la raccompagnais chez elle, je savourais d'autant mieux mes propres satisfactions sensuelles.

Puis Bede attrapa une varicelle un peu tardive pour son âge, et dut s'absenter deux semaines. Il nous fit dire de continuer les répétitions sous la direction du nommé Peter Marello, qui jouait le chef des bergers. Mais Peter était par ailleurs capitaine de l'équipe de foot et un bon copain à moi. Il s'en remettait volontiers à mon jugement en matière théâtrale, ainsi que les autres membres de la distribution, et je devins de fait metteur en scène intérimaire. À mon avis, j'apportai des améliorations infinies à la pièce, mais ce ne fut pas l'avis de Bede quand il nous revint, grêlé de cicatrices et de traces de pustules.

J'avais coupé l'assommante récitation intégrale du *Voyage des Rois Mages* de T.S. Eliot, que Bede avait placée dans la bouche d'un des trois, et j'avais écrit deux grandes scènes de plus pour Hérode, basées sur mes souvenirs de la Bible lue à l'école du dimanche et des cours sur les Saintes Écritures au collège. Dans l'une d'elles, Hérode périssait d'une mort atroce, mangé par les vers, ce qui promettait un formidable spectacle grand-guignolesque, à grand renfort de spaghettis sauce tomate. L'autre était une sorte de prémonition de la décapitation de Jean-Baptiste par Hérode à la demande de Salomé. J'avais persuadé, en principe, une certaine Josie d'exécuter la danse des sept voiles vêtue d'un collant académique ; c'était une joviale blonde oxygénée, vendeuse au Woolworth du coin, qui portait un rouge à lèvres agressif et avait la réputation d'être une brave fille, ou plutôt vulgaire, selon les points de vue. Il apparut malheureusement que j'avais confondu trois Hérode distincts dans le Nouveau Testament, si bien que Bede élimina ces « excroissances », comme il les appela, sans que je puisse guère me défendre. Même ainsi, il est permis d'avancer, je crois, que le personnage d'Hérode a rarement pris autant d'importance dans une représentation de la Nativité.

Décembre avançait, et le père Jérôme, qui nous avait laissé la bride sur le cou jusque-là, demanda à voir un filage intégral. Mieux valait sans doute qu'on ait coupé la danse des sept voiles de Salomé, car même ainsi le père Jérôme trouva la pièce un peu trop irrévérencieuse. Il faut le reconnaître pour lui rendre justice, Bede Harrington avait tenté de s'écarter de la série habituelle de pieux tableaux, et d'écrire un texte un peu plus moderne, ou « signifiant », comme nous apprendrions à dire par la suite. Après l'Annonciation, par exemple, Marie se trouvait en butte, auprès de ses voisins nazaréens, à des préjugés proches de ceux rencontrés par les mères célibataires dans la Grande-Bretagne d'aujourd'hui, et la difficulté de trouver de la place à l'auberge de Bethléem était rapprochée par le biais du manque de logements actuel. Le père Jérôme insista pour qu'on élimine tout élément étranger aux Saintes Écritures. Mais en réalité c'était l'esprit même de la représentation qui le dérangeait. C'était trop profane.

– Cela ressemble plutôt à une comédie qu'à un mystère de la Nativité, nous dit-il avec un rictus sinistre qui lui dénudait les crocs. Hérode, par exemple, relègue complètement dans l'ombre la Sainte Famille.

Bede me jeta un regard de reproche, mais son long visage s'allongea encore plus quand le père Jérôme reprit :

– Ce n'est pas la faute de Lawrence. Il joue très bien, il donne le meilleur de lui-même. Le problème, c'est le reste d'entre vous. Ça manque terriblement de spiritualité. Réfléchissez un peu à ce dont il s'agit. Le Verbe fait Chair. Dieu Lui-même descendu du ciel sous la forme d'un bébé sans défense, afin de résider parmi les hommes. Réfléchissez à ce que cela a pu signifier dans l'esprit de Marie d'être choisie pour être la mère de Dieu ! (Ce disant, il scruta le visage de Maureen, qui s'empourpra et baissa les yeux.) Réfléchissez à ce que cela signifiait pour saint Joseph, responsable de la sécurité de la mère de Dieu, et de son Fils nouveau-né. Réfléchissez à ce que cela a signifié pour les bergers, des malheureux sans espoir dont l'existence ne valait guère mieux que celle de leurs troupeaux, lorsque l'ange du Seigneur leur est apparu pour leur dire : « Je vous annonce une bonne nouvelle, qui sera pour tout le peuple le sujet d'une grande joie : aujourd'hui vous est né un Sauveur, qui est le Christ, le Seigneur. » Il faut que vous deveniez ces gens-là. Ce n'est pas suffisant de jouer leur rôle. Il faut que ce soit pour vous une façon de prier. Vous devriez commencer chaque répétition par une prière.

Le père Jérôme poursuivit un certain temps dans la même veine. Ce fut à sa manière un remarquable discours, digne de Stanislavski. Il transforma complètement l'atmosphère de nos répétitions, auxquelles il assista régulièrement à dater de ce jour-là. Les interprètes abordèrent leur rôle avec une piété nouvelle. Le père Jérôme les avait persuadés qu'il fallait chercher l'inspiration dans leur propre vie spirituelle, et que s'ils en étaient dénués il était temps d'y venir. C'était évidemment pour moi de très mauvais augure, en ce qui concernait mes relations avec Maureen. Après cette homélie, je remarquai que le curé la prit à part pour avoir un grave entretien avec elle. La posture de pénitente qu'elle avait adoptée, assise à côté de lui les mains jointes et les yeux baissés, hochant la tête en l'écoutant, ne présageait rien de bon. En effet, dès ce soir-là, sur le chemin du retour, elle s'arrêta au coin de sa rue.

– Il est tard, Lawrence. Il vaut mieux que je rentre vite. Disons-nous bonsoir.

– Mais on ne peut pas échanger un vrai baiser ici, protestai-je.

Elle garda le silence un instant, en tortillant une mèche de cheveux autour de son doigt.

– Je crois qu'il ne faut plus nous embrasser, répliqua-t-elle enfin. Il ne faut plus nous embrasser comme on le faisait d'habitude. Pas tant que je serai la Sainte Vierge.

Le père Jérôme avait peut-être remarqué que Maureen et moi étions devenus très intimes. Il me soupçonnait peut-être de la détourner du droit chemin rayon temple du Saint-Esprit. Toujours est-il qu'il fit ce soir-là un travail efficace sur sa conscience. Il lui représenta quel privilège extraordinaire c'était pour une jeune fille d'incarner la mère de Dieu. Il lui rappela que son propre prénom était une forme irlandaise de « Marie ». Il lui dit comme ses parents devaient être heureux et fiers qu'elle ait été choisie pour jouer ce rôle, et qu'elle devait s'efforcer d'en être digne, en pensée, en parole et en actes. Tandis que Maureen me répétait ses paroles en balbutiant, je tentai en vain d'en rire pour dissiper leur effet. Puis j'eus recours à une argumentation rationnelle, en lui tenant les mains et en la regardant dans les yeux, tout aussi vainement. Ensuite, j'essayai la bouderie.

– Eh bien alors, bonsoir, lançai-je en enfonçant les mains dans les poches de mon imperméable.

– Tu peux me donner un baiser, dit Maureen d'un air malheureux, son visage levé vers moi tout bleui à la lumière du réverbère.

– Rien qu'un ? Article 5 du règlement ?

– Non, pas ça, je t'en prie ! murmura-t-elle, la lèvre tremblante, les yeux remplis de larmes.

– Oh, il est temps que tu deviennes adulte, Maureen.

Je tournai les talons et je m'éloignai. Je passai une nuit affreuse et j'arrivai en retard au travail le lendemain parce que, au lieu de prendre mon train habituel, j'allai attendre Maureen au coin de Hatchford

Five Ways. Je vis sa silhouette se raidir à cent mètres dès qu'elle m'identifia. Elle aussi, naturellement, elle avait passé une mauvaise nuit, elle était pâle, les paupières gonflées. Nous fûmes réconciliés avant même que j'aie fini d'articuler mes excuses, et elle partit vers son école d'un pas léger, un sourire aux lèvres.

J'étais sûr de parvenir graduellement, comme auparavant, à surmonter ses scrupules. Je me trompais. Il ne s'agissait plus pour Maureen d'un simple problème intime de conscience. Elle était convaincue que de continuer à se laisser peloter par moi tout en incarnant la Sainte Vierge constituerait une sorte de sacrilège, qui risquerait d'attirer le courroux divin non seulement sur sa propre personne, mais aussi sur la représentation elle-même et tous ceux qui y étaient impliqués. Elle m'aimait toujours, elle souffrait réellement de me refuser ses étreintes, mais elle était résolue à demeurer chaste et pure le temps que durerait la pièce. Elle en fit même le vœu après être allée se confesser (au vieux père Malachi, curé de la paroisse) et avoir communié, le dimanche d'après l'intervention du père Jérôme.

Si j'avais eu un peu de bon sens ou de tact, je me serais résigné à la situation et j'aurais rongé mon frein. Mais j'étais jeune, arrogant et égoïste. Je n'appréciais guère l'idée de passer dans la chasteté Noël et le Nouvel An, période où les sens étaient en droit, selon moi, d'atteindre à une liberté accrue et non pas plus restreinte. Le 6 janvier semblait très loin. Je suggérai un compromis : pas d'attouchements avant que soit achevée la première série de représentations, mais une trêve au règlement entre Noël et le Nouvel An inclus. Maureen secoua la tête.

– Non, je t'en prie, murmura-t-elle. N'essaie pas de marchander.

– Quand, alors? insistai-je brutalement. Dans quel délai après la dernière représentation reviendrons-nous à des rapports normaux?

– Je ne sais pas. Je ne suis pas sûre qu'ils étaient normaux.

– Est-ce que tu essaies de me dire, plus jamais?

Elle éclata en sanglots, je soupirai, lui demandai pardon et nous nous réconciliâmes, pour une petite durée, jusqu'à ce que je ne puisse plus me retenir de la harceler à nouveau.

Pendant ce temps, la pièce était dans les affres des dernières répétitions, ce qui nous confrontait sans cesse l'un à l'autre. Mais tout le monde avait les nerfs à vif, de sorte que personne ne remarqua, je crois, que Maureen et moi traversions une mauvaise passe, sinon peut-être Josie, qui tenait un petit rôle, celui de la femme de l'aubergiste. Je m'étais aperçu depuis longtemps que j'avais un ticket avec elle, tant elle m'invitait régulièrement à danser quand venait le « tour des dames », et je sentais aussi qu'elle était jalouse du rôle vedette de Maureen dans *L'Histoire de Noël.* Hormis Hérode, le personnage de Josie était le seul réellement antipathique de la pièce; cette particularité nous rapprochait durant les répétitions, ainsi que notre indifférence commune à la vague de religiosité qui avait submergé notre entreprise au point qu'on ne s'amusait presque plus. Quand le reste de l'équipe récitait solennellement son chapelet au début de chaque répétition, sous la houlette du père Jérôme ou de Bede Harrington, j'essayais de capter son regard à elle et de la faire pouffer de rire. Je couvrais son interprétation de flatteries et lui faisais répéter son texte. Lors des soirées du dimanche, je l'invitais à danser plus souvent qu'avant.

Bien entendu, rien de tout cela n'échappait à Maureen. La douleur muette que je lisais dans ses yeux me causait parfois un petit pincement de remords, sans modifier mon cruel dessein de mettre à mal sa vertu en éveillant sa jalousie. Peut-être souhaitais-je inconsciemment la fin de nos relations. Je tentais d'étouffer quelque chose en moi autant qu'en elle. Dans mon for intérieur, j'appelais cela de l'enfantillage, de la stupidité, de la naïveté, mais j'aurais aussi pu le nommer innocence. L'univers du club des jeunes, que j'avais trouvé si enchanteur lorsque Maureen m'y avait introduit, me semblait à présent... disons, paroissial, surtout par comparaison avec celui que je fréquentais dans mon travail. À travers les ragots de bureau au sujet des liaisons entre les acteurs et les actrices, des divans de casting et des fêtes entre gens du milieu, je me faisais une idée haute en couleur des mœurs sexuelles adultes, par rapport à quoi les pieux scrupules de Maureen à me laisser lui tripoter les nichons (ainsi qu'on les nommait au bureau) me paraissaient tout simplement absurdes. Je brûlais d'envie de perdre mon pucelage, et cela ne se produirait manifestement pas avec Maureen, à moins de l'épouser, une éventualité aussi lointaine que d'aller sur la lune. N'importe comment, j'avais vu de mes yeux dans ma propre famille ce que donnait la vie conjugale sans argent, et cela ne me tentait pas. J'aspirais à un mode de vie plus libre, plus ouvert, tout en n'ayant aucune idée de la forme qu'il pourrait prendre.

La crise éclata le soir de la dernière représentation de la Nativité avant Noël. La salle était comble.

Le bouche-à-oreille dans la paroisse avait été enthousiaste, et nous avions même eu un article, bref mais chaleureux, dans le journal local. L'article n'étant pas signé, j'aurais soupçonné Bede Harrington d'en être l'auteur s'il n'avait été particulièrement élogieux au sujet de ma propre prestation. Je crois que l'affrontement en coulisses entre Maureen et moi avait donné une intensité toute spéciale à notre interprétation. Mon Hérode était moins éloquent qu'aux premiers temps des répétitions, mais plus authentiquement cruel. Je sentais un frisson excitant, une sorte de frémissement collectif parcourir le public lorsque j'ordonnais le massacre des Innocents. Et la Sainte Vierge de Maureen avait une certaine qualité tragique, même dans la scène de l'Annonciation – « comme si, disait le critique anonyme, elle avait la vision prophétique des Sept Épées de Douleur qui lui perceraient le cœur dans les années à venir ». (À bien y réfléchir, l'article était peut-être de la plume du père Jérôme.)

Il n'y eut pas de fête pour l'équipe à proprement parler, à la fin de la série de trois représentations, mais, en guise de célébration, une dégustation de cacao, de biscuits au chocolat et de chips organisée par la petite amie de Peter Marello, Anne, notre régisseur, après nous être débarrassés de nos costumes et de notre maquillage, avoir démonté le décor et l'avoir rangé pour le spectacle final le jour de l'Épiphanie. Le père Jérôme nous accorda sa bénédiction et ses félicitations avant de s'éclipser. Nous étions épuisés, mais épanouis, et peu pressés de rompre l'euphorie collective en rentrant chez nous. Même Maureen était heureuse. Sa famille au grand complet était revenue voir la pièce une deuxième fois, et elle avait entendu son père crier :

« Bravo ! » du fond de la salle quand nous étions allés saluer. J'avais tenté de dissuader mes parents de venir, mais maman avait assisté à la première représentation et déclaré que c'était « très bien mais un peu fort » (il s'agissait de la musique, surtout *La Chevauchée des Walkyries* qui accompagnait la fuite en Égypte), et mon frère, qui l'avait accompagnée, me regarda le lendemain matin avec une sorte de respect. Grisé par le succès, Bede Harrington débordait du projet grandiose d'écrire un mystère de la Passion pour Pâques. Ce serait en vers libres, me semble-t-il me rappeler, avec des rôles parlants pour les divers instruments de la Crucifixion, la croix, les clous, la couronne d'épines, etc. D'humeur magnanime, il m'offrit de m'accorder le rôle du fouet sans passer par une audition. Je promis d'y réfléchir.

La conversation aborda nos divers projets pour Noël, et je choisis cet instant pour annoncer que mon patron m'avait donné quatre places gratuites pour sa production de la revue *Babes in the Wood* au Prince de Galles, le 26 décembre. Elles étaient en réalité destinées à des membres de ma famille, mais un mauvais génie me suggéra d'impressionner la compagnie par un geste fastueux, et de mettre Maureen à l'épreuve par la même occasion. Je demandai à Peter et Anne si ça leur ferait plaisir de nous accompagner, Maureen et moi. Ils acceptèrent sans hésiter, mais Maureen, comme je m'y attendais, dit que ses parents ne l'y autoriseraient pas.

– Quoi, même à Noël ? m'exclamai-je.

Elle me supplia du regard de ne pas l'humilier publiquement.

– Tu sais bien comment ils sont.

– Dommage, dis-je, ayant repéré que Josie écoutait de toutes ses oreilles. Ça tenterait quelqu'un d'autre ?

– Oh, oui, moi ! J'adore ce genre de spectacle, lança précipitamment Josie. Ça ne t'ennuie pas, hein, Maureen ?

– Mais non, murmura celle-ci.

Elle avait l'air terrassé. J'aurais aussi bien pu lui plonger dans le cœur le poignard qu'Hérode portait à sa ceinture. Il y eut un silence contraint ; pour le rompre, j'évoquai le désastre que nous avions frôlé quand la toile de fond avait failli s'écrouler durant la scène de la crèche, ce qui nous lança aussitôt dans une récapitulation bruyante et hilarante de tout le spectacle. Maureen n'y prit aucune part, et quand je la cherchai des yeux, elle avait disparu. Elle était partie sans dire bonsoir à personne. Je rentrai tout seul chez moi, en décochant des coups de pied maussades dans une vieille boîte de conserve. Je n'étais pas très content de moi, mais je me débrouillais pour rendre Maureen responsable d'avoir « gâché Noël ». Je n'allai pas la rejoindre à la messe de minuit comme j'en avais eu l'intention. Le jour de Noël s'écoula chez nous dans l'habituelle torpeur confinée. Le lendemain, j'allai au spectacle, pour lequel j'avais raconté à mes parents que je n'avais obtenu qu'une seule place. Je retrouvai à Charing Cross Peter, Anne et Josie. Celle-ci s'était habillée comme une grue et inondée de parfum de bazar. Elle eut le culot de réclamer à l'entracte un gin jus d'orange, quitte à me mettre sur la paille, et hurla de rire à chacune des blagues salées du spectacle, ce qui embarrassait visiblement Peter et Anne. Ensuite, je la raccompagnai jusqu'à l'HLM de ses parents, et l'enlaçai dans l'ombre sous l'escalier où elle m'avait entraîné sans préliminaires. Elle m'enfonça sa langue jusque dans la gorge et plaqua fermement ma main sur l'un de ses seins, enfermé dans un bonnet de soutien-gorge pointu et plein de fil de fer. J'étais convaincu qu'elle m'aurait laissé aller plus loin, mais je n'en avais aucune envie. Son parfum ne suffisait pas à masquer l'odeur de sueur aigrelette sous ses aisselles, et j'étais déjà fatigué de ses bavardages futiles et de son rire strident.

Le lendemain, je reçus une missive de Maureen, postée la veille de Noël, pour me dire qu'il lui paraissait préférable de ne plus nous voir pendant quelque temps, en dehors de la dernière représentation. Elle l'avait rédigée de son écriture habituelle, d'une rondeur enfantine, sur le papier mauve parfumé à la lavande, mais les points sur les « i » étaient normaux, au lieu des petites bulles. Je ne répondis pas à la lettre, mais j'en envoyai une à Bede Harrington pour m'excuser de ne pouvoir prendre part à la dernière représentation de sa pièce et lui suggérer de me remplacer par Peter Marello dans le rôle d'Hérode. Je ne remis jamais plus les pieds au club des jeunes et laissai tomber l'équipe de foot. L'exercice physique me manqua, et ce fut sans doute à partir de ce moment que je me mis à grossir, d'autant que je prenais goût à la bière. Je me liai d'amitié avec un certain Nigel, employé au service de réservations du théâtre au-dessus duquel se trouvaient nos bureaux, et il me fit découvrir quelques pubs à Soho. Nous passions beaucoup de temps ensemble, et il me fallut des mois pour me rendre compte qu'il avait des penchants homosexuels. Comme les filles du bureau avaient conclu que c'était aussi mon cas, je ne progressais guère auprès d'elles. En fait, je dus attendre mon service militaire pour perdre mon pucelage, et cela se passa à toute vitesse dans des conditions sordides, contre le mur d'un garage à camions, avec une soldate éméchée.

Durant les mois qui suivirent les représentations de Noël, il m'arriva d'apercevoir Maureen dans la rue, ou à la station d'autobus, mais je ne lui adressai jamais la parole. Si elle me voyait, elle n'en montrait rien. Je lui trouvais une allure de plus en plus enfantine et dépourvue de sophistication, dans son éternelle gabardine bleu marine, et avec sa coiffure inchangée. Un jour, alors que je venais de recevoir mes papiers militaires, nous nous trouvâmes nez à nez chez le pharmacien – j'entrais au moment où elle sortait. Nous échangeâmes quelques mots gênés. Je lui demandai des nouvelles de ses études. Elle me dit qu'elle envisageait de devenir infirmière. Elle m'interrogea sur mon travail. Je l'informai que je partais faire mon service, et que j'espérais être envoyé à l'étranger et voir du pays.

En l'occurrence, je reçus une formation d'employé de bureau et fus affecté en Allemagne du Nord, à un endroit où les champs de betteraves s'étendaient jusqu'à l'horizon et où il faisait si froid en hiver qu'il m'arriva de pleurer en montant la garde et que les larmes gelèrent sur mes joues. Ma seule échappatoire à l'ennui mortel consistait à écrire et interpréter des revues, des comédies, des numéros de travestis et autres spectacles que nous montions à la garnison. Quand je retournai à la vie civile, j'étais résolu à me faire une carrière dans une branche ou une autre du show-business. Je fus admis dans l'une des écoles d'art dramatique les moins prestigieuses de Londres, avec une petite bourse que je complétais en travaillant le soir dans un pub. Je ne voyais plus Maureen dans les rues de Hatchford quand j'allais rendre visite à mes parents. Je rencontrai un jour Peter Marello qui me dit qu'elle était partie dans une école d'infirmières. Cela fait environ trente-cinq ans. Depuis lors, je ne l'ai jamais revue et n'ai plus entendu parler d'elle.

Dimanche 6 juin

J'ai mis toute une semaine à rédiger ces pages, sans presque rien faire d'autre. Après avoir imprimé le dernier lot vers dix heures hier soir, je suis sorti pour me dégourdir les jambes et acheter les journaux du dimanche. Des hommes les déchargeaient d'une camionnette sur le trottoir devant la station de métro de Leicester Square, comme des pêcheurs qui débarqueraient leur poisson pour le vendre sur le quai ; ils éventraient les ballots des divers cahiers – informations générales, sports, économie, culture – et assemblaient précipitamment les journaux sur place tandis que les parieurs lançaient leur monnaie. Je trouve toujours excitant d'acheter le soir les journaux du lendemain, cela donne l'illusion d'entrevoir l'avenir. En réalité, je n'ai fait qu'un peu de rattrapage sur les nouvelles de la semaine écoulée. Guère de changements dans le vaste monde. Onze personnes ont été tuées sur un terrain de football de Sarajevo par les obus de mortier des Serbes de Bosnie. Une embuscade tendue par les troupes du général Aïdid a fait vingt-cinq morts parmi les Casques bleus en Somalie. Le taux de popularité de John

Major est le plus bas jamais atteint par un Premier ministre britannique depuis que les sondages existent. Je commence presque à le prendre en pitié. Je me demande s'il ne s'agirait pas d'une ruse des conservateurs pour attirer les suffrages de tous les citoyens qui ont une piètre opinion d'eux-mêmes.

Je n'ai pas acheté de journal de toute la semaine parce que je ne voulais pas me laisser distraire de la tâche entreprise. C'est à peine si j'ai écouté la radio ou regardé la télé. J'ai fait une exception pour la rencontre Angleterre-Norvège de mercredi dernier, et je l'ai regretté. Quelle humiliation ! Battus 2-0 par une bande de quasi-amateurs, et sans doute éliminés de la Coupe du monde en conséquence. On devrait décréter une journée de deuil national et expédier Graham Taylor aux mines de sel. (Sans doute organiserait-il son équipe de forçats en formation trois-cinq-deux, de sorte qu'ils se rentreraient dedans sans arrêt comme les joueurs de l'équipe d'Angleterre.) Ça m'a fichu en l'air ma concentration pendant une bonne demi-journée, ce résultat.

Je ne crois pas avoir jamais rien écrit qui se compare tout à fait à cette chronique du temps passé. Je suis peut-être en train de devenir un auteur de livres. J'ai remarqué que je ne m'y adresse jamais à « vous ». Au lieu de raconter l'histoire comme je pourrais le faire à un ami ou à n'importe qui dans un pub, ma technique coutumière, je me suis efforcé de reconstituer pour mon propre compte la vérité du vécu, en tâchant de trouver les mots justes. Je me suis abondamment corrigé. J'en ai l'habitude, évidemment, on passe son temps à récrire les scénarios, mais c'est en réponse à des demandes venues de l'extérieur. Cette fois-ci, j'étais mon unique lecteur, mon seul critique, et je corrigeais au fur et à mesure.

En outre, pour la première fois depuis l'acquisition de ma première machine à écrire électrique, j'ai écrit à la main le brouillon de chaque partie. Cela paraît plus naturel, en quelque sorte, de se remémorer le passé avec un stylo à la main plutôt que les doigts sur un clavier. Le stylo joue le rôle d'un outil, pour creuser ou trancher, plonger parmi les racines, sonder la couche géologique de la mémoire. Bien entendu, je me suis accordé quelques libertés avec les dialogues. Tout cela s'est passé il y a quarante ans et je ne prenais pas de notes. Mais j'ai la conviction d'être resté fidèle sur le terrain des émotions et des sentiments, c'est ça qui compte. N'empêche que je ne parviens pas à me détacher de ce travail : je ne cesse de reprendre en main les feuillets imprimés, de les relire, d'y apporter des modifications, alors que je devrais faire un peu de ménage dans l'appartement.

La cuisine ressemble à un dépotoir, avec des piles d'assiettes sales et d'emballages vides de nourriture de traiteur, il y a un tas de courrier pas ouvert sur la table basse, et le répondeur n'enregistre plus les messages parce que la cassette est pleine. Grahame a trouvé répugnant l'état de l'appartement quand il est venu voir le match. Il est plus exigeant que moi en matière de propreté domestique – il lui arrive de m'emprunter ma pelle à poussière et mon balai pour nettoyer son petit carré de dalles de marbre à l'entrée de l'immeuble. Mais je crains que ses jours en ce lieu ne soient comptés désormais. Les deux universitaires américains ont débarqué pour leurs vacances d'été, et ils reçoivent beaucoup. On peut comprendre qu'ils n'apprécient pas d'avoir sous le porche un clodo à demeure que leurs invités sont obligés d'enjamber pour entrer et sortir. Hier, dans l'ascenseur, ils m'ont dit qu'ils allaient se plaindre à la police. J'ai essayé de les persuader que Grahame n'est pas un clochard ordinaire, mais je ne crois pas avoir réussi. Le fait qu'il les traite de « tantouses yankees » n'arrange rien.

Lire et relire ma chronique ne fait que me submerger davantage d'un terrible sentiment de perte. Pas seulement la perte de l'amour de Maureen, mais la perte de l'innocence, la sienne et la mienne aussi. Par le passé, lorsqu'il m'arrivait de penser à elle – assez rarement, d'ailleurs –, c'était avec une sorte de sourire intérieur d'attendrissement désabusé : gentille fille, ma première petite amie, ce que nous pouvions être naïfs tous les deux, il en a coulé de l'eau sous les ponts, et ainsi de suite. En récapitulant par le menu détail l'histoire de nos relations, j'ai compris pour la première fois à quel point je m'étais mal conduit autrefois. Sans pitié, égoïstement, gratuitement, j'avais brisé le cœur d'une jeune fille.

J'en ai bien conscience, évidemment, je ne réagirais pas ainsi si je n'avais pas récemment découvert Kierkegaard. En fait, c'est une histoire très kierkegaardienne. Elle n'est pas sans rapport avec « Le journal du séducteur », et l'attitude de Kierkegaard lui-même vis-à-vis de Régine. Maureen, Régine : on dirait que ça rime.

Mais Régine se débattit davantage que Maureen. Quand Kierkegaard lui renvoya sa bague, elle se précipita tout droit chez lui où, ne le trouvant pas, elle lui laissa un mot pour l'implorer de ne pas la délaisser, « au nom du Christ et en mémoire de votre défunt père ». C'était un argument inspiré, cette allusion au défunt père. Søren était convaincu qu'il mourrait avant son père, comme tant de ses frères et sœurs – la famille semblait subir une malédiction dans ce sens. Lorsque le vieil homme cassa sa pipe le premier, Søren éprouva donc le sentiment quasi mystique qu'il était mort pour lui. Il faisait dater de ce jour sa conversion. Aussi la lettre de Régine l'ébranla-t-elle réellement. Mais il persista pourtant à simuler la froideur et le cynisme, brisant le cœur de son ex-fiancée, assuré de manière perverse qu'il serait « plus heureux dans le malheur sans elle plutôt qu'avec elle ». Je viens de retrouver son récit de leur dernière entrevue :

> ... À sa question dangereuse « si j'aurais jamais l'intention de me marier », heureusement, je répondis en blaguant... « Si ! dans une dizaine d'années, quand j'aurai bien jeté ma gourme et que je serai fatigué ; alors il me faudra ravoir une petite jeune fille pour me rajeunir » – cruauté nécessaire. « Pardonne-moi ce que je t'ai fait », me dit-elle. Je réponds : « C'est plutôt moi qui dois implorer ton pardon. » « Embrasse-moi », me dit-elle. Ce que je fis, mais sans passion. Dieu de miséricorde [1] !

Cet « Embrasse-moi » était la dernière tentative de Régine. La voyant échouer, elle renonça.

À la lecture de ces lignes, je me suis à nouveau souvenu du visage de Maureen levé vers moi, tout bleui à la lumière blafarde du réverbère, de ses paroles : « Tu peux me donner un baiser », et de moi qui ai tourné les talons. L'ai-je jamais ensuite reprise dans mes bras, ou bien ai-je continué de dédaigner l'offre d'un seul et chaste baiser avant de se séparer ? Je n'ai pas gardé sa dernière lettre, et ne puis me rappeler ce qu'elle disait au juste, mais les

1. *Journal*, t. II, *op. cit.* *(N.d.l.T)*

mots devaient être assez banals. Comme toujours. Ce n'est pas de ses propos, mais de sa présence que je me souviens : les mouvements de sa chevelure, l'éclat de son regard, sa manière de plisser le nez quand elle souriait... Si seulement j'avais sous la main une photographie d'elle... J'en gardais une dans mon portefeuille, un cliché noir et blanc pris en Irlande quand elle avait quinze ans, appuyée à un mur de pierres sèches, souriante et les yeux plissés face au soleil, la jupe de cotonnade plaquée par le vent contre ses jambes. À force de manipulations, la photo était tout écornée et, après notre rupture, je l'ai jetée. Je me rappelle comme elle s'est déchirée facilement sous mes doigts, tant le papier photographique était usé, et les fragments de son image éparpillés au fond de la corbeille. Les seules autres photographies d'elle que je possède sont dans une boîte à chaussures quelque part au grenier dans la maison d'Hollywell, avec d'autres souvenirs de ma jeunesse. Elles ne sont pas nombreuses, parce que nous n'avions ni l'un ni l'autre un appareil à l'époque. Il y a quelques instantanés pris par d'autres membres du club des jeunes lors de nos randonnées, et une photo de groupe des interprètes de la Nativité. Si je pouvais être sûr de tomber sur un moment où Sally serait absente, j'aurais bien envie de faire un saut à Rummidge demain pour les retrouver.

18 h 30

Peu après avoir tapé cette dernière phrase, éteint l'ordinateur, et au moment où je me retroussais les manches pour faire la vaisselle, il m'est venu une idée : au lieu d'aller fouiller mon grenier à la recherche des photos de Maureen, pourquoi ne pas essayer de la revoir en personne ? Plus j'y pense, et je n'ai guère pensé à autre chose tout l'après-midi, plus je suis tenté. Ça fait un peu peur, car je n'ai aucune idée de sa réaction si je parviens à retrouver sa trace, mais cela contribue aussi à aiguiser l'intérêt de l'entreprise. J'ignore tout à fait où elle peut être, ou ce qu'il est advenu d'elle depuis notre dernière rencontre chez le pharmacien de Hatchford. Peut-être vit-elle à l'étranger. Ce ne serait pas un problème, j'irais jusqu'en Nouvelle-Zélande s'il le fallait. Peut-être est-elle morte ? Je crois que je ne pourrais pas le supporter, mais il faut bien admettre que c'est possible. Un cancer. Un accident de la route. N'importe quoi. Mais j'ai pourtant la conviction qu'elle est en vie. Mariée, sans doute. Voyons, c'est évident, une fille pareille, comment ne se serait-elle pas mariée ? Elle a dû épouser un médecin, ainsi que la plupart des jolies infirmières, et elle est restée sa femme, en bonne catholique. À moins, bien sûr, qu'elle ait perdu la foi. Cela arrive. Ou encore qu'elle soit veuve...

Hé là, il vaudrait mieux que je ne me laisse pas aller à des fantasmes commodes. À l'heure qu'il est, c'est sans doute une femme éminemment respectable, un peu ennuyeuse, corpulente et grisonnante, heureuse en ménage, qui habite une confortable maison de banlieue avec des rideaux assortis aux housses des fauteuils et du canapé, qui s'intéresse principalement dans la vie à ses petits-enfants et attend avec impatience la carte vermeil afin de pouvoir prendre le train plus souvent pour aller les voir. Il est peu probable qu'elle ait pensé à moi depuis des décennies, et elle ne me reconnaîtrait pas si je me pointais sur le pas de sa porte. C'est pourtant ce que je vais faire, me pointer sur le pas de sa porte. À condition de la trouver.

Lundi 7 juin, 16h30

Ouahou ! Je suis épuisé, lessivé, et j'ai mal au genou. Je suis retourné aujourd'hui à Hatchford. *Hatchford mon amour*.

J'ai pris le train à Charing Cross juste après neuf heures ce matin. À contre-courant de l'heure d'affluence, j'affrontais la lame de fond des voyageurs à la figure blême du lundi, qui déferlait dans le hall de la gare et contournait l'îlot des boutiques de cravates, de lingerie et de chaussettes avant de s'engouffrer dans la bouche de métro. Mon wagon était presque vide pour repartir vers la banlieue. Ces trains qui s'appelaient autrefois *Southern Electric* sont devenus le réseau du Sud-Est, mais la ligne n'a guère changé, sinon que les graffiti à l'intérieur des voitures sont plus abondants et colorés de nos jours, grâce à l'invention du feutre. *Vorsprung durch Technik*, comme dit la pub BMW. Je me suis installé dans le deuxième wagon de tête parce que c'est le plus pratique pour la sortie à Hatchford, je me suis fait un peu de place pour les pieds en repoussant les détritus sur le sol, et j'ai humé l'odeur familière de poussière et de gel capillaire sur le dossier. Un employé est passé sur le quai en claquant les portières assez fort pour vous faire sonner les dents à l'intérieur de la boîte crânienne, puis le moteur électrique s'est mis à gémir et à cliqueter quand le conducteur a poussé sa manette. Le train s'est arraché du quai et il a franchi en grondant le pont de Hungerford sous lequel on voyait luire la Tamise entre les croisillons des poutrelles, avant de virer à Waterloo East en direction de London Bridge.

Ensuite, la voie est rectiligne sur des kilomètres, et l'on passe à hauteur de toiture entre des ateliers, des entrepôts, des parkings fermés, des dépôts de ferraille, des cours de récréation et des rangées de petites maisons, dominées çà et là par des tours de HLM. Ce trajet n'a jamais été un parcours touristique.

Cela faisait des années que je n'avais emprunté cette ligne, et des décennies que je n'étais descendu à Hatchford. En 1962, papa eut un coup de chance – le seul de sa vie, en fait, à part le fait d'avoir connu maman : vingt mille livres au loto sportif. C'était une grosse somme à l'époque, de quoi prendre sa retraite anticipée des Transports londoniens et acheter un bungalow à Middleton-on-Sea, près de Bognor. Quand mes parents eurent déménagé là-bas, je n'eus plus jamais le besoin ni l'envie d'aller à Hatchford. J'éprouvais une sensation étrange à y retourner aujourd'hui, un mélange presque onirique de familiarité et de dépaysement. J'ai d'abord été frappé de trouver si peu de changement autour du carrefour de Five Ways. Les devantures se sont transformées – le fleuriste du coin est devenu un loueur de cassettes vidéo, la boulangerie coopérative une grande surface pour le bricolage – et la signalisation au sol ressemble à un jeu compliqué, avec des flèches, des hachures et des mini ronds-points, mais les contours des rues et des bâtiments sont essentiellement tels que dans mon souvenir. Par contre, ce qui a changé, c'est la sociologie de l'habitat. Les rangées de maisonnettes des rues secondaires sont maintenant occupées surtout par des familles antillaises ou asiatiques, je m'en suis aperçu en allant jeter un coup d'œil à notre ancienne maison d'Albert Street.

Les fenêtres à guillotine ont été remplacées par des châssis scellés en aluminium et on a greffé un petit porche vitré sur la porte d'entrée, mais par ailleurs c'est la même maison, en brique d'un jaune grisâtre, à toit d'ardoises, avec sur le devant une courette d'un mètre de profondeur. La pierre du rebord de fenêtre en façade est restée ébréchée, là où est tombé un éclat d'obus pendant la guerre. Quand j'ai sonné à la porte, un Antillais aux cheveux gris l'a entrebâillée d'un air méfiant. J'ai expliqué que j'avais habité là autrefois et demandé la permission d'y pénétrer pour jeter un coup d'œil. Il a paru hésiter, comme s'il me soupçonnait d'être un fouineur ou un malfrat, ce qui est bien compréhensible ; mais une jeune femme qui l'appelait papa s'est montrée derrière lui en s'essuyant les mains sur son tablier et elle m'a gentiment invité à entrer. À part les odeurs de cuisine épicée, ce qui m'a frappé, c'était l'étroitesse et l'obscurité du vestibule et de l'escalier une fois la porte refermée : j'avais oublié le manque de lumière dans ces maisons accolées. Mais la cloison entre le salon du devant et la pièce située derrière a été abattue, pour obtenir un séjour lumineux aux proportions agréables. Pourquoi ne l'avions-nous jamais fait ? Nous passions notre temps entassés à l'arrière de la maison, où il était difficile de bouger sans se cogner les uns dans les autres ou heurter un meuble. La réponse, bien entendu, c'est la coutume indélébile de toujours garder quelque chose – un costume, un service à thé ou une pièce – pour « les grandes occasions ».

La salle de séjour agrandie est décorée dans des tons joyeusement criards de jaune, de violet et de vert. La télé était allumée, et deux petites filles, des jumelles d'environ trois ans, assises par terre, suçaient leur pouce en regardant un dessin animé. Les deux cheminées ont disparu et les foyers sont murés, remplacés par des radiateurs de chauffage central sous les fenêtres. La pièce ressemblait si peu à ce que je me rappelais que j'ai été incapable de la repeupler de souvenirs. J'ai regardé dehors le carré de terrain que nous appelions pompeusement « le jardin ». Il est maintenant dallé et en partie recouvert par un appentis en panneaux transparents de fibre de verre. J'ai repéré un barbecue roulant d'un rouge vif, et un carrousel pour étendre le linge à sécher, au lieu de la corde distendue qui allait d'un coin à l'autre en diagonale, soutenue au milieu par un piquet fourchu. La jeune femme m'a informé que son mari est conducteur de cars, et j'ai sauté sur l'occasion d'établir un lien avec le passé. « Mon père conduisait les trams », lui ai-je dit. Mais il m'a fallu expliquer ce que c'était qu'un tramway. Ils ne m'ont pas proposé de me montrer les chambres, et je ne leur ai pas demandé. J'ai glissé une pièce d'une livre dans la main de chacune des jumelles, remercié leur mère et leur grand-père, et je suis parti.

J'ai regagné le carrefour et commencé à gravir la côte de Beecher's Road. Il est vite devenu évident qu'un certain embourgeoisement a pris possession des hauteurs de Hatchford, sans doute lors du boom foncier des années 80. Beaucoup des grandes demeures divisées en appartements quand j'étais petit sont revenues aux mains d'un occupant unique, et ont été enjolivées entre-temps, avec des accessoires en laiton sur les portes d'entrée, des paniers fleuris suspendus sous les porches et des arbustes en pots dans le passage du sous-sol. Par les fenêtres de façade, j'ai aperçu les indices du mode de vie des jeunes cadres : tapis orientaux, gravures modernes aux murs, rayonnages en frêne noir couverts de livres, lampadaires anguleux, chaînes hi-fi à la pointe de la technologie. Je me suis demandé si le 94 Treglowan Road, où demeurait jadis la famille de Maureen, aurait connu le même sort. La première à gauche en haut de Beecher's Road, puis la première à droite et encore à droite. Était-ce l'épreuve de la montée ou ma nervosité qui m'a fait battre le cœur plus vite en approchant ? Il était fort peu probable que les parents de Maureen, même s'ils étaient encore en vie, continuent d'habiter là ; et même dans ce cas, il n'y avait qu'une chance sur un million pour qu'elle soit justement venue leur rendre visite aujourd'hui. C'est ce que je me répétais, pour essayer de calmer mon pouls. Mais j'étais mal préparé au choc que j'ai reçu en tournant le coin.

L'un des côtés de la rue, celui où se dressait autrefois la maison de Maureen, a été démoli et remplacé par un petit lotissement de maisons individuelles. Des cubes en brique aux proportions mesquines, équipés de fenêtres serties de plomb et de fausses poutres collées sur la façade, disposés au long d'une impasse en courbe baptisée Treglowan Close. Je n'ai plus trouvé trace visible de la monumentale villa victorienne où vivaient les Kavanagh, pas une pierre, pas un arbre. D'après mes calculs, l'entrée du lotissement passe juste sur l'emplacement de la maison. Le sous-sol à l'abri duquel nous nous étions embrassés, où j'avais caressé les seins de Maureen, a été comblé et nivelé sous un revêtement de macadam. Je me suis senti volé, désorienté et saisi d'une colère très déraisonnable.

Par contre, l'église de l'Immaculée-Conception était toujours debout. En fait, elle n'avait presque pas changé. La statue de la Sainte Vierge se dressait toujours sur son piédestal, les bras ouverts. À l'intérieur, j'ai reconnu les mêmes bancs noircis, les confessionnaux semblables à des armoires massives contre le mur, les cierges votifs couverts de stalactites de cire. Il y avait quand même quelque chose de nouveau : à l'autre bout, dans ce que Philip Larkin appelait « le fond sacré », devant l'autel sculpté, surmonté d'ornements, que je me rappelais illuminé pour la cérémonie du salut, se trouvait maintenant une table faite d'une simple dalle de pierre, et il n'y avait plus de rampe au bas des marches du chœur. Une dame d'âge mûr en tablier passait l'aspirateur sur le tapis de l'autel. Elle a arrêté son appareil et m'a jeté un regard interrogateur en me voyant m'attarder. J'ai demandé si le père Jérôme était encore affecté à la paroisse. Elle avait entendu son nom dans la bouche de quelques vieux paroissiens, mais pensait qu'il était parti longtemps avant qu'elle-même arrive à Hatchford. Elle avait la vague idée que son ordre l'avait envoyé en Afrique travailler dans les missions. Et le père Malachi était mort, sans doute ? Elle fit signe que oui, et m'indiqua une plaque à sa mémoire sur le mur. L'actuel curé de la paroisse était le père Dominique, me dit-elle, et je pourrais le trouver au presbytère. Je me souvins que le presbytère était la maison où habitaient les prêtres, la première en tournant le coin à la sortie de l'église. Un homme d'une bonne trentaine d'années en chandail et jean m'a ouvert la porte quand j'ai sonné. J'ai demandé si le père Dominique était là.

– C'est moi, entrez donc, m'a-t-il dit.

Il m'a introduit dans une pièce encombrée, où brillait d'une lueur verdâtre l'écran d'un ordinateur posé sur le bureau dans un coin.

– Vous vous y connaissez en diagrammes ? m'a-t-il demandé. J'essaie de mettre sur ordinateur les comptes de la paroisse, a-t-il repris quand j'ai avoué mon ignorance, mais je crois que j'ai vraiment besoin du Windows pour m'en sortir. Que puis-je faire pour vous ?

Quand j'ai expliqué que je voulais retrouver une personne qui avait vécu quarante ans plus tôt dans ce quartier, il a secoué la tête d'un air sceptique.

– L'ordre qui avait à l'époque la charge de la paroisse était assez nul en paperasserie. S'ils tenaient des fichiers au sujet de leurs paroissiens, ils ont dû les emporter en partant. Tout ce qu'il reste en guise d'archives, ce sont les registres des baptêmes, premières communions, confirmations et mariages.

J'ai demandé si je pouvais voir le registre des mariages, et il m'a guidé vers le fond de l'église jusque dans une petite pièce derrière le chœur, qui sentait l'encens et l'encaustique, et il a tiré d'un placard un grand volume de format oblong, relié en cuir. J'ai commencé par la dernière année où j'avais vu Maureen, et parcouru les listes. Je n'ai pas mis très longtemps à trouver son nom. Le 16 mai 1959, Maureen Teresa Kavanagh, 94 Treglowan Road, avait épousé Bede Ignatius Harrington, 103 Hatchford Rise.

– Merde alors ! me suis-je exclamé avant de m'excuser aussitôt pour mon langage inconvenant.

Le père Dominique n'avait pas l'air choqué. Je lui ai demandé si la famille Harrington habitait encore la paroisse.

– Ça ne me dit rien. Il faudrait que je consulte mon fichier informatique.

Nous sommes retournés au presbytère et il a en vain cherché le nom sur son ordinateur. Il n'y avait pas non plus de paroissiens répondant au nom de Kavanagh.

– Il se pourrait qu'Annie Mahoney sache quelque chose, a-t-il repris. C'était la gouvernante du presbytère à l'époque. Moi, je me débrouille tout seul, je n'ai pas les moyens de payer quelqu'un. Elle habite à deux maisons d'ici. Il faudra parler très fort, elle est dure d'oreille.

Je l'ai remercié et lui ai demandé si je pouvais apporter ma contribution au budget de logiciels de la paroisse. Il l'a empochée avec gratitude.

Annie Mahoney était une petite vieille dame courbée, ratatinée, vêtue d'un survêtement vert vif et chaussée de Reebok à fermeture Velcro. À cause de l'arthrite, m'a-t-elle expliqué, elle ne pouvait plus manipuler les boutons ni les lacets. Elle vivait seule et, visiblement, n'était pas fâchée d'avoir de la visite et l'occasion de tailler une bavette. Elle m'a d'abord pris pour un envoyé de la municipalité venu juger de ses droits à une aide ménagère, mais une fois dissipé ce malentendu, elle a accordé toute son attention à mon enquête sur la famille Kavanagh. La conversation a pris la forme d'un supplice de Tantale. Elle se souvenait de cette famille.

– Un vrai géant, ce Mr Kavanagh, il suffisait de l'avoir vu une fois pour ne plus l'oublier, et sa femme était très bien. Ils avaient cinq beaux enfants, surtout l'aînée, son nom m'échappe...

– Maureen, ai-je soufflé.

– C'est ça, Maureen.

Elle se rappelait le mariage de Maureen, un mariage à grand tralala selon les critères de la paroisse, avec marié et témoin en queue-de-pie, et deux Rolls Royce pour conduire les convives à la réception.

– Je crois que c'était le Dr Harrington qui avait payé la location des voitures, c'était un monsieur qui ne lésinait pas quand il fallait mettre le paquet. Cela fait environ dix ans qu'il est mort, Dieu ait son âme. Une crise cardiaque, il paraît.

Mais elle ignorait tout de la vie conjugale de Maureen et Bede, où ils vivaient, quel métier ce dernier exerçait.

– Je crois que Maureen est entrée dans l'enseignement, a-t-elle hasardé.

J'ai objecté qu'autant que je sache, elle voulait être infirmière.

– Ah oui, c'est ça, infirmière ! s'est exclamée Annie. Elle était faite pour ça. Une si bonne nature... Je me la rappelle en Sainte Vierge dans une représentation de la Nativité que le club des jeunes avait montée pour Noël, avec ses cheveux répandus sur ses épaules, qu'est-ce qu'elle était belle !

Je n'ai pas pu m'empêcher de demander à Annie si elle se souvenait d'Hérode dans ce même spectacle, mais mon rôle ne l'avait pas marquée.

Je suis allé jeter un coup d'œil à l'ancienne maison des Harrington, une grande villa en retrait de la grande rue, avec un portail assez impressionnant dans mon souvenir – deux piliers surmontés d'une boule de pierre grosse comme un ballon de football. C'est devenu un cabinet de dentistes. Les piliers ont disparu et le jardin de devant a été goudronné pour servir de parking aux praticiens et à leurs patients. Je suis entré et j'ai demandé à la réceptionniste si elle savait quelque chose des précédents propriétaires, mais elle n'a pas pu ou pas voulu me fournir d'informations. Je commençais à avoir faim, j'étais fatigué et envahi par une mélancolie galopante, aussi ai-je sauté dans le premier train qui me ramènerait à Charing Cross.

Ainsi, mon Schlegel à moi, c'est Bede Harrington. Tiens, tiens. Je pensais bien qu'il lorgnait Maureen, à l'époque, mais je suis assez étonné qu'elle ait accepté de l'épouser. Bede Harrington pouvait-il inspirer de l'amour à quiconque ? (Lui-même mis à part, bien entendu.) Je ne peux même pas me flatter d'avoir été cause par contrecoup de ce mariage. À en juger par la date de leur union, il a mis des années à la convaincre, ou à trouver le courage de lui demander sa main ; il a donc dû réussir à exercer sur elle une certaine attirance. Je ne peux nier que j'éprouve une jalousie absurde et vaine. Et l'envie plus pressante que jamais de la retrouver. Mais comment faire ?

19 h 06

Après avoir élaboré divers plans ingénieux (par exemple, découvrir l'agence immobilière qui effectua la vente du 103 Hatchford Rise au cabinet de dentistes, et tâcher de trouver là l'adresse, fût-elle périmée, de Mrs Bede Harrington), j'ai songé à recourir d'abord à un procédé plus simple : si Bede et Maureen vivaient toujours à Londres, ils devaient figurer dans l'annuaire du téléphone, et Harrington n'est pas un patronyme tellement répandu. En effet, il n'y avait que deux B.I. Harrington. L'un d'eux, domicilié dans le SW19, faisait suivre son nom des initiales O.B.E. [1], étalage vaniteux qui ressemblait tout à fait à Bede j'ai donc essayé ce numéro en premier. J'ai aussitôt reconnu la voix. Voici plus ou moins quel a été notre dialogue :

1. Officier de l'ordre de l'Empire britannique *(N.d.l.T.)*

BEDE – Harrington.
MOI – Est-ce bien le Bede Harrington qui vivait à Hatchford ?
BEDE (*sur ses gardes*) – En effet, j'ai habité là-bas autrefois.
MOI – Vous avez épousé Maureen Kavanagh ?
BEDE – Oui. Qui est à l'appareil ?
MOI – Hérode.
BEDE – Pardon ?
MOI – Lawrence Passmore.
BEDE – Excusez-moi, je ne... Parsons, dites-vous ?
MOI – Passmore. Rappelez-vous. Le club des jeunes. La représentation de la Nativité. J'incarnais Hérode.
(*Une pause.*)
BEDE – Dieu du ciel !
MOI – Alors, comment ça va ?
BEDE – Bien, merci.
MOI – Et comment va Maureen ?
BEDE – Elle va bien, je crois.
MOI – Pourrais-je lui parler ?
BEDE – Elle n'est pas là.
MOI – Ah ! Quand doit-elle rentrer ?
BEDE – Je ne sais pas au juste. Elle est à l'étranger.
MOI – Ah, bon... Où cela ?
BEDE – Elle doit être en Espagne, à l'heure qu'il est.
MOI – Je vois... Serait-il possible de la contacter ?
BEDE – Non, pas vraiment.
MOI – Elle est en vacances, si je comprends bien ?
BEDE – Pas exactement. Que lui voulez-vous ?
MOI – Je voudrais simplement la revoir... (*je me racle les méninges en quête d'un prétexte*)... Je suis en train d'écrire quelque chose à propos de cette époque.
BEDE – Vous êtes écrivain ?
MOI – Oui.
BEDE – Quel genre d'écrivain ?
MOI – Je fais surtout des scénarios pour la télé.

Vous connaissez peut-être la série qui s'appelle *Les Gens d'à côté* ?
BEDE – Non, je l'avoue, ça ne me dit rien.
MOI – Ah, bon...
BEDE – Je ne regarde guère la télévision. Écoutez, j'ai mon dîner sur le feu...
MOI – Oh, pardonnez-moi, je...
BEDE – Laissez-moi vos coordonnées, je transmettrai le message à Maureen dès son retour.

Je lui ai donné mon adresse et mon numéro de téléphone. Avant qu'il raccroche, je lui ai demandé ce qui lui avait valu d'être décoré. « Ma collaboration à la réforme de l'enseignement, je suppose », m'a-t-il répondu. Apparemment, il est haut fonctionnaire au ministère de l'Éducation nationale.

Je suis tout remué par cette conversation, surexcité et frustré en même temps. Je m'émerveille d'avoir réussi en un seul jour à retrouver la trace de Maureen, mais elle est cruellement hors d'atteinte. Je regrette à présent de n'avoir pas extorqué à Bede de plus amples détails, où elle peut être, ce qu'elle y fait. Difficile de me contenter d'attendre indéfiniment son appel, sans aucune idée du temps que cela peut durer – des jours ? des semaines ? des mois ? – ni même la certitude que Bede lui dira que j'ai appelé, à son retour de Dieu sait où. « En Espagne, à l'heure qu'il est... pas exactement en vacances... » Merde, mais qu'est-ce que ça peut bien signifier ? S'agit-il de je ne sais quel voyage culturel ? Ou d'une croisière ?

21 h 35

Je viens de rappeler Bede, en m'excusant de le déranger à nouveau, pour lui demander si nous pouvions nous voir. Quand il m'a demandé pourquoi, j'ai brodé sur mon prétexte d'écrire quelque chose qui se situerait à Hatchford au début des années 50. Il s'est montré moins brusque et moins soupçonneux qu'avant – en fait, il avait la voix assez pâteuse, comme s'il avait un peu trop arrosé son dîner. J'ai dit que j'habitais tout près du quartier des ministères, et lui ai proposé de l'inviter à déjeuner un jour de cette semaine. À quoi il m'a répondu qu'il avait pris sa retraite l'an dernier, mais que je pouvais passer le voir à la maison si j'y tenais. Le SW19, c'est apparemment Wimbledon. Je me suis empressé de suggérer demain matin, et par chance il a accepté. Je suis parvenu à glisser une question au sujet de Maureen :

– Est-elle en croisière ?

– Non, m'a-t-il dit, en pèlerinage.

Toujours dévote catholique, alors... On verra bien.

Mardi 8 juin, 14h30

J'ai à nouveau emprunté ce matin une ligne du réseau du Sud-Est, mais à la gare de Waterloo cette fois-ci, et dans un train plus rupin qu'hier, approprié au genre plus distingué de ma destination. Bede et Maureen habitent dans la verdure de l'une des rues résidentielles proches de l'All England Club. C'est typique de la part de Bede qu'il n'ait jamais assisté à un seul match de tennis depuis le temps qu'il vit à Wimbledon, et que les championnats, à ses yeux, ne soient qu'un fléau annuel à cause des encombrements. Quant à moi, je suis allé plusieurs fois à Wimbledon ces dernières années, invité par Heartland (ils donnent des réceptions sous l'une des tentes dressées à cette fin, avec du champagne, des fraises et des entrées gratuites sur le court central) et cela m'a fait un drôle d'effet de penser que j'avais dû passer alors à quelques centaines de mètres de Maureen, sans m'en douter. J'ai très bien pu la croiser en voiture dans la rue.

Ils habitent une grande maison jumelée datant de l'entre-deux-guerres, assez ordinaire, avec un long jardin derrière. Ils s'y sont installés vers le début de leur vie conjugale, m'a raconté Bede, et l'ont agrandie, au lieu de déménager, en construisant au-dessus du garage et sur l'arrière, et en aménageant le grenier, à mesure que la famille s'accroissait. Ils ont eu quatre enfants, adultes à présent et volant de leurs propres ailes. Bede était tout seul à la maison, où régnaient une propreté et un ordre anormaux, comme si, depuis le dernier passage de la femme de ménage, la plupart des pièces étaient restées inemployées. J'ai profité de ce que j'allais aux toilettes au premier étage pour y jeter un coup d'œil. J'ai remarqué des lits jumeaux dans la chambre principale, ce qui m'a procuré une sotte satisfaction. Ah, ah ! Finis les rapports sexuels, me suis-je dit. Mais ce n'est pas forcément vrai...

Bede n'a guère changé, sinon que ses cheveux rebelles sont devenus tout blancs, et que ses joues se sont creusées. Il porte toujours des lunettes à monture d'écaille, aux verres épais comme des culs de bouteille. Moi, par contre, j'ai pris un bon coup de vieux, semble-t-il. Alors que j'étais arrivé à l'heure dite, il a paru hésiter en m'ouvrant la porte.

– Vous avez grossi, m'a-t-il dit quand je lui ai confirmé mon identité.

– Et j'ai perdu presque tous mes cheveux.

– Oui, vous aviez une chevelure assez abondante, si je me rappelle bien.

Il m'a fait entrer dans le salon (où, ai-je noté avec amusement, les rideaux étaient assortis aux housses des sièges) et m'a convié non sans raideur à prendre place. Il était vêtu à la manière d'un homme qui a mis un costume presque toute sa vie et ne sait pas trop comment s'habiller pour les loisirs de la retraite. Il portait une veste de sport en tweed à parements de cuir, une chemise à carreaux avec une cravate en lainage, un pantalon gris en tricotine et des chaussures de marche brun foncé – une tenue assez chaude pour la saison, malgré le temps gris et venteux.

– Je vous dois des excuses, a-t-il annoncé de son ton pompeux. J'ai eu ma fille au téléphone tout à l'heure et elle me dit que votre feuilleton – quel est le titre, déjà ? – est l'un des grands succès de la télévision.

– *Les Gens d'à côté*. Votre fille le regarde ?

– Elle regarde tout, sans discrimination. Nous n'avions pas la télévision quand les enfants étaient petits, j'estimais que cela les empêcherait de faire leurs devoirs. Le résultat, quant à Theresa, c'est que c'est devenu pour elle une drogue dès qu'elle a quitté la maison et qu'elle a pu acheter un poste. Je suis parvenu à la conclusion, a-t-il ajouté, que tout effort pour régenter la vie d'autrui est parfaitement vain.

– Y compris au gouvernement ?

– Surtout au gouvernement. (Il semblait considérer comme un échec sa carrière de haut fonctionnaire, en dépit de sa décoration.) L'état de notre système d'enseignement est bien pire à présent qu'à l'époque où je suis entré au ministère, a-t-il repris.

Ce n'est pas ma faute, mais mon action n'a rien empêché. Quand je songe aux heures innombrables que j'ai passées en commissions, réunions de travail, à rédiger des rapports, des mémorandums... le tout parfaitement vain. Je vous envie, Passmore. Si seulement j'avais pu être écrivain ! Ou au moins, universitaire. J'aurais pu faire un doctorat après mon diplôme, mais j'ai préféré passer le concours pour entrer dans l'administration. À l'époque, ce choix m'a paru plus sûr, d'autant que je voulais me marier, comprenez-vous.

J'ai suggéré qu'ayant pris sa retraite il aurait désormais tout loisir d'écrire.

– Oui, c'est le projet que j'ai toujours caressé. J'écrivais beaucoup quand j'étais jeune – des poèmes, des essais...

– Des pièces, ai-je dit.

– Absolument. (Bede s'est autorisé un pâle sourire de réminiscence.) Mais le flux créatif se tarit s'il cesse trop longtemps de circuler. J'ai essayé l'autre jour d'écrire un texte, quelque chose d'assez intime au sujet de... de la dépossession. Le résultat ressemblait à un livre blanc.

Il m'a abandonné durant quelques minutes pour aller à la cuisine faire du café, et je me suis mis à rôder dans la pièce en quête d'indices sur la vie de Maureen. Sur un certain nombre de photos de famille plus ou moins récentes exposées çà et là – remises de diplômes, mariages, Bede en frac auprès de Maureen devant Buckingham Palace – elle avait un air digne de matrone souriante, les cheveux gris et courts, mais le charmant visage en forme de cœur que je me rappelais. J'ai scruté avidement ces images, en essayant de reconstituer à partir d'elles les années manquantes de sa vie (manquantes pour moi, s'entend). Sur la cheminée était posée une carte postale aux couleurs vives de Saint-Jean-Pied-de-Port, dans les Pyrénées françaises. J'ai lu au verso le bref message de Maureen à Bede : « Cher Bede, je prends ici quelques jours de repos avant d'attaquer la montagne. À part les ampoules aux pieds, ça va. Baisers, Maureen. » J'aurais reconnu n'importe où l'écriture ronde et juvénile, malgré les points sur les « i » au lieu des bulles d'antan. Le tampon de la poste datait d'environ trois semaines. En entendant le pas de Bede dans le couloir, j'ai précipitamment remis la carte à sa place et regagné mon fauteuil.

– Alors, comment va Maureen ? lui ai-je lancé au moment où il entrait chargé d'un plateau. Qu'a-t-elle fait tout ce temps pendant que vous grimpiez les échelons au ministère ?

– Elle était infirmière diplômée quand je l'ai épousée, a-t-il dit en enfonçant à deux mains le piston dans sa cafetière, du geste d'un dynamiteur. Nous avons eu des enfants très vite, et elle a arrêté de travailler pour s'occuper d'eux. Elle a repris son travail quand le petit dernier a commencé l'école, et elle est devenue infirmière en chef, mais c'est un labeur épuisant, vous savez. Elle y a renoncé quand nous avons pu nous passer de ce revenu. Elle fait beaucoup de travail bénévole, pour l'Église et ainsi de suite.

– Ainsi, vous êtes restés pratiquants tous les deux ?

– Oui. Vous prenez du lait ? Du sucre ?

Le café était grisâtre et insipide, les biscuits ramollis. Bede m'a posé quelques questions techniques sur le métier de scénariste. Je n'ai pas tardé à ramener Maureen dans la conversation.

– Qu'est-ce donc que ce pèlerinage qu'elle a entrepris ?

Il s'est tortillé sur son siège et s'est mis à regarder par la fenêtre le jardin, où les rafales de vent secouaient les arbres et éparpillaient les pétales de fleurs tels des flocons de neige.

– Elle va à Santiago de Compostela, a-t-il enfin répondu, au Nord-Ouest de l'Espagne. C'est un pèlerinage ancestral, il remonte au Moyen Âge. L'apôtre saint Jacques est censé être enterré là-bas. « Santiago », en espagnol, c'est Saint-Jacques, bien entendu. Maureen a lu quelque chose au sujet du parcours de ce pèlerinage, dans un livre emprunté à la bibliothèque, je crois. Elle a décidé qu'elle voulait l'accomplir.

– À pied, ai-je dit.

– Oui, à pied. (Bede m'a jeté un coup d'œil.) Comment le savez-vous ?

J'ai avoué que j'avais regardé la carte postale.

– C'est absurde, évidemment, a-t-il repris. Une femme de son âge ! Tout à fait absurde.

Il a ôté ses lunettes pour se masser le front comme s'il avait mal à la tête. Sans les verres, ses yeux avaient l'air tout nus et vulnérables.

– Quelle est la distance ?

– Tout dépend d'où l'on prend la route. (Il a remis ses lunettes.) Il y a divers points de départ, tous en France. Maureen a choisi Le Puy, en Auvergne. Santiago doit se trouver à un millier de kilomètres environ.

J'ai laissé échapper un petit sifflement.

– A-t-elle l'habitude des longues marches ?

– Pas le moins du monde. Un tour dans le parc de Wimbledon le dimanche après-midi représentait pour elle une longue promenade. C'est une aventure complètement folle. Pour être franc, je m'étonne qu'elle soit arrivée jusqu'aux Pyrénées sans trop en pâtir. Ou se faire violer, ou assassiner.

Lorsque Maureen avait résolu d'accomplir ce pèlerinage, m'a-t-il raconté, il lui avait offert de l'accompagner s'ils y allaient en voiture, mais elle tenait à le faire de la manière la plus dure, à pied, comme les pèlerins du Moyen Âge. Cela avait manifestement engendré entre eux un conflit ouvert. Pour finir, elle est partie toute seule par défi, il y a deux mois de cela environ, équipée d'un sac à dos et d'un mince matelas de camping, et depuis il n'a reçu d'elle que deux cartes postales, dont je venais de voir la dernière. Visiblement, Bede est malade d'inquiétude en même temps que furieux, et il se sent idiot, mais sans rien pouvoir faire d'autre que d'attendre en espérant qu'elle atteindra Santiago saine et sauve. J'ai trouvé cette histoire fascinante et, je l'avoue, tiré une certaine joie mauvaise de la situation de Bede. N'empêche que, de la part de Maureen, cela semble assez surprenant de s'être lancée dans cette aventure donquichottesque. J'en ai fait la remarque.

– Oui, il faut dire que ces temps derniers, elle a subi un stress assez dur. Nous l'avons subi tous les deux. Voyez-vous, nous avons perdu en novembre notre fils Damien.

J'ai bafouillé quelques paroles de condoléances, et demandé comment c'était arrivé. Bede est allé prendre dans un tiroir de commode une photographie encadrée. La photo en couleurs d'un jeune homme, un beau garçon éclatant de santé, en T-shirt et en short, souriant droit dans l'objectif, appuyé au pare-chocs frontal d'une Land Rover, sur fond de ciel bleu et de broussailles grillées.

– Il a été tué en Angola, m'a dit Bede. Vous l'avez peut-être lu dans les journaux. Il travaillait là-bas pour une organisation de secours catholique, qui distribue des denrées de survie aux réfugiés. Personne ne sait exactement ce qui s'est passé, mais il semble qu'un détachement dissident de soldats rebelles ait arrêté son camion et exigé de lui qu'il leur abandonne les provisions alimentaires et les médicaments. Comme il a refusé, ils l'ont tiré hors de l'habitacle avec son chauffeur africain et ils les ont mitraillés. Damien n'avait que vingt-cinq ans.

– C'est affreux, ai-je dit platement.

– Ça n'a guère de sens, hein ? a poursuivi Bede en tournant à nouveau le regard vers la fenêtre. Il adorait l'Afrique, vous savez, il adorait son travail, il était d'un dévouement absolu... Un avion nous a ramené sa dépouille. On a célébré une messe de requiem. Il est venu beaucoup de monde, des gens que nous n'avions jamais vus. Des membres de l'organisation de bienfaisance. Des amis à lui de l'université. C'était un garçon très aimé. Le prêtre qui a prononcé l'homélie, une sorte d'aumônier de l'organisation, a qualifié Damien de martyr du monde moderne.

Bede s'est tu, perdu dans ses pensées, et je n'ai rien trouvé à dire ; nous sommes donc restés un moment silencieux.

– On s'imagine que la foi sera une consolation en un tel moment, a-t-il repris. Mais quand une telle chose se produit, on s'aperçoit que non. Rien ne peut vous aider. Notre médecin de famille nous a persuadés d'aller voir ce qu'il appelait une conseillère en matière de deuil, une mouche du coche. Cette crétine nous a dit qu'il ne fallait pas nous culpabiliser. « Pourquoi est-ce que je culpabiliserais ? » lui ai-je demandé. « Parce que vous êtes en vie et qu'il est mort », a-t-elle répliqué. Jamais je n'ai entendu de telles fariboles. J'estime que Damien s'est conduit comme un idiot. Il n'avait qu'à donner à ces brutes leurs foutues provisions, démarrer sur-le-champ et ne plus s'arrêter avant d'avoir laissé derrière lui ce continent de merde.

À ce souvenir, il était blême de colère. Je lui ai demandé comment Maureen avait réagi à ce drame.

– Mal. Damien était son préféré. Elle était anéantie. C'est pour ça qu'elle a entrepris cet absurde pèlerinage.

– Comme une sorte de thérapie, voulez-vous dire ?

– Le mot peut sans doute convenir.

J'ai suggéré qu'il était temps pour moi de me sauver.

– Mais nous avons à peine parlé du bon vieux temps à Hatchford, a-t-il observé.

Ce serait pour une autre fois, ai-je dit. Il a hoché la tête.

– D'accord. Passez-moi un coup de fil. Vous savez, Passmore, a-t-il enchaîné, je ne vous portais pas dans mon cœur autrefois. Je pensais que vous aviez des vues répréhensibles sur Maureen au club des jeunes.

– Vous aviez tout à fait raison, ai-je dit, lui arrachant un nouveau sourire contraint.

– Mais je suis content que vous soyez venu ce matin. Je me sens un peu seul, pour tout vous avouer.

– Arrive-t-il à Maureen de parler de moi ?

– Non. Jamais, m'a-t-il répondu sans méchanceté ni satisfaction apparente, du ton d'un simple constat.

Pendant que nous attendions mon taxi, il m'a demandé si j'avais des enfants. Deux, ai-je dit, l'un marié, l'autre vivant avec un compagnon.

– Ah, oui, c'est ce qui se pratique de nos jours, n'est-ce pas ? Même les nôtres font de même. Ça leur paraît tout naturel. Ce n'était pas ainsi de notre temps, hein ?

– Certes non.

– Et votre femme, que fait-elle ?

– Elle est professeur dans l'une des nouvelles universités. En fait, elle passe pas mal de temps à conseiller les enseignants que la réforme de l'enseignement fait craquer.

– Je n'en suis pas surpris, a déclaré Bede. C'est un véritable désastre. Je serais heureux de faire la connaissance de votre épouse.

– Malheureusement, elle vient de me quitter.

– C'est vrai ? Alors nous sommes tous les deux à la même enseigne, a-t-il dit en un effort caractéristique pour faire de l'humour.

Au même instant, on sonnait à la porte, et un chauffeur de taxi trop bavard m'a conduit jusqu'à la gare de Wimbledon. Je n'avais aucune envie de parler du temps qu'il faisait ou des perspectives tennistiques. Je voulais réfléchir aux fascinantes révélations de la matinée.

Un projet est en train de germer dans ma tête, une idée tellement cinglée et excitante que je n'ose même pas encore la mentionner ici.

Vendredi 11 juin

Voilà, c'est décidé. Je pars rejoindre Maureen. Je vais essayer de retrouver sa trace sur la route de

Saint-Jacques-de-Compostelle. J'ai passé ces deux derniers jours à prendre les dispositions nécessaires – réservation pour embarquer la voiture sur le ferry, carte verte, me procurer des guides, des cartes, des chèques de voyage, etc. J'ai parcouru le vieux tas de courrier et les messages sur le répondeur, et me suis occupé des plus urgents. Il y en avait toute une série de Dennis Shorthouse, m'annonçant que Sally a déposé une requête par-devant le tribunal pour une astreinte à assumer les frais courants de la maison, et me demandant d'urgence mes instructions. Je l'ai appelé pour lui dire que je ne m'opposerais plus à la procédure de divorce, et accepterais une obligation alimentaire et un accord financier dans les limites du raisonnable. Il m'a demandé ce que je considérais comme raisonnable. Qu'elle garde la maison, ai-je dit, et moi l'appartement, et pour le reste du patrimoine, du cinquante-cinquante.

– Mais ce n'est pas raisonnable, c'est plus que généreux, a-t-il objecté. La maison vaut beaucoup plus que l'appartement.

J'ai répondu que je ne voulais plus qu'on m'ennuie avec ces histoires. Je lui ai dit que je partais à l'étranger pour quelques semaines. J'ignore le temps que cela me prendra de dépister Maureen, et ce que je ferai si je la retrouve. Je sais seulement qu'il faut que j'aille à sa recherche. Je ne peux pas supporter l'idée de passer l'été enfermé dans cet appartement, à répondre au téléphone à des gens que je préfère éviter, au cas où l'appel viendrait d'elle.

Je n'ai pas informé Bede de mon projet, de crainte qu'il n'en fasse une mauvaise interprétation, mais quelle serait la bonne interprétation ? Je veux dire que je ne sais pas au juste ce que j'attends de

Maureen. Pas qu'elle me rende son amour, évidemment : il est trop tard pour une répétition. (Pourtant, je ne peux m'empêcher de ressasser toutes les preuves du refroidissement de son union à Bede – si tant est qu'il ait jamais existé de la chaleur entre eux – tels les lits séparés, la dispute au sujet du pèlerinage, le « Cher Bede » assez distant sur la carte postale, etc.) Mais sinon de l'amour, quoi, alors ? Le pardon, peut-être. L'absolution. Je veux savoir qu'elle me pardonne de l'avoir trahie autrefois devant les autres interprètes de la Nativité. Un acte insignifiant en soi, mais aux conséquences incommensurables. On pourrait dire qu'il a déterminé le cours de toute ma vie. Qu'il est à la source de mes angoisses à l'âge mûr. J'ai fait un choix sans savoir que c'était un choix. Ou plutôt (ce qui est pire), j'ai fait comme si notre rupture était le choix de Maureen et non le mien. Il me semble à présent que je ne me suis jamais remis des effets de cette mauvaise foi. Cela explique pourquoi je suis incapable de prendre une décision sans la regretter aussitôt.

Il faudra que j'expose ces vues à Alexandra la prochaine fois que je la verrai, quoique je doute qu'elle en soit ravie. On dirait que j'ai abandonné la thérapie cognitive au profit de la vieille technique analytique, trouver la cause de mes problèmes dans un souvenir longtemps refoulé. Ce serait pourtant un réconfort de partager ce souvenir avec Maureen, de découvrir ce qu'elle en pense à présent. Qu'elle ait à affronter de son côté une douleur récente, cela renforce mon désir de la retrouver et de faire la paix avec elle.

Dans mon tas de courrier, j'ai aussi trouvé l'ébauche du scénario de Samantha pour un épisode du genre *Les Gens d'à côté et le fantôme* en conclusion de la série en cours. Ce n'était pas si mal, mais les changements à y apporter m'ont sauté aux yeux. Samantha faisait apparaître le fantôme de Priscilla aux yeux d'Edward à la suite de l'enterrement. C'est aussitôt après son accident fatal qu'il doit la voir, alors que personne n'a encore été averti. Il ignore d'abord que c'est un fantôme, car elle s'efforce de lui annoncer la nouvelle en douceur. Mais quand elle passe à travers un mur – le mur mitoyen – pour entrer chez les Davis et revenir, il comprend qu'elle est morte. C'est triste, sans être tragique, puisque Priscilla demeure présente, en un sens. La scène frôle même le ton de la comédie. On prend des risques, mais je crois que ça pourrait marcher. En tout cas, je l'ai rapidement réécrite pour la renvoyer à Samantha en la chargeant de la soumettre à Ollie.

Puis j'ai téléphoné à Jake et enduré patiemment ses dix minutes de récriminations pour ne pas avoir répondu à ses appels, avant de pouvoir lui parler de mon travail sur les suggestions de Samantha.

– Trop tard, Tubby. Ça fait des semaines que l'article 14 est valide.

– Alors, ils ont embauché un autre scénariste ? ai-je demandé en me raidissant dans l'attente de la réponse affirmative.

– Sûrement. Il leur faut le scénario définitif du dernier épisode d'ici la fin du mois au plus tard. (J'ai entendu les grincements de son fauteuil pivotant dans lequel il se balançait en réfléchissant.) Si cette idée de fantôme les branchait vraiment, a-t-il repris, j'imagine que ça laisserait juste le temps. Où seras-tu durant les quinze jours à venir ?

Il m'a fallu alors lui annoncer que je partais demain à l'étranger pour une durée indéterminée sans pouvoir lui laisser le moindre numéro de téléphone ou de fax où me contacter. Comme dans les vieux films comiques, j'ai écarté le combiné de mon oreille le temps qu'il arrive au bout de ses jurons.

– Merde alors, qu'est-ce que tu as besoin de partir en vacances maintenant ? l'ai-je entendu s'exclamer.

– Il ne s'agit pas de vacances, mais d'un pèlerinage, ai-je répondu, et j'ai raccroché avant qu'il ait retrouvé l'usage de sa voix.

Incroyable, le changement que cette quête de Maureen a pu apporter à mon état d'esprit. On dirait que je n'ai plus aucune difficulté à prendre des décisions. J'ai cessé de me sentir le plus malheureux. Peut-être ne l'ai-je jamais été : j'ai remis le nez dans cet essai, l'autre jour, et je me demande si je ne l'avais pas lu de travers la première fois. En tout cas, je suis présent à moi-même quand je me souviens de Maureen, ou caresse l'espoir de la retrouver ; jamais je ne l'ai été davantage.

Je finissais juste de taper cette phrase quand j'ai remarqué une lumière clignotante reflétée dans mes vitres ; il faisait nuit, vers dix heures du soir, mais je n'avais pas tiré les rideaux. En regardant dans la rue en bas, j'ai vu le toit d'une voiture de police garée devant l'immeuble, avec son gyrophare qui jetait ses lueurs bleues. J'ai allumé le moniteur vidéo dans l'entrée et découvert Grahame, sous le porche, qui roulait son sac de couchage sous l'œil vigilant de deux flics. Je suis descendu. L'un des agents m'a expliqué qu'ils le faisaient déguerpir.

– C'est vous le monsieur qui a porté plainte ? a-t-il interrogé.

J'ai nié fermement. Grahame a levé les yeux vers moi.

– J'peux monter ?

– D'accord, ai-je dit. Pour quelques minutes.

Les flics m'ont jeté un regard de stupéfaction.

– J'espère que vous savez ce que vous faites, monsieur, a dit le porte-parole d'un air réprobateur. Moi, je laisserais sûrement pas cette raclure franchir le pas de ma porte.

– J'suis pas une raclure, s'est exclamé Grahame d'un ton indigné.

L'agent l'a dévisagé d'un air menaçant.

– M'adresse pas la parole, raclure, a-t-il craché. Et t'as pas intérêt à ce que je te reprenne à pieuter sous ce porche. Compris ? (Il m'a jeté un regard glacial.) Je pourrais vous attirer des ennuis pour entrave à agent dans l'exercice de ses fonctions. Mais je ferme les yeux pour cette fois.

J'ai amené Grahame chez moi et lui ai servi une tasse de thé.

– Il va vous falloir trouver un autre coin, Grahame. Je ne peux plus assurer votre protection. Je pars à l'étranger, pour plusieurs semaines, sans doute.

Il m'a jeté un regard malin par en dessous de sa mèche de cheveux.

– Je peux rester ici. Je veillerai sur l'appartement à votre place pendant que vous serez parti. Je ferai le gardien.

Son culot m'a fait rire.

– Il se passe de gardien.

– Vous avez tort. Le quartier est plein de malfrats. Vous risquez de vous faire cambrioler en votre absence.

– Je n'ai pas été cambriolé jusqu'ici, alors que l'appartement était vide la plupart du temps.

– Je veux pas dire habiter, rien que coucher là.

Par terre, pas dans votre lit. Je ferai le ménage, a dit Grahame en promenant les yeux autour de lui. Ça serait plus propre que maintenant.

– Je n'en doute pas, Grahame. Merci, mais c'est non.

Il a poussé un long soupir et secoué la tête.

– J'espère pour vous que vous ne le regretterez pas.

– Eh bien, ai-je conclu, si le pire devait arriver, je suis assuré.

Je l'ai raccompagné dehors. Il tombait du crachin. Je me suis senti un peu salaud en le voyant relever son col et hisser sur son épaule le rouleau de son sac de couchage – mais que faire ? Ce serait une folie de lui laisser la clé de chez moi. À mon retour, je découvrirais sans doute qu'il aurait transformé l'appartement en asile de SDF philosophes de son acabit. Je lui ai fourré quelques billets dans la main et lui ai dit de se trouver une chambre pour la nuit.

– Merci, a-t-il lancé en s'éloignant sous la bruine tiède.

Je n'ai jamais connu personne d'autre qui accepte les faveurs avec une telle nonchalance. J'ai l'intuition que je ne le reverrai jamais.

Jeudi 17 juin

Mon départ s'est trouvé un peu retardé. Shorthouse m'a téléphoné que cela le rassurerait grandement si je pouvais lui accorder un délai de quelques jours, le temps de régler les détails d'un accord avec la partie adverse. J'ai donc attendu impatiemment toute une semaine, en lisant pour passer le temps tout ce que j'ai pu trouver sur le pèlerinage de Saint-

Jacques dans les librairies de Charing Cross Road. Je suis allé ce matin à Rummidge pour signer les papiers et suis revenu par le premier train. Ce soir, pendant que je faisais mes bagages, j'ai eu un coup de fil inattendu de Sally. C'était la première fois depuis des semaines que nous nous adressions la parole.

– Je tenais simplement à te le dire, a-t-elle commencé d'un ton prudemment neutre, je trouve que tu t'es montré très généreux.

– N'en parlons plus.

– Je regrette que ça se soit passé d'une manière si désagréable. Je crains que ce ne soit un peu ma faute.

– Oui, enfin, ces choses-là sont toujours pénibles. Le divorce, ça ne fait pas ressortir le meilleur de chacun d'entre nous.

– Alors, je voulais juste te remercier, a dit Sally avant de raccrocher.

Cela m'a mis assez mal à l'aise, de l'entendre. Me connaissant comme je me connais, il n'en faudrait pas beaucoup pour que je regrette ma décision. Je suis pressé de partir d'ici, loin de tout ça, sur les routes. Je largue les amarres demain matin. Santiago, me voici.

Quatrième partie

Le 21 septembre

Je suis parvenu à la conclusion que la différence essentielle entre écrire un livre et un scénario, c'est que ce dernier est principalement constitué de dialogues. C'est une question de temps : un scénario est tout entier au présent. Non pas littéralement, mais ontologiquement. (Hein, qu'est-ce que vous dites de ça ? C'est à force de lire tous ces livres sur Kierkegaard.) En somme, dans une dramatique ou un film, tout se passe « en ce moment ». C'est pourquoi les indications de jeux de scène sont toujours au présent. Même si un personnage raconte à un autre un événement situé dans le passé, le récit a lieu dans le présent, en ce qui concerne le spectateur. Tandis que tout ce que vous mettez dans un livre appartient au passé ; même si vous écrivez indéfiniment : « Je suis en train d'écrire », le temps que le résultat arrive sous les yeux d'un lecteur, l'acte d'écrire est achevé, hors de vue.

Un journal intime est à mi-chemin entre les deux formes. C'est un mélange de monologue et d'autobiographie. On peut écrire plein de trucs au présent, comme : « Devant mes fenêtres, les platanes ont verdi... » Mais en réalité, ce n'est qu'une manière enjolivée de dire : « Je suis en train d'écrire... » Ça ne vous conduit nulle part, ça ne raconte pas une histoire. Dès qu'on se met à raconter une histoire par écrit, qu'il s'agisse de fiction ou de vécu, il est normal de s'exprimer au passé, parce qu'on décrit des choses qui sont déjà arrivées. La particularité d'un journal, c'est que l'auteur ne sait pas quel tour va prendre son histoire, il en ignore la fin ; si bien que tout se situe dans une sorte de présent permanent, même si des incidents isolés peuvent être narrés au passé. Les romans sont écrits après le déroulement des faits, ou ils le donnent à croire. Le romancier ignorait peut-être comment son histoire allait finir quand il l'a commencée, mais aux yeux du lecteur, il le savait. La première phrase du livre au passé indique que l'histoire qu'on va lire est achevée. Je sais qu'il existe des romans écrits entièrement au présent, mais ils ont quelque chose de bizarre, d'expérimental, le présent ne paraît pas coller normalement avec cette forme littéraire. Ils se lisent comme des scénarios. Une autobiographie au présent serait encore plus déconcertante. Le récit autobiographique vient toujours après les faits. La forme est au passé. Comme ma chronique au sujet de Maureen. Comme le passage que je viens de terminer.

J'ai tenu une sorte de journal de bord de mon voyage, mais mon ordinateur portatif est tombé en panne dans le León, en pleine montagne, et je n'ai eu ni le temps ni l'occasion de le faire réparer ; j'ai donc pris des notes à la main. Par la suite, j'ai imprimé mes disquettes et tapé laborieusement les notes, mais l'ensemble donnait une idée très brouillonne de ce qui m'était arrivé. Les conditions ne favorisaient pas souvent l'acte d'écrire, et il m'arrivait parfois à la fin de la journée d'être trop épuisé ou d'avoir absorbé trop de *vino* pour faire plus que jeter quelques mots de repère. J'ai donc fini par rédiger une narration plus cohérente, en sachant, pour ainsi dire, comment l'histoire se terminait. Car j'ai réellement le sentiment d'être parvenu à la fin de quelque chose. Et, oserai-je l'espérer, à un nouveau commencement.

J'ai mis deux jours à rallier en voiture Saint-Jean-Pied-de-Port. Le seul problème était de respecter au volant de la Richmobile les limites de vitesse sur l'autoroute. Le contrôle de vitesse de croisière m'a été précieux. Ainsi que la climatisation : l'air vibrait de chaleur sur les Landes au sud de Bordeaux. Dès que j'ai atteint les contreforts des Pyrénées, il a fait plus frais, et il pleuvait lors de mon arrivée à Saint-Jean-Pied-de-Port. (Ce qui signifie au pied du col.) C'est une agréable bourgade aux toits rouges à pignons, à la fois lieu de marché et de villégiature, traversée de petits torrents et nichée dans un patchwork de prairies escarpées aux différentes nuances de vert. Il y a là un hôtel-restaurant, deux étoiles au Michelin, où j'ai eu la chance de trouver une chambre. Il paraît qu'un peu plus tard dans la saison, ç'aurait été exclu si je n'avais pas réservé. La ville était déjà pleine de randonneurs aux genoux poilus, qui erraient d'un air mélancolique sous leur capuchon mouillé, ou se séchaient à l'abri d'un café en attendant que le temps s'améliore. On pouvait repérer parmi eux les pèlerins sur la route de Santiago grâce à la coquille fixée à leur sac à dos.

La coquille (d'où son nom de coquille Saint-Jacques, que le cuisinier accommodait remarquablement bien à mon hôtel) est le symbole traditionnel du pèlerinage à Santiago, pour des raisons qui, à l'instar de la plupart des détails associés à ce saint, demeurent obscures. Selon une légende, un homme sauvé de la noyade par l'intervention de saint Jacques fut tiré de la mer couvert de coquilles. Il me paraît plus probable que ce fut simplement une brillante idée de marketing médiéval : les pèlerins voulaient rapporter des souvenirs au retour de Santiago, et les coquilles Saint-Jacques abondaient sur les côtes de la Galice. C'était d'un bon rapport pour la ville, d'autant que l'archevêque de la ville était en droit d'excommunier quiconque en vendrait ailleurs aux pèlerins. Mais de nos jours les pèlerins arborent la coquille en chemin pour Santiago aussi bien qu'à leur retour.

J'ai été surpris de les voir si nombreux, même à Saint-Jean-Pied-de-Port. Je m'étais figuré Maureen en solitaire excentrique, retraçant un parcours antique oublié du monde moderne. J'étais loin de la vérité. Le pèlerinage est en pleine renaissance, encouragé par un puissant consortium d'intérêts : l'Église catholique, l'office du tourisme espagnol et le Conseil de l'Europe, qui, voici quelques années, a décidé d'inscrire le chemin de Saint-Jacques dans le patrimoine européen. J'ai rencontré un soir dans un bar un couple d'Allemands venu à pied de la ville d'Arles, par le plus méridional des quatre itinéraires traditionnels. Ils détenaient une sorte de passeport, délivré par une certaine société de Saint-Jacques, qu'ils avaient fait tamponner en route à diverses étapes données. En arrivant à Santiago, m'ont-ils expliqué, ils présenteraient leur passeport à la cathédrale et obtiendraient leur « Compostela », certificat d'achèvement semblable à celui que recevaient les pèlerins de jadis. Je me suis demandé si Maureen détenait un tel passeport. Dans ce cas, cela pourrait m'aider à retrouver sa piste. Les Allemands m'ont indiqué la personne habilitée ici à accorder les tampons, et ils m'ont déconseillé de débarquer de ma voiture devant chez elle. Un authentique pèlerin se déplace à pied, à bicyclette ou encore à cheval.

J'ai grimpé à pied jusqu'à sa maison l'étroite côte pavée, mais je ne me suis pas fait passer pour un pèlerin. Je me suis présenté (dans un mélange d'anglais petit-nègre, de bribes de français et de langage des gestes) sous l'identité de Bede Harrington, à la recherche de son épouse qu'une urgence rappelait en Angleterre. Une dame d'allure respectable est venue m'ouvrir, la figure crispée comme si elle était prête à fusiller le prochain pèlerin qui la dérangerait si tard le soir, mais quand je lui ai raconté mon histoire, j'ai éveillé son intérêt et sa bonne volonté. À ma grande joie, elle avait tamponné le passeport de Maureen et se la rappelait fort bien, « *une femme très gentille* * » mais qui souffrait de terribles ampoules aux pieds. Quand je lui ai demandé où, à son avis, pouvait être arrivée maintenant Maureen, elle a froncé les sourcils et haussé les épaules. « *Ça dépend...* * » Cela dépendait, évidemment, du nombre de kilomètres que pouvait parcourir Maureen en une journée. Santiago est à environ huit cents kilomètres de Saint-Jean-Pied-de-Port. Un bon marcheur parviendrait à accomplir une moyenne de trente kilomètres par jour, mais Maureen aurait de la chance si elle réussissait à en faire la moitié. J'ai déplié la carte dans ma chambre d'hôtel et calculé qu'elle pouvait se trouver n'im--

porte où entre Logroño et Villafranca, une distance de trois cents kilomètres, et c'était pure supposition. Elle avait pu s'accorder une semaine de repos quelque part pour laisser cicatriser ses ampoules, et prendre du retard en conséquence. Elle avait peut-être eu recours aux transports publics sur une partie du chemin, auquel cas il n'était pas impossible qu'elle soit déjà arrivée à Santiago ; mais, connaissant Maureen, je doutais qu'elle enfreigne les règles. Je la voyais d'ici serrer les dents et continuer de mettre un pied devant l'autre malgré la souffrance.

Le lendemain, j'ai franchi les Pyrénées. J'ai réglé sur « lent » le changement de vitesses automatique pour éviter tout excès sur la route en lacet et je suis arrivé comme une plume au sommet du col de Val Carlos, en dépassant plusieurs pèlerins qui grimpaient péniblement, courbés sous leur paquetage. Le temps avait viré au beau et le paysage était spectaculaire : montagnes vertes jusqu'à leur cime, vallées riantes au soleil, vaches couleur de caramel aux cloches sonores, troupeaux de moutons, vautours qui planaient à hauteur des yeux. La lecture de mon guide m'informa que Val Carlos signifie vallée de Charles, autrement dit Charlemagne, et que sur le versant espagnol se trouve Roncesvalles (Roncevaux), où se livra la célèbre bataille entre l'armée des Francs et les Sarrasins, telle qu'elle est narrée dans *La Chanson de Roland*. Sauf qu'en réalité, ce n'étaient pas du tout les Sarrasins, mais les Basques de Pampelune, de mauvais poil parce que des jeunes gens du camp de Charlemagne avaient fait un peu de casse dans leur ville. Rien qui soit associé au *Camino* n'est tout à fait conforme à ce qu'on vous raconte. Le sanctuaire de Santiago soi-même n'est apparemment qu'une arnaque, puisqu'il n'existe aucune preuve que l'apôtre y soit enterré. Selon la légende, après la mort de Jésus, Jacques alla en Espagne convertir les indigènes. Il semble que ça ne marcha pas très fort, car seuls deux disciples le raccompagnèrent en Palestine, où il se fit promptement décapiter par Hérode (j'ignore lequel). Dans un rêve, les deux disciples reçurent l'ordre de ramener en Espagne la dépouille du saint, ce qu'ils firent dans une barque en pierre (oui, en pierre) qui traversa miraculeusement la Méditerranée et le détroit de Gibraltar avant de remonter la côte atlantique de la péninsule ibérique et de s'échouer sur une plage de Galice. Quelques siècles plus tard, un ermite du coin vit scintiller une étoile au-dessus d'un monticule que l'on creusa pour y découvrir les restes du saint et de ses disciples – en tout cas, c'est ce qui fut proclamé. Les ossements pouvaient être ceux de n'importe qui. Mais l'Espagne chrétienne avait un besoin urgent de reliques et d'un sanctuaire pour soutenir sa campagne d'expulsion des Maures. C'est ainsi que Jacques devint le saint patron des Espagnols, et « Santiago ! » leur cri de guerre. D'après une autre légende, il apparut en personne, lors de la bataille décisive de Clavijo en 834, pour rallier les troupes chrétiennes en débandade, et se chargea lui-même de pourfendre quelques milliers de Maures. L'archevêché de Santiago eut le culot d'imposer un impôt spécial au reste de l'Espagne pour remercier saint Jacques, quoique en réalité rien ne prouve que la bataille de Clavijo eût jamais lieu, avec ou sans son intervention. Tout au long du *Camino*, on voit dans les églises des statues de Santiago Matamoros, saint Jacques le pourfendeur des Maures, qui le représentent en guerrier à cheval, brandissant son épée et piétinant les cadavres d'infidèles basanés aux grosses lèvres. Ces statues pourraient causer quelque embarras si jamais le principe du « politiquement correct » débarquait en Espagne.

J'avais du mal à comprendre pourquoi des millions de gens avaient par le passé parcouru à pied des milliers de kilomètres à travers l'Europe, souvent dans d'épouvantables conditions d'inconfort et de danger, afin de se rendre sur la tombe douteuse de ce saint douteux, et plus de mal encore à comprendre pourquoi ils continuaient, certes en plus petit nombre. J'ai trouvé une sorte de réponse à cette dernière interrogation au monastère augustinien de Roncevaux, qui offre l'hospitalité aux pèlerins depuis le Moyen Âge. De loin, c'est une vision fantastique, ce groupe d'édifices en pierre grise niché dans un repli de verdure des contreforts, avec les toits qui luisent au soleil – on ne découvre qu'en s'approchant que la toiture est en tôle ondulée, et que les bâtisses sont très quelconques dans l'ensemble. Un type en pantalon noir et veste de laine rouge m'a regardé descendre de voiture et, ayant observé la plaque GB, il m'a salué en anglais. C'était le moine chargé de l'accueil des pèlerins. Je lui ai servi mon numéro Bede Harrington, et il m'a prié de le suivre dans un petit bureau. Il n'avait aucun souvenir de Maureen, mais si elle avait présenté son passeport au monastère, m'a-t-il dit, on avait dû lui soumettre un questionnaire. En effet, il a sorti celui-ci d'un fichier, rempli quatre semaines plus tôt de l'écriture ronde de Maureen. *Nom :* Maureen Harrington. *Âge :* 57 ans. *Nationalité :* britannique. *Religion :* catholique. *Motifs du voyage (en cocher un ou plusieurs) : 1. Religieux 2. Spirituel 3. Récréatif 4. Culturel 5. Sportif.* J'ai noté avec intérêt que Maureen n'en avait coché qu'un seul : « Spirituel ».

Le moine, qui s'est présenté à moi comme don Andreas, m'a guidé à travers le monastère. Il s'est excusé de ne pouvoir me loger dans le *refugio* car je me déplaçais en automobile, mais quand j'ai vu le dortoir lugubre et glacial, avec ses ampoules nues et ses châlits en bois brut et fil de fer, j'ai pensé pouvoir me consoler de cette sanction. Il était vide : les pèlerins du jour n'étaient pas encore arrivés. J'ai trouvé dans le village voisin un petit hôtel aux planchers grinçants et aux cloisons minces comme une feuille de papier, mais c'était propre et suffisamment confortable. Je suis retourné au monastère parce que don Andreas m'avait convié à assister à la messe de pèlerinage célébrée à six heures tous les soirs. Je me serais senti grossier de m'y dérober, et d'ailleurs cela me plaisait d'imiter ce que Maureen avait sûrement fait quelques semaines auparavant. Il me semblait que cela pourrait m'aider à pénétrer son esprit, et à la retrouver par une sorte de communication télépathique.

C'était la première fois depuis notre rupture que j'assistais à une cérémonie catholique, et la messe de pèlerinage ne ressemblait guère à mes souvenirs de l'Immaculée-Conception au temps jadis. Plusieurs prêtres officiaient en même temps ; debout en demi-cercle derrière un autel qui était une simple table (comme celle que j'avais remarquée récemment dans l'église de Hatchford), ils faisaient face dans un îlot de lumière à la congrégation plongée dans la pénombre de la grande nef, de sorte qu'on percevait très clairement toutes les manipulations de gobelets et autres plateaux dorés. Vêtus avec désinvolture de chandails et de shorts, en sandales ou baskets, les fidèles composaient un mélange bigarré de tous âges et toutes statures. Visiblement, la plupart d'entre eux n'étaient pas des catholiques et ils étaient encore plus ignorants que moi de la marche à suivre. Ils se croyaient peut-être obligés d'assister à la messe pour avoir droit à un hébergement gratuit, comme à l'Armée du Salut ; à moins qu'ils n'aient éprouvé une authentique jouissance spirituelle à entendre les marmottements liturgiques se répercuter sous les voûtes et entre les piliers de la vieille église, ainsi que cela se répétait depuis des siècles. Une poignée d'entre eux seulement est allée communier, mais à la fin nous avons tous été invités à monter les marches du chœur pour recevoir la bénédiction, prononcée en trois langues, espagnol, français et anglais. À ma surprise, toute l'assistance s'est avancée et j'ai suivi le mouvement. J'ai même fait le signe de croix, un geste oublié de longue date que j'avais copié autrefois sur Maureen à la cérémonie de la bénédiction. J'ai adressé une prière muette à Qui de Droit pour qu'Il m'aide à la retrouver.

J'ai passé les deux semaines suivantes à parcourir les routes du Nord de l'Espagne, en dévisageant au passage chaque femme pèlerin qui pouvait vaguement ressembler à Maureen. Il m'arrivait de dériver dangereusement vers le milieu de la chaussée tandis que je tournais la tête en arrière pour scruter une piétonne qui, vue de l'arrière, aurait pu correspondre à celle que je cherchais. Les pèlerins étaient toujours aisés à identifier, ils arboraient la coquille et s'appuyaient en général sur un long bâton ou une canne. Mais plus j'avançais, plus ils étaient nombreux, et je manquais de signes distinctifs sur lesquels me fonder. La dame de Saint-Jean-Pied-de-Port s'était souvenue que Maureen portait un sac à dos sur lequel était roulé un petit matelas en polystyrène, mais elle ne se rappelait la couleur ni de l'un ni de l'autre. J'étais poursuivi par la crainte de dépasser Maureen sans le savoir – pendant qu'elle serait entrée dans une église ou un café pour se délasser les jambes, ou se serait engagée sur l'un des segments du *Camino* qui s'écartaient de la voirie moderne et devenaient un chemin ou un sentier impraticable pour un véhicule à quatre roues (en particulier ma voiture décadente au châssis surbaissé). Je m'arrêtais dès que je repérais une église, et elles abondent dans cette région de l'Espagne, héritées du pèlerinage médiéval. J'inspectais tous les *refugios* que je trouvais, ces gîtes d'étape qui offraient aux pèlerins tout au long du chemin des abris gratuits et rudimentaires. Rudimentaires, pour la plupart – pratiquement des étables dallées de pierre – au point que je ne pouvais pas imaginer que Maureen y dormirait; mais peut-être aurais-je ainsi l'occasion de parler à quelqu'un qui aurait vu Maureen.

Je rencontrais toutes sortes de pèlerins. Les plus nombreux étaient de jeunes Espagnols pour qui le pèlerinage servait manifestement de prétexte à s'extraire de leur famille et à faire la connaissance de jeunes personnes du sexe opposé. Les *refugios* sont mixtes. Je ne cherche pas à suggérer qu'ils abritent des coucheries (la promiscuité l'interdirait, n'importe comment), mais il m'est arrivé, le soir, d'y surprendre une bouffée de cette atmosphère de flirt adolescent dont le club des jeunes de l'Immaculée-Conception m'a laissé le souvenir. Il y avait aussi les jeunes marcheurs de pays étrangers, plus sophistiqués, bronzés et musclés, attirés là par la rumeur que Santiago était le paradis des routards, avec des paysages superbes, du vin bon marché et des endroits où dérouler à l'œil son sac de couchage. Il y avait des groupes de cyclistes venus de France et des Pays-Bas, en T-shirts identiques et culottes lycra moulant les formes – catégorie méprisée et mal vue de toutes les autres parce qu'ils avaient des camions accompagnateurs pour transporter leurs bagages d'une étape à l'autre – et d'autres cyclistes solitaires qui pédalaient à soixante-dix-huit tours-minute sur leur vélo de montagne harnaché de sacoches. Il y avait des couples et des paires d'amis ou d'amies ayant en commun la passion de la randonnée, ou de l'histoire d'Espagne, ou de l'architecture romane, qui parcouraient le *Camino* par tranches raisonnables, année après année. Pour tous ces gens, me semblait-il, le pèlerinage constituait essentiellement une façon originale et aventureuse de prendre des vacances.

Il y avait enfin les pèlerins animés par des motivations plus personnelles : un jeune cycliste parrainé qui collectait de l'argent pour un centre de soins aux cancéreux ; un artiste hollandais qui tenait à fêter son quarantième anniversaire à Santiago ; un Belge sexagénaire qui inaugurait sa retraite par ce pèlerinage ; un ouvrier nancéien au chômage qui s'interrogeait sur son avenir. Des gens confrontés à un tournant de la vie, qui cherchaient l'apaisement, la lumière ou simplement une échappatoire aux difficultés quotidiennes. Ces pèlerins-là étaient ceux qui avaient parcouru le plus long trajet, souvent venus à pied de leur pays d'Europe septentrionale, en campant. Certains étaient en route depuis des mois. Ils avaient le visage hâlé, des vêtements décolorés par le soleil ou les intempéries et une sorte de réserve, un air de se tenir à l'écart, d'avoir acquis au long des kilomètres l'habitude de la solitude, et d'être dérangés par la compagnie joviale et parfois tapageuse des autres pèlerins. Leur regard était distant, comme s'ils le gardaient fixé sur Santiago. Il y avait parmi eux des catholiques, mais, pour la plupart, ils étaient sans croyance religieuse particulière. Certains avaient entrepris ce pèlerinage dans un esprit expérimental, le cœur léger, et s'étaient laissé gagner par l'obsession. D'autres devaient être un peu détraqués dès le départ. Malgré son caractère hétérogène, c'était ce groupe de pèlerins qui m'intéressait le plus, parce qu'ils me semblaient plus aptes à avoir rencontré Maureen en chemin.

Je la décrivais de mon mieux, mais sans aucun succès avant d'atteindre Cebrero, un petit village sur les hauteurs du León, à cent cinquante kilomètres seulement de Santiago. C'est un curieux endroit, entre village traditionnel et sanctuaire. Les habitations sont d'un modèle antique, des cahutes rondes en pierre à toit de chaume conique, où continuent de vivre des paysans, sans doute subventionnés par le gouvernement espagnol. L'église abrite les reliques de je ne sais quel miracle médiéval du genre répugnant, le pain de la communion transformé en vraie chair et vrai sang, et le lieu est également associé à la légende du Saint-Graal. Dans ma propre quête, en tout cas, il a marqué un point crucial. Au café proche de l'église, une baraque fruste en planches de bois brut, garnie de tables de réfectoire, j'ai lié conversation avec un cycliste néerlandais d'un certain âge, qui m'a affirmé avoir rencontré huit jours plus tôt une Anglaise nommée Maureen dans un *refugio* à proximité de León. Elle souffrait d'une jambe et lui avait dit qu'elle prendrait quelques jours de repos à León avant de poursuivre sa route. J'étais passé là depuis peu, mais j'ai sauté au volant de la Richmobile pour y retourner, résolu à enquêter dans tous les hôtels de la ville.

Je roulais cap à l'est sur la N 120 entre Astorga et Orbigo, un trajet très fréquenté, lorsque je l'ai aperçue qui venait vers moi sur le bas-côté de la route, une femme seule, assez massive, en pantalon de coton informe et coiffée d'un chapeau de paille à larges bords. Vision fugace, je roulais à cent dix à l'heure. J'ai écrasé ma pédale de frein, ce qui m'a valu le mugissement furieux de l'énorme camion-citerne qui me suivait de près. À cause de la circulation intense dans les deux sens sur la route étroite, je n'ai pas pu m'arrêter avant de trouver, un ou deux kilomètres plus loin, le parking en terre battue d'un bistrot routier. J'ai dû m'y prendre à trois fois pour faire demi-tour dans un nuage de poussière, et je suis reparti en trombe, tout en me demandant si je n'avais pas eu une hallucination. Mais non, Maureen était là qui claudiquait devant moi sur l'autre côté de la route, une femme, du moins, cachée en majeure partie par son sac à dos, le rouleau de son matelas et son chapeau de paille. J'ai ralenti, suscitant un nouveau concert de klaxons indignés, et j'ai tourné la tête pour dévisager la femme au passage. C'était bel et bien Maureen. En entendant le tapage des avertisseurs, elle a jeté un coup d'œil distrait dans ma direction, mais j'étais invisible derrière la vitre teintée de la Richmobile, et à nouveau dans l'incapacité de m'arrêter. Quelques centaines de mètres plus loin, je me suis garé à un endroit où le bas-côté le permettait, j'ai mis pied à terre et j'ai traversé la chaussée. La route était en pente à cet endroit, et Maureen descendait vers moi. Elle avançait lentement en boitillant, cramponnée à un bâton qu'elle plantait devant elle un pas sur deux. J'ai pourtant reconnu sa démarche, je ne pouvais m'y tromper, même de loin. C'était comme si je me retrouvais quarante ans en arrière, de retour à Hatchford, planté devant le fleuriste au coin du carrefour, et si je la regardais, vêtue de son uniforme d'écolière, descendre vers moi le long de Beecher's Road.

Si j'avais écrit le scénario de la rencontre, j'aurais choisi un décor plus romanesque – la pénombre fraîche d'une vieille chapelle, peut-être, ou une route de campagne bordée de fleurs sauvages ébouriffées par la brise, au son des bêlements d'un troupeau de moutons. Il y aurait sûrement eu une musique de fond (peut-être un arrangement orchestral de *Too Young*). En l'occurrence, nous nous sommes retrouvés sur le bord d'une affreuse route nationale dans l'un des coins les moins agréables de la Castille, assourdis par le vacarme des moteurs et des pneus, asphyxiés par les gaz d'échappement et fouettés par les bourrasques d'air poussiéreux que déplaçaient les poids lourds au passage. À son approche, je me suis mis à marcher au-devant d'elle, et elle a découvert ma présence. Elle a ralenti le pas, hésité, et s'est arrêtée, comme si elle avait des doutes sur mes intentions. J'ai éclaté de rire, puis souri et ouvert les bras en un geste qui se voulait rassurant. Elle m'a jeté un regard alarmé, me prenant visiblement pour un dément porté sur le meurtre ou le viol, et elle s'est reculée en levant son bâton comme si elle s'apprêtait à s'en servir pour se défendre. Je me suis immobilisé, et lui ai adressé la parole.

– Maureen ! Ne crains rien ! C'est moi, Lawrence.
Elle a sursauté.
– Pardon ? Lawrence qui ?
– Lawrence Passmore. Tu ne me reconnais pas ?
Non, visiblement, et elle ne semblait même pas se souvenir de mon nom ; j'étais déçu. Mais, ainsi qu'elle me l'a expliqué par la suite, cela faisait une éternité qu'elle n'avait pas pensé à moi, tandis que je n'avais pratiquement qu'elle en tête depuis des semaines. J'explorais en tous sens le Nord-Ouest de l'Espagne, espérant à chaque virage tomber sur elle, mais à ses yeux ma brusque apparition sur la N 120 était aussi bizarre et surprenante que si je venais d'atterrir en parachute, ou de surgir d'un trou dans le sol.
– Nous nous fréquentions tous les deux, autrefois, à Hatchford, ai-je crié pour couvrir le bruit de la circulation.
Maureen a changé d'expression et la peur a disparu de son regard. En clignant des yeux, comme si elle était myope ou éblouie par le soleil, elle s'est avancée d'un pas vers moi.
– C'est vraiment toi ? Lawrence Passmore ? Mais qu'est-ce que tu fais là ?
– Je suis à ta recherche.
– Pourquoi ? a-t-elle demandé d'un air inquiet à nouveau. Quelque chose qui ne va pas à la maison ?
– Si, si, tout va bien. Bede se fait du souci pour toi, mais il va bien.
– Bede ? Quand est-ce que tu l'as vu ?
– L'autre jour. J'essayais de retrouver ta piste.
– Mais pourquoi ?
Nous étions à présent face à face.
– C'est une longue histoire. Monte dans la voiture, je vais te raconter ça.

Je lui montrais mon beau jouet aérodynamique et nacré, tapi de l'autre côté de la route. Elle l'a contemplé un instant, puis a secoué la tête.

– Je fais un pèlerinage.

– Je sais.

– Je ne prends pas de voitures.

– Fais une exception aujourd'hui, ai-je plaidé. À te voir, on a l'impression que ça ne te ferait pas de mal.

À la vérité, elle avait l'air d'une épave. Pendant que nous parlementions, je m'adaptais mentalement au constat que Maureen n'était plus la Maureen de mes souvenirs et de mes fantasmes. Elle était arrivée à ce moment de la vie d'une femme où ses charmes commencent à l'abandonner de manière irréversible. Sally ne l'a pas encore tout à fait atteint, et quant à Amy, il lui reste encore plusieurs années devant elle. D'ailleurs, l'une et l'autre combattent le vieillissement par tous les moyens hormis la chirurgie esthétique, tandis que Maureen avait apparemment mis bas les armes. Elle avait des pattes d'oie au coin des yeux, et des poches en dessous. Ses joues, jadis si rondes et si lisses, pendaient sur le menton; elle avait le cou fripé comme un vieux vêtement, et sa silhouette était devenue toute molle et informe, au point que rien n'indiquait l'emplacement de la taille entre le renflement de la poitrine et les hanches massives. Les semaines et les mois passés sur la route n'avaient pas arrangé l'effet d'ensemble : un coup de soleil lui faisait peler le nez, elle avait les cheveux flasques et mal peignés, les mains sales et les ongles cassés. Ses vêtements étaient poussiéreux et tachés de sueur. Je dois l'avouer, son aspect m'a causé un choc auquel ne m'avaient pas préparé les photos posées et retouchées vues dans le salon de Bede. Sans aucun doute, les ans m'avaient encore moins épargné qu'elle, seulement Maureen n'avait caressé aucune illusion en sens contraire.

Pendant qu'elle hésitait, penchée en avant sur ses tennis éculées pour contrebalancer le poids de son sac à dos, j'ai remarqué qu'elle avait glissé des morceaux de mousse de caoutchouc sous les bretelles pour protéger ses épaules. Je ne sais pourquoi, ce détail m'a paru le plus pathétique. J'ai ressenti un irrésistible élan de tendresse envers elle, un désir de la protéger et de la sauver de cette épreuve démente, masochiste.

– Rien que jusqu'au prochain village, ai-je proposé. Un coin où on puisse boire quelque chose de frais.

Le soleil rôtissait mon crâne chauve et je sentais la transpiration couler sous ma chemise le long de mon torse.

– La voiture est climatisée, ai-je ajouté perfidement.

Maureen s'est mise à rire, en plissant le nez, malgré le coup de soleil, de cette façon dont je me souvenais si bien.

– Il y a intérêt, a-t-elle dit. Je dois empester comme un putois.

Elle a poussé un grand soupir et s'est étirée voluptueusement sur le siège de la Richmobile tandis que nous reprenions la route avec l'accélération silencieuse d'un train électrifié.

– Dis donc, quel luxe ! s'est-elle exclamée en inspectant l'intérieur de la voiture. C'est quelle marque ? Nous, on a une Volvo. D'après Bede, c'est la sécurité.

– La sécurité n'est pas tout.

– Ça, c’est bien vrai, a-t-elle dit avec un petit rire étouffé.

– Je suis en train de vivre un rêve devenu réalité, tu sais. J’ai fantasmé pendant des mois là-dessus, te promener dans cette automobile.

– C’est vrai ?

Elle m’a souri d’un air timide, déconcerté. Je ne lui ai pas précisé que dans mes fantasmes elle avait toujours dix-sept ans.

Quelques kilomètres plus loin, nous avons trouvé un café avec des tables et des chaises dehors sous l’ombrage d’un grand chêne, à l’abri des jacasseries de la télévision et des sifflements de la machine à café. Devant une bière et un citron pressé, nous avons eu la première de nombreuses conversations qui ont lentement comblé la brèche de trente-cinq ans. La première chose que Maureen voulait savoir, de manière assez compréhensible, c’était pourquoi je m’étais lancé à sa recherche. Je lui ai résumé ce que j’ai déjà exposé au long de ces pages : que ma vie était en plein cafouillage, sur le plan personnel et professionnel, que je m’étais soudain remémoré nos relations et l’attitude minable que j’avais eue à la fin, et que le désir de la revoir s’était emparé de moi.

– Pour obtenir mon absolution, ai-je conclu.

Maureen a rougi sous ses coups de soleil.

– Miséricorde, Lawrence, mais tu n’as même pas à la demander ! Cela s’est passé il y a près de quarante ans. Nous étions pratiquement des enfants.

– N’empêche que ça a dû te faire mal, à l’époque.

– Oh, oui, bien sûr. J’ai pleuré dans mon oreiller indéfiniment...

– Alors, tu vois bien !

– Mais ça arrive à toutes les jeunes filles. Tu es le

premier garçon sur qui j'ai versé des larmes, mais pas le dernier. Tu as l'air étonné, a-t-elle ajouté en riant.

– Tu parles de Bede ? ai-je demandé.

– Oh, non, pas Bede ! (Elle a fait une grimace comique.) Tu imagines qu'on puisse pleurer sur Bede ? Non, il y en a eu d'autres, avant lui. Un interne follement beau dont j'étais éperdument amoureuse, comme toutes les élèves infirmières de l'hôpital. Je ne suis même pas sûre qu'il connaissait mon nom. Et après mon diplôme, il y a eu un médecin avec qui j'ai eu une liaison.

– Tu veux dire... au plein sens du terme ? ai-je demandé en ouvrant des yeux incrédules.

– J'ai couché avec lui, si c'est la question que tu poses. J'ignore pourquoi je te révèle tous ces détails intimes, mais au fond, plus on vieillit, plus on se fiche de ce que les autres savent de vous, tu ne crois pas ? C'est pareil pour le corps. À l'hôpital, ce sont toujours les patients les plus jeunes qui sont le plus gênés quand on les lave, qu'on leur met le bassin et tout ça. Les vieux, ça leur est bien égal.

– Mais comment tu t'arrangeais avec ta religion ? Quand tu as eu cette liaison...

– Oh, je savais que je commettais un péché mortel. Mais ça ne m'en a pas empêchée, parce que j'aimais cet homme. Je croyais qu'il allait m'épouser, tu comprends. C'est ce qu'il avait dit. Seulement il a changé d'avis, ou alors il avait menti. Alors, une fois remise de cette histoire, c'est Bede que j'ai épousé.

– Tu avais déjà couché avec lui ?

Au moment où je la formulais, la question m'a paru grossière, mais ma curiosité a triomphé des bonnes manières.

Maureen s'est tordue de rire.

– Grand Dieu, non ! Bede aurait été trop choqué à cette seule idée !

J'ai ruminé en silence pendant un moment ces révélations surprenantes.

– Ainsi, tu ne m'en as pas voulu tout ce temps ? ai-je fini par demander.

– Mais non, voyons ! Sincèrement, je n'ai jamais pensé à toi depuis... depuis je ne sais pas combien d'années.

Elle cherchait à me rassurer, je pense, mais j'avoue que j'étais vexé.

– Tu n'as donc pas suivi ma carrière ?

– Non, j'aurais dû ? Es-tu devenu très célèbre ?

– Pas exactement célèbre, non. Mais j'ai eu un certain succès en qualité de scénariste télé. Est-ce que tu regardes quelquefois *Les Gens d'à côté* ?

– C'est un feuilleton comique, non, du genre où on entend s'esclaffer plein de gens invisibles ?

– Oui, une sitcom.

– Nous évitons plutôt ces émissions-là, je l'avoue. Mais à présent que je sais que tu y collabores...

– J'en suis l'auteur. L'idée est de moi. Je suis connu sous le nom de Tubby Passmore, ai-je dit, en un dernier effort pour évoquer ma notoriété.

– Non, c'est vrai ? Tubby !

Maureen a ri en plissant le nez.

– Je préfère que tu m'appelles Lawrence, ai-je dit en regrettant déjà mon propos étourdi. Ça me rappelle le bon vieux temps.

N'empêche que, dès lors, elle m'a appelé Tubby. Ce surnom semblait la ravir et elle ne pouvait se le retirer de l'esprit, affirmait-elle.

– J'essaie de dire « Lawrence », mais c'est Tubby qui sort de ma bouche.

Le jour de notre rencontre, Maureen projetait d'atteindre Astorga. Elle a refusé que je l'y conduise, mais, admettant que sa jambe la faisait souffrir, elle m'a laissé prendre son sac à dos. Elle comptait passer la nuit au *refugio* local, décrit de façon peu alléchante dans le guide du pèlerin comme un « préau de sport sans équipement ». Maureen a fait la grimace : « Ça signifie sans douches. » J'ai dit que je serais atrocement déçu si elle refusait d'être mon invitée pour dîner en un jour aussi exceptionnel, et qu'elle pourrait prendre une douche dans ma chambre d'hôtel. Elle a accepté mon offre de bonne grâce, et nous sommes convenus de nous retrouver sous le porche de la cathédrale. Arrivé à Astorga, j'ai pris une chambre dans un hôtel et j'en ai réservé une autre pour Maureen dans l'espoir de la convaincre d'y dormir. (J'avais raison.) Tout en l'attendant, j'ai fait un peu de tourisme à Astorga. La cathédrale est gothique à l'intérieur et baroque au-dehors (je commençais juste à m'y reconnaître) et il y a un palais de l'évêché semblable à un château de conte de fées construit par Gaudí, l'architecte de cette bizarre église inachevée de Barcelone, grande comme une cathédrale, surmontée de flèches qui évoquent de gigantesques loofas. Astorga s'honore aussi de posséder tout un tas de reliques, dont un fragment de la vraie croix et un morceau d'étendard de la mythique bataille de Clavijo.

Maureen apparut devant la cathédrale trois heures environ après que je l'eus quittée, toute souriante ; selon elle, délivrée du poids du sac à dos, elle avait eu l'impression de faire une simple balade du dimanche. J'ai demandé à voir sa jambe et n'ai guère aimé ce que j'ai trouvé sous le bandage crasseux. Le mollet était violacé et la cheville enflée.

– À mon avis, il faut que tu montres ça à un médecin.

Elle en avait consulté un à León, m'a-t-elle dit. Il avait diagnostiqué des ligaments froissés, recommandé le repos et lui avait donné un onguent qui lui avait fait du bien. Elle avait accordé quatre jours de repos à sa jambe, mais celle-ci persistait à la tourmenter.

– C'est plutôt quatre mois qu'il te faudrait. Je m'y connais un peu dans ce genre de lésions. Ça ne guérira pas si tu ne tires pas un trait sur ton pèlerinage.

– Je ne vais pas renoncer maintenant, a-t-elle protesté. Pas après être arrivée aussi loin.

Je la connaissais trop bien pour gaspiller ma salive à tenter de la persuader d'abandonner et de rentrer chez elle. J'ai préféré élaborer un plan pour l'aider à arriver le moins inconfortablement possible à Santiago tout en sauvant l'honneur. Chaque jour, j'emporterais son paquetage jusqu'à un point de rendez-vous convenu et je réserverais de la place dans une modeste auberge, ou des chambres d'hôtes. Les principes de Maureen ne s'opposaient pas à ce genre d'hébergement. Elle se l'était accordé de temps à autre, et les *refugios*, disait-elle, étaient de plus en plus surpeuplés et désagréables à mesure qu'elle approchait de Santiago. Mais ses fonds étaient en baisse, et elle s'était refusée à appeler Bede pour qu'il lui envoie de l'argent. Elle a accepté de me laisser payer nos chambres, étant établi qu'elle me rembourserait sa part à notre retour en Angleterre, et elle a tenu le compte scrupuleux de nos dépenses.

Nous allions vers Santiago par toutes petites étapes. Même sans son sac à dos, Maureen n'était pas en état de faire plus de dix ou douze kilomètres à pied sans trop souffrir, et elle mettait jusqu'à quatre heures pour couvrir cette distance. En général, après avoir assuré notre hébergement, je repartais à pied vers l'est au-devant d'elle le long du *Camino*, et je lui tenais compagnie pour la fin du parcours. Je constatais avec plaisir que mon genou tenait très bien le coup, même quand le terrain était escarpé et inégal. En fait, je me suis rendu compte que je n'avais pas ressenti un seul élancement depuis mon arrivée à Saint-Jean-Pied-de-Port.

– C'est grâce à saint Jacques, a dit Maureen quand je lui en ai fait la remarque. C'est un phénomène connu. Il nous soutient. Je ne serais jamais arrivée jusqu'ici sans son aide. Je me rappelle, quand j'escaladais le col en haut des Pyrénées, trempée jusqu'aux os et complètement épuisée, envahie de l'impression que je ne pourrais pas faire un pas de plus, que j'allais me laisser rouler dans le fossé pour rendre l'âme, j'ai senti une force pareille à une main appuyée au creux de mon dos qui me poussait en avant, et sans plus savoir où j'étais, je me suis retrouvée au sommet.

Y croyait-elle sérieusement ? Quand je lui ai demandé si, à son avis, saint Jacques était réellement enterré à Santiago, elle a haussé les épaules.

– Je n'en sais rien. On n'aura jamais de certitude, ni dans un sens ni dans l'autre.

– Mais ça ne te gêne pas que des millions de fidèles aient pu accourir ici depuis des siècles à cause d'une « coquille » dans un texte ?

Je faisais un peu d'étalage de mes connaissances glanées dans l'un de mes guides : apparemment, l'association de saint Jacques avec l'Espagne remonte à l'erreur d'un copiste, qui avait transcrit « Hispaniam » au lieu de « Hierusalem » (Jérusalem).

– Non, a-t-elle répliqué. Je sens sa présence dans le coin. Quand tant de gens affluent à pied vers Santiago pour lui rendre hommage, comment pourrait-il se tenir à l'écart ?

Mais elle avait une lueur dans les yeux en prononçant ces paroles, comme si c'était une blague intime ou une provocation destinée à scandaliser les protestants sceptiques dans mon genre.

En même temps, sa participation au pèlerinage n'avait certes rien d'une plaisanterie. Je me rappelais le commentaire de Bede : « C'est absurde, tout à fait absurde », mais le mot avait pour moi un écho kierkegaardien qu'il ignorait. Dans la ville médiévale de Villafranca, une église dédiée à saint Jacques possède un porche qu'on appelle la puerta del Perdón, la porte du Pardon, et selon la tradition, si un pèlerin malade parvenait jusqu'à cette porte, il pouvait rebrousser chemin et rentrer chez lui en ayant obtenu toutes les grâces et les bénédictions d'un pèlerinage mené à bien. J'ai signalé cette possibilité à Maureen dès notre arrivée à Villafranca, et l'ai suppliée d'en profiter. Elle s'est d'abord contentée de rire, mais elle s'est presque fâchée quand j'ai voulu insister. Après cela, je n'ai plus fait la moindre tentative pour la dissuader d'aller jusqu'au bout.

Il faut bien l'avouer, j'aurais été presque aussi déçu que Maureen elle-même si elle avait échoué. Je n'échappais pas complètement à l'envoûtement du pèlerinage, même sous la forme abâtardie, motorisée que j'avais adoptée. Même si c'était fragmentaire, je ressentais ce que Maureen avait éprouvé de façon plus profonde et intense au cours de sa longue marche depuis Le Puy.

– C'est comme si on échappait au temps. On ne s'occupe plus des nouvelles. Les images aperçues à la télé dans les cafés, les hommes politiques, les attentats à la bombe et les courses de vélo ne retiennent pas ton attention plus de quelques secondes. Il n'y a plus que les choses élémentaires qui comptent : se nourrir, éviter la déshydratation, soigner ses ampoules, atteindre la prochaine étape avant qu'il fasse trop chaud, ou trop froid, ou qu'il pleuve trop fort. Survivre. Au début, on croit qu'on va devenir fou de solitude et de fatigue, mais au bout de quelque temps on supporte mal la présence des autres gens, on aime mieux marcher de son côté, seul avec ses pensées, et le mal aux pieds.

– Tu préférerais donc que je ne sois pas là ?

– Oh, non, j'étais presque au bout du rouleau quand tu es apparu, Tubby. Je n'aurais jamais pu arriver jusqu'ici sans toi.

J'ai froncé les sourcils, tel Ryan Giggs quand il avait marqué un but sur un parfait tir croisé. Mais Maureen a dissipé l'illusion en ajoutant :

– C'était un vrai miracle. Encore un coup de saint Jacques.

Le moment venu, elle m'a parlé de la mort de Damien, qui l'avait indirectement amenée à entreprendre ce pèlerinage.

– C'est atroce quand un enfant meurt avant ses parents. Cela semble contre nature. On ne peut s'empêcher de penser à tout ce qu'il ne connaîtra jamais, le mariage, les enfants, les petits-enfants. Heureusement, je crois que Damien a vécu l'amour. C'est une consolation. Il avait une amie en Afrique, qui travaillait pour la même organisation. Sur les photos, elle avait l'air très bien. Elle nous a écrit une lettre magnifique après qu'il a été tué. J'espère qu'ils faisaient l'amour. C'est probable, non ?

Sans aucun doute, ai-je déclaré.

– Quand il était étudiant à Cambridge, il avait amené un jour une fille à la maison, une autre, et il m'avait demandé s'ils pouvaient dormir ensemble dans sa chambre à lui. J'avais dit non, pas sous mon toit. Mais je l'aurais laissé faire, si j'avais su combien sa vie serait courte.

J'ai protesté qu'elle ne devrait pas se reprocher rétrospectivement des actes parfaitement raisonnables sur le moment.

– Oh, je ne me reproche rien. C'est Bede qui s'en veut, quoiqu'il le nie. Il pense qu'il aurait dû s'efforcer davantage de dissuader Damien d'entrer dans une organisation humanitaire. Damien avait fait son service comme volontaire de la coopération, tu sais, après son diplôme. Ensuite, il devait retourner à Cambridge et faire un doctorat de philosophie. Mais il a décidé de rester en Afrique. Il adorait ces gens. Il adorait son travail. Il a mené une vie très remplie, très intense, si courte qu'elle ait été. Et il a fait beaucoup de bien. C'est ce que je me suis répété indéfiniment, après sa mort. Mais ça ne suffisait pas à réconforter Bede. Il a sombré dans la dépression. Après avoir pris sa retraite, il traînait toute la journée à la maison à broyer du noir, les yeux dans le vide. C'était insupportable pour moi. J'ai décidé qu'il fallait que je parte toute seule quelque part. J'ai vu dans un magazine un article sur le pèlerinage, et il m'a semblé que c'était exactement ce qu'il me fallait. Un vrai défi, clairement défini, quelque chose qui soit capable de m'absorber tout entière, corps et âme, pendant deux ou trois mois. J'ai lu un livre qui en retraçait tout l'historique et ça m'a fascinée. Littéralement des millions de pèlerins ont fait ce chemin, quand on ne pouvait l'accomplir qu'à pied ou à cheval. Ils ne pouvaient qu'en retirer quelque chose d'extraordinaire, ai-je pensé, sinon ça ne se serait pas perpétué. Je me suis procuré un guide de l'itinéraire auprès de la confrérie de saint Jacques, un sac à dos, un petit matelas et le reste de l'équipement nécessaire dans le magasin d'articles de camping de Wimbledon High Street. La famille a cru que j'avais perdu la tête, naturellement, et elle a essayé de me dissuader. D'autres gens se sont figuré que j'entreprenais un exploit parrainé par une œuvre de bienfaisance. Non, j'ai dit, j'ai déjà accompli des choses au service des autres dans ma vie, mais cette fois-ci, c'est pour mon propre compte. J'ai été infirmière, je suis membre des Samaritains [1], je...

– C'est vrai ? l'ai-je interrompue. Les Samaritains ? Bede ne m'en a pas parlé.

– Bede n'a jamais été d'accord. Il avait l'impression que le malheur allait suinter au bout du fil et me contaminer.

– Je suis sûr que tu fais ça très bien.

– Eh bien, je n'ai perdu qu'un client en six ans, a dit Maureen. Enfin, il n'y en a qu'un qui s'est vraiment flingué. Ce n'est pas trop mal comme taux d'échec. Note bien, je me suis aperçue que j'étais devenue moins compatissante après la mort de Damien. Je ne mettais plus la même patience à la disposition de ceux qui appelaient, leurs soucis me semblaient dérisoires par rapport au mien. Sais-tu quel jour nous recevons un nombre record d'appels ?

– Noël ?

– Non, Noël vient en deuxième position. Le

1. Organisation d'aide aux désespérés, principalement par téléphone. *(N.d.l.T.)*

record, c'est pour la Saint-Valentin. Ça donne à réfléchir, non ?

Tandis que nous flânions le long du *Camino*, nous étions fréquemment dépassés par des pèlerins à pied plus jeunes ou plus en forme. À mesure que nous approchions de Santiago, ils se multipliaient. Il ne restait qu'une quinzaine de jours avant le point culminant du pèlerinage annuel, la fête de saint Jacques le 25 juillet, et chacun tenait à arriver là-bas bien à temps. Parfois, d'un point élevé de la route, on pouvait voir serpenter le Camino sur des kilomètres, semé de pèlerins isolés, par deux ou par groupes plus nombreux, une file qui s'étirait jusqu'à l'horizon, tout comme cela devait être au Moyen Âge.

À Cebrero, nous sommes tombés sur une équipe de la télé britannique qui tournait un documentaire sur le pèlerinage. Ils piégeaient les pèlerins devant la petite église pour les interroger sur leurs motivations. Maureen a refusé tout net de s'y prêter. Le réalisateur, un grand blond en short et T-shirt, s'est efforcé de la faire changer d'avis.

– Il nous faut absolument une femme mûre qui parle anglais, a-t-il expliqué. Nous en avons jusque-là des jeunes Espagnols et des cyclistes belges. Vous seriez parfaite.

– Non, merci, a riposté Maureen. Je ne veux pas passer à la télévision.

Le réalisateur a eu l'air vexé : les gens des médias ont du mal à admettre que le reste du monde ne partage pas leurs priorités. Il s'est retourné vers moi en désespoir de cause.

– Je ne suis pas un vrai pèlerin.

Son regard s'est éclairé.

– Ah ! Qu'est-ce donc qu'un vrai pèlerin ?

– Quelqu'un pour qui il s'agit d'un acte existentiel de définition de soi. Un saut dans l'absurde, au sens de Kierkegaard. Je veux dire, ce qui pourrait...

– Stop ! s'est écrié le réalisateur. Pas un mot de plus. Je veux tourner ça. File chercher David, Linda, a-t-il lancé à une jeune femme rousse armée d'un grand bloc-notes.

David était apparemment l'auteur-présentateur du film, mais il avait disparu.

– Il doit être en train de bouder parce qu'il a même été obligé de marcher un peu ce matin, a marmonné le réalisateur, qui s'appelait aussi David, pour tout simplifier. Je n'ai plus qu'à faire l'interview moi-même.

Ils ont donc commencé à installer la caméra, et après le délai habituel pendant que le réalisateur changeait d'avis sur le cadre du plan, et que l'opérateur et son assistant bricolaient avec leurs objectifs, leurs filtres et leurs réflecteurs, dès que le preneur de son s'est déclaré satisfait quant au niveau de son ambiant et que l'assistant réalisateur a demandé aux gens d'éviter de passer dans le champ derrière moi, j'ai livré à la caméra mon interprétation existentialiste du pèlerinage. (Entre-temps, Maureen avait perdu patience et elle était partie regarder l'église.) J'ai décrit les trois stades du développement personnel selon Kierkegaard – l'esthétique, l'éthique et le religieux – et suggéré qu'il existait parmi les pèlerins les trois catégories correspondantes. (C'était une idée à laquelle j'avais réfléchi en route.) L'esthète se souciait principalement de prendre du bon temps, de goûter les plaisirs pittoresques et culturels du *Camino*. Pour l'éthicien, le pèlerinage constituait essentiellement un test de résistance morale et d'autodiscipline. Il (ou elle) possédait une notion très stricte du comportement approprié au pèlerinage (ne pas dormir à l'hôtel, par exemple) et il avait sur la route une attitude très compétitive par rapport aux autres. Le vrai pèlerin, c'était le pèlerin religieux, au sens kierkegaardien. Pour Kierkegaard, le christianisme était « absurde » : eût-il été rationnel qu'il n'y aurait pas eu de mérite à y croire. Le principe, c'était donc de choisir de croire sans y être poussé par la raison – de faire un saut dans le vide et, du même coup, de se choisir soi-même. Parcourir à pied quinze cents kilomètres jusqu'au sanctuaire de Santiago sans savoir s'il y avait réellement quelqu'un d'enterré là, cela représentait un tel saut. Le pèlerin esthète ne prétendait pas être un vrai pèlerin. Le pèlerin éthicien était sans cesse tourmenté par la question. Le vrai pèlerin se contentait d'accomplir son pèlerinage.

– Coupez ! Épatant. Merci beaucoup, s'est écrié le réalisateur. Fais-lui signer l'autorisation, Linda.

Linda m'a souri, le stylo en suspens au-dessus de son bloc.

– Vous recevrez vingt-cinq livres si nous l'utilisons, m'a-t-elle dit. Votre nom, je vous prie ?

– Lawrence Passmore.

Le preneur de son a levé la tête de son magnétophone.

– Pas Tubby Passmore, quand même ?

J'ai incliné la tête et il s'est tapé sur la cuisse.

– Je savais bien que je vous avais déjà vu quelque part. C'était à la cantine de Heartland, il y a deux ans. Hé, David ! a-t-il lancé au réalisateur, qui s'éloignait en quête d'une nouvelle victime. Devine un peu qui c'est... Tubby Passmore, le scénariste ! *Les Gens d'à côté* ! Une série formidable, je ne rate pas un épisode quand je suis à la maison, m'a-t-il dit en se retournant vers moi.

Le réalisateur a lentement pivoté sur place.

– Oh, non ! s'est-il exclamé en pointant deux doigts sur sa tempe pour mimer un revolver. Alors, vous vouliez juste nous faire une blague ? (Il a ri d'un air piteux.) Et nous, on a marché à fond.

– Ça n'était pas une blague du tout, ai-je dit.

Mais je ne pense pas qu'il m'ait cru.

Les jours passaient lentement, à un rythme régulier. Nous nous levions de bonne heure, pour que Maureen puisse prendre la route dans la fraîcheur du petit matin. Elle arrivait en général vers midi à notre rendez-vous. Après un long déjeuner à l'espagnole, nous nous retirions pour faire la sieste pendant le chaud après-midi, et revenions à la vie vers le soir, nous sortions prendre l'air avec les autochtones, grignoter des tapas dans les bars et déguster le *vino* local. Je ne peux dire à quel point je me sentais bien en la compagnie de Maureen, tant nous avions vite retrouvé la familiarité d'antan. Nous causions abondamment tous les deux, mais il nous arrivait souvent de garder ensemble un silence confortable, comme si nous goûtions les années tardives d'une longue vie en commun. On nous prenait certainement pour un couple marié, ou tout au moins un couple ; et les employés d'hôtel avaient toujours l'air un peu surpris que nous occupions des chambres séparées.

Un soir, alors qu'elle venait de me parler assez longuement de Damien, sans tristesse apparente, en riant même à l'évocation d'une mésaventure qui lui était advenue dans son enfance, je l'ai entendue pleurer dans la chambre voisine, à travers la mince cloison de l'hôtel rudimentaire. J'ai frappé à sa porte, et celle-ci n'étant pas fermée à clé, je suis entré. Un réverbère, derrière les rideaux de la fenêtre, éclairait un peu la chambre. Masse informe sur le lit, Maureen s'est redressée et adossée au mur.

– C'est toi, Tubby ?

– Il m'a semblé t'entendre pleurer, ai-je dit en avançant à tâtons dans la pièce et en trébuchant contre une chaise sur laquelle je me suis assis. Comment te sens-tu ?

– C'est d'avoir parlé de Damien. Je crois toujours que j'en ai fait mon deuil, et je m'aperçois du contraire.

Elle s'est remise à pleurer. J'ai cherché sa main que j'ai prise dans la mienne. Elle l'a serrée avec gratitude.

– Je peux te prendre dans mes bras, si ça te fait du bien.

– Non, ça va aller.

– J'en ai envie. J'en ai très envie.

– Je ne crois pas que ce serait une bonne idée, Tubby.

– Je ne suggérais pas que nous allions plus loin, ai-je dit. Rien qu'un câlin. Pour t'aider à t'endormir.

Je me suis allongé près d'elle sur le lit, par-dessus la couverture et le drap, et j'ai passé le bras autour de sa taille. Elle s'est pelotonnée sur le côté, le dos tourné à moi, et je me suis lové autour de son derrière ample et doux. Elle a cessé de pleurer, et son souffle est devenu régulier. Nous nous sommes endormis tous les deux.

Je me suis réveillé, j'ignore combien de temps plus tard. L'air de la nuit s'était rafraîchi, et j'avais les pieds glacés. Je me suis assis pour les frictionner. Maureen a bougé.

– Qu'y a-t-il ? a-t-elle demandé.

– Rien. J'ai un peu froid, c'est tout. Je peux me glisser dans le lit ?

Comme elle n'a pas dit non, j'ai soulevé le drap et la couverture pour me faufiler contre elle. Elle portait une mince chemise de nuit en coton, sans manches. Son corps exhalait une bonne odeur chaude, semblable à celle du pain sorti du four. Naturellement, j'ai eu une érection.

– Je crois que tu ferais mieux de regagner ton lit, a murmuré Maureen.

– Pourquoi ?

– Tu risquerais d'avoir un choc si tu restais là.

– Que veux-tu dire ?

Elle était étendue sur le dos et je lui massais très doucement le ventre du bout des doigts à travers sa chemise de nuit – Sally adorait ça quand elle était enceinte. Ma tête s'appuyait sur l'un des gros seins ronds de Maureen. Très lentement, en retenant mon souffle, j'ai déplacé la main pour cueillir l'autre, ainsi que je l'avais fait jadis, dans le passage sombre et humide du sous-sol au 94 Treglowan Road.

Mais il n'était pas là.

– Je t'avais prévenu, a dit Maureen.

Oui, c'était un choc, bien sûr, comme de grimper un escalier dans le noir et de trouver une marche de moins qu'on ne s'y attendait. J'ai retiré la main par réflexe, mais l'ai reposée presque aussitôt sur le plateau de peau et d'os. J'ai senti la ligne zigzagante de la cicatrice, semblable au tracé d'une constellation, sous le tissu mince.

– Ça ne me gêne pas, ai-je dit.

– Mais si.

– Mais non.

J'ai déboutonné le devant de sa chemise de nuit et

posé un baiser sur la peau plissée, à l'endroit où le sein n'était plus.

– Oh, Tubby ! Personne n'a jamais eu à mon égard un geste aussi adorable.

– Tu veux faire l'amour ?

– Non.

– Bede n'en saura jamais rien.

Il me semblait percevoir l'écho d'une conversation similaire dans le passé.

– Ce ne serait pas bien. Pas en pèlerinage.

J'ai dit que j'admettais son argument, et suis sorti de son lit. Elle s'est redressée, m'a pris dans ses bras et embrassé à nouveau, sur la bouche, avec un grand élan.

– Merci, Tubby, tu es un amour.

Je suis retourné dans ma chambre, où j'ai mis longtemps à m'endormir. Sans aller jusqu'à prétendre que les problèmes et déceptions de ma vie me semblaient dérisoires par rapport à ceux de Maureen, il est certain qu'ils me paraissaient moindres. Elle n'avait pas seulement perdu un fils adoré, elle avait perdu un sein, la partie de l'anatomie d'une femme qui détermine son identité sexuelle de façon peut-être plus évidente qu'aucune autre. Et même si Maureen jugeait certainement que la perte de son fils était la plus grave, c'était la perte de son sein qui m'affectait davantage, sans doute parce que je n'avais pas connu Damien, tandis que j'avais connu ce sein, je l'avais fréquenté et aimé – j'avais même écrit à son sujet. Ma chronique était devenue une élégie.

J'ai parcouru à pied avec Maureen toute la dernière étape du pèlerinage. J'ai fourré dans son sac à dos ce dont j'avais besoin jusqu'au lendemain, et nous l'avons porté tour à tour. J'ai laissé ma voiture à Labacolla, un hameau près de l'aéroport à une douzaine de kilomètres de Santiago, où les pèlerins d'antan avaient coutume de faire leur toilette en prévision de leur arrivée au sanctuaire. Littéralement, le nom signifie « lave-toi le cul », et le cul des pèlerins médiévaux devait en effet avoir besoin d'un sérieux récurage quand ils arrivaient là.

La matinée était belle et douce. Sur la première partie du trajet, on traversait une forêt et des champs, avec à gauche une campagne dégagée et apaisante et, à droite, le grondement de la circulation sur la route nationale. Puis nous avons atteint un village, à la sortie duquel se dresse le monte del Gozo, le « mont de Joie », d'où les pèlerins apercevaient pour la première fois Santiago. Au temps passé, c'était la course jusqu'au sommet, dans chaque groupe, pour être le premier à découvrir le but convoité de si longue date. De nos jours, c'est plutôt frustrant, car la colline a été presque entièrement recouverte par un colossal amphithéâtre, et Santiago, à cette distance, ressemble à n'importe quelle ville moderne, cernée de rocades, de zones industrielles et de tours de béton. Si l'on regarde très attentivement, ou si l'on a de très bons yeux, on parvient juste à distinguer les flèches de la cathédrale.

J'ai pourtant été très heureux de pénétrer à pied dans Santiago. J'ai pu partager un peu de l'exultation de Maureen en parvenant au terme de son marathon ; je n'en étais pas exempt moi-même. On observe beaucoup plus de choses à pied qu'en voiture, et la lenteur de la marche, en soi, crée une sorte de tension dramatique, en retardant la conclusion du voyage. La traversée ingrate des hideux faubourgs de la ville ne fait qu'accentuer le plaisir et le soulagement d'atteindre son cœur ancien et si beau, aux rues sinueuses et pleines d'ombre, aux angles biscornus et aux toits irréguliers. Vous tournez le coin et là, d'un seul coup, sur l'immense plaza del Obradoiro, les flèches jumelles de la grande cathédrale se dressent devant vos yeux levés.

Nous sommes arrivés le 24 juillet, et les artères de Santiago étaient pleines à craquer. La *fiesta* de quatre jours avait déjà démarré, avec des orchestres qui défilaient, de gigantesques effigies montées sur échasses, et des musiciens ambulants qui occupaient les rues et les places. Les vrais pèlerins comme Maureen étaient submergés par le flot de centaines, de milliers de visiteurs, mélange de touristes séculiers et de pieux catholiques, arrivés en avion, en train, en car ou en voiture. La foule était particulièrement importante, nous a-t-on dit, parce que c'était une de ces années saintes où la fête de saint Jacques tombe un dimanche, et où les bénédictions et indulgences dispensées au sanctuaire prennent une valeur exceptionnelle. J'ai suggéré à Maureen que nous devrions nous occuper tout de suite de nous loger, mais elle était impatiente de visiter la cathédrale. J'ai cédé à son désir. N'importe comment, il semblait peu probable que nous trouvions un hébergement dans la vieille ville, et j'étais résigné à retourner passer la nuit à Labacolla.

D'un point de vue architectural, la cathédrale est une sorte de salmigondis, mais, comme nous disons à la télé, ça marche. La façade baroque du XVIIIe présente une décoration surchargée, avec un grand escalier entre les deux tours et les flèches. Derrière, on trouve le portail de l'édifice roman antérieur, le portico de la Gloria, sculpté par le maître Matteo, un génie du Moyen Âge. Il représente, avec des détails étonnants, souvent pleins d'humour, quelque deux cents personnages parmi lesquels Jésus, Adam et Ève, Matthieu, Marc, Luc et Jean, deux douzaines de vieux bonshommes porteurs d'instruments de musique inspirés par le livre des Révélations, et un choix d'élus et de damnés au Jugement dernier. Saint Jacques jouit de la place d'honneur, assis au sommet d'un pilier sous les pieds de Jésus. La coutume veut que les visiteurs s'agenouillent au bas du pilier et mettent les doigts dans les trous, semblables à ceux d'un coup-de-poing américain, creusés dans le marbre par des siècles d'hommages. Une longue file de gens, parmi lesquels beaucoup d'autochtones, à en juger par leur tenue et leur teint, attendaient pour accomplir ce rituel. À la vue de Maureen, avec son bâton, son sac à dos et ses vêtements délavés de pèlerin authentique, les premiers de la file se sont écartés respectueusement pour lui faire signe de les précéder. Elle a rougi sous son hâle et secoué la tête.

– Vas-y, lui ai-je soufflé. C'est ton grand moment. Profites-en.

Elle s'est donc avancée, mise à genoux et, une paume appuyée au pilier, elle a placé un à un les doigts de l'autre main dans les trous et prié pendant un moment, les yeux fermés.

Sur l'autre face du pilier, en bas, maître Matteo a sculpté son autoportrait en buste, et c'est aussi la coutume de cogner sa tête contre la sienne à lui pour acquérir un peu de sa sagesse. C'était davantage mon genre de fétichisme et j'ai consciencieusement frappé du front le marbre de son crâne. Une certaine confusion entre les deux rituels ne m'a pas échappé. De temps à autre, quelqu'un heurtait de la tête le pilier sous la statue de saint Jacques tout en mettant les doigts dans les trous, et tous les suivants l'imitaient. J'ai eu la tentation de me flanquer des claques sur les fesses comme un danseur folklorique bavarois au moment où je rendais mon hommage, rien que pour voir si ça prendrait, mais le culot m'a manqué.

Nous avons rejoint une autre file de visiteurs qui attendaient leur tour pour étreindre la statue de saint Jacques sur le grand autel. Le chœur de la cathédrale est un délire de marbre, de feuilles d'or et de bois sculpté polychrome. Saint Jacques Matamoros, harnaché en officier de cavalerie Renaissance, charge en levant son épée au-dessus du baldaquin que soutiennent quatre anges gigantesques soufflant dans leur trompette. Recouvert d'argent incrusté de pierreries et plaqué d'or, l'apôtre Jacques évoque davantage une idole païenne qu'un saint chrétien, d'autant que, vu de la nef, il semble posséder une paire de bras supplémentaire. Celle-ci appartient aux gens qui l'étreignent, debout sur une petite plate-forme derrière l'autel, et qui prient, si ce sont des pèlerins, pour ceux qui les ont aidés en chemin : la traditionnelle « accolade à saint Jacques ». Sous l'autel se trouve, dans une crypte, le petit sarcophage en argent qui contient (ou non, comme on voudra) les restes du saint.

– C'était merveilleux, non ? a dit Maureen quand nous sommes ressortis de la cathédrale au grand soleil de la place couverte de sa foule grouillante.

Oui, ai-je dit. Mais je ne pouvais pas m'empêcher de comparer la pompe de ce sanctuaire avec la petite salle au mobilier austère du Bymuseum de Copenhague, sa demi-douzaine de vitrines abritant quelques objets usuels, des livres, des gravures, et avec le modeste monument funéraire de l'Assistens Kirkegård. Eût-il été catholique, je me suis demandé si Kierkegaard serait sanctifié à l'heure qu'il est, et si l'on édifierait une basilique sur sa tombe. Il ferait un bon saint patron des névrosés.

– À présent, il serait vraiment temps de nous trouver un hébergement, ai-je dit.

– Ne te soucie pas de ça, a répliqué Maureen. Il faut d'abord que j'aille chercher mon *compostela*.

On nous a indiqué un petit bureau près d'une place derrière la cathédrale. Dehors, un groupe de jeunes Allemands épanouis et bronzés, en *Lederhosen* et en bottes, se photographiaient les uns les autres en brandissant triomphalement leur bout de papier devant l'objectif. Maureen a attendu son tour à l'intérieur pour présenter son passeport fripé et crasseux à un jeune prêtre en costume noir assis derrière un bureau. Il a admiré le nombre de tampons qu'elle avait récoltés et lui a serré la main en lui remettant son certificat.

– Bon, cette fois-ci, on peut s'occuper de chercher un hôtel ? ai-je dit en sortant du bureau.

– Eh bien, en fait, a répondu Maureen avec un rire un peu gêné, j'ai réservé une chambre au *Reyes Catolicos*. Je m'en étais occupée avant mon départ d'Angleterre.

L'*Hostal de los Reyes Catolicos* est un superbe édifice Renaissance, qui borde la plaza del Obradoiro sur la gauche quand on fait face à la cathédrale. À l'origine *refugio* pour terminer la série de tous les *refugios*, fondé par le roi Ferdinand et la reine Isabelle afin d'accueillir et de soigner les pèlerins, c'est à présent un *parador* cinq étoiles, l'un des plus grands palaces d'Espagne ou même d'ailleurs.

– Inouï ! Pourquoi ne me l'avais-tu pas dit ?

– Voilà, c'est qu'il y a un petit problème. Je n'ai retenu qu'une seule chambre, et au nom de Mr et Mrs Harrington. Je pensais que Bede pourrait prendre l'avion pour venir me rejoindre. Mais il s'est montré si odieux à propos du pèlerinage que je ne lui en ai jamais parlé.

– Eh bien, dans ce cas, il ne me reste qu'à jouer le rôle de Bede. Ce ne sera pas la première fois.

– Alors, ça ne t'ennuie pas de partager la chambre ?

– Pas le moins du monde.

– J'ai demandé des lits jumeaux, n'importe comment, a précisé Maureen. Bede préfère ça.

– Dommage, ai-je dit, ravi de la voir rougir.

Au moment où nous approchions de l'hôtel, une limousine étincelante s'est arrêtée sur le pavé pour prendre un couple âgé, élégant, qui attendait devant l'entrée. Le portier en livrée, ganté de blanc, a empoché son pourboire, refermé la portière et donné le signal du départ au chauffeur. Il nous a jeté un regard réprobateur.

– Mon *compostela* me donne droit à un repas gratuit ici, a murmuré Maureen. Mais il paraît qu'on vous sert une nourriture assez infecte dans un réduit minable à côté des cuisines.

Le portier croyait manifestement que c'était ce qui nous amenait là, car il a prononcé quelques mots assez dédaigneux en espagnol et nous a désigné l'arrière du bâtiment. Sa méprise était sans doute compréhensible, vu notre apparence assez négligée, mais nous avons pris un certain plaisir à le remettre à sa place.

– Nous avons réservé une chambre, a lancé Maureen en passant devant lui comme une reine et franchissant la porte battante. Un bagagiste s'est précipité sur nous dans le hall. Je lui ai donné à tenir le sac à dos, pendant que j'allais à la réception.

– Mr et Mrs Harrington, ai-je annoncé hardiment.

L'employé s'est montré d'une suave courtoisie. Ce qui était assez drôle, c'était qu'il ressemblait à Bede, grand, voûté, l'air érudit, avec des cheveux blancs et de grosses lunettes. Après avoir consulté son ordinateur, il m'a donné une fiche à remplir. Maureen avait réservé pour trois nuits, et versé une avance substantielle.

– Comment pouvais-tu être sûre d'arriver ici, au jour dit ? lui ai-je demandé tandis que nous emboîtions le pas au bagagiste, qui s'efforçait non sans mal de porter le sac à dos comme si c'était une valise.

– J'avais la foi, a-t-elle répondu simplement.

L'*hostal* est disposé en quatre rectangles délicieux, autour de cloîtres, de massifs de fleurs et de fontaines, dont chacun est dédié à l'un des évangélistes. Notre chambre dépendait de Matthieu. Elle était vaste et d'un luxe voluptueux, les lits jumeaux assez grands pour y dormir à deux. Samantha aurait été comblée. Il y avait seize serviettes-éponges moelleuses de tailles diverses dans la salle de bains en marbre, et pas d'histoire de carton rouge si l'on tenait à en changer. Maureen a roucoulé de ravissement devant le déploiement de robinetterie, de miroirs orientables et de sèche-cheveux, et elle a annoncé qu'elle allait prendre un bain et se laver les cheveux sur-le-champ. Tout au fond de son sac à dos, pliée comme un parachute dans un sachet en plastique, reposait une robe propre en cotonnade qu'elle avait prévue pour la circonstance. Elle l'a donnée à repasser à la gouvernante de l'hôtel, et j'ai pris un taxi pour aller à Labacolla récupérer ma voiture, où se trouvait un costume de lin que je n'avais pas porté de tout le voyage.

Nous n'avons donc pas déparé ce soir-là l'élégante salle à manger de l'hôtel. Les plats coûtaient des prix stupéfiants, mais c'était très bon. Après le dîner, nous sommes sortis sur la place pour nous insérer dans la foule dense qui attendait le feu d'artifice. C'est de loin le moment le plus triomphal de la *fiesta*. Les Espagnols adorent le bruit, et ils semblaient résolus ici à compenser leur exclusion de la Seconde Guerre mondiale. Le bouquet final a donné l'impression d'un raid aérien sur la cathédrale, tout l'édifice paraissait en feu, statues et dentelle de pierre se découpant sur les effets de flammes, dans le vacarme assourdissant d'explosion des fusées. Je ne voyais pas le rapport avec saint Jacques, mais la foule était aux anges. Elle a exhalé un immense soupir collectif quand la vaste scène a disparu dans le noir, et déclenché un tonnerre d'applaudissements et d'acclamations lorsque les lumières de la rue se sont rallumées. Les gens ont commencé à se disperser. Nous sommes rentrés au *Reyes Catolicos*. Le portier nous a salués avec un grand sourire.

– Bonsoir, señor, señora, a-t-il dit en nous tenant la porte.

Maureen m'a précédé dans la salle de bains. Quand j'en suis sorti, elle était déjà couchée. Je me suis penché pour lui dire bonsoir avec un baiser. Elle m'a passé les bras autour du cou et m'a attiré près d'elle sur le lit.

– Quelle belle journée ! a-t-elle soupiré.

– Dommage que le pèlerinage n'autorise pas le sexe.

– Je ne suis plus en pèlerinage. Je suis arrivée.

Nous avons fait l'amour dans la position du missionnaire. J'ai joui, sans problème. Pas de problème non plus du côté du genou.

– Je n'attaquerai jamais plus saint Jacques, ai-je déclaré un peu plus tard.

– Que veux-tu dire ? a murmuré Maureen d'une voix somnolente ; elle aussi se sentait bien, apparemment.

– Peu importe...

À mon réveil, le lendemain matin, Maureen n'était plus là. Elle m'avait laissé un mot pour me dire qu'elle allait de bonne heure à la cathédrale réserver des places pour la grand-messe solennelle de saint Jacques ; mais elle est revenue pendant que je prenais mon petit déjeuner et m'a annoncé que l'église était déjà pleine à craquer, et nous nous sommes donc contentés de regarder la messe à la télé. C'est une grande circonstance nationale, diffusée en direct sur le réseau de service public. Je ne crois pas que Maureen ait raté grand-chose en n'étant pas sur place. La plus grande partie de l'assistance avait l'air hébétée sous le coup de la chaleur et de l'attente fastidieuse. Le point culminant de la cérémonie est le balancement du *botafumeiro*, un gigantesque encensoir, hissé dans un sillage de fumées sacrées jusque dans les hauteurs de la cathédrale par une équipe de six hommes costauds qui tirent sur un système compliqué de cordes et de poulies. Si jamais il se détachait lors de cette grand-messe, on risquerait de perdre d'un coup toute la famille royale d'Espagne et bon nombre de cardinaux et d'évêques.

Nous nous sommes promenés dans la vieille ville,

puis retirés dans notre chambre pour une sieste. Nous avons fait l'amour avant de somnoler, et recommencé ce soir-là. Maureen en avait aussi envie que moi.

– C'est comme de renoncer aux sucreries durant le carême, a-t-elle dit. Quand Pâques arrive enfin, on se goinfre comme un cochon.

Dans son cas, le carême avait duré cinq ans, depuis sa mastectomie. Bede n'avait pas pu s'y faire.

– C'était plus fort que lui. Il m'avait merveilleusement soutenue après le diagnostic de la tumeur, et tout le temps que je suis restée à l'hôpital, mais à mon retour à la maison j'ai commis l'erreur de lui montrer la cicatrice. Jamais je n'oublierai l'expression qu'il a eue. Je crois qu'il n'a plus pu chasser cette image de son esprit. J'ai essayé de garder ma prothèse au lit, mais ça n'a fait aucune différence. Au bout de six mois environ, il a suggéré que nous remplacions notre grand lit par deux lits jumeaux. Il a prétendu que c'était à cause de son dos, qu'il avait besoin d'un matelas spécial, mais moi j'ai compris que ça signifiait la fin de notre vie sexuelle.

– Mais c'est horrible ! me suis-je écrié. Pourquoi ne pas le quitter et m'épouser ?

– Ne dis pas de bêtises.

– Je parle très sérieusement, ai-je protesté.

Et c'était vrai.

Cette conversation avait lieu au bord d'une falaise qui dominait l'océan Atlantique. C'était le troisième soir depuis notre arrivée à Santiago, et le dernier que nous passions ensemble en Espagne. Le lendemain, Maureen repartait pour Londres en avion, avec le billet acheté des mois auparavant ; après l'avoir accompagnée à l'aéroport, je roulerais jusqu'à Santander où je monterais à bord du ferry pour regagner l'Angleterre.

Nous avions pris la Richmobile pour sortir de Santiago dans l'après-midi, après une sieste particulièrement passionnée, en quête d'un peu de calme et de silence – même Maureen en avait assez des foules et du vacarme des rues. Nous nous sommes retrouvés sur une route où les panneaux indicateurs pointaient vers le Finisterre, et nous avons continué dans cette direction. J'ai dû entendre ce nom mille fois à la radio, dans les bulletins météorologiques pour la navigation et avis de tempête sans savoir que c'était en Espagne ni m'aviser que cela signifie « bout du monde » en latin. C'était loin, plus loin qu'il n'y paraissait sur la carte. Aux collines boisées de la campagne proche de Santiago ont succédé des landes, couvertes d'herbes fouettées par le vent, jalonnées parfois d'un arbre arc-bouté dans sa résistance, et entrecoupées de grandes roches grises. À l'approche de l'extrémité de la péninsule, le terrain paraissait monter comme une rampe, au-delà de laquelle on ne voyait que le ciel. On avait vraiment l'impression d'arriver au bout du monde ; au bout de quelque chose, en tout cas. Nous avons laissé la voiture au pied d'un phare et suivi un sentier qui le contournait, et trouvé devant nous l'océan qui s'étendait en bas, bleu et calme, et se fondait presque imperceptiblement dans le ciel à l'horizon brumeux. Assis sur un rocher plat et tiède, au milieu de l'herbe rude et des fleurs sauvages, nous avons contemplé le lent déclin du soleil, semblable à une énorme hostie à travers le mince voile des nuages, vers la surface plissée de la mer.

– Non, a dit Maureen, je ne pourrais pas quitter ce pauvre vieux Bede. Que deviendrait-il sans moi ? Il craquerait complètement.

– Mais tu as droit au bonheur. Sans parler de moi.

– Tu tiendras le coup, Tubby, a-t-elle répliqué en souriant.

– J'aime bien ton assurance. Je suis un névrosé patenté.

– Moi, tu me parais très sain d'esprit.

– C'est parce que je t'ai retrouvée.

– Nous avons passé un moment merveilleux. Mais c'est comme l'ensemble du pèlerinage, une sorte de parenthèse dans le temps, où ne s'appliquent pas les règles ordinaires de l'existence. De retour chez nous, je serai à nouveau mariée avec Bede.

– Un couple sans amour!

– Sans rapports sexuels, peut-être, mais pas sans amour. Et puis, je l'ai bel et bien épousé pour le meilleur et pour le pire.

– Tu n'as jamais songé à le quitter?

– Non, jamais. Ça tient sans doute à l'éducation que j'ai reçue. Le divorce était impensable pour les catholiques. Je sais qu'il en est résulté beaucoup de malheureux, mais pour moi, ça a fonctionné. Ça simplifie la vie.

– Une décision de moins à prendre.

– Exactement.

Nous nous sommes tus pendant un moment. Maureen a cueilli un brin d'herbe qu'elle s'est mise à mâchouiller.

– As-tu envisagé d'essayer de renouer avec ta femme? m'a-t-elle demandé enfin.

– Ça ne sert à rien. Elle ne reviendra pas sur sa décision.

J'avais naturellement tout raconté à Maureen de la rupture avec Sally, au long de nos conversations de ces dernières semaines, et elle m'avait prêté une oreille attentive et compatissante, mais sans porter aucun jugement.

– Quand l'as-tu vue pour la dernière fois ? (J'ai calculé : cela faisait trois mois environ.) Tu as pu changer entre-temps, plus que tu ne t'en doutes. Tu m'as dit toi-même que tu avais un peu déraillé au printemps.

J'ai admis que c'était la vérité.

– Et Sally aussi, a repris Maureen, elle a pu changer. Elle attend peut-être que tu fasses le premier pas.

– Ce n'était pas ce que laissaient entendre les lettres de ses avocats.

– Tu ne peux pas te fier à ça. Les avocats sont payés pour souffler la tempête.

– C'est juste, ai-je concédé.

Je me suis souvenu du coup de téléphone assez surprenant de Sally, juste avant mon départ de Londres. Si je n'avais pas été si pressé de m'en aller, j'aurais pu l'interpréter comme une démarche de réconciliation.

Nous sommes restés là à causer jusqu'au coucher du soleil, puis nous avons dîné dans un restaurant sur la plage qui avait l'air bâti avec du bois flotté, où nous avons choisi dans un vivier d'eau de mer le poisson qu'on nous a fait griller sur du charbon de bois. On ne nous avait rien servi de comparable au *Reyes Catolicos*. Nous sommes repartis dans la nuit noire, et quelque part au milieu de la lande j'ai arrêté la voiture, éteint les phares et nous sommes descendus contempler les étoiles. Il n'y avait aucune lumière artificielle sur des kilomètres, et presque aucune pollution dans l'atmosphère. La Voie lactée traversait le ciel d'est en ouest comme un dais de lumière, pâle et chatoyant. Jamais je ne l'avais si bien vue.

– Seigneur, quelle merveille ! a soufflé Maureen. Je suppose qu'au temps jadis, elle avait partout cet aspect-là...

– Pour les Grecs anciens, c'était le chemin du paradis.

– Ça ne me surprend pas.

– Certains érudits pensent qu'une sorte de pèlerinage se pratiquait ici longtemps avant le christianisme : les gens suivaient la Voie lactée aussi loin qu'ils pouvaient aller.

– Mais comment sais-tu toutes ces choses, Tubby ?

– Je cherche dans les livres. C'est une habitude.

Nous sommes remontés en voiture et j'ai roulé vite jusqu'à Santiago, presque sans parler, concentré sur la route qui déroulait ses virages sous mes phares. De retour au *Reyes Catolicos*, nous nous sommes endormis rapidement dans les bras l'un de l'autre, trop las ou trop tristes pour faire l'amour.

À bord du ferry, j'ai eu tout le temps de méditer le conseil de Maureen, et quand nous avons jeté l'ancre à Portsmouth j'étais résolu à faire une tentative dans ce sens. J'ai téléphoné à Sally rien que pour m'assurer que je la trouverais à la maison, et j'ai pris la route de Hollywell sans m'arrêter en route une seule fois. Le bruit du gravier de l'allée sous mes pneus a attiré Sally sur le seuil. Elle m'a tendu sa joue à embrasser.

– Tu as bonne mine, m'a-t-elle dit.

– J'étais en Espagne. J'ai fait de la marche.

– De la marche ! Et ton genou ?

– Il a l'air d'aller mieux, enfin.

– Épatant. Entre vite pour me raconter tout ça. Je vais faire du thé.

C'était bon d'être de retour chez nous – dans mon esprit, c'était encore chez nous. En promenant mon regard dans la cuisine, j'ai ressenti de la fierté et du plaisir à retrouver ses lignes nettes et sa subtile gamme de couleurs. Sally avait l'air d'aller bien, elle aussi. Elle portait une robe de lin rouge à longue jupe fendue qui laissait entrevoir par moments ses jambes bronzées tandis qu'elle allait et venait.

– Tu as l'air en pleine forme, de ton côté.

– Merci, c'est la vérité. Tu es venu prendre des choses à toi ?

– Non, ai-je dit, d'une voix enrouée, tout à coup ; j'ai toussoté pour l'éclaircir. Je suis venu pour avoir une conversation avec toi, en fait. J'ai bien réfléchi, Sally, nous devrions peut-être faire un nouvel essai de vie commune. Qu'en penses-tu ?

Elle a paru consternée. C'est le seul mot qui puisse décrire son expression : consternée.

– Non, Tubby.

– Je ne veux pas dire d'un seul coup. Nous pourrions garder pendant quelque temps les dispositions de la vie séparée. Chacun sa chambre, en tout cas. Voir comment ça fonctionne.

– Je crains que ce ne soit impossible, Tubby.

– Pourquoi ? ai-je demandé, tout en connaissant la réponse avant qu'elle l'ait formulée.

– J'ai un autre homme dans ma vie.

– Tu m'avais affirmé le contraire.

– C'était vrai, à l'époque. Mais à présent, il y a quelqu'un.

– Qui est-ce ?

– Un type de la fac. Tu ne le connais pas.

– Mais toi, ça fait donc un certain temps que tu le fréquentes ?

– Oui. Mais nous n'avions pas... nous n'étions pas... (Pour une fois, Sally semblait chercher ses mots.) Il n'est devenu mon amant que depuis... tout dernièrement. Avant, il n'y avait que de l'amitié entre nous.

– Pourtant, tu ne m'en as jamais parlé.

– Tu ne me parlais pas d'Amy.

– Comment es-tu au courant pour Amy ? ai-je demandé, saisi d'un léger vertige.

– Oh, Tubby, tout le monde est au courant !

– C'était platonique, ai-je protesté. Tout au moins, jusqu'à ce que tu m'aies plaqué.

– Oui, je sais. Quand j'ai fait sa connaissance, j'en ai eu la conviction.

– Ce type de la fac, ai-je repris, est-ce qu'il est marié ?

– Divorcé.

– Je vois.

– Je vais sans doute l'épouser. Ça changera pas mal de choses pour le règlement du divorce, je suppose. Tu n'auras pas à me laisser autant d'argent, a-t-elle dit avec un sourire contrit.

– Au diable l'argent, ai-je lancé avant de sortir pour toujours de la maison.

Le choc était rude, bien entendu : voir mon offre mûrement préméditée de réconciliation balayée d'un coup, anéantie, renfoncée dans ma gorge presque avant que j'aie pu l'émettre. Mais en roulant sur l'autoroute entre les forêts naines de cônes fluorescents, j'ai commencé à trouver un aspect positif à ce retournement de situation. Il était évident que Sally avait éprouvé un penchant pour ce type depuis des années, quelle que fût la nature précise de leurs relations. Elle ne m'avait donc pas quitté simplement parce qu'elle préférait la solitude à la vie conjugale en ma compagnie, comme je l'avais cru depuis que l'innocence de Brett Sutton avait éclaté au grand jour. Cela me rassurait. Cela me rendait une meilleure opinion de moi-même.

Mais je n'étais pas au bout des surprises que me réservait la journée. À mon arrivée à Londres, quand j'ai poussé la porte de mon appartement, je l'ai trouvé vide. Il avait été intégralement cambriolé. Tout ce qui était amovible avait disparu, jusqu'à la moindre ampoule ou tringle de rideau. Tout était parti, sièges, tables, lit, tapis, vaisselle et couverts, vêtements et linge de maison. Le seul objet qui restait, soigneusement posé au beau milieu du sol de ciment dénudé, c'était mon ordinateur. Une touchante attention de la part de Grahame : je lui avais expliqué un jour à quel point le contenu de mon disque dur était précieux pour moi, et il ignorait que j'avais déposé un carton de disquettes de sauvegarde dans mon coffre à la banque avant de partir en Espagne. Je ne sais pas comment ils avaient fait pour entrer, lui et ses acolytes, car ils n'avaient pas endommagé la porte et l'avaient soigneusement refermée derrière eux. Peut-être Grahame avait-il pris l'empreinte de mes clés à un moment où il était là et où je me trouvais aux toilettes : j'en gardais toujours un trousseau de secours accroché au mur dans la cuisine. À moins qu'il ne les ait empruntées un jour sans que je m'en aperçoive. Ils s'étaient amenés un matin, paraît-il, avec un camion de déménagement et ils avaient eu le culot de demander aux flics l'autorisation exceptionnelle de se garer devant l'immeuble, le temps d'emporter tout le contenu de mon appartement vers une prétendue nouvelle adresse.

Quand j'ai pénétré dans l'appartement et regardé autour de moi, après être resté bouche bée de stupéfaction pendant trente secondes, j'ai été pris d'une crise d'hilarité. J'ai ri au point que les larmes me ruisselaient sur les joues et qu'il m'a fallu m'appuyer au mur puis m'asseoir par terre. Mon rire frôlait sûrement l'hystérie, mais il était sincère.

S'il s'agissait d'un scénario de feuilleton, je l'arrêterais sans doute ici, en faisant défiler le générique sur fond d'appartement vidé, avec votre serviteur affalé dans un coin, dos au mur et pleurant de rire. Mais cela s'est passé il y a plusieurs semaines, et je tiens à mettre ce récit à jour, jusqu'au moment où je suis en train d'écrire, afin de pouvoir poursuivre mon journal. J'ai beaucoup travaillé sur la suite des *Gens d'à côté*. Pour le dernier épisode de la série en cours, mon remaniement du scénario de Samantha a conquis Ollie et Hal. Le public aussi a adoré, paraît-il. (Je n'étais pas là, l'épisode est passé le 25 juillet, le jour de la fête de saint Jacques.) Et l'idée du fantôme a tellement emballé Debbie Radcliffe qu'elle a signé un contrat pour toute une nouvelle série. J'écris les scénarios, mais Samantha figurera en bonne place au générique, ce n'est que justice. Elle est devenue en un temps record chez Heartland la spécialiste numéro un du rattrapage de scénarios. J'ai parié avec Jake, aujourd'hui à déjeuner, que d'ici deux ans elle occupera la place d'Ollie.

Jake ne s'est pas montré très compatissant à propos de mon cambriolage. Il m'a dit que c'était de la folie de ma part d'avoir accordé ma confiance à Grahame, et m'a fait remarquer que si je lui avais laissé à lui l'usage de mon appartement comme garçonnière pendant mon absence, Grahame et ses copains n'auraient pas osé y mettre le nez. Mais j'ai pu reconstituer très vite un mobilier – la compagnie d'assurances a été très honnête – et d'ailleurs je n'avais jamais beaucoup aimé la décoration d'origine. C'était le choix de Sally. J'ai eu l'impression de recommencer à zéro une vie nouvelle, ayant tout à remplacer. Mais c'est trop petit pour y habiter en permanence. J'envisage de déménager en banlieue, plus précisément à Wimbledon. Je vois souvent Bede et Maureen ces temps-ci. Ce serait agréable d'être leur voisin, et j'ai pensé que je pourrais essayer de devenir membre du club de tennis – ce blazer vert m'a toujours tapé dans l'œil. L'autre jour, j'ai fait un saut à Hollywell pour vider mon casier au club. Une tâche un peu mélancolique, sinon que je suis tombé sur Joe Wellington et lui ai proposé une petite partie pour un enjeu de dix livres. Je l'ai battu à plate couture, 6-0, 6-0, en montant au filet après chaque service et regagnant à toute vitesse le fond du court dès qu'il tentait de me lober.

– Et ton genou ? m'a-t-il demandé ensuite entre deux halètements.

– Le genou n'est pas la question, Joe. Fais bonne figure et paie ton dû.

Je ne crois pas qu'il ait identifié la citation.

J'ai en vue une jolie petite maison sur la hauteur au-dessus de l'All England Club. Mais je garderai l'appartement. C'est pratique pour le boulot d'avoir une base dans le West End ; en outre, nous nous offrons ici une petite sieste de temps à autre avec Maureen. Je ne lui demande pas comment elle s'arrange avec sa conscience – je ne suis pas fou à ce point. Quant à moi, j'ai la conscience très tranquille. Nous faisons d'excellents amis tous les trois. Nous partons ensemble pour de petites vacances d'automne, à Copenhague, en fait. Une idée à moi. Appelez ça un pèlerinage, si vous voulez.

Rivages poche / Bibliothèque étrangère

Harold Acton	*Pivoines et Poneys* (n° 73)
Sholem Aleikhem	*Menahem-Mendl le rêveur* (n° 84)
Kingsley Amis	*La Moustache du biographe* (n° 289) *Sur la fin* (n° 404)
Jessica Anderson	*Tirra Lirra* (n° 194)
Reinaldo Arenas	*Le Portier* (n° 26)
Beryl Bainbridge	*Georgie* (n° 367)
James Baldwin	*La Chambre de Giovanni* (n° 256)
Melissa Bank	*Manuel de chasse et de pêche à l'usage des filles* (n° 326)
Quentin Bell	*Le Dossier Brandon* (n° 102)
Stefano Benni	*Baol* (n° 179)
Ambrose Bierce	*Le Dictionnaire du Diable* (n° 11) *Contes noirs* (n° 59) *En plein cœur de la vie,* vol. I (n° 79) *En plein cœur de la vie,* vol. II (n° 100) *De telles choses sont-elles possibles ?* (n° 130) *Fables fantastiques* (n° 170) *Le Moine et la fille du bourreau* (n° 206)
Elizabeth Bowen	*Dernier Automne* (n° 265) *Eva Trout* (n° 358) *L'Adultère* (n° 376)
Paul Bowles	*Le Scorpion* (n° 3) *L'Écho* (n° 23) *Un thé sur la montagne* (n° 30)
M. E. Braddon	*Le Secret de lady Audley* (n° 340)
Louis Buss	*Le Luxe de l'exil* (n° 327)
Robert O. Butler	*Un doux parfum d'exil* (n° 197) *Étrange Murmure* (n° 270) *La Nuit close de Saigon* (n° 296) *La Fille d'Hô Chi Minh-Ville* (n° 339)
Calamity Jane	*Lettres à sa fille* (n° 232)
Peter Cameron	*Week-end* (n° 245)

	En haut à gauche (n° 251)
	Tu, mio (n° 315)
Alfred Döblin	*L'Assassinat d'une renoncule* (n° 25)
H. von Doderer	*Un meurtre que tout le monde commet* (n° 14)
Michael Dorris	*Un radeau jaune sur l'eau bleue* (n° 121)
Karen Duve	*Déluge* (n° 405)
J. M. Falkner	*Le Stradivarius perdu* (n° 153)
Sergio Ferrero	*Le Jeu sur le pont* (n° 370)
	Dans l'ombre (n° 410)
Eva Figes	*Lumière* (n° 5)
Ronald Firbank	*La Fleur foulée aux pieds* (n° 304)
	Les Excentricités du cardinal Pirelli (n° 305)
Richard Ford	*Rock Springs* (n° 220)
Janet Frame	*Les hiboux pleurent vraiment* (n° 375)
Mavis Gallant	*Les Quatre Saisons* (n° 82)
	Voyageurs en souffrance (n° 175)
	L'Été d'un célibataire (n° 205)
	Chroniques de Mai 68 (n° 246)
Jane Gardam	*La Dame aux cymbales* (n° 276)
William Gass	*Au cœur du cœur de ce pays* (n° 146)
Kaye Gibbons	*Ellen Foster* (n° 4)
	Une femme vertueuse (n° 31)
Barry Gifford	*Les Vies parallèles de Jack Kerouac* (n° 81)
	Paysage avec voyageur (n° 133)
Lars Gustafsson	*Musique funèbre* (n° 135)
Thomas Hardy	*Les Yeux bleus* (n° 371)
MacDonald Harris	*La Valise de Hemingway* (n° 149)
Robert Hellenga	*Les Seize Voluptés* (n° 415)
C. Isherwood	*Le Condor* (n° 28)
	Octobre (n° 284)
Henry James	*Mémoires d'un jeune garçon* (n° 27)
	Owen Wingrave (n° 36)
	Le Dernier des Valerii (n° 62)
	Un épisode international (n° 97)
	Carnet de famille (n° 292)
	La Tour d'ivoire (n° 355)
Diane Johnson	*Nuits persanes* (n° 185)
Elizabeth Jolley	*L'Héritage de Miss Peabody* (n° 87)

	Liaisons étrangères (n° 207)
	Ne le dites pas aux grands (n° 279)
	Un été à Key West (n° 300)
Norman Maclean	*Montana, 1919* (n° 140)
	La Rivière du sixième jour (n° 213)
	La Part du feu (n° 243)
Javier Marías	*L'Homme sentimental* (n° 24)
	Le Roman d'Oxford (n° 114)
	Un cœur si blanc (n° 186)
	Ce que dit le majordome (n° 237)
	Demain dans la bataille pense à moi (n° 253)
	Quand j'étais mortel (n° 295)
Olga Masters	*Le Cœur labyrinthe* (n° 115)
Jay McInerney	*Toute ma vie* (n° 229)
Steven Millhauser	*La Galerie des jeux* (n° 37)
V. Molina Foix	*La Femme sans tête* (n° 377)
Rick Moody	*Purple America* (n° 374)
Lorrie Moore	*Des histoires pour rien* (n° 8)
	Vies cruelles (n° 61)
	Anagrammes (n° 91)
	Que vont devenir les grenouilles ? (n° 236)
	Déroutes (n° 411)
Frank Moorhouse	*Quarante/Dix-sept* (n° 112)
Guido Morselli	*Dissipatio* (n° 173)
John Mortimer	*Félix aux enfers* (n° 363)
Alice Munro	*Les Lunes de Jupiter* (n° 147)
	Amie de ma jeunesse (n° 198)
	Secrets de Polichinelle (n° 328)
	L'Amour d'une honnête femme (n° 416)
Vladimir Nabokov	*L'Enchanteur* (n° 215)
Roger Nimier	*Les Indes Galandes* (n° 64)
Whitney Otto	*Le Jour du patchwork* (n° 184)
Cynthia Ozick	*Le Rabbi païen* (n° 29)
Grace Paley	*Les Petits Riens de la vie* (n° 1)
	Plus tard le même jour (n° 13)
	Énorme changement de dernière minute (n° 163)
Victor Paskov	*Ballade pour Georg Henig* (n° 33)
Pier Paolo Pasolini	*Descriptions de descriptions* (n° 168)
Walker Percy	*Le Cinéphile* (n° 18)

	Le Voyageur (n° 122)
	Le 210ᵉ jour (n° 286)
	À travers la vitre (n° 359)
Muriel Spark	*La Porte Mandelbaum* (n° 319)
Elizabeth Spencer	*Nouvelles du Sud* (n° 188)
Tilman Spengler	*Le Cerveau de Lénine* (n° 151)
R. L. Stevenson	*Fables* (n° 20)
	La Magicienne (n° 34)
	Olalla (n° 56)
W. Stockenström	*Le Baobab* (n° 323)
Italo Svevo	*Le Destin des souvenirs* (n° 12)
Paco I. Taibo II	*Le Rendez-vous des héros* (n° 204)
Elizabeth Taylor	*Angel* (n° 41)
	Mrs. Palfrey, Hôtel Claremont (n° 67)
	Cher Edmund (n° 98)
	Noces de faïence (n° 125)
	Une saison d'été (n° 155)
	La Bonté même (n° 190)
	Le Papier tue-mouches (n° 250)
	Une partie de cache-cache (n° 273)
	Le Cœur lourd (n° 307)
	Vue sur le port (n° 373)
J. Turner Hospital	*L'Opale du désert* (n° 398)
	Comme un tigre en cage (n° 436)
Gore Vidal	*Un garçon près de la rivière* (n° 269)
	Myra Breckinridge et Myron (n° 383)
	En direct du Golgotha (n° 444)
Alberto Vigevani	*Le Tablier rouge* (n° 136)
	Un été au bord du lac (n° 195)
Evelyn Waugh	*Trois nouvelles* (n° 138)
Fay Weldon	*Copies conformes* (n° 128)
Paul West	*Le Médecin de Lord Byron* (n° 50)
Rebecca West	*Femmes d'affaires* (n° 167)
Thomas Wharton	*Le Champ de glace* (n° 372)
Joy Williams	*Dérapages* (n° 120)
Tim Winton	*Cet œil, le ciel* (n° 225)

	La Femme égarée (n° 262)
	Les Ombres de l'hiver (n° 447)
Virginia Woolf	*La Vie de Roger Fry* (n° 397)
Banana Yoshimoto	*N.P* (n° 274)
	Lézard (n° 354)
	Dur, dur (n° 428)
E. Zamiatine	*Seul* (n° 16)
	Le Pêcheur d'hommes (n° 19)
Chiara Zocchi	*Olga* (n° 423)